perspektiven des demokratischen sozialismus
Zeitschrift für Gesellschaftsanalyse
und Reformpolitik
41. Jahrgang 2024 Heft 2
ISBN 978-3-7410-0243-4 (Print)
ISBN 978-3-7410-0286-1 (eBook)
ISSN 0939-3013

Herausgegeben im Auftrag der Hochschulinitiative
Demokratischer Sozialismus (HDS) e. V. von Hermann
Adam, Nils Diederich, Helga Grebing (†), Leo Kißler,
Richard Saage und Karl Theodor Schuon

Redaktionsbeirat: Bernhard Claußen, Martin Gorholt,
Horst Heimann, Arne Heise, Ulrich Heyder, Klaus Kost,
Jens Kreibaum, Christian Krell, Hendrik Küpper, Kira
Ludwig, Ralf Ludwig, Thomas Meyer, Andreas
M. Müggenburg, Simon Obenhuber, Roland Popp,
Sibylle Reinhardt, Lars Rensmann, Moritz Rudolph,
Klaus-Jürgen Scherer, Wolfgang Schroeder, Carsten
Schwäbe, Joachim Spangenberg, Stefan Stader,
Gert Weisskirchen
Redaktion dieser Ausgabe: Lina-Marie Eilers,
Hendrik Küpper, Laura Clarissa Loew, Kira Ludwig,
Carl Julius Reim, Klaus-Jürgen Scherer, Lukas Thum
Gestaltung: Erik Schüßler

Geschäftsstelle der Hochschulinitiative
Demokratischer Sozialismus
WBH, Wilhelmstr. 141
10963 Berlin
Verantw. Klaus-Jürgen Scherer:
kjs@hochschulinitiative-ds.de

Weitere Informationen unter:
www.hochschulinitiative-ds.de

Verlag und Abo-Vertrieb:
Schüren Verlag GmbH,
Universitätsstr. 55 | D-35037 Marburg
Informationen zu *perspektivends* und zum Verlagspro-
gramm des Schüren Verlags finden Sie im Internet:
www.schueren-verlag.de
info@schueren-verlag.de
Die *perspektivends* erscheinen zweimal im Jahr.
Einzelpreis € 16,90, Jahresabo € 30,00 incl. Versand.
Der Bezugspreis für HDS-Mitglieder ist im Mitglieds-
beitrag enthalten.
Anzeigenverwaltung: Schüren Verlag
Druck: Bookpress, Olsztyn
Printed in Poland

*Der demokratische Sozialismus bleibt für uns die Vision
einer freien, gerechten und solidarischen Gesellschaft,
deren Verwirklichung für uns eine dauernde Aufgabe
ist. Das Prinzip unseres Handelns ist die soziale
Demokratie.*
    – Hamburger Grundsatzprogramm der SPD

Konfrontation und Kommunikation. Nach den Wahlen, vor der Wahl

**perspektivends
2/24**

SCHÜREN

INHALT

Inhalt

EDITORIAL

Eine weitere Zeitenwende, diesmal war es nicht der «Schicksalstag»[1] des 9. November, erinnert sei an die Reichspogromnacht 1938 und den Fall der Berliner Mauer 1989, sondern bereits am 6. des Monats. An einem einzigen Tag geriet unsere politische Welt aus den Fugen. Donald Trump kehrte zurück, will die USA nationalistisch und autokratisch umbauen, was für das Klima eine schlechte, für Superreiche eine gute Nachricht ist. Trump könnte die internationale Ordnung weiter destabilisieren, und ob Europa so ganz ohne die USA klarkommen kann, ist zweifelhaft.

Vielleicht ist jetzt das «Ende der Geschichte» eingetreten, allerdings entgegengesetzt, wie von Francis Fukuyama erstmals 1989 beschrieben. «Trump und seine Leute sind angetreten, um die Fortsetzungsgeschichte der freiheitlichen Welt gegen eine andere Fabel auszutauschen. Es wird die Fabel von der Stärke sein, die über der Moral steht; die Fabel vom Sieg der Ruchlosigkeit über die mühsame Berücksichtigung der Interessen von sozialen Gruppen; die Fabel von der Wiederherstellung einer vermeintlichen historischen Größe, die nur dann gelingt, wenn

die demokratischen Institutionen über die Medien bis hin zu den Sozialsystemen im Sinne der Autokratie umgebaut werden.»[2] Wieweit diese Erzählung, die ja auch in Europa Raum gewinnt, faschistoide Züge trägt, oder mit dem Begriff «Rechtspopulismus» ausreichend gekennzeichnet ist, führt ins Zentrum von Debatten[3], wie sie sich auch in diesen *perspektivends* finden.

In Deutschland hatte die FDP längst auf den «D-Day» hingearbeitet. Am Abend des Trump'schen Wahltriumphs zerbrach die längst zerstrittene «Ampel». Olaf Scholz zog die Notbremse und warf Christian Lindner aus dem Kabinett. U. a. hatte dieser ein neoliberales Trennungspapier vorgelegt, das den ökologischen Umbau abwürgen und den Sozialstaat zerschreddern will. Seine «Wirtschaftswende» war tatsächlich, was immer da im Einzelnen zwischenmenschlich gelaufen sein mag, das Gegenteil einer Politik der sozial-ökologischen Transformation.

Hinter der SPD liegen im Jahr 2024 katastrophale Ergebnisse, bei der Europawahl im Juni und den Wahlen in drei ostdeutschen Bundesländern (Thüringen, Sachsen, Brandenburg) im September. Einziger Licht-

---

1 Vgl. Wolfgang Niess: *Der 9. November. Die Deutschen und ihr Schicksalstag,* München 2021.

2 Hilmar Klute: Wie man sich totlacht. In: *Süddeutsche Zeitung* 21. November 2024, S. 9.

3 Vgl. Umberto Eco: *Der ewige Faschismus,* München 2020; Paul Mason: *Faschismus. Und wie man ihn stoppt,* Berlin 2024; Marcel Lewandowsky: *Was Populisten wollen. Wie sie die Gesellschaft herausfordern – und wie man ihnen begegnen sollte,* Köln 2024. Siehe auch: Christian Staas: «Ein Faschist im Weißen Haus?» In: *Die Zeit* 21. November 2024, S. 41.

blick, dass in Brandenburg die Woidke-SPD knapp vor der AfD lag. Der Aufstieg der Neuen Rechten hielt an, das personalisiert-populistische BSW, das Todesglöckchen der Linkspartei läutend, kam hinzu. Neue Regierungskonstellationen werden notwendig; ob damit die «Brandmauer» zur AfD auf Dauer hält, ist, wenn die Neue Rechte nicht wieder abnimmt, höchst fraglich. Manche Parallelen zu 1929–33 tun sich auf. Jedenfalls international setzte sich die Zerstörung politischer Kultur hin zum *Our Nation first*, zum Rechtspopulistischen, Autokratischen, Gewaltsamen, ja auch zum Faschistoiden fort.

Die aus SPD, Grüne und FDP bestehende Bundesregierung sah sich mit dem Angriffskrieg Russlands gegen die Ukraine und der Krise der ökosozialen Transformation unerwarteten Herausforderungen gegenüber. Dennoch ist, anders als in den Jahren des Aussitzens unter Angela Merkel, Überfälliges auf den Weg gebracht worden, etwa in der Energie-, Arbeitsmarkt-, Sozial-, Friedens- und Sicherheitspolitik sowie bei dem Kampf gegen den Klimawandel. «Streit auf offener Bühne hat viel zu lange den Blick auf das verstellt, was diese Regierung gemeinsam vorangebracht hat. Beim Thema irreguläre Migration kommen wir voran. Gegenüber dem Vorjahr konnten wir sie zuletzt um mehr als 50 Prozent verringern. Im Einsatz für sichere Energie und Klimaschutz machen wir große Fortschritte. Erstmals sind wir auf Kurs, unsere Ausbauziele für Windkraft und Solarenergie wirklich zu erreichen. Die Inflation ist auf 2 Prozent gesunken, die Reallöhne und die Renten steigen wieder. Wir haben Deutschlands Energieversorgung gesichert und die Energiepreise stabilisiert. Noch vor einem Jahr musste fast jeder vierte im Niedriglohnsektor arbeiten, heute ist es nur noch jeder siebte»[4], so Olaf Scholz in seiner Rede zum Bruch der Bundesregierung.

Trotz dieser Erfolge der letzten Jahre fragt sich auch hier, ob die SPD, wie die Demokraten in den USA, nicht zu sehr ein Land des akademischen Mittelstandes mit zunehmender Ausdifferenzierung sensibler Gruppen im Sinn hatte. Wäre sonst die AfD zur führenden Partei der Arbeiter geworden? Wie kann die demokratische Linke die *kommunikative* Kluft zu den einfachen «kleinen Leuten» überwinden, die Verlusterfahrungen und Abstiegsängste zu gut kennen, die veränderungserschöpft sind? Allein *Konfrontation* gegen rechts wird nicht überzeugen. Es braucht, gerade wo sich vieles (nicht nur digital) wandelt, eine Politik der Problemlösung, der Sicherheit, Resilienz und öffentlichen Güter, der guten und gut bezahlten Arbeit, der Umverteilung und des Sozialstaats – und all dies bei sozial durchdachter Ökologisierung. Kurzum, die SPD muss wieder glaubhaft als die Kraft, die den Kapitalismus gestalten und mehr soziale Demokratie durchsetzen kann, erkennbar werden.

Zwischen *Konfrontation und Kommunikation* vollzieht sich derzeit weltweit ein dramatisches Ringen um die weitere Gestaltung des 21. Jahrhunderts. Was aus Freiheit, repräsentativer Demokratie, Wohlstand für alle, Sicherheit, Frieden und Ökologie wird, ist ungewisser denn je. Die vorgezogenen Bundestagswahlen sind auch bei uns eine wichtige Richtungsentscheidung, denn: *Nach den Wahlen ist vor der Wahl*. Wird sich auch Deutschland, wie so oft den USA folgend, weiter auf den Weg nach rechts machen? Oder schafft es die

---

4   Aus dem Pressestatement von Olaf Scholz am 6. November 2024.

SPD, die Neuen Rechten einzudämmen? Gelingt es der gegenüber den Merkeljahren nach rechts (konservativer und neoliberaler) gerückten Union genügend Stimmen abzunehmen und der kommenden Regierung einen sozialdemokratischen Stempel aufzudrücken? Dazu sind Erfahrungen der vergangenen Jahre und Analysen aktueller Entwicklungen hilfreich, manches Orientierende hierzu findet sich in dieser Ausgabe der *perspektivends*.

Unsere Beiträge beruhen z.T. auf der Tagung der Hochschulinitiative Demokratischer Sozialismus e.V., die wir am 15.–17. November 2024 erneut in Birkenwerder gemeinsam mit der Brandenburger Friedrich-Ebert-Stiftung durchführten. Nicht nur Wolfgang Thierse, Hajo Funke, Benjamin Grimm (MdL), Gregor Fitzi, Maja Wallstein (MdB), Carsten Schlüter-Knauer und Gert Weisskirchen lieferten dort weitere wichtige Beiträge.

Die von Lina-Marie Eilers, Hendrik Küpper, Laura Clarissa Loew, Carl Julius Reim und Lukas Thum gestalteten *jungen perspektiven* fragen im Anschluss an Antonio Gramsci nach der Aktualität «kultureller Hegemonie». Wahrlich ein schillerndes Konzept zwischen *Konfrontation und Kommunikation,* im Spannungsfeld zwischen Machtpolitik und demokratischer Überzeugungskraft, für vieles anschlussfähig: Für die SPD wurde Gramsci Mitte der 1980er-Jahre durch Peter Glotz entdeckt[5], Nora Bossong schrieb einen anrührenden Roman über Gramsci[6] und gerade publizierte der postfaschistische Kulturminister Italiens ein positives Buch über Gramsci[7].

Kira Ludwig, Klaus-Jürgen Scherer

5   Vgl. Peter Glotz: *Die Arbeit der Zuspitzung. Über die Organisation einer regierungsfähigen Linken,* Berlin 1984.

6   Nora Bossong: *36,9 Grad,* München 2015.

7   Alessandro Giuli: *Gramsci è vivo. Sillabario per una egemonia contemporanea.* Milano 2024.

Nils Diederich

Wir stehen vor der Wahl

Bundeskanzler Olaf Scholz hat Führungsstärke gezeigt. Endlich, als er seinen Finanzminister rauswarf und damit eine Koalition beendete, die als Zukunftskoalition anspruchsvoll gestartet war, aber in der am Ende nichts mehr zustande zu bringen war. Plötzlich wirkt er kämpferisch und setzt Ziele, an deren Erreichung viele nicht glauben wollen. Er will die CDU in der Wählerschaft überholen und die SPD als stärkste Partei am Ende des nun laufenden Wahlkampfes sehen. Dazu bedarf es Mut und erheblicher Anstrengungen.

Denn die Ausgangslage ist anders als 2021. Damals schien die SPD am Boden, so schwach wie nie zuvor in der Meinung der Wähler. Zweifellos war eine der Ursachen, dass die SPD durch die langjährige Juniorpartnerschaft in der Großen Koalition, in der sie Frau Merkel geholfen hatte, ihre Union auf einen sozialen Kurs zu steuern, für viele Wähler nicht mehr als glaubwürdige Alternative zur CDU/CSU zu erkennen war.

Olaf Scholz, nach verlorener innerparteilicher Wahl wie Phönix aus der Asche zum Kanzlerkandidaten aufgestiegen, hat die Sozialdemokratie 2021 aus dem Jammertal geführt und wieder zur stärksten Partei gemacht, die Union überflügelt. Er erschien vielen Wählerinnen und Wählern als der einzige Kanzlerfähige unter den drei Spitzenkandidaten der großen demokratischen Parteien.

Die jetzt gescheiterte Ampel-Koalition hat durchaus vorzeigbare Leistungen erbracht. Mit dem Überfall auf die Ukraine ist tatsächlich die von Kanzler Olaf Scholz diagnostizierte Zeitenwende eingetreten, die auch die Kalkulierbarkeit der Finanzen durcheinandergebracht hat. Die von Lindner nach dem Verfassungsgerichtsurteil wegen der strikten Schuldenbremse geforderten Einschnitte ins soziale Netz und die Weigerung, andere Auswege zu suchen, haben den letzten Anlass zu seinem von ihm provozierten («D-Day») Rauswurf gegeben.

*

In den Meinungsumfragen, die die Stimmungslage der Wähler im Dezember widerspiegeln, nimmt die SPD einen dritten Platz zwischen zwei anderen Konkurrenzparteien ein: der AfD und den Grünen. Kann es der SPD gelingen, so viele Bürgerinnen und Bürger für sich zu gewinnen, um mit Olaf Scholz wieder den Kanzler stellen zu können? Sie muss ihren Anteil am Wahlvolk ungefähr verdoppeln, um diesem Ziel nahezukommen.

Das deutsche Parteiensystem ist seit geraumer Zeit in Bewegung. Vorbei sind die Zeiten der alten Bundesrepublik, in der zwei große Kräfte den Wählern klare Alternativen anboten. Dazwischen mäanderte die FDP zwischen national, kapitalistisch und sozial, die sich als Koalitionspartner anbot. Es war einmal. Auf der Linken sehen wir derzeit den Zerfall der Linkspartei, einst entstanden aus abtrünnigen Sozialdemokraten und PDS, Nacherbe der SED der DDR. Ihr hat das Wagenknecht-Bündnis viele Anhänger abgezogen, sodass die Linkspartei um den Wiedereinzug in den Bundestag zittern muss. Ob das neue BSW aber den Einzug in den Bundestag schafft, obwohl es anscheinend, besonders in den Ostländern, zusätzliche Anhänger gewann, ist auch noch offen. Es besteht die Gefahr einer großen Zahl verschenkter Stimmen. Bei der FDP sind die Lindner'schen Provokationen der letzten Monate vermutlich dem Versuch geschuldet, verlorene Wähler zurückzugewinnen; ob dies gelingen wird, scheint derzeit fraglich. Die Grünen haben einen festen Wählerstamm. Sie sind Kooperationspartner und Konkurrentin zugleich. Die Sozialdemokratie muss Wählerinnen und Wählern erklären, warum der SPD der Vorzug gebührt.

Die AfD ist indes zu einem stabilen Faktor in der deutschen Parteienlandschaft geworden. Offenkundig hat sie in ihrem Wachstumsprozess verschiedene Wählerschichten mit unterschiedlichen Motivationen an sich binden können. Ausgehend von Eurogegnern über Europaskeptiker zu angstbehafteten Migrationsgegnern haben sich jetzt jene gesellt, die meinen, Deutschland habe nichts mit der Ukraine zu tun und man solle Putin nur machen lassen. Und es hat sich ein rechtsextremer Kern gebildet. Das Wahlverhalten der Deutschen bedarf besonderer Aufmerksamkeit. Die Herkunft der Stimmpotenziale der AfD ist überaus differenziert; sie hat Wähler aller großen Parteien anziehen können.

Eine besondere Schlussfolgerung kann man aus der Betrachtung des langfristigen Trends bei den Stimmungsumfragen für die Parteien ziehen. Es zeigt sich, dass die Summe der zu Gunsten einer der Parteien Gestimmten langfristig sehr stabil geblieben ist und fast nur im Rahmen der Fehlergrenze schwankt (nachzusehen etwa bei *FORSA* 26.11.2024 Grafik «Umfrageverlauf»). Das schließt nicht ständige Wählerwanderungen aus, vor allem zwischen den momentan Entschiedenen und denen, die keine der Parteien am nächsten Sonntag wählen würden. Deren Anteil liegt bei den Umfragen stets um etwa ein Viertel der Wahlberechtigten.

All dies deutet darauf hin, dass eine klare Konfrontation zwischen den beiden großen Kräften dem Wahlvolk die Richtung zeigen muss, in der der Weg in die Zukunft geht.

*

Olaf Scholz hat als Spitzenkandidat der SPD sofort Zeichen gesetzt, indem er den Anspruch auf die Fortsetzung seiner Kanzlerschaft anmeldete und deutlich machte, dass der politische Gegner in diesem Wahlkampf die CDU/CSU mit ihrem Spitzenkandidaten Friedrich Merz ist. Nach kurzem Hin und Her, geschürt von einer auf Klamauk angelegten Publizistik, hat sich die Partei hinter Scholz geschart. Angesichts der Tatsache, dass die SPD, den Zielen Scholz' folgend, ihren Stimmanteil verdoppeln und der CDU Stimmen abjagen muss, ein hochgestecktes Ziel. Dennoch scheint es nicht unerreichbar. Man kann der SPD nur empfehlen, sich darauf zu konzentrieren. Soziale Stabilität und äußere Sicherheit müssen die Kernaussagen der Sozialdemokratie sein. Sie muss klare Eckwerte definieren, ohne die ein Regieren in der nächsten Runde nicht möglich ist.

Die Minderung eines Risikos, in den Ukrainekrieg hineingezogen zu werden, hat hohe Priorität. Deshalb ist richtig, dass die Bundesrepublik solidarisch die Ukraine in ihren Verteidigungsbemühungen unterstützt, zugleich aber die Lieferung von Fernraketen verweigert. Und es ist richtig, dass der Kanzler das Gespräch mit Putin sucht, auch wenn ein Erfolg derzeit noch fern zu sein scheint. Hier unterscheidet sich die SPD deutlich von CDU, Grünen und FDP.

Das soziale Netz muss unversehrt bleiben, auch wenn es Korrekturen bedarf. Dazu gehört auch, dass der Wohnungsbau weiterhin Priorität haben muss und vor allem die aus der Sozialbindung fallenden Wohnungen ersetzt werden müssen.

Deutschland muss seine Position als starke Wirtschaftsnation trotz aller Herausforderungen in der Veränderung der Weltwirtschaft zurückgewinnen. Die Motivation dafür, daran mitzuwirken, muss bei jedem einzelnen Menschen in unserem Lande, der dazu im Stande ist, geweckt werden. Denn was in öffentliche Infrastruktur investiert werden soll, was zur Sicherung des sozialen Systems und des Bildungswesens an Mitteln benötigt wird, muss zuvor erwirtschaftet werden. Migration muss zur Erreichung dieses Zieles dienstbar gemacht werden.

Bei allem wirtschaftlichen und gesellschaftlichen Handeln muss verstärkt dafür gesorgt werden, dass das Gebot der Nachhaltigkeit, d. h. die Schonung natürlicher Ressourcen, zum ökonomischen Handeln gehört. Im Vordergrund steht der Klimaschutz, der nicht in Widerspruch zur Befriedigung wachsender Konsumbedürfnisse geraten darf.

Die Finanzierung staatlicher Aufgaben muss gesichert sein. Dazu gehört eine gerechte Einkommensbesteuerung und eine angemessene Erbschaftssteuerreform.

Es darf nicht vergessen werden, dass ein Grundprinzip sozialdemokratischen Denkens für die Gestaltung einer solidarischen Gesellschaft darauf beruht, dass die Menschheit als soziale Einheit gemeinsam für die Existenzmittel sorgen muss. Anders gesagt: Jeder Mensch muss bereit sein, den Beitrag für die Gesellschaft zu erbringen, den er zu leisten im Stande ist. Gleichermaßen haben alle diejenigen, die dazu nicht in der Lage sind, Anspruch auf solidarische Hilfe. Dies muss als Bestandteil der sozialdemokratischen Erzählung ins Bewusstsein gehoben werden.

*

Wir sind also im Wahlkampf. Wie sang doch die kurzlebige Punkband Fehlfarben vor über vier Jahrzehnten: «Keine Atempause. Geschichte wird gemacht. Es geht voran!»

So kann man also nur noch am Wiederaufstieg dieser geschichtsträchtigen Partei Sozialdemokratie mitarbeiten, die einst auf den Zusammenbruch des Kapitalismus hoffte, nach welchem die Arbeiterklasse die Goldenen Zeiten der dauernden sozialen Gerechtigkeit herstellen sollte, und die zur Partei wurde, die, an den Grundwerten des Godesberger Programms orientiert, all-täglich schrittweise um soziale Reformen kämpft. Dazu muss die Partei Angebote machen, die auch wieder junge Menschen für ihre Ziele begeistern.

Und, es sei wiederholt: Den deutschen Wählerinnen und Wählern muss klar ver-mittelt werden, dass die echte programma-tisch fundierte Alternative zur Union die *Sozialdemokratie* ist. Vielleicht kann es schrittweise gelingen, die Wählerinnen und Wähler der Mitte und links davon wieder hinter eine einzige starke Partei zu versam-meln. Also: *Olaf Scholz und SPD wählen.* ■

Marc Saxer

Neoliberalismus, kalifornischer Liberalismus, Neue Rechte und Sozialdemokratie

Donald Trump erringt einen Erdrutschsieg. Am selben Tag zerbricht in Berlin die Am-pel. Beides wurzelt in der Doppelkrise des Liberalismus: Auf der globalen Ebene läu-tet die Erosion der amerikanischen Hege-monie das Ende der liberalen internatio-nalen Ordnung ein. Die geoökonomischen Schockwellen dieses Umbruchs bringen die Wirtschaftsmotoren der westlichen Volks-wirtschaften zum Stottern. Die daraus re-sultierenden materiellen Verwerfungen und Ängste vor dem sozialen Abstieg sind der Nährboden für die rechtspopulistische Revolte gegen den ausgelaugten liberalen Mainstream.

Es ist also kein Zufall, dass die Ampel am Streit über Lindners wirtschaftsliberale Positionen zerbrach – im Kern geht es um die Frage, wie Deutschland in einem ver-änderten geopolitischen Umfeld bestehen kann.

Die Lösungsansätze könnten kaum unterschiedlicher sein: Lindner setzt auf neoliberale Klassiker wie Steuererleichte-rungen, Entbürokratisierung und Schulden-bremse. Scholz und Habeck verfolgen hin-gegen, was der Wirtschaftswissenschaftler Tom Krebs als «ökonomischen Realismus» bezeichnet – das Eingeständnis, dass marktliberale Rezepte in einer Welt, die vom geoökonomischen Wettbewerb er-schüttert wird, nicht mehr funktionieren können.

Nach der russischen Invasion in die Ukraine haben sich Europa und Russland wirtschaftlich voneinander entkoppelt. Eine vollständige Entkopplung der westli-chen von der chinesischen Volkswirtschaft ist wegen der hohen Verflechtung nicht möglich. Dennoch setzt die Biden-Regie-rung auf Exportkontrollen, Investitionsbe-schränkungen und subventionsgetriebene Industriepolitik, während China mit eige-nen Subventionen und staatlicher Kont-rolle technologische Dominanz anstrebt. Die Überkapazitäten, die China zu Dum-pingpreisen exportiert, zwingen weltweit Industrien in die Knie. Dieser scharfe geopolitische Wettbewerb erhöht den Druck auf Verbündete und Partner, Investitionsentscheidungen aus geopolitischer Perspektive zu treffen. Unternehmen stehen vor der Wahl zwischen rivalisierenden IT-Infrastrukturen, Märkten und Währungssystemen. Die Diversifizierung, vor allem im Hochtechnologiesektor, beschleunigt sich. Am Ende dieser Entwicklung könnten konkurrierende Wirtschaftsblöcke entstehen. Die Globalisierung hat ihren Höhepunkt überschritten.

In ihrer Summe verändern diese Trends die Funktionsweise der Weltwirtschaft. Das Paradigma verschiebt sich von Effizienz zu Resilienz. Marktinteressen haben nun nicht länger Vorrang; das Primat der nationalen Sicherheitsinteressen ist zurück. Der Staat, lange an den Rand gedrängt, übernimmt wieder die Kontrolle. Das neoliberale Modell ist offiziell tot.

In diesem Umfeld übernimmt Donald Trump das Ruder im Weißen Haus. Wie in seiner ersten Amtszeit wird er den wirtschaftlichen Wettbewerb mit harten Bandagen führen – mit China ebenso wie mit vermeintlichen «Trittbrettfahrern» wie Deutschland oder Japan. Die Europäer erhielten bereits mit dem «Inflation Reduction Act», einem Subventionsprogramm für die US-Industrie, einen Vorgeschmack darauf. Teile der deutschen Industrie, ohnehin bereits in schwerem Fahrwasser, werden inmitten des Wettkampfs der Giganten China und USA ums Überleben kämpfen müssen.

Sicherheitspolitisch bedeutet «America First», dass Trump die USA aus kostspieligen Konflikten zurückzieht – notfalls durch Deals wie 2019 mit den Taliban oder durch das Abwälzen der Kosten auf Verbündete. Für Europa bedeutet das, dass die Europäer die Hauptlast für die Unterstützung der Ukraine, die Sicherheit des Kontinents und die Stabilität der Nachbarschaft alleine tragen werden.

Europa, insbesondere Deutschland, muss seine konventionelle Abschreckungsfähigkeit wiederherstellen und die Verteidigungsausgaben deutlich erhöhen, möglicherweise über die NATO-Zielmarke von 2 % des BIP hinaus. Gleichzeitig erfordert die Stärkung des Industriestandorts Deutschland umfangreiche Investitionen in die Infrastruktur (Mobilität, Digitalisierung, Bildung), die Energieversorgung und den Klimaschutz. In den nächsten Jahren könnten sich die notwendigen Investitionen auf etwa 4 % des BIP jährlich belaufen. Innerhalb der Schuldenbremse ist das kaum umsetzbar – sie wird fallen müssen.

Der Streit um die Schuldenbremse zeigt bereits die kommenden Verteilungskämpfe: Wer soll die Kosten tragen? Das untere Drittel der Transferempfänger – das wäre das Ende des Sozialstaates, wie wir ihn kennen. Das mittlere Drittel der Arbeitnehmer durch Steuererhöhungen? Das wäre unvereinbar mit dem geltenden Gesellschaftsvertrag. Oder das obere Drittel der Kapitalbesitzer durch Vermögens- und Erbschaftssteuern? Das wäre das Ende der neoliberalen Verteilungshierarchie in Deutschland. Die Auseinandersetzung um diese Weichenstellungen wird das deutsche Parteiensystem durcheinanderwirbeln; in einigen Jahren wird es, wie bei unseren europäischen Nachbarn, nicht mehr wiedererkennbar sein.

Die Ampel wurde vor der «Zeitenwende» ins Amt gewählt. Seitdem sind die Illusionen in Energie-, Fiskal-, Wirtschafts-, Verteidigungs- und Migrationspolitik zerplatzt. Das Land muss sich fit machen für eine bedrohliche Welt, in der das amerikanische Sicherheitsversprechen nicht mehr unbe-

Marc Saxer

grenzt gilt, in der die globalen Erfolgsbedingungen für das Wirtschaftsmodell wegbrechen, in der die Gesellschaft von heftigen Verteilungs- und Kulturkämpfen zerrissen wird.

Zur Wahl stehen komplett unterschiedliche Wirtschaftsmodelle, die sich nicht nur aus unvereinbaren ideologischen Quellen speisen, sondern auch aus einer grundsätzlich anderen Lesart des geopolitischen Umfeldes begründen. Neben dem «ökonomischen Realismus» und den neoliberalen Konzepten formiert sich unter dem Banner des Trumpismus eine Neue Rechte. Diese betrachtet die Welt als Nullsummenspiel, in dem bedrängte Völker ums Überleben kämpfen. Gegen diese Mischung aus Nativismus, Populismus und Isolationismus findet die demokratische Mitte seit Jahren kein wirksames Mittel.

Wer der Neuen Rechten nicht das Feld überlassen will, darf nicht nur wie das Kaninchen vor der Schlange auf die «Bedrohung der Demokratie von rechts» starren, sondern muss zunächst die Versäumnisse im eigenen Lager beheben. Es muss Schluss sein mit der kulturellen Verachtung der arbeitenden Mitte. Schluss mit ideologischen Projekten, die keinen Bezug zur Lebensrealität der Menschen haben. Schluss mit Sprachspielen und Haarspaltereien, die von der breiten Mehrheit als unaufrichtig empfunden werden. Und Schluss mit dem gegenseitigen Ausspielen identitärer Gruppen.

Auf dem Spiel stehen Wachstum und Wohlstand, sozialer Friede und liberale Demokratie. Bislang haben wir keine Antworten auf die großen Herausforderungen dieser Umbruchzeit. Jenseits ausgelaugter Sprechformeln müssen neue Antworten auf die großen Fragen unserer Umbruchzeit gefunden werden. Wie schafft man Sicherheit in einer Welt nach dem Ende der

Pax Americana? Wie verteidigt man die Stärke des Rechts gegen das Recht des Stärkeren, wenn der frühere Garant die liberale internationale Ordnung selbst infrage stellt? Wie entsteht Wohlstand, wenn sich Volkswirtschaften voneinander abschotten? Wie bekämpft man die Klimakrise, wenn multilaterale Institutionen blockiert sind? Wie können wir Künstliche Intelligenz zum Wohl der Menschheit nutzen, während der Wettlauf um militärische Anwendungen tobt?

Ein zentraler Teil der Antwort muss ein neues Wirtschaftsmodell sein, das auf dem Konto der arbeitenden Mitte einzahlt. Es wird aber mehr brauchen, um der Herausforderung der Neuen Rechten im Inneren, und der veränderten Welt im Äußeren zu begegnen. Der Westen braucht eine neue Leitidee, die den ausgelaugten Liberalismus erneuert.

Der Showdown zwischen Trump und Harris war daher auch aus ideologischen Gesichtspunkten interessant. Denn im Schlagabtausch zwischen dem kalifornischen Liberalismus und der rechtspopulistischen Gegenrevolte könnte eine Vorentscheidung darüber gefallen sein, welche Ideologie nach dem Kollaps des Neoliberalismus zur Leitidee des Westens wird.

Der Neoliberalismus war ein Umbauprogramm des Kapitalismus, das das Primat des Marktes über den Staat und der Kapitaleigner über alle anderen gesellschaftlichen Interessengruppen proklamierte. Sein zentrales Versprechen war, die Eigeninitiative der Marktteilnehmer zu entfesseln und diese als Motor für Innovation und Effizienz zu nutzen – vom daraus entstehenden Wohlstand sollten letztlich alle profitieren (Trickle-down-Effekt). Doch der Neoliberalismus war mehr als nur ein wirtschaftspolitisches Programm zur Deregulierung, Privatisierung, Globalisierung und Finanzialisierung. Er verwandelte Staatsbürger in Konsumenten und Menschen in Leistungsträger, die sich ständig selbst optimieren mussten, um im Wettbewerb «aller gegen alle» bestehen zu können. Dieses Programm, das in Kontinentaleuropa nie vollständig durchgesetzt werden konnte, ist mit der Finanzkrise von 2008 gescheitert.

In den folgenden Jahren wurden die diskreditierten wirtschaftspolitischen Programme im technokratischen Hintergrund fortgeführt. Öffentlich lag der Fokus hingegen stärker auf gesellschaftspolitischen Reformen, wie etwa der Förderung von Vielfalt, Gerechtigkeit und Inklusion. Aus diesem «progressiven Neoliberalismus» (Nancy Fraser) entwickelte sich der Kalifornische Liberalismus. Sein Wirtschaftsmodell orientiert sich weniger am Finanzkapitalismus der Wall Street, sondern am «Techno-Feudalismus» (Yanis Varoufakis) des Silicon Valley. Die «Tech Bros» glauben, dass sie alle großen Probleme der Menschheit – vom Klimawandel über Krankheiten bis hin zur Überalterung der Gesellschaft – durch technologischen Fortschritt lösen können. Gesellschaftspolitisch will der Kalifornische Liberalismus die anti-rassistischen, feministischen und postkolonialistischen Kämpfe aus den Universitäten in den amerikanischen Mainstream tragen. Spirituell ist er in der New-Age-Kultur der Hippies verwurzelt. Deren Ideale der Selbstverwirklichung passen hervorragend zum neoliberalen Imperativ der Selbstoptimierung. Die eiskalte Leere des Geiz-ist-Geil Kapitalismus wird allerdings mit der Wohlfühldecke von Mindfulness, Meditation und Macha-Latte ummantelt. Allen drei Elementen des Kalifornischen Liberalismus ist gemein, dass sie keinerlei Grenzen der menschlichen Selbstverwirklichung

akzeptieren. Die Idee der «Grenze» wird nicht nur von #Noborder- und #Nonation-Aktivisten als Übel angesehen, sondern auch im Silicon Valley, wo an der Unsterblichkeit und an der Singularität gearbeitet wird – dem Moment, in dem Künstliche Intelligenz die Begrenzungen des alten Biohirns hinter sich lässt. In dieser Logik der Entgrenzung reicht bereits ein Sprechakt aus, um das eigene Geschlecht zu ändern. Doch aus der emanzipatorischen Freiheit, alle Grenzen überwinden zu können, entsteht schnell der Druck, dies auch gegen alle Widerstände zu tun.

Aber kann diese Ideologie jenseits von Berkeley und Silicon Valley zur Leitidee des spätkapitalistischen Westens werden? Dafür muss sie in der Lage sein, die Grundfunktionen einer Ideologie zu erfüllen: die Welt zu erklären, Handlungen anzuleiten und die Gesellschaft unter einer gemeinsamen Mission zu einen.

Kann eine Ideologie, in der magisches Wunschdenken – der Sprechakt als Zauberstab – eine so zentrale Rolle spielt, wirklich eine Welt erklären, die unter dem Schock des Einbruchs des Realen in die Welt der Narrative steht? In der heutigen Welt wird wieder gestorben – durch Pandemie und Krieg. Die Körper der Corona-Kranken, der Migranten, der Olympioniken sind hochpolitisch. Wo gestern noch an einer Welt ohne Nationalstaaten gebaut wurde, werden heute überall Grenzzäune und Zollmauern errichtet. Der Optimismus des Kalifornischen Liberalismus, dass der Mensch in der Überflussgesellschaft über alle Begrenzungen hinweg gottgleiche Fähigkeiten entwickeln könne, erscheint in dieser Realität gefährlich naiv.

Kann der kalifornische Liberalismus Orientierung geben in einer Welt nach dem Ende der liberalen Weltordnung? Im Technologiewettlauf mit China setzt Washington auf staatliche Exportkontrollen, Investitionsbeschränkungen und Industriepolitik. Das passt nicht zum libertären Anarchismus der kalifornischen Tech Bros. Der Kalifornische Liberalismus mag die Digitalisierung beschleunigen – doch seine Agenda der Entgrenzung hilft nicht dabei, in einer Welt der Grenzen und Sphären zu navigieren.

Kann der kalifornische Liberalismus den gesellschaftlichen Zusammenhalt zwischen unterschiedlichen Lebenswelten stärken? Die starke Betonung von Gruppenidentitäten verschärft die politische und kulturelle Polarisierung, und hat eine populistische Gegenbewegung hervorgerufen, die mit dem Brexit-Votum und der Wahl Donald Trumps 2016 ihren ersten Höhepunkt erreichte.

Die Revolte des Trump-Proletariats richtet sich gegen das gesamte liberale Establishment in der Politik, der Wirtschaft, den Medien, den Kulturinstitutionen und der Wissenschaft. Dabei geht es nicht nur darum, dass breite Teile der Bevölkerung sich als Leidtragende einer verfehlten neoliberalen Wirtschaftspolitik (Globalisierung und Automatisierung) und progressiven Gesellschaftspolitik (Migration und Identitätspolitik) fühlen. Bezweifelt wird auch, ob die liberalen Eliten die Welt überhaupt noch verstehen bzw. den Willen und die Kraft haben, die Gesellschaft aus der Dauerkrise zu führen. Denn die große Mehrheit der Amerikaner hat längst verstanden, dass die Dinge nicht mehr so weitergehen können wie bisher – und sich ihre Lage wahrscheinlich verschlechtern wird. Sie misstrauen Politik und Medien, weil sie das Gefühl haben, dass ihnen kein reiner Wein über das Ausmaß der Probleme eingeschenkt wird. Und sie haben die Befürchtung, dass sie am Ende wieder einmal die

Dummen sein werden, die die Kosten zu tragen haben. Das ist die Grundstimmung, auf der Trump seine Kampagne baute.

Nun lässt sich trefflich darüber streiten, ob der Kalifornische Liberalismus überhaupt die Leitidee hinter der Agenda von Kamala Harris war oder ob das Problem ihrer Kampagne nicht eher das vollkommene Fehlen irgendeiner Vision jenseits von «Gegen Trump» war. Die wiederholte Unfähigkeit der Demokraten, einen vorbestraften, und in weiten Teilen der Bevölkerung zutiefst unpopulären Polit-Entertainer zu besiegen, verweist auf eine tiefere Schwäche des liberalen Lagers. Dessen identitätspolitischen Versprechungen erreichen nicht einmal mehr die angestrebte Zielgruppe der People of Color – tatsächlich waren es die Stimmen vieler Hispanics, die entscheidend zu Trumps Wahlsieg beigetragen haben. Die Überbetonung von Minderheitenidentitäten half Trump bei der Mobilisierung der zahlenmäßig größten Wählergruppe, der Weißen. Auch das Versagen, die Migrationsfrage – Trumps «Zaubertrank» – zu bewältigen, wurzelt in der Ideologie der grenzenlosen Offenheit. Darüber hinaus hat der «kalifornische» Lebensstil der Küsteneliten viele Menschen in den «Rust Belts» und «Flyover States» gegen sie aufgebracht. Ob bewusst als Agenda oder eher unbewusst als Zeitgeist: Der kalifornische Liberalismus hat Kamala Harris eher geschadet als genutzt. Als elektorale Strategie gescheitert, und als Policy-Kompass ungeeignet für die Welt nach der Zeitenwende erscheint es unwahrscheinlich, dass der Kalifornische Liberalismus sich im Rennen um die neue Leitidee des Westens durchsetzen kann.

Auf der anderen Seite des ideologischen Spektrums vereint der Trumpismus Elemente des Nativismus, Isolationismus und Populismus, die tief in der amerikanischen

Geschichte verwurzelt sind. Eine Trumpistin bringt es auf den Punkt: «Der Globalismus opfert die amerikanische Nation für das Imperium. ‹America First› bedeutet, das Imperium zu opfern, um die Nation zu retten.» Auf der internationalen Ebene wenden sich die Vereinigten Staaten unter Trump von der liberalen Weltordnung ab, die sie selbst gegründet und garantiert hatten. Innerhalb der westlichen Demokratien verliert der Liberalismus nach fast einem Jahrhundert seine Vormachtstellung. An seine Stelle tritt ein Nativismus, der zur Verteidigung der eigenen Lebensart gegen das Fremde aufruft. Und genau hier liegt die geistige Verwandtschaft des Trumpismus mit den ungarischen, russischen oder israelischen Spielarten der Neuen Rechten.

War die Wahl in den USA also eine Vorentscheidung im Rennen um die neue Leitidee Amerikas? Einiges spricht dafür. Kaum zu unterschätzen ist die Unterstützung durch die Galionsfigur des digitalen Kapitalismus Elon Musk. Der Techno-Utopist Peter Thiel prognostiziert, dass Musks Wechsel ins Trump Lager einen Dammbruch ausgelöst hat, und viele Techno Milliardäre Bros ebenfalls die Seiten wechseln werden. Im Auftrag des Präsidenten sollen die Libertären Musk und Vivek Ramaswamy das «Department of Government Efficiency» leiten, dessen Ziel nicht weniger als der totale Umbau des amerikanischen Staates ist. Das elektorale Mandat für diesen radikalen Umbau haben die amerikanischen Wähler erteilt. Donald Trump hat 2024 zum ersten Mal eine Stimmenmehrheit unter den Wahlberechtigten gewonnen. Seine Republikaner kontrollieren nun den Kongress, die Mehrheit der Landesparlamente und durch Nominierungen auch den Supreme Court. Trump dürfte seine Machtfülle nutzen, um die amerikanischen Institutionen von den Vertretern der verhassten «Globalistischen Eliten» zu säubern. Im Vergleich zu seiner ersten Präsidentschaft gibt es nur noch wenige Akteure, die die radikalen Umbaupläne des Präsidenten einhegen könnten. Hat Trump Erfolg, werden die Vereinigten Staaten am Ende seiner Präsidentschaft kaum wiederzuerkennen sein.

Progressiven hierzulande fällt es schwer zu verstehen, dass eine Mehrheit der Amerikaner, vor allem die erschöpfte und versehrte Arbeiterschaft, diesen Kurswechsel herbeisehnt. Eindeutiger könnte die Bankrotterklärung des real existierenden Liberalismus nicht ausfallen.

Der Neoliberalismus ist tot, und der Kalifornische Liberalismus taugt nicht als Ersatz. In Deutschland siecht die Sozialdemokratie, die den Versuchungen dieser beiden Ideologien erlegen ist, vor sich hin. Das Vertrauen vieler Wähler, dass sich die SPD zu einem echten Kurswechsel aufraffen kann, ist tief erschüttert.

Paradoxerweise muss ein erneuerter Liberalismus, der erfolgreich mit der Neuen Rechten um die Stellung als Leitidee des Westens konkurrieren kann, mehr soziale Demokratie wagen. Der Liberalismus des Kalten Krieges hat sich als auf die negative Agenda des Schutzes politischer Freiheiten verengt. Von einer Utopie für eine bessere Gesellschaft, nach der die Fortschrittsgläubigen Aufklärer noch strebten, wollte dieser Liberalismus der Furcht («Liberalism of Fear») nichts mehr wissen. Die marktradikale Agenda des Neoliberalismus beseitigte dann noch die letzten Reste sozialer Verantwortung, präkarisierte weite Teile der Arbeiterschaft und legte die Axt an den Wohlfahrtsstaat. Die verheerenden Folgen dieses Raubtierkapitalismus lassen sich heute überall besichtigen. Quer durch den Westen steigen die ausgezehrten Mittelschichten ab, explodiert die soziale Ungleichheit, und bildet sich eine plutokratische Oligarchie an der Spitze, die den sklerotischen Staat für ihre Zwecke instrumentalisiert.

Die schrillen Warnungen vor dem Ende der liberalen Demokratie klingen in den Ohren der Mehrheit auch deswegen so hohl, weil sie ahnen, dass ihre komatösen Republiken nur noch Fassaden für eine Plutokratie der Milliardäre sind. Diesen gebeutelten Menschen reichen die Trostpflaster des progressiven Neoliberalismus, das Oberdeck der sinkenden Titanic ein wenig diverser zu machen, nicht mehr aus. Sie wollen einen echten Kurswechsel, hin zu einer Ökonomie, die auf das Konto der arbeitenden Mitte einzahlt. Das ist das alte Kernversprechen der Sozialdemokratie, auf das sie sich dringend besinnen muss, will sie nicht untergehen.

Und hier liegt auch die Chance auf die Erneuerung des politischen Liberalismus als Leitidee des Westens. Weg von der ängstlichen, engen Negativagenda des neoliberalen Nachtwächterstaates, zurück zu einer emanzipatorischen, universalistischen Utopie einer besseren Gesellschaft, wie sie in den aufklärerischen Wurzeln des Liberalismus angelegt ist. Ein Liberalismus, der nicht nur die politischen, sondern auch die wirtschaftlichen und sozialen Rechte der Bürger schützt. Ein Liberalismus, der Monopole aufbricht und oligarchischen Einfluss auf die Republik zurückdrängt. Ein Liberalismus, der das Ende der westlichen Hegemonie versteht und mit dem Globalen Süden Partnerschaften auf Augenhöhe schmiedet. Ein Liberalismus, der zu Hause den Rechtsstaat verteidigt und sich – ohne Doppelstandards – für eine regelbasierte internationale Ordnung einsetzt. Kurzum, ein Liberalismus, der die Sorgen und Nöte der Bürger ernst nimmt, und Antworten auf der Höhe der Zeit findet. ∎

Rolf Reißig

Was für eine Zeit, was für eine Gesellschaft?
Zeitdiagnose als Erklärungs- und Orientierungsversuch

Die Frage nach der Situation der Zeit und der Gesellschaft haben sich Menschen – zumindest seit Herausbildung der Moderne – immer wieder gestellt. Und gesellschaftliche Zustände zu bearbeiten, zu beschreiben, zu diskutieren ist seit langem Anliegen verschiedener Zünfte – von Literaten, Journalisten, Künstlern und nicht zuletzt von Soziologen und Philosophen.

Die Frage nach Zeit und Gesellschaft stellt sich heute drängender denn je. Denn diese unsere Zeit ist charakterisiert durch einen Umbruch der Epoche, der Gesellschaft, der Weltordnung. Und angesichts sich zuspitzender Konflikte, Krisen und Kriege nehmen Verunsicherung und Ängste in der Bevölkerung zu. Der individuelle und gesellschaftliche Bedarf an Zeitdiagnosen ist enorm gewachsen. Aber eine öffentliche gesellschaftliche, unvoreingenommene und aufklärende Debatte findet gegenwärtig zu selten und meist nur vereinzelt statt.

Bei Zeitdiagnosen geht es um den Versuch, wie Hegel es formulierte, «Die Zeichen der Zeit» zu verstehen und auf den Punkt zu bringen. Angesichts des heutigen komplexen, widerspruchsvollen und oft auch unübersichtlichen Geschehens gewiss keine leichte Aufgabe, aber doch eine drängende Herausforderung.

Ausgangspunkt gerade für soziologische Zeit- und Gegenwartsdiagnosen sollte nicht zuerst die Theorie, sondern die Praxis, die Realität im nationalen und globalen Rahmen sein. Denn Zeitdiagnosen versuchen den Zustand der Gesellschaft, den kritischen Punkt und möglichen historischen Bruch zu erfassen. Sollen sie doch Orientierungswissen als Angebote zur Deutung gesellschaftlicher Phänomene unterbreiten.

Soziologische Zeitdiagnosen befassen sich daher mit *Gesellschaft* als Ganzes und nicht nur mit bestimmten gesellschaftlichen Teilbereichen. Sie versuchen nicht allein die Augenblickssituation, sondern die Grundzüge der *Epoche* als Zeit- und Handlungsräume zu erfassen. Das erfordert nicht nur nationale Gesellschaften, sondern darüber hinaus die *Weltgesellschaft* in den Blick zu nehmen. Und schließlich sind Zeitdiagnosen bestrebt, Vergangenheit, Gegenwart und mögliche Zukunft zu verbinden.

Zeitdiagnosen liegen auch unterschiedliche Perspektiven zugrunde – sozialökonomische (Wandel von Ökonomie und Politik), sozialstrukturelle (Wandel der Klassen- und Sozialstruktur), soziokulturelle (Wandel der Werte und Einstellungen) oder wie in unserem Fall *sozial-ökologische, d. h. Wandel der Produktions- und Lebensweise*. Bei Letzterem geht es um die zentrale Herausforderung unserer Zeit, um den bis heute entscheidenden Transformations- und Gesellschaftskonflikt, der alle Bereiche unserer Arbeit und unseres Lebens durchdringt, geht es um die gesellschaftliche Auseinandersetzung, die über die Entwicklung und Zukunft unserer Gesellschaft entscheidet. Dieser Konflikt wurde zum Härtetest für Gesellschaft und Akteure.

Was jedoch auch immer sichtbarer wird, ist, dass im Zusammenhang mit dem sozialökologischen Konflikt weitere Konflikte wie der Migrationskonflikt und besonders der globale Konfrontationskonflikt zunehmende Bedeutung erlangen. Auch das wird die Prioritäten von Zeitdiagnosen modifizieren und verändern.

Dass es für Zeitdiagnosen auch des Zugriffs auf gesellschaftstheoretische Grundlagen und der Operation mit bestimmten Grundbegriffen bedarf, ist logisch. Auch Zeitdiagnosen bauen deshalb auf Gesellschaftstheorie, Gesellschaftsanalyse und Gesellschaftskritik auf. Und sie verwenden solche Leitbegriffe wie Epoche, Gesell-schaft, Krise, Bruch, Kipppunkte, Zwischen- und Übergangszeit, Hegemonie, Transformation.

Will man eine aktuelle Zeitdiagnose erstellen, sollte die lange und anregende Tradition soziologischer Zeitdiagnosen nicht fehlen. Hier freilich muss ein knapper Rückblick genügen.

Historische Zeitdiagnosen

Das gilt für die Marxsche «Kapital-Analyse», Tocquevilles Verständnis von «Demokratie als moderne Lebensform» wie Max Webers Credo «Ambivalenzen der Moderne und autonome Lebensführung» (s. dazu auch H.-P. Müller 2021). Mit «Kapitalismus», «Demokratie» und «Selbstentfaltungswerte» wurden damit Markenzeichen der neuen Zeit, der Moderne gesetzt.

Auch das 20. Jahrhundert war geprägt durch die Erarbeitung und Diskussion unterschiedlicher soziologischer Zeitdiagnosen. Dafür stehen unter anderem die von Michel Foucault, Pierre Bourdieu, Antony Giddens (dazu s. Heider 2021) und nicht zuletzt die von Jürgen Habermas und Ulrich Beck.

So verfasste Jürgen Habermas im Jahr 1979 mit *Stichworte zur geistigen Situation der Zeit* gemeinsam mit renommierten Persönlichkeiten seiner Zeit, «eine», wie er selbst definierte, «Zeitdiagnose aus linksintellektueller Sicht». Als Bezugspunkt zu seinem Stichworte-Projekt diente ihm der 1000. Band der in der Sammlung Göschen 1931 erschienene Schrift Karl Jaspers *Die geistige Situation der Zeit* (Jaspers 1931). Manche Aussagen in Jaspers Arbeit, so Habermas, seien obsolet geworden.

Aber: «Nicht obsolet geworden ist die Aufgabe von Intellektuellen, auf Sprünge,

Entwicklungstendenzen, Gefahren, auf kritische Augenblicke .mit Parteinahme und Sachlichkeit, mit Sensibilität und Unbestechlichkeit zu reagieren. Es ist das Geschäft von Intellektuellen, die dumpfe Aktualität bewusst zu machen» (Habermas 1979: 9).

Angesichts der heutigen angespannten und gefahrvollen Situation in Gesellschaft und weltweit, ist dieser damalige Appell von Habermas an die Verantwortung von Intellektuellen aktueller und bedeutsamer denn je. Und auch damals folgten dem Aufruf von Habermas viele renommierte Persönlichkeiten (namentlich Angehörige der Generation der «45er»); darunter die Sozialwissenschaftler Iring Fetscher, Ralph Dahrendorf, Klaus von Beyme, Dieter Senghaas, Urs Jaeggi, Oskar Negt, Wolf-Dieter Narr, Klaus Offe; die Historiker Hans-Ulrich Wehler, Hans Mommsen; die Schriftsteller Martin Walser, Uwe Johnson, Fritz J. Raddatz; die Theologin und Publizistin Dorothe Sölle; die Politiker Horst Ehmke und Peter Glotz.

Auf diese oder jene Weise konstatieren die Autoren der beiden Bände einen Wandel, ja eine Zäsur der «Geistigen Situation der Zeit». Sie reflektieren nach «der kurzen Reformphase vor 1972 und der dann einsetzenden Restaurationsphase eine sogenannte *Tendenzwende*»; und eine «Kolonialisierung der Lebenswelt» (Habermas 1979: 17, 18). Eine «marktliberale, monetäre Wende» à la Milton Friedman zeichne sich ab. Auf diese reagierten die Konservativen mit einer «Rückbesinnung» auf «nichtpolitische Ordnungsprinzipien» wie «Familie, Eigentum, Leistung, Wissenschaft» (Offe, in Habermas 1979: 311); während viele der hier versammelten Intellektuellen trotz der zunehmenden Widerstände und Gegenentwürfe hervorheben, das Ziel reformeri-

schen Wandels, weiterführender sozialer, politischer, gesellschaftlicher Modernisierung mit der Orientierung auf eine offene, freie und demokratische Gesellschaft nicht preiszugeben. Denn wo sich «Regression anzeigt, vollziehen sich auch neue Suchbewegungen» (Habermas: 357). Neue Suchbewegungen nicht zuletzt in sozialen Bewegungen und gesellschaftlichem Protestverhalten (Jaeggi, Narr, in Habermas: 489). Deshalb sei es auch wichtig, «dass eine kritische Soziologie sich immer wieder neu erfindet» (Jaeggi, in Habermas: 472).

«In diesem Band», so resümiert es Jürgen Habermas, «präsentiert sich eine nachdenkliche Linke, ohne Militanz, aber auch ohne Wehleidigkeit oder Resignation, gleich weit entfernt von Gewissheit wie von Unsicherheit» (Habermas: 12).

Bezogen und fokussiert auf eine Gegenwarts- bzw. Zeitdiagnose, lesen sich beide Bände «wie Dokumentationen einer historischen Übergangszeit» (Metzler 2004: 157). Es ist das «Ende der sozialliberalen Reformperiode» (Metzler); das zu Ende gehende Zeitalter des «Fordismus» und des Übergangs zum «Neoliberalismus». Vor allem aber werden die sich wandelnde gesellschaftliche und politische Verfasstheit dieser Zeit, der Wandel auch der Leitideen und des Zeitgeistes recht genau beschrieben. Der große Philosoph verstand sich eben immer auch – und das bis heute – als ein «öffentlicher Intellektueller», deren Zunft eben «die dumpfe Aktualität bewusst zu machen hat».

Mit ihren Konflikt- und Krisendeutungen, mit kritischen Gegenwartsdiagnosen und Zukunftsprognosen deuten diese Zeitdiagnosen der 1970er-Jahre in «Stichworte zur Geistigen Situation der Zeit» schon etwas an («Veränderung tiefgreifender Strukturen»; Habermas: 74), was dann Ulrich Beck mit seiner 1986 erschienenen *«Risikogesellschaft»* zu einer neuen, weiterführenden soziologischen Zeitdiagnose entwickelt.

Die Risikogesellschaft entwickelt sich aus der Dynamik der Industriegesellschaft. Ist die Industriegesellschaft nach Beck das Kennzeichen der Ersten Moderne, so hat sich diese ungewollt durch die latenten Nebenfolgen der Modernisierungsdynamik in eine Risikogesellschaft, ja Weltrisikogesellschaft verwandelt – ein Kennzeichen der Zweiten Moderne. Er verweist in diesem Zusammenhang auf die ökologischen Gefährdungen, die Naturzerstörungen, die akute Reaktorunsicherheit (noch vor Tschernobyl), die zunehmenden Gesundheitsrisiken. Die Annahme, «Technischer Fortschritt gleich sozialer Fortschritt» ist Geschichte geworden. Und der von Beck für die Zeit des Fordismus, des wirtschaftlichen Aufschwungs der 1950er-/1960er-Jahre geprägte Begriff des «Fahrstuhleffekts» nach oben, das heißt eines Zugewinns an Einkommen, Bildung, Mobilität, Massenkonsum für eine Mehrheit der Bevölkerung, ohne die sozialen Ungleichheitsverhältnisse aufzuheben, wirke nicht mehr. Freisetzung geht mit neuen Abhängigkeitsverhältnissen einher (vgl. Volkmann: 40 ff.). Das Ganze erfordere eine «Neuerfindung des Politischen» in Gestalt einer aktiven, mündigen Bürgergesellschaft (Beck 1993). Beck wurde damit zu einem Vordenker des Projekts der «Nachhaltigkeit».

Der Club of Rome hatte jedoch bereits in seinem Bericht von 1972 eine fortschreitende Gefährdung und Zerstörung der ökologischen Kreisläufe diagnostiziert, von Grenzen des Wachstums gesprochen und – falls kein Richtungswandel gelingt – von gefahrvollen Risiken für die gesamte Menschheit gewarnt (Meadows et. Al. 1972).

Genau hier lag – wie der Rückblick noch deutlicher zeigt – mit der ökologischen Krise und der Krise des Fordismus der herangereifte Wendepunkt begründet; vom industriell-fossilen hin zu einem ökologisch-nachhaltigen Entwicklungspfad. In dieser neuen historischen Situation, verbunden mit dem Bericht des Club of Rome, dessen neuartige sozial-ökologischen und politisch-strategische Aussagen und Orientierungen beachtliche internationale Aufmerksamkeit erzielten, verbreitete sich die Kritik am Modell industriell-kapitalistischer Modernisierung und der damit einhergehenden Natur- und Umweltzerstörung, an der Massenproduktion und dem Massenkonsum. Sie ging einher mit der Suche nach Alternativen in Gestalt eines neuen, «grünen Projekts», mit dem zugleich Chancen für die Entfaltung der Persönlichkeit und eine neue Lebensweise erreicht werden sollten. So nahm der «Nachhaltigkeits-Diskurs» vor allem in den 1980er-Jahren einen neuen Aufschwung. Er wurde nicht mehr allein mit Umweltschutz verbunden, sondern als Konzept «Nachhaltiger Entwicklung» (sustainable development) gefasst und bestimmt. Mit dem Brundtland-Bericht von 1987 wurde es zu einem alternativen Paradigma. Einen wesentlichen Beitrag zu diesem neuen zeithistorischen Diskurs leisteten die Arbeiten von Scherer/Vilmar mit ihrem Konzept des «Ökosozialismus» (Scherer/Vilmar 1984) und die von Strasser/Traube mit ihrem alternativen Fortschrittskonzept (Strasser/Traube 1981). Gesellschaftskritik war eng verbunden mit Überlegungen zu einem neuen, zukunftsträchtigen Entwicklungspfad.

Doch wirklich Neues im Sinne der Suche von Gesellschaften nach einem zukunftsfähigen ökologischen Entwicklungspfad, der der neuen Situation entsprechen konnte, wurde kaum sichtbar. Praktische Ansätze in verschiedenen Ländern konnten sich letztlich nicht durchsetzen. Allmählich verwirklichte sich vielmehr ein *marktliberaler Entwicklungsweg* mit einem entsprechenden finanzgetriebenen Akkumulations- und Regulationsmodell. Der Klassenkompromiss wurde aufgekündigt. Das neue Leitbild lautete nun: Markt vor Staat, Individuum vs. Gemeinschaft. Der neoliberale Entwicklungspfad, der die aggressive Naturbeherrschung nicht grundsätzlich änderte, sondern lediglich «verfeinerte», wurde zunächst im Westen und dann nach 1989 auch im Osten hegemonial und erreichte globale Dimensionen. Vor allem die zunehmende Kommodifizierung nun besonders der Natur und ihre Folgen verschärften die ökologische Krise und erforderte ein neues gesellschaftliches Naturverhältnis, eine ökologische Wende.

Der Weg verlief so vom Teilhabekapitalismus zum Finanzmarktkapitalismus, von der «Aufstiegsgesellschaft» zur «Markt- und Konkurrenzgesellschaft». Diese marktliberale Transformation wird zum eigentlichen Wendepunkt im kurzen 20. Jahrhundert. Und die 1970er-/1980er-Jahre werden zum Ausgangspunkt tiefgreifender Umwandlungen, die die Welt des 21. Jahrhunderts bis in unsere Gegenwartsgesellschaft hinein beeinflussten.

Diese ökonomische, soziale, politische Entwicklung stellte auch sozial-kritische und diagnostische Arbeiten vor neue Herausforderungen. Zu überwinden galt es den intellektuellen Mainstream des neoliberalen Zeitalters (Hajek, Friedman) einschließlich der verschiedensten geistigen Anpassungsprozesse in links-liberalen Denkmustern. Notwendig wurde eine kritische und selbstkritische intellektuelle und gesellschaftliche Debatte, ein neues

Narrativ. Auch weil sich die Thesen des renommierten amerikanischen Sozialwissenschaftlers Fukuyamas vom «Ende der Geschichte», der «Großen Gesellschaftsalternativen» (1992) und der globalen Durchsetzung des Gesellschaftsmodells des Westens sich bald an den Realitäten (zer)rieben. Erforderlich wurde ein Such- und Diskussionsprozess auch für eine neue Zeitdiagnose.

Zeit- und Gesellschaftsdiagnose heute

In den 2000er-Jahren entstand in der Tat ein breites Feld ambitionierter gesellschaftsanalytischer, -kritischer sowie -theoretischer Arbeiten. Es geht in diesen Arbeiten nicht vordergründig um Zeitdiagnosen im oben genannten Sinne. Aber ohne sie, ihre Kenntnis lassen sich diese nur schwer erarbeiten. Ihr gemeinsamer Ausgangs-, Dreh- und Angelpunkt ist in dieser oder jener Form die neuartige Krisen- und Konfliktsituation mit ihren Folgen für die Gesellschaft. Hierbei werden jeweils unterschiedliche konstitutive Prinzipien der Gesellschaftsbeschreibung in den Mittelpunkt gestellt. So das Prinzip der «Modernistischen Dynamisierung und Beschleunigung» (Hartmut Rosa 2005, 2016), der «Sozialen Ungleichheiten und Spaltungen» (Thomas Piketty 2014, 2022), der «Singularitäten» (Andreas Reckwitz 2017), der «Anpassung» (Phillip Staab 2022), der «Resilienz» (Jeremy Rifkin 2022), des «Abstiegs» (Oliver Nachtwey 2016), des «Gesellschaftlichen Nervenzusammenbruchs» (Stephan Lessenich 2022).

Meiner Suche nach einer neuen Zeit- und Gesellschaftsdiagnose (s. Reißig 2024) liegt zunächst ein spezifisches Zeitmodell zugrunde, ein doppelter Zeitbegriff. Zum einen: *Zeit als historische Umbruchzeit*, als Übergang zu einer neuen sozialen Formation. Zum anderen: *Zeit als Wechsel sozioökonomischer und soziopolitischer Entwicklungszyklen* innerhalb einer Gesellschaftsformation. Ein solches Zeitmodell ermöglicht den Zugang sowohl zum Verständnis des Geschichtsprozesses als auch der heutigen Zeit.

Zeit historischen Umbruchs

Die heutige Zeit, die heutige Gesellschaft sind m. E. mit *«Zeit historischen Umbruchs»* und mit *«Umbruch-Gesellschaft»* am adäquatesten zu analysieren und zu deuten. Es geht in dieser neuen historischen Epoche des 21. Jahrhunderts nicht mehr allein um innersystemische Spannungen, Konflikte, sondern es geht darüber hinaus um ein neues, zukunftsträchtiges wirtschaftliches, soziales, kulturelles Entwicklungsmodell. In diesem Sinne ist Umbruch (und nicht schlechthin sozialer Wandel) *der* kritische Punkt zeitdiagnostischer Analysen, *das* allgemeine, übergreifende und alles bestimmende Merkmal zur Erfassung dieser heutigen Zeit, dieser heutigen Gesellschaft. In dieser Sichtweise verschränken sich zwei miteinander verbundene Perspektiven: die entwicklungstheoretische Perspektive des Übergangs und Umbruchs und die praxistheoretische Perspektive des Möglichen und Unmöglichen. Mithin die Wechselwirkung von System- und Handlungszusammenhängen (vgl. auch Institut für Sozialforschung/ Perspektiven [IfS] Frankfurt a. M. 2024).

Betrachtet man diese heutige Zeit und die Gegenwartsgesellschaften so offenbart sich ein dreifacher Umbruchprozess: die historische *Epoche*, die nationalen *Gesellschaften* und die bestehende *Weltordnung*

betreffend. Es ist dies ein Einschnitt im *Evolutionszyklus* (Epoche), im *Gesellschaftszyklus* (Wechsel sozioökonomischer und soziopolitischer Entwicklungspfade) und im geopolitischen *Hegemonialzyklus* (Struktur und Machtgefüge der Weltordnung). Das Spezifische dieser gegenwärtigen Zeit ist – wie noch zu zeigen sein wird – die Verschränktheit, ja das faktische Zusammenfallen von Epochen- bzw. Modernebruch, mit dem Wechsel spezifischer innersystemischer sozioökonomischer und soziopolitischer Entwicklungszyklen und mit einem grundlegenden Umbruch der bislang US-dominierenden unipolaren Weltordnung.

Eine Diagnose der Gegenwartsgesellschaft und ihrer Konfliktstrukturen erfordert zunächst die jeweilige *historische Epoche* (Evolutionszyklus), in die die Gegenwartsgesellschaft zeitlich und struktuell eingebettet ist, zu verstehen und zu deuten. Oder anders formuliert: Notwendig ist ein Verständnis unserer Gegenwart als Epoche, als gegenwärtiges Ergebnis eines langen Prozesses der Bearbeitung substanzieller Probleme (Wagner 2024).

Die Geschichte der Gegenwartsgesellschaft beginnt mit der industriellen Revolution in England und der damit einhergehenden Herausbildung der industriellen kapitalistischen Produktionsweise sowie mit der Großen Französischen Revolution und des damit beginnenden Projekts der Moderne und dessen Leitidee von Freiheit, Gleichheit, Brüderlichkeit. Dadurch wurde ein Prozess eingeleitet, der den Boden bereitete für die nachfolgenden wissenschaftlich-technischen, ökonomischen, politischen, sozialen und ökologischen Entwicklungen, Krisen, Brüchen und Umwandlungen, die bis heute so oder so wirksam sind (Middell 2008: 199).

Die heutige Zeit ist nun dadurch charakterisiert, dass im Evolutionszyklus eine lange währende historische Epoche an einen Wendepunkt gelangte und eine neue heranreift, die sich evolutionär herausbildet und so oder so auf Wandel und Umbruch drängt. Wie dieser Umbruch aber verläuft, ob friedlich, transformativ gesteuert und somit mit Zukunft oder zwangsläufig, gewaltsam und ohne echte Perspektive (vgl. auch Paul 2023), ist offen und hängt letztlich vom Handeln der Gesellschaft, der Menschen ab. Denn im Unterschied zum vormodernen Zeitalter (neolithische und industrielle Revolution) erfordert dieser heutige Umbruch der Moderne auf der Grundlage der evolutionären Wandlungsprozesse eingreifendes und gestaltendes Handeln.

Dieser historisch herausgebildete und lange Zeit dominierende Entwicklungspfad der industriell-fossilen Moderne, noch dazu mit seinem expansiven Dynamisierungs- bzw. Steigerungsspiel (Rosa 2005), führt zu immer nachhaltigeren Funktionsstörungen, Konflikten, Risiken und Gefahrenpotenzialen und ist so eigentlich nicht mehr fortführbar – oder nur um den Preis der Selbstzerstörung. Das Besondere dieses Entwicklungsmodells ist, so Hartmut Rosa, dass es sich permanent beschleunigen muss, nur um den Status quo zu erhalten (Rosa 2005, 2016). Soziale Beschleunigung ist zu einem stillen Zwang der Spätmoderne geworden. Dieser permanente Beschleunigungs- und Steigerungszwang, ökonomisch im renditeorientierten Kapitalverwertungsprozess angelegt, erzeugt ein Aggressionsverhältnis zur Welt, provoziert eine fortschreitende Ausbeutung der Natur sowie die Zerstörung der Umwelt und führt zu einer sich vertiefenden ökologischen Krise.

Im historischen Evolutionsprozess steht damit ein tiefer, grundlegender Einschnitt an.

Nach der Neolithischen Revolution (Übergang von der Jäger- und Sammlergesellschaft zur Agrargesellschaft) und der Industriellen Revolution (Übergang zur Industriegesellschaft) geht es nun um eine dritte große Transformation der Menschheitsgeschichte, um einen fundamentalen Wandel des unhaltbar gewordenen gesellschaftlichen Naturverhältnisses und damit der bislang dominierenden Produktions- und Lebensweise. Dieser ist in der Literatur strategisch-konzeptionell begründet (s. Rosa 2005, Wright 2017, Reißig 2009, Brie [Hg.] 2014) und als komplexer gesellschaftlicher Umwandlungsprozess beschrieben (u. a. Schneidewind [Hg.] 2018) und soll hier vorerst mit «postfossiler», «umweltkompatibler», «nachhaltiger», «gemeinwohlorientierter» und «friedvoller» Entwicklung benannt werden. Es handelt sich hierbei um Erfordernisse einer globalen Transformation unter dem normativen Leitbild Nachhaltigkeit (verstanden als Wandel der Wirtschaftsweise, der sozialen Entwicklung und der Lebensweise), wie sie die Weltgemeinschaft (193 Staaten, 2015) mit der UN-Agenda 2030 und ihren 17 Nachhaltigkeitszielen überzeugend beschrieben hat.

Es geht gerade für die Gesellschaften westlichen Typs um den Übergang von der expansiven industriell-kapitalistischen Spät-Moderne zu einer ökologischen und nachhaltigen Entwicklungsweise, um Herausforderungen, mit denen sie es in dieser Art und Weise noch nie zu tun hatten. Zumal dieser Übergang zugleich mit einer «Produktivkraft-Revolution» (Digitalisierung, Kybernetik, KI) verbunden ist.

Unsere Zeit ist jedoch nicht allein durch einen historischen Epochenbruch des hier thematisierten industriell-fossilen Entwicklungsmodells gekennzeichnet, sondern auch durch einen Umbruch der globalen Welt, der Weltgesellschaft als Ganzem. Klima, soziale Polarisation, Energie, Nahrungsmittel, Migration und Fluchtbewegungen als die großen Herausforderungen des 21. Jahrhunderts zwingen zur globalen Kehrtwende. Denn die Weltgesellschaft steht in ihrer heutigen Verfasstheit vor einer «Scheidewegsituation» (Club of Rome 2022), ja vor einem Kipppunkt. Das Schlüsselwort dieser Zeit heißt daher kooperative Zusammenarbeit, heißt Nachhaltigkeitstransformation weltweit, global. Eine Zeitdiagnose schließt daher jede eurozentristische Sicht aus.

Die für eine Zeitdiagnose konstitutive These von einer «Zeit historischen Umbruchs» und einer «Umbruch-Gesellschaft» ist deshalb nicht die Fixierung subjektiver Zustände, sondern widerspiegelt die Eigenlogik epochaler und zeithistorischer Entwicklungsverläufe.

Zeit gesellschaftlicher Entwicklungszyklen

Eine Zeitdiagnose muss in einer solchen Situation vor allem fragen, wie die jeweiligen Gesellschaften, ihre Subjekte und Akteure mit dieser Umbruchsituation, mit dieser historischen Herausforderung umgehen. Werden diese überhaupt wahrgenommen und gelingt es, diese Wandlungs- und Umbruchprozesse friedlich, im Konsens und transformativ gestaltend sowie mit sicherer Zukunft zu bewerkstelligen, oder vollziehen sich diese Prozesse eher zwangsläufig, chaotisch, gar gewaltsam und ohne echte Perspektive.

Dieser Frage nachzugehen erfordert erst einmal, den Blick auf die Welt des 21. Jahrhunderts und insbesondere auf die Verfasstheit der darin «eingebetteten» Gegenwartsgesellschaften zu richten. Seit Beginn des 21. Jahrhunderts ist die Welt eine andere geworden, global und auch hierzulande. Eine lange Welle des Wechsels und der Abfolge sozioökonomischer und soziopolitischer Entwicklungszyklen findet vorerst einen (zumindest relativen) Abschluss. Für die Zeit nach dem Ende des Zweiten Weltkrieges lassen sich im Prinzip für alle westlichen Gesellschaften zwei solche aufeinanderfolgende Entwicklungszyklen/-Pfade identifizieren: Zum einen der, der mit der New Deal-Transformation (beginnend in den USA der 1930er-Jahre und nach dem 2. Weltkrieg sich auch in Westeuropa, Westdeutschland, Japan und weiten Teilen Asiens verbreitend) und den skandinavischen Sozialstaatsmodell sich vollzogene Übergang zu einem «Teilhabekapitalismus» (Busch/Land 2013) bzw. zur «Sozialen Moderne» (Nachtwey 2016). Zum anderen der, der sich seit Mitte/Ende der 1970er-Jahre durchsetzte und als ein «Marktradikaler/Neoliberaler Pfad» bezeichnet wird.

Die heutige Zeit ist nun charakterisiert durch die Erosion dieses jahrzehntelang dominierenden neoliberalen Regulations- und Entwicklungspfades und die Entstehung einer sogenannten Zwischen- bzw. Übergangszeit. Zeitdiagnostisch können diese Entwicklungszyklen auch als *«Aufstiegsgesellschaft»* (nach 1945), als neoliberale *«Marktgesellschaft»* (seit den 1980er-/1990er-Jahren) und heute als eine umkämpfte postneoliberale *Übergangs- bzw. Umbruchgesellschaft* definiert werden. All dies waren Wandlungen innerhalb der bestehenden Gesellschaftsformation, aber doch mit beachtlichen Veränderungen von Produktion, Arbeit, Kultur und Lebensweise verbunden (s. auch Reißig 2019: 43–65).

Neue gesellschaftliche Entwicklungsperiode – neue Chancen und Blockaden

Doch immer deutlicher wurde, dass nun im 21. Jahrhundert grundlegendere sozioökonomische und soziopolitische Wandlungen und gesellschaftliche Veränderungen anstehen. Den Schnittpunkt dieser Entwicklung bildet die weltweite Finanz- und Wirtschaftskrise 2007/2008, die den finanzmarktgetriebenen Entwicklungspfad in ein tiefes Dilemma stürzte. Im Rückblick erweisen sich die vergangenen eineinhalb Jahrzehnte als eine neue gesellschaftliche Entwicklungsperiode, als ein beginnendes «post-neoliberales Zeitalter», das mit neuen Chancen und Risiken einhergeht.

So eröffnete die einsetzende Erosion des bislang global und national dominierenden marktliberalen Entwicklungspfades potenziell neue Möglichkeiten hin zu einem Weg sozial-ökologischer Wandlungen. Denn die Reserven des Neoliberalismus waren erschöpft, seine Versprechungen nach mehr Freiheit und Wohlstand verloren an Wirkung. Der Markt, auf den alles konzentriert war, versagte. Die weltweite Finanz- und Wirtschaftskrise mit ihren Folgen wurde nun auch physisch wahrnehmbar und spürbar. Ein gesellschaftliches Gefühl, dass etwas zu Ende geht und etwas Neues erforderlich, aber auch möglich wird, machte sich breit. Die gesellschaftlichen Protestbewegungen wuchsen mehr und mehr an und erlangten erstmals wieder globalen Charakter (u. a. Weltsozialforen, weltweite Occupy Wall-Street-Bewegung). Nachhaltigkeit, Ökologie, Umwelt wurden zu wichtigen gesellschaftlichen Themen. Das Magazin *Die Zeit* erschien im August 2007 unter dem Aufmacher «Deutschland rückt nach links» und begründete dies mit der Zustimmung von Mehrheiten für soziale Gerechtigkeit, für einen Sozialstaat, für Erweiterung des Gemeineigentums (*Die Zeit* Nr. 33/2007). Das Thema «Transformation» – nun nicht mehr als «postsozialistische Anpassungs-Transformation» im Osten, sondern als Suche nach einem zukunftsfähigen Entwicklungsmodus in der westlichen und globalen Welt – kehrte in die Zeitgeschichte zurück (u. a. Reißig 2009; WGBU 2011; Club of Rome 2012). Umwelt- und Klimaschutz, Transformation der Energiesysteme gewannen in der Folgezeit selbst bei staatlichen Akteuren an Relevanz («Grüne Transformation»).

Wie sich heute jedoch zeigt, konnte sich trotz zunächst gegebener Öffnungschancen und erster Transformationsschritte ein solch neuer, öko-sozialer Entwicklungspfad bislang gesellschaftlich nicht durchsetzen. Das 21. Jahrhundert bekam ein anderes Gesicht. Die Dringlichkeit gesellschaftlicher Umwandlungen nahm mit der neuen Krisen- und Konfliktsituation weiter zu, doch zugleich verstärkten sich auch die diesen entgegen gesetzten Blockaden und führten zu Stillstand und gar Rückschritten bei der Bewältigung der sozial-ökologischen Herausforderungen, so auch die UN 2023. Die Frage ist, wie es kommt, dass eine hochgradig von Widersprüchen, Krisen, Pandemien, sozialen und ökologischen Gefährdungspotenzialen geprägte Gesellschaftsform sich immer wieder von Neuem reproduzieren kann. Dies steht – und jetzt mehr denn je – im Raum und bedarf neuer Überlegungen und Forschungen. Gut, dass auch das renommierte – einst von Horkheimer, Adorno und Marcuse geprägte – IfS Frankfurt a. M. sich dem künftig ernsthafter annehmen will. An dieser Stelle soll und kann nur in Stichworten aus einer zeitgeschichtlichen Perspektive angedeutet werden, wo der Verfasser dieser Zeilen Ursachen einer solch regressiven Entwicklung, eines solch veränderten Gesellschaftszustandes sieht:

- In den Mittelpunkt dieser neuen postneoliberalen Entwicklungsperiode rückten dann jedoch nicht die sozial-ökologischen Transformationserfordernisse und -schritte, sondern ein Krisenmanagement. Denn die weltweite Finanz- und Wirtschaftskrise 2007/2008 wurde zum Auftakt neuer Krisen in der Folgezeit: Eurokrise, Migrationskrise (2015), Coronakrise (2020 ff.), Energie- und Rohstoffkrise und die alles überwältigende Ökologie- und Umweltkrise. In dieser aufbrechenden, neuartigen «multiplen Krise» bzw. «Polykrise» (Adam Tooze) gewannen vor allem konservative und regressive Kräfte mit ihrer Art der Krisenpolitik, d. h. Versuche einer Stabilisierung des Alten vor Umbau zum Neuen, national und international die Dominanz.

- Die später in Regierungsverantwortung gelangten sozialdemokratischen und grün-liberalen Kräfte vermochten jedoch nicht, ihr Vorhaben im Koalitionsvertrag 2021 (Transformation, Grüne Modernisierung, Respekt als Anerkennung und Teilhabe, individuelle Entfaltungsmöglichkeiten) als ein Konzept ökologisch-sozialer Transformation zu entwerfen, zu kommunizieren und schrittweise in die Praxis umzusetzen. Die damit gegebene Chance für ein hegemoniales Projekt wurde vergeben. Statt Steuerung und Regulierung des zugegebenermaßen schwierigen Umbaus zunehmende Verunsicherung, Ampelstreit, Rückwärtsgang. Unberücksichtigt blieben auch die Erfahrung und Erkenntnis, dass ein ökosozialer Umbau Gewinner und Verlierer hervorbringt und ohne eine Politik der

Klimagerechtigkeit und der sozialen Abfederung nicht zu bewerkstelligen ist.

- Die Reform- und Transformationskräfte brachten schließlich kein breites gesellschaftliches Wandlungsbündnis zustande und gerieten mit ihrem Projekt und ihren Botschaften allmählich in die Defensive.

- Mit dem Ukraine-Krieg und der damit einhergehenden globalen und insbesondere Ost-West-Konfrontation, Militarisierung und Aufrüstung entstand das Gegenstück und der Bremsklotz für eine Nachhaltigkeitstransformation im globalen und nationalen Maßstab – und das nicht als allgemeine Annahme, sondern als täglich zu erlebende Praxis.

- Schließlich, doch nicht zuletzt, vollzog sich ein tiefgreifender Wandel der geistigen Situation (vgl. auch Habermas 1979) in der Gesellschaft, nur dieses Mal viel gravierender: Klimakrise und sozialökologische Wende gerieten in der öffentlichen Debatte in den Hintergrund, Migration und Sicherheit in den Vordergrund; Aufstieg des Rechtspopulismus im nationalen, europäischen und internationalen Maßstab; angesichts von Krisen, Pandemien und Kriegen zunehmende Ängste und Verunsicherungen in der Bevölkerung bei gleichzeitiger Einengung des öffentlichen Diskussionsraumes; der historisch-soziologisch bestimmte Begriff der «Zeitenwende» (s. auch Sabrow 2024) als Epochen- und Gesellschaftsumbruch wurde infolge des Ukraine-Krieges strategisch-politisch umgedeutet und so u. a. anstelle von «Transformationsfähigkeit» «Kriegsfähigkeit» gesetzt; statt Green Deal (EU) globale Konkurrenz; und nicht zu übersehen die Wandlungen in der politischen Kultur, wo der politische Gegner zum Feind erklärt wird (u. a. und besonders USA).

Gegenwartsgesellschaft und mögliche Entwicklungsperspektiven

Der Blick auf die Gegenwartsgesellschaft ist hierbei nicht allein auf Deutschland gerichtet, sondern auf die «Westliche Gesellschaft» (vor allem auf Europa, USA, Japan, Australien) insgesamt, die – trotz vieler Unterschiede – gegenwärtig überall ähnlichen Wandlungen, Problemen, Herausforderungen ausgesetzt ist. Und der Wandel des Westens ist wiederum nur innerhalb eines globalen Rahmens zu verstehen und zu deuten (s. auch Reckwitz 2019: 16, K.-W. Brand 2017).

Eine aktuelle Gegenwartsdiagnose kommt deshalb nicht um die Feststellung umhin: Die auf der historischen Umbruch-Agenda stehende Öffnung zu einem nachhaltigen, sozial-ökologischen Entwicklungspfad hat sich bislang nicht vollzogen. Dies ist machtzentriert, ökonomisch, politisch und nicht zuletzt kulturell-mental begründet. Aus der Umbruch-, Übergangsgesellschaft wurde (trotz der einst «geöffneten Türen» und erster praktischer Schritte) keine Gesellschaft der Nachhaltigkeit. Die herrschende Eigenlogik sich modernisierender systemischer Entwicklung des Bestehenden war (wieder einmal) stärker. Doch, so wie es heute ist, muss es nicht bleiben. Die «Nicht-Nachhaltigkeit» und das «Weiter so» auf Dauer festzuschreiben und das endgültige Aus des Sozial-ökologischen Projekts auszurufen (u.a. Blühdorn 2024) ist m.E. ebenso einseitig wie eine fortgesetzte Verkündung hoffnungsfroher sozialökologischer Transformationsbotschaften ohne Realitätsbezug. Ja, die gegenwärtige Situation ist in der Tat durch eine doppelte Krise gekennzeichnet: Krise der bestehenden Ordnung der Nicht-Nachhaltigkeit und zugleich der

des Projekts der Nachhaltigkeit (Blühdorn 2024). Doch die Bedingungen sind heute für unterschiedliche Entwicklungsrichtungen noch immer gegeben: für post-fossile, sozial-ökologische und grün-kapitalistische wie für fossile, regressive, aber auch für autoritäre und gewaltsame Fortschreibung des Bestehenden bzw. für das Entstehen ganz neuer Formen im politischen und sozialen Machtgefüge. Es sind eben nicht theoretische Annahmen, sondern die Praxis, die letztlich über die weitere Entwicklung entscheidet. Die Menschen selbst, die handelnden Akteure können, wie die Geschichte verdeutlicht, Verhältnisse ändern.

Und der Blick auf die Gegenwartsgesellschaft zeigt, dass tatsächlich unterschiedliche, ja gegensätzliche Kräftegruppierungen und Bewegungen mit ihren jeweiligen Projekten um gesellschaftlichen Einfluss und um die Ausrichtung des künftigen Entwicklungsweges ringen. Ich nenne sie verkürzt und etwas idealtypisch: Zum einen die *regressive, populistisch-nationalistische Bewegung* mit ihrer Verteidigung der fossilistischen Produktions- und Lebensweise und ihrem «Zurück in die Vergangenheit und in die gute alte Normalität». Sie ist national, europaweit und global weiter gewachsen, doch auch die Gegentendenzen sind stärker geworden.

Zum anderen: die *Anpassungsbewegung* sowohl sozialliberaler, grün-liberaler und konservativer Ausrichtung. Sie versucht, bei allen Differenzen und Unterschieden, die Krisen zu managen, neue Akkumulationsfelder zu erschließen und Zukunft als «Dekarbonierter Kapitalismus» oder als «Green Deal» zu erschließen. Sie setzen vorwiegend auf technologische und marktorientierte Krisenlösungen und Entwicklungswege – und damit letztlich auf Negierung der erforderlichen sozialökologischen Umwandlungen. Mehr noch – der Verzicht der liberalen Mitte auf eine Politik des «Weiter so» wird zur Voraussetzung, um eine nicht-nachhaltige und autoritär-populistische Entwicklung zu verhindern.

Und schließlich die *«Reform- und Transformatorische Bewegung»* mit ihren langfristigen Konzepten auf eine an Nachhaltigkeit und Gerechtigkeit gerichteten Entwicklung. Sie bildet gegenwärtig – trotz vielfältiger Verankerung in ökologischen und sozialen Bewegungen, Verbänden und Kreisen der Wissenschaft und Kultur – jedoch im politischen und gesellschaftlichen Raum eine Minderheit und ist nach wie vor in der Defensive.

Das Potenzial gegen sozial-ökologische Umwandlungen ist beachtlich und reicht von den konservativ-fossilistischen Kräften im ökonomischen und politischen Machtbereich und in sozialen Milieus bis hin zu den im Aufwind befindlichen autoritär-rechtspopulistischen Kräften.

Noch aber hat sich hierzulande bislang kein Entwicklungspfad als hegemonialer Entwicklungspfad durchgesetzt. Noch hat sich auch keine hegemoniale gesellschaftliche Akteurskonstellation herausgebildet. Aus heutiger Sicht (national und global) sind m. E. deshalb unterschiedliche künftige Entwicklungsperspektiven möglich: sowohl eine «dekarboniert-kapitalistische»; wie eine «nicht-nachhaltige, autoritär-populistische», aber auch eine «nachhaltig-resiliente mit sozial-libertären Elementen» ist noch denkbar. Dabei ist auch eine Entwicklungsrichtung als Kombination dieser Pole denkbar.

Auch für den Club of Rome bleibt die Frage nach dem künftig dominierenden Entwicklungspfad heute noch offen: «Wir stehen an einem Scheideweg – doch es ist noch nicht zu spät», wenn die Weichen im nächsten Jahrzehnt in Richtung eines ökologischen und sozialen Entwicklungspfades gestellt werden (Report 2022). Angesichts der sich verschärfenden Klimakrise, die unser aller Lebensgrundlagen bedroht (IPCC 2023), gewinnen heute die Eindämmung des Klimawandels und der fortschreitenden Erderwärmung und angesichts von Hitzewellen, Flutkatastrophen, Überschwemmungen, Wirbelstürmen vor allem eine Klimaanpassung eine zentrale Bedeutung (Beckert 2024). Dies wäre zwar noch nicht die Realisierung eines sozialen und ökologischen Entwicklungspfades, aber ohne diese wird es keinen neuen Pfad geben. Experten sprechen deshalb trotz der angespannten Situation heute von einem «Klimajahrzehnt» (Held 2023) und hinsichtlich eines Übergangs vom fossilen zu einem post-fossilen Entwicklungsweg von einem «Transformationsjahrzehnt» (Merkel 2023).

Da die entsprechenden naturwissenschaftlichen Erkenntnisse, die technologischen Verfahrensweisen und auch die finanziellen Mittel (z. Z. liegen nach Angaben der Schweizer Bank UBS 454 Billionen US-Dollar als angehäuftes privates Kapital weltweit vor) für die Inangriffnahme dieser zentralen Vorhaben vorhanden sind, liegt der Schlüssel dafür letztlich in der Gesellschaft (oben wie unten); im politischen Willen und Handeln, diesen Umbau tatsächlich in Angriff zu nehmen (s. auch Neckel 2023). Doch daran mangelt es gegenwärtig beträchtlich, nicht zuletzt strukturell bedingt.

Abwarten und Passivität oder gar das Setzen auf eine Apokalypse wären die falsche Antwort. Da sich deutlich gezeigt hat, dass eine sozial-ökologische Transformation nicht als *ein* Programm, *ein* großes Projekt realisiert werden kann, sind mehr denn je Prioritäten, offene, flexible Einzelprojekte, machbare Alternativen gefragt, deren Umsetzung in dieser Scheidewegsituation dringend geboten und für die auch Mehrheiten noch immer zu gewinnen sind. Die Erfahrungen gerade auch der jüngsten Zeit belegen zugleich, nichts wird sich nach vorn bewegen, wenn die Ökonomie des Alltagslebens, die Probleme und Bedürfnisse der Menschen unberücksichtigt bleiben oder gar gegen diese verstoßen wird. Hierbei – und das wäre eine weitere Schlussfolgerung – sollte praktisches Alltagshandeln durchaus in eine längerfristige Reformperspektive und in ein überzeugendes, optimistisches Zukunftsnarrativ «eingebettet» sein; wie es mit «Gutes und sicheres Leben für alle» im Rahmen der ökologischen Grenzen definiert wird. Eben das, was auch die UN-Nachhaltigkeitsagenda 2030 für alle Regionen der globalen Welt festhält.

Heute gewinnen besonders auch für linke Reformkräfte Zukunftsnarrative – noch dazu in einer Zeit, wo die Politik ohne Leitbild agiert (Welzer 2023) und auch kritisches Zukunftsdenken und linke Narrative sich seit Längerem in der Defensive befinden – eine neue strategische Bedeutung (s. dazu auch *perspektivends* 1/24). Und gerade «der nachhaltige Umbau von Wirtschaft und Gesellschaft» braucht «ein überzeugendes Metanarrativ, das die ökologische Wende mit Kapitalismuskritik und Gerechtigkeitsversprechen verknüpft» (Scherer 2024: 72).

Im Sinne Ernst Blochs geht es um eine Form von Zukunftsdenken, von utopischem Denken, das auf dem im Gegenwärtigen auffindbaren, unverwirklichten Möglichkeiten beruht (Bloch 1954).

Angesichts der heutigen angespannten und gefahrvollen globalen Situation müssen Zukunftsnarrative jedoch zugleich die Orientierung auf Erhalt und Bewahrung des Lebens priorisieren. D. h. eine neue globale Blockkonfrontation zu verhindern, die Kriege in der Ukraine, im Nahen Osten und weltweit schnellstmöglich zu beenden und zu dem alten und wieder so aktuell gewordenen Leitmotiv «Frieden und Entwicklung» zurückzukehren. Nur wenn das gelingt, werden einer nicht-nachhaltigen, autoritär-populistischen Entwicklung der Boden entzogen und Voraussetzungen einer sicheren Zukunft und eines gelingenden Lebens für alle Menschen geschaffen.

Fazit

Zeitdiagnostisch befinden wir uns also nicht nur in einer Übergangs- bzw. Zwischenzeit, sondern zugleich in einer Scheidewegsituation. Das Projekt der Nachhaltigkeit, einer Sozial-ökologischen Transformation hat sich bislang nicht durchgesetzt und bestimmt gegenwärtig auch nicht (mehr) die öffentliche Debatte. Der soziologische Nachhaltigkeitsdiskurs reagiert darauf mit unterschiedlichen Zukunftsszenarien: mit der Diagnose einer Stabilisierung und einer Politik *der Nicht-Nachhaltigkeit* (Blühdorn 2024); eines sich durchsetzenden Regimes der *Anpassung* (Staab 2022); und selbst eines infrastrukturellen und gesellschaftlichen *Kollapses* infolge des Überschreitens von absoluten ökologischen und sozialen Kipppunkten (vgl. dazu Adloff 2022).

Aber anderseits eben auch mit der Hoffnung und Orientierung auf *nachhaltige Wege* aus dem Zustand der heutigen Umbruch- bzw. Übergangsgesellschaft. Denn die großen Krisen – Umwelt, Klima, soziale Spaltung, Demokratie, Krieg, Flüchtlingsströme – sind nicht verflogen und die gro-

Rolf Reißig

ßen Herausforderungen einer Nachhaltigkeitstransformation im 21. Jahrhundert bleiben bestehen.

Was daher in diesem, unserem Jahrzehnt geschieht, dürfte für lange Zeit die künftige Entwicklungsrichtung bestimmen. Das betrifft nicht allein die so wichtige «geistige Situation der Zeit» (Habermas), sondern auch den demokratischen, sozial-ökologischen Entwicklungspfad überhaupt, der im Mittelpunkt dieser Zeitdiagnose stand. So oder so, das Gesicht der künftigen Gesellschaft wie auch das der Weltordnung wird ein anderes sein, als wir es bisher kannten. Insofern wird dann auch eine analytische und konzeptionelle Weiterentwicklung der «Zeitdiagnose» unabdingbar, um die neuen «Zeichen der Zeit» zu verstehen und auf den Punkt zu bringen.

Literatur

Adloff, Frank (2022): «Gesellschaftlicher Kollaps und Kollapsologie», in: Ibrahim, Youssef; Rödder, Simone (Hg.): *Schlüsselwerke der sozialwissenschaftlichen Klimaforschung*; S. 339–347. Bielefeld.

Beck, Ulrich (1986): *Risikogesellschaft. Auf dem Weg in eine andere Moderne.* Frankfurt a.M.

Beck, Ulrich (1993): *Die Erfindung des Politischen.* Frankfurt a.M.

Beckert, Jens (2024): *Verkaufte Zukunft. Warum der Kampf gegen den Klimawandel zu scheitern droht.* Frankfurt a.M.

Blühdorn, Ingolfur (2024): *Unhaltbarkeit. Auf dem Weg in eine andere Moderne.* Frankfurt a.M.

Brie, Michael (Hg.) (2014): *Futuring. Perspektiven der Transformation im Kapitalismus über ihn hinaus.* Münster.

Club of Rome (2012): 2052. *Der neue Bericht.* Berlin.

Club of Rome (2022): *Report.* Berlin.

Die Zeit, Nr. 32, 9.8.2007. Hamburg.

Habermas, Jürgen (Hg.) (1979): *1. Band: Stichworte zur Geistigen Situation der Zeit; 2. Band: Politik und Kultur.* Frankfurt a.M.

Held, Hermann (2023): Referat: «Möglichkeiten und Grenzen des grünen Kapitalismus im Schatten der Klimakrise». Nachhaltigkeitskonferenz September 2023 an der Universität Hamburg (online). Hamburg.

Heiser, Patrick (Hg.) (2021): *Soziologische Zeitdiagnosen in der Mitte des 20. Jahrhunderts bis heute.* Fernuniversität Hagen.

Institut für Sozialforschung – *Perspektiven 2024.* Frankfurt a.M.

IPCC (2023): *Climate Change 2023.* Synthesis Report. Genf.

Lessenich, Stephan (2022): *Nicht mehr normal. Gesellschaft am Rande des Nervenzusammenbruchs.* Berlin.

Meadows, Donella H. et. al. (1972): *Grenzen des Wachstums.* Stuttgart.

Merkel, Wolfgang (2023): «Transformation(en) des Kapitalismus. Visionen und Strategien für das postfossile Zeitalter», in: *Neue Gesellschaft / Frankfurter Hefte* H. 11, S. 29–35. Frankfurt a.M.

Metzler, Gabriele (2004): Pathos der Ernüchterung. Zeitdiagnostische «Stichworte» vor 25 Jahren, in: *Zeithistorische Forschungen*, H. 1, S. 154–158.

Middell, Matthias (2008): «Neue Trends der Weltgeschichtsschreibung», in: Eichhorn, Wolfgang / Küttler, Wolfgang (Hg.) (2008): *Was ist Geschichte. Aktuelle Entwicklungstendenzen von Geschichtsphilosophie und Geschichtswissenschaft*: 181–2002. Berlin.

Müller, Hans-Peter (2021): *Krise und Kritik. Klassiker der soziologischen Zeitdiagnose.* Berlin

Nachtwey, Oliver (2016): *Die Abstiegsgesellschaft. Über das Aufbegehren in der regressiven Moderne.* Berlin.

Neckel, Sieghard (2023): «Das Dilemma der sozial-ökologischen Gleichzeitigkeit», in: *Merkur*, H. 894, S. 4–14.

Paul, Axel T. (2023): «Zeitenwende – politisch, historisch, evolutionär». Essay 20.7.2023, in:

Plattform: Soziopolis (online). perspektivends H. 1/2024. Marburg.

Piketty, Thomas (2014): Das Kapital im 21. Jahrhundert. München.

Piketty, Thomas (2022): Eine kurze Geschichte der Gleichheit. Berlin.

Reckwitz, Andreas (2017): Die Gesellschaft der Singularitäten. Berlin.

Reißig, Rolf (2009): Gesellschafts-Transformation im 21. Jahrhundert. Ein neues Konzept sozialen Wandels. Wiesbaden.

Reißig, Rolf (2019): Transformation von Gesellschaften. Eine vergleichende Betrachtung von Geschichte, Gegenwart und Zukunft. Marburg.

Reißig, Rolf (2024): Die Umbruch-Gesellschaft. Anatomie einer Zeit- und Gesellschaftsdiagnose. Hamburg.

Rifkin, Jeremy (2022): Das Zeitalter der Resilienz. Frankfurt a. M.

Rosa, Hartmut (2005): Beschleunigung. Die Veränderung der Zeitstruktur in der Moderne. Frankfurt a. M.

Rosa, Hartmut (2016): Resonanz. Eine Soziologie der Weltbeziehung. Berlin.

Sabrow, Martin (2023): Zeitenwende in der Zeitgeschichte. Berlin.

Schneidewind, Uwe (2018): Die große Transformation. Eine Einführung in die Kunst gesellschaftlichen Wandels. Wiesbaden.

Scherer, Klaus-Jürgen (2024): «Radikaler Reformismus für das Überleben. Sozialdemokratisches Narrativ in der Umweltkrise», in: perspektivends 1/24, S. 58–75. Marburg.

Scherer, Klaus-Jürgen / Vilmar, Fritz (1984): Ein alternatives Sozialismuskonzept: Perspektiven des Ökosozialismus. Berlin.

Staab, Phillip (2022): Anpassung. Leitmotiv der nächsten Gesellschaft. Berlin.

Strasser, Johano / Traube, Klaus (1981): Die Zukunft des Fortschritts. Der Sozialismus und die Krise des Industrialismus. Bonn.

UN (2015): SDG: Ziele für eine nachhaltige Entwicklung. Agenda 2030. Berlin.

Volkmann, Ute (2007): «Das schwierige Leben in der ‹Zweiten Moderne›. Ulrich Becks ‹Risikogesellschaft›», in: Schimank, Uwe / Volkmann, Ute (Hg.): Soziologische Gegenwartsdiagnose II, S. 23–46. Opladen.

Wagner, Peter (2024): Essay in Plattform «Soziopolis» (online) vom 10.01.2024.

Welzer, Harald (2023): Zeitenende. Politik ohne Leitbild. Gesellschaft in Gefahr. Frankfurt a. M.

WGBU (2011): Globale Umweltveränderung. Welt im Wandel: Gesellschaftsvertrag für eine Große Transformation. Berlin.

Wright, Erik O. (2017): Reale Utopien. Wege aus dem Kapitalismus. Berlin. ■

Richard Stöss

Mit einem blauen Auge davongekommen
Die Europawahlen 2024

Dieser Beitrag konzentriert sich auf zwei Aspekte der letzten Europawahlen: Ich vertrete die Thesen, dass der Erfolg der Rechtsaußenparteien geringer ausgefallen ist, als allgemein befürchtet wurde, und dass sich die Position der europäischen Sozialdemokratie nur geringfügig verschlechtert hat. Dennoch besteht kein Anlass zur Beruhigung.

Vorbemerkung

Europawahlen finden nicht in Europa, sondern in den 27 Mitgliedsstaaten der EU statt. Jeder Staat verfügt über ein besonderes Wahlrecht und über ein eigenes Parteiensystem und über eine vom Europäischen Rat nach dem Prinzip der «degressiven Proportionalität» zugewiesene Anzahl von Sitzen im Europaparlament: Große Staaten erhalten mehr Mandate als kleine Staaten, aber kleine Staaten erhalten mehr Mandate pro Einwohner als große Staaten. Das auf Europa bezogene Ergebnis der Europawahlen bemisst sich daher nicht, wie üblich, nach den Stimmenanteilen der einzelnen Parteien in ihrem Heimatstaat, sondern nach der Anzahl der von ihnen erworbenen Sitze im Europaparlament.

Derzeit sind im Europaparlament 207 Parteien vertreten, darunter 28 Parteien in der sozialdemokratischen Fraktion S&D. Die Parteien am äußersten rechten politischen Rand sind dagegen nicht so einfach zu identifizieren, da sie sich auf mehrere Fraktionen und auf die Fraktionslosen verteilen und keine allgemein anerkannte Definition für diese Parteienfamilie vorliegt. Nach meinem auf dem Links-Rechts-Schema fußenden Verständnis besteht die Parteienlandschaft aus einem breiten demokratischen Zentrum und, davon abgegrenzt, aus einem linken und einem rechten Randbereich. Im idealtypischen Fall werden die Konflikte zwischen den sozialdemokratischen, grünen, liberalen und konservativen Parteien im demokratischen Zentrum ausgetragen. Als Faustregel gilt: je stärker die Randbereiche, desto instabiler das Zentrum. Den rechten Rand bilden die rechtskonservativen und die rechtsextremen Parteien, wobei ich noch zwischen gemäßigt rechtsextremen und orthodox rechtsextremen Parteien unterscheide. Diese drei Parteitypen bezeichne ich als Rechtsaußenparteien oder auch als rechte Randparteien. Sie verfolgen einen ethnokulturell oder sogar völkisch fundierten Nationalismus und richten sich damit – wenn auch mit unterschiedlicher Vehemenz – gegen die in den europäischen Verträgen festgeschriebenen elementaren Verfassungsgrundsätze einer demokratischen Ordnung im Allgemeinen und gegen die Vertiefung der europäischen Einigung im Besonderen.[1]

---

1 Eine ausführliche Darstellung findet sich in meiner Untersuchung *Der rechte Rand Europas. Rechtsextremismus und Rechtskonservatismus bei den Wahlen zum Europäischen Parlament 1979 bis 2024*, die Anfang 2025 im Verlag Barbara Budrich erscheint.

Parteityp	2009	2014	2019	2024
gemäßigt rechtsextrem	21	51	83	133
orthodox rechtsextrem	15	8	10	15
rechtsextrem insgesamt	36	59	93	148
rechtskonservativ	32	71	75	35
rechter Rand insgesamt	68	130	168	183
Parlamentsmandate insgesamt	736	751	751	720

Tabelle 1 Anzahl der Mandate der Rechtsaußenparteien im Europäischen Parlament nach Parteitypen bei den Europawahlen seit 2009 (jeweils zu Beginn der Wahlperiode)

Dramatischer Rechtstrend seit 1979

Seit den ersten Direktwahlen zum Europaparlament schnellten die Mandatszahlen der Rechtsaußenparteien steil nach oben: von fünf bei den Wahlen 1979 bis auf 183 bei den Wahlen 2024. Daher kann mit Fug und Recht von einem dramatischen Rechtstrend im Elektorat gesprochen werden, der als Ausdruck der allgemeinen Rechtsverschiebung der nationalen politischen Kulturen in Europa anzusehen ist.

Die Merkmale dieses Rechtstrends treten besonders deutlich hervor, wenn nur die letzten vier Wahlen betrachtet werden (Tabelle 1). Während die Mandate der rechtsextremen Parteien in diesem Zeitraum von 36 auf 148, also um das Vierfache zugenommen haben, verbesserten sich die rechtskonservativen Parteien von 32 auf nur 35 Mandate. Und innerhalb des anschwellenden Rechtsextremismus wurden die Orthodoxen nahezu bedeutungslos. Der Rechtstrend resultiert mithin aus der Präferenz der Wähler-

schaft für einen gemäßigten Rechtsextremismus.

Bei der Entwicklung des Rechtstrends sind zwei große Schübe erkennbar: Von 2009 auf 2014, verursacht durch die Auswirkungen der globalen Finanzkrise, der Euro-Krise und durch die beginnende Flüchtlingskrise, und von 2014 auf 2019, verursacht durch den Höhepunkt der Flüchtlingskrise. Deutlich wird aber auch, dass die Zuwachsraten der Mandatszahlen am rechten Rand rückläufig sind: Von 2009 auf 2014 gab es ein Plus von 62 Mandaten, von 2014 auf 2019 ein Plus von 38 Mandaten und von 2019 auf 2024 wuchs die Mandatszahl nur noch um 15. Wenn nicht die Mandatszahlen, sondern die Mandatsanteile an den Parlamentsmandaten insgesamt betrachtet werden, verminderte sich der Zugewinn von acht Prozentpunkten (2009/14) über fünf Prozentpunkte (2014/19) auf drei Prozentpunkte (2019/24).

Bei der Beurteilung des Wahlergebnisses von 2024 ist an die beängstigenden

Prognosen zu erinnern, die von Experten vorgetragen wurden. So konnte man beispielsweise auf der Internetseite der TAGESSCHAU folgenden Text lesen: «Bei den Wahlen zum EU-Parlament wird ein massives Erstarken rechter Parteien erwartet.» Und das Nachrichtenportal *Euronews* präsentierte sogar folgende Meldung:

Laut einer neuen Studie [des European Council on Foreign Relations] könnte eine rechtspopulistische Koalition in diesem Jahr zum ersten Mal die Kontrolle über das Europäische Parlament übernehmen. (...) Der Anstieg der Rechtsextremen könnte es einer Koalition aus Christdemokraten, Konservativen und Rechtsextremen ermöglichen, eine Mehrheit zu bilden und zum ersten Mal die EU-Politik zu lenken, so die Studie.

Tatsächlich eroberten die Rechtsaußenparteien bei den letzten Europawahlen 25,4 Prozent der Mandate im Europaparlament, was unbestreitbar eine Bedrohung für die Demokratie in Europa, für die europäische Idee und die Einigung Europas bedeutet. Bei den Wahlen 2019 hatte es die Rechtsaußenfamilie allerdings bereits auf 22,4 Prozent der Abgeordneten gebracht, sodass das «massive Erstarken» der Rechtsaußenparteien 2024 exakt drei Prozentpunkte ausmachte. Wenn auch eine, die EU-Politik beherrschende Koalition aus

Christlich-Konservativen und Rechtsaußenkräften unrealistisch erscheint, könnte sich der Rechtsschwenk des etablierten Konservatismus als problematisch erweisen.

Veränderte Machtverhältnisse im Europaparlament

Die konjunkturelle Entwicklung der europäischen Sozialdemokratie begann hoffnungsvoll: Ihr Mandatsanteil im Europaparlament wuchs zunächst von 28 Prozent bei den ersten Direktwahlen 1979 bis auf 35 Prozent bei den Wahlen 1989 und 1994, dann ging es nahezu kontinuierlich bergab, bis auf 19 Prozent bei den letzten Wahlen. Um das Ergebnis von 2024 realistisch einzuschätzen, ist ein Blick auf das politische Umfeld, insbesondere auf die veränderten Machtverhältnisse im Europaparlament, hilfreich. Der Übersichtlichkeit halber werden die Parteien nun nach ihrer Fraktionszugehörigkeit[2] geordnet. Tabelle 2 enthält die Mandatsanteile der einzelnen Fraktionen und der Fraktionslosen für die letzten vier Europawahlen, bezogen auf die jeweilige Anzahl der Mandate des Europaparlaments (wie in Tabelle 1 angegeben).

Die Mandatsanteile der vier Fraktionen des demokratischen Zentrums (S&D, Grüne/EFA, ALDE/RE, EVP) verminderten sich zusammen genommen von 80 Prozent bei den Wahlen 2009 auf 63 Prozent bei

---

2 *Linker Randbereich*: The Left bzw. GUE/NGL (Konföderale Fraktion der Vereinigten Europäischen Linken / Nordische Grüne Linke). *Demokratisches Zentrum*: S&D (Fraktion der Progressiven Allianz der Sozialdemokraten); Grüne/EFA (Fraktion der Grünen / Freie Europäische Allianz); ALDE (Fraktion der Allianz der Liberalen und Demokraten für Europa), ab 2019: RE (Europas Erneuerung); EVP (Fraktion der Europäischen Volkspartei (Christdemokraten)). *Rechter Randbereich*: EKR (Fraktion der Europäischen Konservativen und Reformer); EF(D)D (Fraktion Europa der Freiheit und der (Direkten) Demokratie); ENF (Fraktion Europa der Nationen und der Freiheit); ID (Fraktion Identität und Demokratie); PfE (Patrioten für Europa); ESN (Europa der souveränen Nationen).- In der EKR dominieren die italienische FdI von Giorgia Meloni und die polnische PiS von Jarosław Kaczyński, in der PfE die französische RN von Marine Le Pen und die ungarische Fidesz von Viktor Orbán. Bei der ESN handelt es sich de facto um eine Außenstelle der deutschen AfD.

Fraktionen	2009	2014a)	2019	2024
GUE/NGL	4,8	6,9	5,5	6,4
S&D	25,0	25,4	20,5	18,9
Grüne/EFA	7,5	6,7	9,9	7,4
ALDE/RE	11,4	8,9	14,4	10,7
EVP	36,0	29,4	24,2	26,1
EKR	7,3	9,3	8,3	10,8
EF(D)D	4,4	6,4	-	-
ENF/ID/PfE	-	5,1	9,7	11,7
ESN	-	-	-	3,5
fraktionslos	3,7	1,9	7,6	4,6

Tabelle 2 Mandatsanteile der Fraktionen im Europäischen Parlament seit 2009 (jeweils zu Beginn der Wahlperiode)

a) Nach der Gründung der ENF-Fraktion im Juni 2015
Lesehilfe: Bei den Europawahlen 2019 gewann die S&D-Fraktion 154 der damals 751 Mandate des Europaparlaments, also 20,5 Prozent aller Mandate. 2024 erreichte sie 136 Mandate, also 18,9 Prozent der insgesamt nur noch 720 Parlamentsmandate.

den letzten Europawahlen. Gleichzeitig verstärkte sich der Mandatsanteil der Fraktionen am rechten Rand (EKR, EF(D)D, ENF/ID/PfE, ESN) von insgesamt 12 Prozent auf 26 Prozent[3]. Da sich der linke Randbereich kaum veränderte, wuchs der rechte Rand in dem hier betrachteten Zeitraum auf Kosten der demokratischen Parteien. Innerhalb des demokratischen Zentrums blieben die Anteile der Grünen und der Liberalen von 2009 auf 2024 nahezu unverändert. Allerdings erfuhren beide 2019 ein Zwischenhoch, auf das ich gleich noch zurückkommen werde. Verluste mussten dagegen die Christlich-Konservativen (EVP) und die Sozialdemokraten (S&D) hinnehmen, Erstere mehr als Letztere.

Bis 1999 stellten die sozialdemokratischen Parteien die stärkste Fraktion im Europaparlament, seitdem liegt die EVP vorn. Beide Fraktionen bildeten de facto eine «Große Koalition»[4], deren Mehrheit 2004 noch nahezu zwei Drittel der Parlamentssitze betrug, bis zu den Wahlen 2019

---

3 Dass der Mandatsanteil der Rechtsaußenfraktionen 2024 mit 26,0 Prozent etwas größer ausfiel als der Mandatsanteil der Rechtsaußenparteien mit 25,4 Prozent, liegt daran, dass sich in den Fraktionen auch Parteien befinden, die nicht dem rechten Rand zuzurechnen sind.

4 Eine formalisierte Zusammenarbeit von Fraktionen gibt es im Europaparlament nicht. Es handelt sich um informelle Koalitionen.

und 2024 dann aber bis auf 45 Prozent abschmolz. Für die Mehrheitsbildung sind EVP und S&D seither auf die Unterstützung der Liberalen (RE) oder auch der Grünen/EFA angewiesen, wenn nicht auf Stimmen von Rechtsaußenparteien zurückgegriffen werden soll. Da die vier Fraktionen des demokratischen Zentrums 2019 zusammen über 69 Prozent der Parlamentsmitglieder verfügten und seit 2024 immer noch 63 Prozent der Abgeordneten organisieren, dürfte dies eigentlich kein Problem sein, solange im demokratischen Zentrum die Brandmauer gegen rechts respektiert wird[5].

Allerdings war die Mehrheitsbildung nach den Wahlen 2019 schwierig geworden, weil die liberalen und die grünen Parteien vorübergehend sehr erfolgreich abgeschnitten hatten und ihre Fraktionen im Europaparlament ein starkes Selbstbewusstsein entwickelten und daher nicht bereit waren, bedingungslos alle Initiativen der Wahlverlierer EVP und S&D zu unterstützen. RE und Grüne/EFA standen vor der Entscheidung, entweder auf eigene Positionen zu verzichten und die Große Koalition zu unterstützen, um den «cordon sanitaire» aufrechtzuerhalten, oder auf ihrer politisch-programmatischen Identität zu beharren und damit Entscheidungen innerhalb des demokratischen Zentrums zu erschweren oder sogar zu blockieren. Dieses Dilemma betraf besonders die Grünen, die sich einerseits als Teil der proeuropäischen Parteien-Phalanx, andererseits aber auch als «konstruktive Opposition» im demokratischen Zentrum verstanden. Das brachte ihnen hauptsächlich im Umfeld der EVP den Ruf ein, im Europaparlament sehr dog-

matisch und ideologisch aufzutreten und daher kein verlässlicher Partner zu sein.

Christdemokraten umgehen die Brandmauer gegen rechts

Als stärkste Fraktion beanspruchte die EVP die Führungsrolle im demokratischen Zentrum, fürchtete jedoch aus folgendem Grund um ihre Mehrheitsfähigkeit im Europaparlament: Da dort kein Fraktionszwang herrscht, wird im parlamentarischen Alltag bei Abstimmungen allenthalben mit bis zu 15 Prozent Abweichlern von den Fraktionslinien gerechnet. Abzüglich dieser 15 Prozent verfügten EVP, S&D und RE als «Koalition der Mitte» 2019 nur über eine hauchdünne Mehrheit von 50,2 Prozent der Delegierten. Seit den Wahlen 2024 besteht auch diese Mehrheit nicht mehr. Der erwähnte «Bruttoanteil» aller vier Fraktionen des demokratischen Zentrums von 63 Prozent der Parlamentsmandate beträgt «netto», also unter Berücksichtigung der Dissidentenrate, zwar 54 Prozent, aber damit ist die EVP auf die Zustimmung der Grünen angewiesen, die in ihren Augen als unsichere Kantonisten gelten. Überdies verfügen Christdemokraten, Rechtskonservative und Rechtsextreme erstmalig seit den Wahlen 2024 mit 52 Prozent der Mandate über eine rechnerische Mehrheit im Parlament, die allerdings nur wirksam wird, wenn alle Delegierten einheitlich abstimmen.

Daher sah sich der Chef der EVP-Fraktion, Manfred Weber (CSU), bereits in der abgelaufenen Wahlperiode veranlasst, eine Strategie für den Fall zu entwickeln, dass

---

5 Die Beschlüsse im Plenum des Europäischen Parlaments werden allerdings zumeist nur mit der absoluten Mehrheit der abgegebenen Stimmen gefasst.

die EVP im demokratischen Zentrum keine hinreichende Unterstützung für ihre politischen Absichten enthält oder sogar von linken Kräften überstimmt wird. Nach seiner Auffassung ist die Zusammenarbeit mit Rechtsaußenparteien möglich, wenn sie drei Kriterien erfüllen: Sie müssen pro-europäisch sein, für die Unterstützung der Ukraine eintreten und sich für den Rechtsstaat einsetzen. Damit zielte er hauptsächlich auf die Kooperation mit der teils rechtsextremen, teils rechtskonservativen EKR-Fraktion, insbesondere mit der italienischen Ministerpräsidentin Giorgia Meloni und ihrer gemäßigt rechtsextremen Partei Fratelli d'Italia. Mit dieser Verschiebung des «cordon sanitaire» nach rechts hat sich die EVP eine strategische Reserve am rechten Rand zur Absicherung ihrer Macht geschaffen. Diese Strategie gewann an Bedeutung, als es innerhalb des demokratischen Zentrums, insbesondere bei der Migrations-, der Asyl- und der Umweltpolitik, zu Rechts-Links-Konflikten kam.

Als eklatantes Beispiel gilt der Frontalangriff von EVP und Rechtsaußenparteien auf den «Green Deal»[6] anlässlich des Vorschlags der Europäischen Kommission für eine «Verordnung über die Wiederherstellung der Natur». Die von Weber angeführte Fronde der Gegner der angeblich «maßlosen Klimapolitik» und der vermeintlichen «Überregulierung aller Lebensbereiche» durch Sozialdemokräten und Grüne konnte die vorgesehenen Regelungen im Zeichen der europaweiten Bauernproteste erheblich verwässern und die Pestizidrichtlinie sogar zu Fall bringen. Weber musste sich daher von Sozialdemokraten und Grünen vorhalten lassen, mit Rechtspopulisten und Rechtsextremen zu paktieren, die Brand-

mauer gegen rechts zu missachten und damit der Demokratie in Europa zu schaden. Und das mit Recht. Denn er hat die ohnehin schon stattfindende Verlagerung des Parteienwettbewerbs aus dem demokratischen Zentrum hinaus in einen Wettbewerb zwischen demokratischen Parteien und dem rechten Rand intensiviert, den Einfluss der Rechtsaußenparteien vergrößert und damit die für die Stabilität demokratischer Systeme notwendige Monopolstellung des demokratischen Zentrums als Austragungsort der politischen Konflikte zwischen den etablierten Parteien weiter geschwächt. Damit näherte sich Weber auch ein stückweit dem Wunsch von Giorgia Meloni an, ein Bündnis von Christlich-Konservativen, Rechtskonservativen und Rechtsextremisten gegen den angeblichen grün-sozialistischen Linkstrend in Europa zu schmieden.

Wahlkampf und Wahlergebnis

Der Rechtsschwenk der EVP machte sich auch im Europawahlkampf 2024 bemerkbar. Während sich Ursula von der Leyen noch als Präsidentin der Europäischen Kommission entschieden für den «Green Deal» eingesetzt hatte, folgte sie als Spitzenkandidatin der neuen Linie der Christdemokraten und versprach, die Klimapolitik künftig stärker an den Bedürfnissen der Landwirtschaft und den kleinen und mittleren Unternehmen auszurichten und mehr auf die Wettbewerbsfähigkeit der europäischen Wirtschaft zu achten. Im Wahlmanifest der EVP wurde zudem besonderes Gewicht auf eine europäische Verteidigung und auf die Intensivierung der europäi-

---

6 Europa will Klimaneutralität bis 2050 erreichen.

schen Außenpolitik, auf eine Reform der Einwanderungspolitik und eine Verbesserung der Verbrechensbekämpfung gelegt. Nach den Wahlen wollte sich von der Leyen für eine proeuropäische Koalition mit Sozialdemokraten, Grünen und Liberalen einsetzen, schloss aber eine strategische Zusammenarbeit mit Rechtsaußenparteien, insbesondere mit der EKR, nicht aus.

Die Sozialdemokraten vertraten mit ihrem Spitzenkandidaten, dem luxemburger EU-Kommissar Nicolas Schmit, bei den meisten Themen ein klares Alternativprogramm zur EVP. Gemeinsam mit den Grünen und einigen Liberalen warnten sie die Christdemokraten nachdrücklich vor einer Normalisierung der extremen Rechten und lehnten eine wie auch immer geartete Zusammenarbeit mit den «Gespenstern der Vergangenheit» (Pedro Sánchez) kategorisch ab. Die Rechtsaußenparteien dürften auf keinen Fall «Teil einer Gestaltungsmehrheit im neuen Europäischen Parlament werden», so Schmit im Berliner *Tagesspiegel*. Auf Initiative der Sozialdemokraten forderten die vier Fraktionen S&D, RE, Grüne/EFA und The Left / GUE / NGL Anfang Mai 2024 die EVP auf, offiziell und verbindlich auf eine Kooperation mit Rechtsaußenparteien zu verzichten, was diese jedoch ablehnte.

Mit großem Selbstbewusstsein hoben die Sozialdemokraten im Wahlkampf ihre Verdienste um den 750-Milliarden-Euro-Rettungsfonds und insbesondere um den «Green Deal» hervor, der von dem niederländischen Sozialdemokraten Frans Timmermans als dem Vizepräsidenten der Europäischen Kommission und zuständigen Kommissar für den Klimaschutz maßgeblich vorangebracht worden sei. Während sich die EVP neuerdings für eine eher wirtschaftsfreundliche Ausrichtung der Kli-

mapolitik engagierte, forderten die Sozialdemokraten eine betont soziale Prägung dieses Maßnahmenpakets. Weiterhin wollten sie sich für die Stärkung von Arbeitnehmerrechten, für das Recht auf angemessenen und bezahlbaren Wohnraum und «für Gleichberechtigung, für die Kontrolle der Frauen über ihr Leben und ihren Körper und für ein Ende geschlechtsspezifischer Gewalt und Diskriminierung» einsetzen.

In den nationalen Wahlkämpfen fand dieses durchaus stimmige Konzept nicht immer seinen Niederschlag. Die Wahlergebnisse der sozialdemokratischen Parteien in den Mitgliedsstaaten der EU variierten zwischen 1,9 Prozent (Tschechien) und 48,6 Prozent (Rumänien). Es gab strahlende Gewinner (Luxemburg, Slowakei, Frankreich, Kroatien, Griechenland) und große Verlierer (Bulgarien, Ungarn, Slowenien, Lettland). Im Durchschnitt erzielten die 27 sozialdemokratischen Parteien 18,4 Prozent der Stimmen gegenüber 20,3 Prozent bei den Wahlen 2019. Die hiesige SPD besetzte mit ihren 13,9 Prozent den siebzehnten Platz im Ranking der europäischen Schwesterparteien. Kevin Kühnert räumte dann auch als verantwortlicher Wahlkampfmanager in «Welt-TV» Fehler bei der Gestaltung der Kampagne ein.

Einfluss und Verantwortung der Sozialdemokraten

Der politische Abstieg der europäischen Sozialdemokratie in den vergangenen 30 Jahren soll hier nicht kleingeredet werden, ihr Machtverlust in der EU ist ohnehin evident: Gegenwärtig (Mitte Oktober 2024) ist sie im Europäischen Rat der 27 Staats- und Regierungschefs nur noch mit vier Personen vertreten, mit Robert Abela (Malta),

Mette Frederiksen (Dänemark), Pedro Sánchez (Spanien) und Olaf Scholz. Und in der neuen, von Ursula von der Leyen geführten Europäischen Kommission, dürften der sozialdemokratischen Familie auch nur vier[7] von 27 Mitgliedern angehören.

Den elektoralen Niedergang der sozialdemokratischen Parteien nach 1994 habe ich bereits angesprochen, die Mandatsanteile bei den letzten vier Europawahlen finden sich in Tabelle 2. Mit Blick auf das letzte Wahlergebnis mag etwas tröstlich stimmen, dass der Verlust gegenüber der vorangegangenen Wahl mit exakt 1,6 Prozentpunkten vergleichsweise glimpflich ausgefallen ist, denn von 2014 auf 2019 war er mit 4,9 Prozentpunkten mehr als dreimal so hoch. Nach wie vor verfügt die S&D-Fraktion im Europaparlament über eine einflussreiche Stellung. Sie ist zwar wieder nur zweitstärkste Kraft, aber die EVP kann keine Mehrheit gegen sie bilden, sie ist letztlich immer auf die Zustimmung der Sozialdemokraten angewiesen, es sei denn, sie paktiert mit Rechtsextremisten. Die Erwägung von Manfred Weber, durch die Verschiebung des «cordon sanitaire» nach rechts eine Mehrheit im Europaparlament jenseits von Sozialdemokraten, Liberalen und Grünen zu bilden, wäre nämlich nur dann erfolgreich, wenn er neben der EKR auch noch die PfE mit ins Boot holen und damit gegen die drei von ihm selbst entwickelten Kooperationsbedingungen verstoßen und die Brandmauer gegen rechts vollends einreißen würde.

Die Wiederwahl von Ursula von der Leyen zur Kommissionspräsidentin mit 401 von 720 Stimmen (55,7 %) hat erwiesen, dass im Parlament eine demokratische Mehrheit nicht nur rechnerisch existiert, sondern auch politisch effektuierbar ist. Bei ihrer Wahl 2019 mit gerade einmal neun Stimmen Vorsprung war sie noch auf die Hilfe von Rechtsaußenparteien angewiesen, weil ihr die Unterstützung von Teilen des demokratischen Zentrums mit nachvollziehbarer Begründung versagt wurde. Bei ihrer Wiederwahl sind die Mitte-Links-Parteien nahezu geschlossen in Vorleistung getreten, um das demokratische Zentrum wieder zum Ort wichtiger politischer Entscheidungen zu machen. Bei den Wahlen der Vizepräsidenten des Europaparlaments und der Ausschussvorsitzenden erwies sich der «cordon sanitaire» jedoch erneut als undicht.[8]

In der laufenden Wahlperiode haben die Sozialdemokraten nicht nur die Möglichkeit, sondern meines Erachtens auch die Pflicht, massiven Druck auf die EVP auszuüben, damit diese sich verlässlich gegenüber dem Rechtskonservatismus und dem Rechtsextremismus abgrenzt. Die gegen Menschenrechte, Diversität und Demokratie gerichteten Rechtsaußenparteien lassen sich letztlich nur dadurch erfolgreich bekämpfen, dass für die politischen Probleme und für die Interessengegensätze zwischen den Parteien (insbesondere in der Umwelt-, Migrations- und Sicherheitspolitik) Lösungen innerhalb des demokratischen Zentrums – und nur dort – gesucht werden. Der Appell für einen derartigen Modus Vivendi richtet sich selbstverständlich an alle demokratischen Parteien. ∎

7   Je ein Vertreter aus Dänemark, Malta, Rumänien und Spanien. Die Mitgliedschaft der slowakischen Sozialdemokraten Smer SSD in der sozialdemokratischen Europapartei SPE und in der S&D-Fraktion ist derzeit suspendiert.

8   Die EKR-Fraktion konnte zwei Vizepräsidenten, drei Ausschussvorsitzende und 10 stellvertretende Ausschussvorsitzende besetzen. PfE und ESN gingen jedoch leer aus.

Martin Gorholt

Der Erfolg der SPD
Anmerkungen zum Ergebnis der Landtagswahlen in Brandenburg

1 Der Wahlsieg der SPD

Das Ergebnis für die SPD bei den Landtagswahlen in Brandenburg am 22. September 2024 kann eine Sensation genannt werden. 30,9 % der Zweitstimmen erhielten die Sozialdemokraten. Nur wenige Monate zuvor lag die SPD in Brandenburg bei den Europawahlen bei 13,1 %, bei den Kommunalwahlen bei 16,6 Prozent.

Welches Wählerpotenzial die SPD im Land Brandenburg hat, zeigte sich erst bei den Bundestagswahlen 2023, wo sie 29,5 % der Zweitstimmen erhielt. Die SPD verfügt in Brandenburg über ein Grundvertrauen, das sich schon seit den Volkskammerwahlen am 18. März 1990 zeigte. Die SPD lag DDR weit nur in den Bezirken Potsdam und Frankfurt/Oder vorn. Alle Landtagswahlen seit 1990 konnte die SPD in Brandenburg gewinnen, mit Manfred Stolpe, Matthias Platzeck und Dietmar Woidke stellt sie seit 34 Jahren den Ministerpräsidenten. Ähnlich erfolgreich ist nur die SPD in Bremen.

Im Vergleich zu den Landtagswahlen 2019 war die Regierungsbilanz besser. Damals war eine Hypothek die abgesagte Kreisgebietsreform. Und während 2019 im Wahlkampf die SPD erst in der Schlussmobilisierung Dietmar Woidke gegen Andreas Kalbitz (AfD) setzte, wurde in 2024 von vornherein auf die polarisierende Personalisierung gesetzt.

Die wirtschaftliche Bilanz kann sich in Brandenburg sehen lassen. In den letzten Jahren legte die Wirtschaft jährlich über 2 % zu, es fand eine Reindustrialisierung auf der Basis eines Grünstromlandes statt. 2023 wuchs Brandenburgs Wirtschaft immer noch um 2,1 %, während bundesweit die Wirtschaft um 0,3 % schrumpfte. Bei den Erwerbstätigen erreichte Brandenburg mit 1.148.561 einen Höchststand seit 1991. Die Tesla-Ansiedlung hat mit 12.000 Industriebeschäftigten einen großen Anteil daran, aber auch die Batterieelemente-Produktion in Guben und bei BASF in Schwarzheide und das Bahnwerk in Cottbus.

Dietmar Woidke war im Wahlkampf auf volles Risiko gegangen und gewann. Er hatte klar gemacht, dass er als Ministerpräsident nicht mehr zur Verfügung stünde, wenn die AfD vorne läge. Seine Ablehnung gegenüber der AfD machte er mehr als deutlich. Auf die Frage im Spitzenkandidaten-Duell, was ihn mit dem AfD-Spitzenkandidaten Hans-Christoph Berndt verbinde, antwortete er: Nix! Er stellte die Wirtschafts-, Zukunfts- und Menschenfeindlichkeit der AfD heraus. In der Sache positionierte er sich deutlich gegen die irreguläre Migration und für mehr diplomatische Initiativen im Krieg Russlands gegen die Ukraine. Er grenzte sich von der Ampelregierung in Berlin ab.

Seinen Wahlkreis konnte Dietmar Woidke nicht direkt gewinnen. Er verlor mit 7! Stimmen Unterschied seinem Gegenkandidaten der AfD. Woidkes Erststimmen-Ergebnis lag um 12 Prozent (!) über dem Zweitstimmenergebnis in seinem Wahlkreis.

2 Die AfD legt zu

Die AfD legte auf 29,2 % der Stimmen zu und gewann damit 5,2 % mehr zusätzliche Zweitstimmen als bei den Wahlen 2019. Sie legte damit mehr zu als die SPD (4,7 %). Die AfD erhielt 31,5 % der Erststimmen, ein Zuwachs von 9,4 %, die SPD 33,6 %, 7,6 % mehr. Die AfD holte 25 Direktmandate, die SPD 19. Mit 30 von 88 Sitzen im Landtag verfügt die AfD über 1/3 der Sitze, also über die Sperrminorität. Zur Änderung der Verfassung oder bei der Wahl der Mitglieder des Landesverfassungsgerichts sind 2/3 der Stimmen notwendig.

Die Wahlbeteiligung von 72,9 % stellt für Landtagswahlen in Brandenburg einen Rekord da und lag in einer ähnlichen Größenordnung wie wenige Wochen zuvor in Sachsen und in Thüringen. Die Polarisierung zwischen SPD und AfD trieb die Wahlbeteiligung in die Höhe. Bei den Landtagswahlen 1994, bei denen die SPD über 54 % der Stimmen holte, lag die Wahlbeteiligung gerade mal bei 56 %. Die Mobilisierung hat auch der AfD genützt. Bei keiner der vielen Umfragen im Vorfeld der Wahlen lagen weder die SPD noch die AfD auf so hohem Niveau.

3 Ein Vier-Parteien-Parlament

Im Landtag Brandenburg sind nur noch vier Parteien vertreten: SPD (30,9 %), AfD (29,2 %), BSW (13,5 %), CDU (13,1 %). Die Grünen mit 4,1 % (-6,7 %), Die Linke mit 3,0 % (-7,7 %) und BVB / Freie Wähler mit 2,6 % (-2,5 %) verloren ihre Sitze im Landtag. Alle drei konnten auch kein Grundmandat erringen, was sie sich vorgenommen hatten. So wollten Die Grünen in Potsdam, Die Linke in Strausberg und die

Freien Wähler mit Peter Vida in Bernau ein Grundmandat erringen, was ihnen ermöglicht hätte, mit einer Sitzzahl entsprechend ihrem prozentualen Ergebnis im Landtag vertreten zu sein. So ergibt sich im Landtag folgende Sitzverteilung: SPD 32, AfD 30, BSW 14 und CDU 12 Sitze. Eine Regierungskoalition von SPD und BSW ist die einzige realistische Möglichkeit.

4 Wählerwanderung

Von der hohen Wahlbeteiligung von 72,9 % profitierten in dieser Reihenfolge die AfD, die SPD und das BSW. Die SPD gewann 54.000 Wählerinnen und Wähler aus dem Nichtwählerbereich, 42.000 von den Grünen, 27.000 von den Linken, 14.000 von der CDU, verlor 13.000 an die AfD und 23.000 an das BSW. Die AfD gewann 83.000 von den Nichtwählern, 22.000 von der CDU und 13.000 von der SPD. Das BSW gewann 41.000 von den Linken, 39.000 von den Nichtwählern, 23.000 von der SPD, 14.00 von der AfD, 13.000 von der CDU und 11.000 von BVB / Freie Wähler. (Zahlen von der Nachwahlbefragung von Infratest)

5 Strukturdaten

Das auffälligste oder erschreckendste Ergebnis ist, dass von den unter 25-jährigen Wählerinnen und Wählern 31 % die AfD gewählt haben und 19 % die SPD. Vor fünf Jahren lagen in dieser Altersgruppe noch Die Grünen vorn. Es ist unter Jugendlichen zum Teil Mode geworden AfD zu wählen. Es gibt die Beeinflussung vom Elternhaus, zum Teil stammen die Eltern aus der Generation der Baseballschlägerjahre in den 1990er-Jahren. Die Einstellungen entwickeln sich in Communitys in Schule und Freizeit, auch unter der starken Beeinflussung des Konsums der sozialen Medien, insbesondere von TikTok. Der AfD wurde die Bespielung von TikTok von den anderen Parteien weitgehend überlassen.

In den anderen Altersgruppen liegt die AfD ebenso vorne, außer in der Gruppe älter als 60 Jahre. In dieser Altersgruppe führt die SPD mit 41 % vor der AfD mit 23 %. Bei den Frauen liegt die SPD mit 33 zu 24 % vorne, die AfD bei den Männern mit 25 zu 29 %. Wenn man die extremen Ausschläge gegenüberstellen will, so haben die Männer unter 25 die AfD zu 37 % gewählt, die SPD zu 17 %, die Frauen über 60 wählten die SPD zu 45 %, die AfD zu 19 %.

Die Rentner wählten zu 40 % die SPD und zu 22 % die AfD, die Arbeiter die AfD mit 46 % und die SPD mit 24 %, die Beamten wählten die SPD zu 32 % und die AfD mit 21 %, die Selbstständigen gaben der SPD mit 24 % ihre Stimme und der AfD mit 34 %.

Je schlechter die wirtschaftlichen Aussichten eingeschätzt werden, desto eher wird die AfD gewählt. (Zahlen von der Nachwahlbefragung durch Infratest)

6 Große regionale Unterschiede

In einem Beitrag vor fünf Jahren im selben Heft hatte ich von Spaltungstendenzen gesprochen, die sich im damaligen Ergebnis der Landtagswahlen zeigten. Dabei war ich auf die wirtschaftlichen, sozialen und kulturellen Unterschiede eingegangen, auf das Erleben sozialer Ungleichheit, die Abstiegsängste in den Industrieregionen und unterschiedliche Auffassungen zu Klimawandel und Migration. Seitdem haben auch noch die Coronakrise

und der Krieg Russlands gegen die Ukraine das Land erschüttert. Das Wahlergebnis von 2024 zeigt weiterhin große regionale Unterschiede. Im Landkreis Spree-Neiße im Süd-Osten des Landes erhielt die AfD 39,3, die SPD 28,3 und Die Grünen 1,3 %. In der Stadt Potsdam hingegen liegt die SPD mit 35,9 % klar vorne, die AfD erhielt 15,6 % und Die Grünen 12,6 %. Die Landkarte von Brandenburg ist entsprechend der gewonnenen Wahlkreise überwiegend blau (AfD) eingefärbt, die roten Wahlgebiete befinden sich westlich von Berlin, ein Stückchen erweitert Richtung Norden und Süden von Berlin. Der einzige rote Flecken im Süden Brandenburgs ist ein Wahlkreis in Cottbus.

7 Ost-West

In seinem Buch *Ungleich vereint* spricht Steffen Mau von einem zu erwartenden jahrzehntelangen eigenen Entwicklungspfad Ostdeutschlands durch den Stempel der DDR und die Vereinigungs- und Transformationserfahrungen. Die strukturellen Unterschiede in Bezug auf Sozialprodukt, Lohnhöhe, Produktivität oder der Besetzung von wichtigen gesellschaftlichen Positionen sind weiterhin groß. Dazu kommt die Ablehnung erneuten Wandels durch Migration oder Klimaschutz nach den Erfahrungen mit dem tiefen Struktureinbruch Anfang der 1990er-Jahre.

Die Diskussionen um «35 Jahre Friedliche Revolution» zeigen die unterschiedlichen Deutungen dieser Zeit. Ilko-Sascha Kowalczuk spricht vom Freiheitsschock, Jenny Erpenbeck erzählt von den Verlusterfahrungen und Katja Hoyer kritisiert, dass die Aufarbeitung nur die Diktatur-Seite betrachtet und nicht die DDR mit allen ihren Seiten in den Blick nimmt.

Der Historiker Martin Sabrow spricht von drei Erinnerungslandschaften: dem Diktaturgedächtnis, dem Arrangementgedächtnis und dem Fortschrittsgedächtnis. Nur eine solche Gesamtbetrachtung kann den Menschen mit DDR-Biografie gerecht werden. Wir brauchen kein weiteres Schüren von Ressentiments, sondern einen offenen und pluralistischen Ost-West-Diskurs.

8 Die Gefährdung der Demokratie

Eine abstrakte Verteidigung der Demokratie jenseits der konkreten Lebenserfahrungen führt nicht zum Erfolg. Das ist eine Lehre aus dem Wahlkampf von Kamala Harris. Nicht jede und jeder will an allen Entscheidungen vor Ort beteiligt werden, aber die Menschen wollen, dass die Politik funktioniert, es gerecht zugeht und ihre Interessen berücksichtigt werden. Wie schwer das umzusetzen und damit umzugehen ist, zeigt der Rücktritt des Landrats Dirk Neubauer in Mittelsachsen und seine Begründung dafür.

An vielen Stellen zeigen sich Beschränkungen der Handlungsfähigkeit des Staates, auch Staatsversagen. Der Ampel-Streit zerstörte Vertrauen in die Politik, wenn nach Beschlüssen diese gleich wieder von einem Ampel-Partner in Zweifel gezogen wurden. Durch die kontinuierlich hohen Ergebnisse der AfD in einigen Regionen entsteht ein «Allmählichkeitsschaden» (Steffen Mau), auch durch das Einsickern der AfD in gesellschaftliche Strukturen.

9 Migration

Die Politik kann nicht auf Dauer ohne Schaden für die Demokratie eine Flücht-lingspolitik machen, die die Mehrheit der Bevölkerung nicht mitträgt. Im Vorfeld der Wahlen in Brandenburg äußerten in einer Umfrage 60 % der Befragten, dass die Flüchtlingspolitik ein für sie wahlentscheidendes Thema sei. Es ist hier nicht die Stelle, um ausführlich auf aktuelle Fragen der Flüchtlingspolitik einzugehen. Aber wichtig ist, dass wir einen neuen gesellschaftlichen Konsens für eine moderne Einwanderungspolitik brauchen, auch und insbesondere in Ostdeutschland. Eine Studie der BTU Cottbus und des Instituts für Wirtschaftsforschung in Halle hat die Arbeitsmarktsituation in der Brandenburgischen Lausitz untersucht. Sie kommen zu dem Schluss, dass sehr viel mehr Arbeitsplätze durch den Strukturwandel geschaffen werden als wegfallen. Gleichzeitig geht die Bevölkerungsprognose von einem Rückgang der Zahl der Erwerbspersonen von mindestens 60.000 bis 2038 aus. Als Gegenmaßnahmen schlagen die Autoren eine geringere Zahl an Auspendlern, eine Erhöhung der Erwerbsquote der ausländischen Bevölkerung, gezielte Anwerbung von Fachkräften und eine Einwanderung in den Arbeitsmarkt vor. Als Voraussetzung dafür sehen sie steigende Einkommenschancen und eine gute Infrastruktur.

10 Medienvielfalt sichern

2030 wird es nach meiner Einschätzung kaum noch Print-Medien geben. Die Zahl der Abonnenten sinkt genauso wie die Werbeeinnahmen. Und auf dem Lande lassen sich kaum noch Zusteller finden. Die E-Paper-Abonnements liegen deutlich hinter den früheren Zahlen der Print-Abos. Auf den Online-Seiten der Zeitungen wird nach Click-Zahlen über die Inhalte entschieden, die Lokalredaktionen werden auf das Nötigste reduziert. Lokaljournalismus stirbt aus. Alle wichtigen Angebote tummeln sich auf den Sozialen Medien, die ihre Sitze vor allem in den USA oder in China haben. Alan Musk macht immer wieder deutlich, was er von Medienaufsicht und demokratischer Kontrolle hält. Vor Kurzem schrieb er dem für Medienaufsicht zuständigen EU-Kommissar: *f... dich in deine eigene Backe.* Welches die wichtigsten Meldungen sind, bestimmen nicht mehr Redaktionen, sondern der Algorithmus. Die Parteien überlassen der AfD weitgehend die Ansprache von Jungwählern. Wobei es für die AfD einfach ist auf TikTok mit ihrer Wut- und Angstkampagne dem Algorithmus entsprechend zu agieren. Die anderen Parteien werden massiv in die Sozialen Medien investieren

und emotionalisierende Inhalte TikTok basiert anbieten müssen, wollen sie auf diesen wichtigen Werbekanälen mit der AfD mithalten. Als weiteres Manko kommt die Unterrepräsentanz ostdeutscher Journalistinnen und Journalisten in fast allen Redaktionsstuben hinzu. In der Medienpolitik ist mindestens dreierlei notwendig:

1. Die Stärkung der Medienaufsicht durch die Medienanstalten in den Bundesländern, insbesondere zur Sicherung des Jugendschutzes und einer Transparenz der Algorithmen.
2. Eine massive Förderung von Lokaljournalismus in allen Bereichen, Radio – Fernsehen – online.
3. Der Aufbau einer europäischen Soziale Medien-Plattform. ∎

....

Hermann Adam

Die Realität der repräsentativen Demokratie
Anforderungen an die politische Bildung

Über die Hälfte der erwachsenen Bevölkerung erklärte jüngst in einer Umfrage, mit der Demokratie, so wie sie heute funktioniert, überhaupt nicht oder weniger zufrieden zu sein.[1] In einer anderen Erhebung gab die Hälfte der 14- bis 24-Jährigen an, dass es ihnen schwerfällt zu verstehen, wie Politik in Deutschland funktioniert.[2]

Dieser Beitrag will zu einem besseren Verständnis der repräsentativen parlamentarischen Demokratie beitragen. Er beschreibt wesentliche Mechanismen im politischen System Deutschlands, zeigt die Grenzen des Einflusses einzelner Bürger auf und leitet Anforderungen an die politische Bildung ab.

1   Siehe V. Best / F. Decker / S. Fischer / A. Küppers: *Demokratievertrauen in Krisenzeiten Wie blicken die Menschen in Deutschland auf Politik, Institutionen und Gesellschaft?* Bonn 2023, S. 17.
2   Vgl. Vodafone Stiftung Deutschland (Hg.): *Hört uns zu! Wie junge Menschen die Politik in Deutschland und die Vertretung ihrer Interessen wahrnehmen,* Düsseldorf 2022, S. 12.

Repräsentative Demokratie – eine Form gesellschaftlicher Arbeitsteilung

Das aus dem Griechischen stammende Wort Demokratie bedeutet Volksherrschaft. Wortwörtlich sollte Demokratie allerdings nicht verstanden werden. 71 Mio. Menschen[3] können nicht regieren, schon deshalb nicht, weil die meisten einen Beruf ausüben, der sie voll beansprucht. Dazu kommen Care-Arbeiten wie einen Haushalt führen, Kinder versorgen und ggf. Eltern oder Großeltern pflegen. Deshalb finden die meisten kaum Zeit, sich intensiv mit Politik zu beschäftigen oder sich politisch zu engagieren. Auf Landes- oder Bundesebene ist Politik ein Vollzeitjob, und Politiker sind Teil der gesellschaftlichen Arbeitsteilung. So wie die einen sich darauf spezialisieren, Brot zu backen, Wasserhähne zu reparieren, Häuser, Straßen und Brücken zu bauen, Menschen bei der Geldanlage zu beraten oder Krankheiten zu diagnostizieren und zu behandeln, so spezialisieren sich andere – die Politiker – darauf, im Auftrag des Volkes ein Mandat auszuüben oder ein Regierungsamt zu übernehmen.

Durch ihre Tätigkeit gewinnen Berufspolitiker einen Wissensvorsprung und betrachten die Welt aus der Vogelperspektive, «einfache Bürger» aus der Froschperspektive. Aus der Ersteren hat man einen weiteren Blick, sieht viele Dinge anders als früher, als man sich selbst noch in der Froschperspektive befand. Und man wird mit Sachzwängen konfrontiert, die man ehedem nicht wahrgenommen hat.

Als Folge der unterschiedlichen Perspektiven entsteht zwischen politischer Elite und «einfachen Bürgern» eine Kluft. Manche «Frösche» gewinnen den Eindruck, die Politiker würden in einer eigenen Welt (Blase) leben, kein Verständnis für die Sorgen und Nöte der Bürger haben und nur noch an die eigene politische Karriere denken. Derartige oligarchische Tendenzen sind eine normale Begleiterscheinung jeder repräsentativen Demokratie.[4]

In einer arbeitsteilig organisierten Gesellschaft lassen die Menschen die meisten anfallenden Arbeiten von anderen erledigen: Man baut die Kartoffeln nicht selbst an, sondern überlässt das den Bauern, man schneidert sich seine Kleidung nicht selbst, sondern kauft sie im Textilgeschäft, man repariert den Wasserhahn nicht selbst, sondern beauftragt einen Installateur. Das kann nur funktionieren, wenn die Menschen einander ein Grundvertrauen entgegenbringen und beispielsweise dem Handwerker, dem Versicherungsvertreter oder dem Arzt unterstellen, dass er sein Metier beherrscht und im Interesse des Kunden bzw. Patienten handelt. Dieses Grundvertrauen müsste in der Demokratie auch Politikern entgegengebracht werden. Die Bürger müssten überzeugt sein, dass die von ihnen gewählten Vertreter nach bestem Wissen und Gewissen entscheiden

---

3 Das ist die Zahl der Einwohner in Deutschland über 18 Jahre.

4 Für demokratische Repräsentation gilt wie in der Wirtschaft für unvollkommene Märkte das Prinzipal-Agent-Problem: Der Agent (= Beauftragter, Politiker) hat gegenüber dem Prinzipal (= Auftraggeber, Volk) einen Wissensvorsprung und damit mehr Macht. Die principal-agent-theory wurde erstmals von dem US-Ökonomen John Kenneth Arrow zur Analyse des Arzt-Patienten-Verhältnisses eingesetzt. Vgl. John Kenneth Arrow: «Uncertainty and the Welfare Economics of Medical Care», in: *The American Economic Review (AER)*, Nr. 5/1963, S. 941 ff. – Ein «ehernes Gesetz der Oligarchie» wurde am Beispiel der SPD der Soziologe Robert Michels bereits 1911 festgestellt. Siehe Robert Michels: *Zur Soziologie des Parteiwesens in der modernen Demokratie. Untersuchungen über die oligarchischen Tendenzen des Gruppenlebens*, Leipzig 1911.

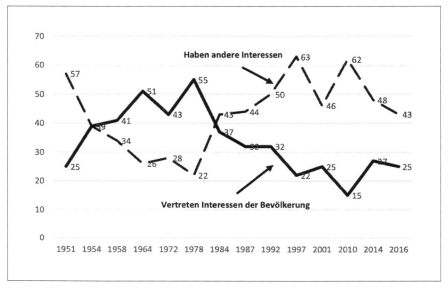

1 Wessen Interessen vertreten die Abgeordneten im Bundestag?
Frage: Glauben Sie, dass die Abgeordneten in Berlin (Bonn) die Interessen der Bevölkerung vertreten oder haben sie andere Interessen, die ihnen wichtiger sind?
(Quelle: Thomas Petersen: Die Welt der Wutbürger, in: *Frankfurter Allgemeine Zeitung* vom 18. Mai 2016, S. 8. – Erhebung: Institut für Demoskopie Allensbach)

und einen fairen Ausgleich der unterschiedlichen Interessen der Bürger anstreben.

Bis Anfang der 1980er-Jahre war dieses Grundvertrauen noch überwiegend vorhanden. Eine Mehrheit der Bevölkerung stimmte der Aussage zu, die Politiker würden die Interessen der Bevölkerung vertreten. Danach kehrte sich dieses Bild um. Seitdem glaubt die Mehrheit (zeitweise sogar mehr als 60 Prozent), die Abgeordneten würden andere Interessen verfolgen (siehe Abb. 1).

Dieses gewachsene Misstrauen der Bevölkerung gegenüber den Politikern dürfte auf mehrere Ereignisse zurückzuführen sein:

- Mitte der 1970er-Jahre war die expansive Wachstumsphase zu Ende. Die beiden Ölkrisen 1973/74 und 1980/81 hatten

die Wirtschaft in eine Rezession gestürzt. Erste Einschnitte ins soziale Netz mussten vorgenommen werden. Viele, die Anfang der 1970er-Jahre SPD gewählt hatten, weil sie von Willy Brandt fasziniert waren, wurden von der pragmatischen Politik des «Machers» Helmut Schmidt enttäuscht. Ein Teil wanderte zunächst ins Nichtwählerlager und später zu den neugegründeten Grünen ab. Andere wählten wieder CDU/CSU, weil sie sich von ihr die Rückkehr zu den Wirtschaftswunderjahren erhofften. Doch diese Erwartungen erfüllten sich nicht. Als Helmut Kohl Ende 1982 Kanzler wurde, waren 1,8 Mio. Menschen arbeitslos gemeldet (7,5 Prozent), 1989 waren es über zwei Mio. (7,9 Prozent).

- Zur Enttäuschung über das offenbar von der Politik nicht lösbare Problem der hohen Arbeitslosigkeit kam die Flick-Spendenaffäre. Sie führte zu einem deutlichen Vertrauensverlust gegenüber den Alt-Parteien.[5] Der Flick-Konzern hatte 1975 seine Anteile an der Daimler-Benz AG im Wert von 1,9 Mrd. DM an die Deutsche Bank verkauft und für den Erlös beim Bundeswirtschaftsminister Steuerbefreiung beantragt, weil das Geld als «volkswirtschaftlich förderungswürdige Re-Investition» in die deutsche Wirtschaft zurückfließen sollte. Die damaligen Bundeswirtschaftsminister Otto Graf Lambsdorff und sein Vorgänger Hans Friedrichs (beide FDP) hatten die Steuerbefreiung genehmigt. Da sie zeitnah vom Flick-Konzern größere Parteispenden entgegengenommen hatten, gerieten sie Ende 1983 in Verdacht, bestechlich gewesen zu sein.[6]
- Für das linke politische Lager war der Neue Heimat-Skandal in den 1980er-Jahren ein schwerer Rückschlag. Der gewerkschaftseigene Wohnungsbaukonzern hatte den Wohnungsmarkt falsch eingeschätzt und war in Konkurs geraten. Außerdem hatte sich der Vorstandsvorsitzende persönlich bereichert.[7] Für die Gewerkschaften bedeutete der Niedergang ihrer Unternehmen einen herben Imageverlust, der sich auch auf die

SPD übertrug. Denn die gemeinwirtschaftlichen Unternehmen der Gewerkschaften galten im linken politischen Lager als Modell für eine alternative Wirtschaftsordnung, in der die Orientierung am Gemeinwohl im Mittelpunkt der Unternehmenspolitik stehen sollte.

Parlaments- oder Regierungswahl?

Aus den alle vier Jahre nach dem Verhältniswahlsystem stattfindenden Wahlen geht lediglich ein Parlament, aber keine Regierung hervor. Wer regiert, wird vielmehr nach der Wahl von den Spitzen der Parteien entschieden.[8] Das verstärkt die im repräsentativen System angelegte Entfremdung zwischen Berufspolitikern und Bevölkerung.

Früher wussten die Bürger vor der Wahl, für welche Koalition sie stimmten, wenn sie FDP wählten. Denn diese hatte vorher eine eindeutige Koalitionsaussage zugunsten von CDU/CSU (1950er- und 1960er, 1980er- und 1990er-Jahre) oder SPD (1970er-Jahre) gemacht. Seit sich das ursprüngliche Zweieinhalb-Parteiensystem zu einem Sechsparteiensystem gewandelt hat, ist vor der Wahl offen, welche Koalition nach der Wahl gebildet wird. So kommen Regierungen zustande, die eigentlich keiner will – mit ein Grund für wachsende Politikverdrossenheit.

5   Als Altparteien wurden von den 1983 neu in den Bundestag eingezogenen Grünen CDU/CSU, SPD und FDP bezeichnet. Heute werden Bündnis 90 / Die Grünen von der AfD auch zu den Altparteien gerechnet.

6   Vgl. «Ein Mann kaufte die Republik», *Spiegel-online* vom 6.10.2006, spiegel.de: https://is.gd/ucoA3I (zuletzt abgerufen am 10.06.2024) und «Ein Dienstag, der Bonn erbeben ließ», *Die Zeit* Nr. 49/2.12.1983, zeit.de: https://is.gd/KBa6fy (zuletzt abgerufen am 10.06.2024).

7   Vgl. «Gut getarnt im Dickicht der Firmen. Neue Heimat: Die dunklen Geschäfte von Vietor und Genossen», in: *Der Spiegel* Nr. 6/1982, spiegel.de: https://is.gd/UxJSe9 (zuletzt abgerufen am 10.06.2024). Ausführlich dazu Peter Kramper: «Das Ende der Gemeinwirtschaft. Krisen und Skandale gewerkschaftseigener Unternehmen in den 1980er-Jahren», in: *Archiv für Sozialgeschichte* 52 (2012), S. 116 ff.

8   Das ist bei relativer Mehrheitswahl in Einerwahlkreisen wie in Großbritannien anders. Bei diesem System erreicht in der Regel eine Partei die absolute Mehrheit der Sitze im Unterhaus und bildet die Regierung.

Datum[1]	Gewünschte Koalition (in %)						
	CDU/ CSU FDP	SPD Grüne	CDU/ CSU SPD	CDU/ CSU Grüne	SPD Grüne Linke	SPD Grüne FDP	SPD FDP
18.9.98	14	22	28	3			3
13.9.02	28	31	9	1			8
9.9.05	24	16	26	2			2
18.9.09	26	12	21	3			3
13.9.13	19	16	29	5			
15.9.17	17	9	22	7	7		1
17.9.21	8	17	9	5	9	7	

Tab. 1 Gewünschte Koalition vor den Bundestagswahlen 1998 bis 2021 (am meisten gewünschte Koalition jeweils in Fettschrift)
1 Tag der Erhebung (letzte Erhebung vor der Wahl).

(Quelle: Forschungsgruppe Wahlen [ZDF-Politbarometer])

Nur sieben Prozent der Wähler haben sich die ab Dezember 2021 regierende Ampelkoalition aus SPD, Grünen und FDP gewünscht (siehe Tab. 1). Deshalb überrascht es nicht, dass die Zufriedenheit mit der Ampel-Regierung gering war. Andere Koalitionen wären aber kaum beliebter gewesen. Die 2021 noch am meisten gewünschte wäre mit 17 Prozent eine rot-grüne Koalition gewesen. Dafür gab es aber keine Mehrheit im Bundestag. Auch von den vorherigen Merkel-Regierungen hatte keine die Zustimmung der Mehrheit der Bevölkerung.

Lagerübergreifende Koalitionen – Regieren im Dauerkonflikt

Seit 2005 müssen – mit Ausnahme der letzten CDU/CSU-FDP-Koalition von 2009 bis 2013 – lagerübergreifende Koalitionen gebildet werden: Eine (oder mehrere) Parteien aus dem liberal-konservativen Lager bilden eine Koalition mit einer (oder mehreren) Parteien aus dem linken politischen Spektrum.[9] Bei diesen Koalitionen ist die Konsensfindung schwieriger als bei Regierungen des gleichen politischen Lagers, weil sich Parteien zusammenraufen müssen, deren Programmatik weit auseinanderliegt.

9 In den ersten drei Nachkriegsjahrzehnten gab es – die erste Große Koalition von 1966 bis 1969 ausgenommen – nur Koalitionen aus Parteien des gleichen politischen Lagers. Auch die von 1969 bis 1982 regierende sozialliberale Koalition war über viele Jahre ein linksliberales Bündnis. Erst gegen Ende wurde sie zu einer lagerübergreifenden Koalition, weil in der FDP, anders als zu Beginn der 1970er-Jahre, der wirtschaftsliberale Flügel an Einfluss gewonnen hatte.

Das erzwingt schmerzhafte Kompromisse. Werden dabei ursprüngliche Positionen aufgegeben und Wahlversprechen gebrochen, ist die Unzufriedenheit der Wähler dieser Parteien und vor allem ihrer Mitglieder vorprogrammiert.

Häufig treten kurz nach Aufnahme der Regierungsarbeit unvorhersehbare Ereignisse auf, die dazu führen, dass der Koalitionsvertrag in Teilen überholt ist. So konnte niemand die Finanzmarktkrise, die Flüchtlingskrise, die Corona-Pandemie und den Ukraine-Krieg voraussehen. Dann muss die Regierung Entscheidungen treffen, über die in den Koalitionsverhandlungen noch nicht gesprochen wurde. Die Partner müssen sich dann neu «finden», was kontrovers in der Öffentlichkeit stattfindet. Das hinterlässt bei vielen den Eindruck der Inkompetenz: die Regierenden – so eine weitverbreitete Wahrnehmung in der Bevölkerung – scheinen nicht zu wissen, was sie tun sollen. Dabei können die Koalitionspartner durchaus die gleichen Ziele verfolgen. Aber da es meist nicht nur einen einzigen (und richtigen) Weg gibt, der zum Ziel führt, kommt es bei lagerübergreifenden Koalitionen in der Regel zum Streit darüber, welche Instrumente eingesetzt werden sollen.[10]

Hinter diesem Streit stecken handfeste Interessenkonflikte. Denn bei jeder wirtschafts-, sozial- oder klimapolitischen Maßnahme werden bestimmte Gruppen der Bevölkerung begünstigt, andere belastet. Deshalb verfolgen Koalitionsparteien, weil sie jeweils eine andere Wählerklientel bedienen wollen, unterschiedliche Politikansätze. Wenn die Wähler allerdings keiner politischen Richtung eine Mehrheit geben und die Entscheidung darüber nach der Wahl in die Regierung verlagert werden muss, kann sie nur im Dauerkonflikt regieren.

Die Eigendynamik der Medien

Medien benötigen Werbeeinnahmen. Werbespots und Anzeigen werden wiederum geschaltet, wenn sie ausreichend viele Konsumenten erreichen. Deshalb konkurrieren alle Medien um möglichst viele Zuschauer bzw. Leser. Eine hohe Reichweite lässt sich wiederum nur erzielen, wenn das Medium beim Publikum Aufmerksamkeit erregt.

Aufmerksamkeit gewinnt man jedoch nicht, indem man über die Erfolge einer Regierung berichtet und die Leistungen von Kanzler und Ministern lobt. Das würde kaum z. B. zum Kauf der *BILD-Zeitung* oder des *Spiegel* anregen. Deshalb stellen alle Medien das Negative in den Mittelpunkt: die Fehler der Politiker und ihre Misserfolge.

Für die Medien ist es besonders reizvoll, die in einer lagerübergreifenden Koalition häufiger als bei homogenen Regierungen auftretenden Meinungsverschiedenheiten groß herauszustellen und die Frage aufzuwerfen, wie lange die Koalition noch hält. Da die überwiegende Mehrheit der Bevölkerung die lagerübergreifende Koalition nicht wollte, fühlen sich viele Menschen durch derartige Berichte in ihrer Auffassung bestätigt, dass die Falschen regieren. Die Medien verstärken also die von Anfang an bestehende Unzufriedenheit mit der gebildeten Koalition.

---

10 Beispielsweise können private Investitionen durch Steuersenkungen für Unternehmen oder durch Stärkung der Massenkaufkraft, die die Absatzmöglichkeiten verbessert, angeregt werden. Mehr Klimaschutz kann entweder durch Verbote oder indirekt über höhere Preise für umweltschädigende Produkte erreicht werden.

Dass Menschen vor allem «bad news» wahrnehmen, ist auch evolutionsbiologisch zu erklären: Unser Gehirn reagiert auf alles Negative besonders intensiv, weil es uns vor einer potenziell lebensbedrohenden Gefahr warnen will.[11] Zwar fürchten sich die Menschen in entwickelten Industriegesellschaften nicht mehr wie früher die Urmenschen vor dem Bären, der hinter dem Gebüsch lauern könnte. Wohl aber erfasst in unsicheren Zeiten viele die Angst, sozial abzusteigen und ihren Lebensstandard nicht halten zu können.

Der Kanzler – Richtliniengeber oder «wandelnder Vermittlungsschluss»?

In einer säkularisierten Gesellschaft voller Unsicherheiten sehnen sich viele Menschen nach einer Instanz, die Halt gibt und Orientierung bietet. Manche erwarten das vom jeweiligen Bundeskanzler. Doch kann ein derartiger Führungsanspruch überhaupt vom Bundeskanzler geltend gemacht werden, egal wer das Amt gerade ausübt?

Zwar hat der Kanzler laut Grundgesetz die Befugnis, die Richtlinien der Politik zu bestimmen (Art. 65 GG) und dem Bundespräsidenten die Minister des Kabinetts vorzuschlagen (Art. 64 GG). In der Verfassungswirklichkeit stehen diese Rechte jedoch nur auf dem Papier:

- Am Ende der Koalitionsverhandlungen verständigen sich die Parteispitzen darauf, wie die Ministerien auf die Koalitionspartner aufgeteilt werden und wer welches Ministeramt übernimmt. Dabei können auch ganze Abteilungen oder Bereiche aus einem Ministerium herausgebrochen und einem anderen zugeteilt werden.[12] Der Kanzler ist zwar nicht gezwungen, die Personalvorschläge zu akzeptieren, müsste aber schon schwerwiegende Gründe vorbringen (z. B. Stasi-Vergangenheit), um einen von Koalitionspartnern vorgeschlagenen Kandidaten nicht zu akzeptieren. Selbst bei der Besetzung der Ressorts, die seiner Partei zugesprochen werden, kann er nicht schalten und walten, wie er will. Hier sind insbesondere regionaler Proporz, Parteiflügel und Geschlecht so zu berücksichtigen, dass möglichst viele in der Partei sich berücksichtigt fühlen.

- Die Richtlinienkompetenz des Kanzlers hat nicht die Qualität eines Direktionsrechts, die ein Vorgesetzter in einem Unternehmen der Privatwirtschaft hat. Der Kanzler ist vielmehr ein Primus inter Pares. Er muss im Kabinett in einer sachlichen Diskussion einen Kompromiss zustande bringen, bei dem alle ihr Gesicht wahren können. «Es gibt keine Richtlinien gegen Brandt und Wehner» hat Helmut Schmidt es während der ersten Großen Koalition (1966–1969) auf den Punkt gebracht. So wurde die Rolle von Kanzler Kiesinger damals als «wandelnder Vermittlungsausschuss» charakterisiert.[13]

- Dem scheint der Gebrauch der Richtlinienkompetenz durch Olaf Scholz am 17. Oktober 2022 zu widersprechen. Nach einem Gespräch mit Robert Ha-

---

11 Vgl. dazu Maren Urner: *Radikal emotional. Wie Gefühle Politik machen*, München 2024, S. 62.

12 2002 hat beispielsweise Gerhard Schröder die Abt. Arbeitsmarktpolitik vom Arbeitsministerium ins Wirtschaftsministerium überführt. 2018 hat Angela Merkel das Bauministerium ins Innenministerium integriert.

13 welt.de: https://is.gd/1WwMkN (letzter Aufruf: 6.7.2024).

beck und Christian Lindner hatte er die beiden Minister sowie die Umweltministerin Steffi Lemke angewiesen, einen Gesetzentwurf vorzulegen, mit dem die Laufzeitverlängerung von drei Atomkraftwerken über den 31.12.2022 hinaus bis 15. April 2023 sichergestellt werden sollte.[14] Es spricht einiges dafür, dass dies zwischen den Dreien abgesprochen war. Habeck und Lindner standen beide unter dem Druck ihrer Parteien. Die Grünen wollten das Ende der AKW zum 31.12., die FDP wollte sie auf unbestimmte Zeit weiterlaufen lassen. Nun konnten beide sich auf die Richtlinienkompetenz des Kanzlers berufen und gegenüber ihren Parteien ihr Gesicht wahren.[15]

- Die Entlassung des Bundesfinanzministers Christian Lindner durch Olaf Scholz bestätigt ebenfalls, dass die Richtlinienkompetenz nur auf dem Papier steht. Sonst hätte der Kanzler seinen Finanzminister einfach anweisen können, welche Finanzpolitik er zu betreiben hat. Doch wenn keine Einigung zwischen den Regierungsparteien zu erzielen ist, bleiben nur zwei Möglichkeiten: Entweder das Thema zu vertagen und nicht zu handeln oder einen harten Schnitt zu machen. Dann aber ist die Regierung am Ende.

Da alle Bundesregierungen – mit Ausnahme des Kabinetts Adenauer III von 1957 bis 1961 – Koalitionen waren, haben alle Kanzler von ihrer Richtlinienkompetenz nur sparsam Gebrauch gemacht. So wie Konrad Adenauer können heutige Kanzler ihre Regierungen nicht mehr führen.[16] Bei lagerübergreifenden Koalitionen sind besonderes Fingerspitzengefühl und Moderations- und Verhandlungskunst des Kanzlers gefragt. Kurt-Georg Kiesinger und Angela Merkel haben diese Kunst beherrscht, und Olaf Scholz drei Jahre lang ebenfalls, bis die Gegensätze nicht mehr zu überbrücken waren. Warum man ihm, der ein nicht minder schwieriges Regierungsbündnis moderieren musste, vorwirft, einen ähnlichen Regierungsstil zu pflegen wie Angela Merkel, ist vor dem Hintergrund der aufgezeigten Zwänge, nicht gerechtfertigt.

Trennung von Parteivorsitz und Bundeskanzleramt

Bis zum Ende der Kanzlerschaft von Willy Brandt war der Bundeskanzler gleichzeitig auch Vorsitzender seiner Partei. Helmut Schmidt dagegen strebte den Parteivorsitz nie an, was er später als Fehler bezeich-

---

14 Vgl. static-assets.rp-online.de: https://is.gd/HnOAOS (letzter Aufruf: 14.7.2024)

15 Ähnlich Alexander Weinlein: «Das Machtwort. Die Richtlinienkompetenz des Bundeskanzlers in Theorie und Praxis», in: *Das Parlament* vom 24.10.2022, das-parlament.de: https://is.gd/zDj3Rs. Die Richtlinienkompetenz ist in der Politikwissenschaft schon immer als eine de facto nicht bestehende Regelung problematisiert worden. Siehe beispielsweise Göttrik Wewer: «Richtlinienkompetenz und Koalitionsregierung: Wo wird Politik definiert?», in: Hans-Hermann Hartwich, Göttrik Wewer (Hg.*): Regieren in der Bundesrepublik. Konzeptionelle Grundlagen und Perspektiven der Forschung*, Wiesbaden 1990, S. 145 ff. – Werner Kaltefleiter: «Die Kanzlerdemokratie des Helmut Kohl», in: *Zeitschrift für Parlamentsfragen*, Heft 1/1996, S. 27 ff. – Heinrich Pehle: «Die Richtlinienkompetenz der Bundeskanzlerin, und wie man mit ihr (nicht) umgehen sollte», in: *GWP – Gesellschaft. Wirtschaft. Politik*, Heft 3/2018, S. 291 ff.

16 In den 1950er-Jahren wurde grundsätzlich die Autorität von Persönlichkeiten respektiert. Das endete mit der antiautoritären Studentenbewegung 1968. Adenauer kam zudem die in den 1950er-Jahren stattfindende Parteienkonzentration zugute. Siehe Karlheinz Niclauß: *Kanzlerdemokratie. Regierungsführung von Konrad Adenauer bis Angela Merkel*, 3. Aufl., Wiesbaden 2015, S. 48.

net hat.[17] Helmut Kohl, Gerhard Schröder (zeitweise) und Angela Merkel (bis kurz vor Ende ihrer Amtszeit) waren während ihrer Kanzlerschaft auch Vorsitzende ihrer Partei. Das entspricht dem System des Westminster-Modells: Der britische Premierminister ist gleichzeitig auch Vorsitzender der Regierungspartei, der Oppositionsführer Vorsitzender der größten Oppositionspartei.

In der augenblicklichen Koalition sind Kanzleramt und Parteivorsitz getrennt. Auch die Minister der Grünen in der Ampel haben kein Parteiamt inne. Hinzu kommt jeweils eine Doppelspitze bei der SPD und den Grünen. Die bürgerlichen Parteien handhaben es traditionell: der Bundesfinanzminister Christian Lindner ist gleichzeitig auch Vorsitzender der FDP, der Oppositionsführer Friedrich Merz auch gleichzeitig Vorsitzender der CDU.

Die Trennung von Regierungs- und Parteiämtern soll den jeweiligen Parteivorsitzenden ermöglichen, ungeachtet von Kabinettsbeschlüssen die grundsätzlichen Positionen der Partei in der Öffentlichkeit zu vertreten. Damit soll die Kernklientel der jeweiligen Partei beruhigt werden. Den Parteivorsitzenden kommt dadurch die Funktion eines Prellbocks zu: Die Unzufriedenheit der Parteibasis wird aufgefangen und soll nicht auf die Arbeit der Regierung durchschlagen. Die Medien nutzen das, indem sie versuchen, einen Keil zwischen die Partei-, Fraktionsvorsitzenden und Generalsekretäre einerseits und dem Kanzler bzw. die Minister andererseits zu treiben, und schlachten diese Differenzen genüsslich aus. So erscheinen die Politiker als zerstritten und nur mit sich selbst beschäftigt.

Alternierende Regierungen der gesellschaftlichen Mitte

Die repräsentative parlamentarische Demokratie funktioniert am besten, wenn die Wählerstruktur einer Gaußschen Normalverteilung ähnelt: Zwei etwa gleich große politische Blöcke mit zwei Parteien, die von etwa 25 bis 30 Prozent der Stimmberechtigten bei jeder Wahl gewählt werden (= Stammwähler). Außerdem muss es politisch nicht festgelegte Wähler mit gemäßigt politischen Ansichten geben, die mal der einen, mal der anderen Partei zur Mehrheit verhelfen. Außerdem orientieren sich alle Bürger bei der Wahl an nur einem relevanten Kriterium, beispielsweise, welche Partei einen minimalistischen oder einen universellen Wohlfahrtsstaat befürwortet bzw. ob sie für mehr Marktsteuerung oder für mehr Staatsintervention eintritt. Diese idealtypische Wählerverteilung mit nur einer Konfliktlinie ist in der Realität zwar nicht gegeben. Sie trifft um so weniger zu, je diverser eine Gesellschaft ist.[18] Gleichwohl lassen sich bestimmte Mechanismen daraus ableiten.

Wenn CDU/CSU und SPD Wahlen gewinnen wollen, müssen sie sich an den

---

17 Vgl. faz.net: https://is.gd/WLEZzt (zuletzt aufgerufen am 14.7.2024).

18 Schon immer gab es in der Bundesrepublik neben der dominierenden, traditionellen Konfliktlinie Kapital vs. Arbeit eine zweite, nämlich religiös vs. säkular. CDU/CSU gehörten zum religiösen, SPD und FDP zum säkularen Lager. Beide Konfliktlinien waren zu einem Rechts-Links-Gegensatz verschmolzen. Vgl. Ulrich von Alemann / Philipp Erbentraut / Jens Walther: *Das Parteiensystem der Bundesrepublik Deutschland. Eine Einführung*, 5. Aufl., Wiesbaden 2018, S. 144. Ob in der jüngster Zeit aufgetretene Konflikt zwischen Kommunitarismus und Kosmopolitismus eine weitere (neue) Konfliktlinie darstellt, ist in der Politikwissenschaft umstritten. Vgl. dazu Franz Decker: «Kosmopolitismus versus Kommunitarismus: eine neue Konfliktlinie in den Parteiensystemen?», in: *Zeitschrift für Politik*, Heft 4/2019, S. 445 ff.

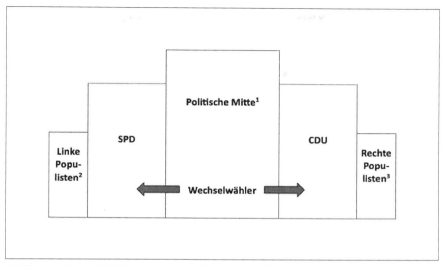

Linke Popu-listen[2]

SPD

Politische Mitte[1]

CDU

Rechte Popu-listen[3]

Wechselwähler

2 Wählerstruktur und Wahlverhalten bei eindimensionaler Konfliktlinie (idealtypische Darstellung)

1 Zur Politischen Mitte zählen alle Wähler, die mit dem repräsentativ-demokratischen System der Bundesrepublik zufrieden sind und auch das kapitalistische Wirtschaftssystem in Form der sozialen Marktwirtschaft akzeptieren.

2 Linke Populisten teilen die Gesellschaft in zwei antagonistische Klassen auf: «das homogene Volk» und «die Produktionsmittelbesitzer». Sie fordern, Politik sollte die «wahren Interessen» des homogenen Volkes und nicht die der Produktionsmittelbesitzer verfolgen.

3 Rechte Populisten teilen die Gesellschaft ebenfalls in zwei homogene und antagonistische Gruppen auf: «das reine Volk» und «die korrupte Elite». Sie fordert, Politik sollte Ausdruck der *volonté générale* (des allgemeinen Willens) des Volkes sein. Diese Definition von Populisten orientiert sich an Cas Mudde: «The Populist Zeitgeist», in: *Government and Opposition*, Heft 4/2004, S. 543.

Wünschen und Interessen der politisch gemäßigten Wechselwähler orientieren. Deshalb haben sich beide im Laufe der Jahre nach dem Zweiten Weltkrieg in die politische Mitte bewegt: Die SPD hat mit ihrem Godesberger Programm von 1959 die von ihr anfangs bekämpfte Westintegration, die Wiederbewaffnung sowie die soziale Marktwirtschaft akzeptiert und mit der Agenda 2010 von Gerhard Schröder die Notwendigkeit auch liberaler Elemente in der Wirtschafts- und Sozialpolitik anerkannt. CDU/CSU akzeptierten ihrerseits die einst von ihr abgelehnten Ostverträge. Ebenso blieb die von Helmut Kohl 1982 versprochene «geistig-moralische Wende» in der Wirtschafts- und Sozialpolitik weit hinter den Erwartungen der Neoliberalen zurück[19], und unter Angela Merkel rückte die CDU von den wirtschaftsliberalen Beschlüssen ihres Leipziger Parteitages von 2003 ab und bewegte sich auf die SPD zu.

19 Vgl. Lars P. Feld: «Zur Bedeutung des Manifests der Marktwirtschaft oder: Das Lambsdorff-Papier im 31. Jahr», *Freiburger Diskussionspapiere zur Ordnungsökonomik* Nr. 13/9, Freiburg 2013, S. 2. Ähnlich aus politikwissenschaftlicher Sicht Reimut Zohlnhöfer: *Die Wirtschaftspolitik der Ära Kohl. Eine Analyse der Schlüsselentscheidungen in den Politikfeldern Finanzen, Arbeit und Entstaatlichung, 1982– 1998*, Opladen

Die Orientierung der großen Parteien an der politischen Mitte, den «Systemzufriedenen», löste allerdings bei manchen früheren Stammwählern Unzufriedenheit aus. Das galt insbesondere für die SPD. Sie versteht sich als Programmpartei, die die Gesellschaft durch Reformen verändern will. Die gingen manchen Anhängern der SPD in den 1970er-Jahren nicht schnell und nicht weit genug. Ein Teil von ihnen wandte sich enttäuscht von der SPD ab und gründete eine neue Partei links von der SPD (die Grünen), weil sie glaubten, damit eine linkere SPD-Politik erzwingen zu können.

Doch alle geschichtliche Erfahrung zeigt: Abspaltungen am linken Rand der SPD führten nicht zu einer Stärkung, sondern zur Schwächung des linken politischen Lagers. In der Weimarer Republik waren die USPD und die SAPD, in der Bundesrepublik die Grünen und die WASG derartige Abspaltungen. Der Einzug der Grünen in den Bundestag 1983 sicherte Helmut Kohl, das Wahlbündnis der WASG mit der PDS 2005 Angela Merkel eine 16-jährige Kanzlerschaft.

Aber auch umgekehrt gilt: Parteien rechts von CDU/CSU nützten nicht den Konservativen, sondern stärkten eher das linke politische Lager. So verfehlten CDU/CSU durch das Anwachsen der NPD bei der Bundestagswahl 1969 auf 4,3 Prozent die absolute Mehrheit, und Willy Brandt konnte mithilfe der FDP zum Kanzler gewählt werden. Ebenso ging das Erstarken der AfD bei der Bundestagswahl 2013 auf 4,7 Prozent zulasten der FDP. Sie fiel von

14,6 Prozent (2009) auf 4,8 Prozent (2013) zurück, sodass die CDU/CSU-FDP-Koalition ihre Mehrheit verlor. Die AfD-Wähler, die 2013 vor allem weitere Griechenland-Rettungspakete verhindern wollten und den Euro infrage stellten, erreichten das genaue Gegenteil: Denn CDU/CSU mussten mit der SPD koalieren. Die hatte die Rettungspakete mitgetragen und befürwortete den Euro. Ein von den AfD-Wählern erhoffter Politikwechsel fand nicht statt.

Aufgrund des skizzierten Mechanismus haben Wahlen in der Bundesrepublik nie zu einem systemverändernden politischen Richtungswechsel, sondern (mit Ausnahme von 1998) allenfalls zu einem Auswechseln einer der vorherigen Koalitionsparteien und damit zu einem teilweisen personellen Austausch der politischen Elite geführt.[20] Selbst nach 1998, als beide vorherigen Koalitionsparteien CDU/CSU und FDP erstmalig (und bisher zum einzigen Mal) durch zwei neue – SPD und Grüne – ersetzt wurden, kam es nicht zu einem grundlegenden politischen Richtungswechsel. Denn Gerhard Schröder hatte die Wahl u. a. deshalb gewonnen, weil er versprochen hatte, nicht alles anders, sondern nur vieles besser machen zu wollen.[21]

Pragmatismus oder Fundamentalopposition?

Die repräsentative parlamentarische Demokratie fördert somit eine pragmatische «Politik der Mitte» und lässt nur inkremen-

---

2001, S. 173: «Insofern lässt sich […] für die Periode von 1982 bis 1989 festhalten, dass […] nur bescheidene Politikwechsel durchgesetzt werden konnten.»

20 Nach Schumpeter ist Demokratie auch nichts weiter als der Konkurrenzkampf zwischen zwei politischen Eliten. Vgl. Joseph A. Schumpeter: *Kapitalismus, Sozialismus und Demokratie*, 2. Aufl., Bern 1950, S. 428. – Kritisch dazu Thomas Meyer: *Was ist Demokratie? Eine diskursive Einführung*, Wiesbaden 2009, S. 69 ff.

21 Vgl. Karl Ludwig Günsche: «SPD, neu justiert», *Die Welt* 9.10.1998, abrufbar unter: welt.de: https://is.gd/HXrvB2 (zuletzt aufgerufen am 6.4.2020).

telle Politikwechsel zu. Insofern passt die SPD als Partei der kleinen Reformschritte bestens zur repräsentativen Demokratie. Neugegründete Parteien, die sich von einer der beiden ehemals großen Parteien abgespalten haben mit dem Ziel, eine linkere Politik (Grüne und Linke) bzw. eine konservativere Politik (AfD) durchzusetzen, gerieten angesichts dieses «Magnetfelds politische Mitte» in ein Dilemma:

- Entweder sie verharrten in einer Fundamentalopposition. Dann wollten die anderen Parteien nicht mit ihnen koalieren und grenzten sie aus.
- Oder sie mäßigten sich, rückten von ihren ursprünglichen Grundsätzen ab und ließen sich auf Kompromisse ein. Dann konnten sie zwar mit anderen Parteien koalieren, haben aber Teile ihrer Kernwählerschaft verprellt.

Beides trägt den Keim einer weiteren Spaltung in sich. Denn es frustriert alle, die sich einer neuen Partei zuwenden in der Hoffnung, eine andere Politik durchsetzen zu können.

Am Beispiel der Grünen, die sich aus vielen enttäuschten früheren SPD-Wählern zusammensetzten, lässt sich dieses Dilemma gut veranschaulichen. Anfangs verstanden sie sich als «Antipartei» und wollten im Bund nicht mit der SPD koalieren – die SPD aber auch nicht mit ihnen. Erste Koalitionen auf Länderebene hielten nicht lange, weil die «Fundis» – der linke Flügel der Grünen – an ihren Grundsatzpositionen festhielten:

- Die erste rot-grüne Koalition in Hessen zerbrach 1987 bereits nach 14 Monaten, weil die «Fundis» das Nuklearunternehmen Alkem nicht genehmigen wollten.
- Die zweite rot-grüne Koalition aus SPD und der Alternativen Liste für Demokratie und Umweltschutz (AL), im März 1989 im Land Berlin gebildet, zerbrach ebenfalls schon im November 1990. Streitpunkt war, ob von Autonomen besetzte Häuser von der Polizei geräumt werden sollten.
- Die dritte rot-grüne Koalition wurde 1990 in Niedersachsen gebildet. Sie war die Erste, die trotz zahlreicher interner Konflikte die gesamte Legislaturperiode überstand.[22]

Erst 18 Jahre nach Gründung der Grünen kam auf Bundesebene eine rot-grüne Koalition zustande. Sie drohte schon nach wenigen Monaten zu platzen, als die Grünen, die u. a. aus der Friedensbewegung hervorgegangen waren, dem ersten Kriegseinsatz der Bundeswehr im Kosovo zustimmen mussten. Nur nach einer engagierten und emotionalen Rede des sich inzwischen zum Realo gewandelten grünen Außenministers Joschka Fischer sprach sich auf dem Sonderparteitag der Grünen im Mai 1999 eine knappe Mehrheit für den Kosovo-Einsatz aus und machte so ihren Verbleib in der Regierung möglich.

Der langwierige Prozess der Integration der Grünen in das repräsentativ-demokratische System und die kapitalistische Wachstumsgesellschaft zeigt: Jede Partei, die Regierungsverantwortung übernehmen will, muss auf einen pragmatischen Kurs ein-

---

22 Es fällt auf, dass die Grünen in dieser Regierung kein klassisches, sondern nur zwei relativ unwichtige Ministerien besetzten: das Ministerium für Frauen (Waltraud Schoppe) und das Ministerium für Bundes- und Europaangelegenheiten (Jürgen Trittin). Nicht einmal das Umweltministerium hatte ihnen Gerhard Schröder als damaliger Ministerpräsident von Niedersachsen zugestanden. Möglicherweise war das mit ein Grund dafür, dass die Regierung vier Jahre hielt, weil die Grünen in dieser Regierung wenig zu vermelden hatten.

schwenken und sich wie die Altparteien verhalten, von denen sie sich ursprünglich unterscheiden wollte.[23] Das kann zu neuerlichen Abspaltungen führen. Der geschlossene Austritt des Vorstands der Jungen Grünen aus der Partei im September 2024 sowie die Wählerwanderungen[24] deuten darauf hin. Die weitere Entwicklung wird zeigen, ob Teile der Grünen-Wähler zu den Altparteien zurückkehren oder ob zwei ökologische Parteien – eine gemäßigte und eine radikale – entstehen und ob, sollte es dazu kommen, danach eine oder sogar beide unter die Fünf-Prozent-Klausel fallen.

Fundamentalopposition, Unregierbarkeit und wirtschaftlicher Niedergang

Anders als SPD und Grüne haben die Linkspartei auf Bundesebene und die Alternative für Deutschland (AfD) ihre Fundamentalopposition bisher nicht aufgegeben. Die Linke hat sich kürzlich durch die Gründung des Bündnisses Sarah Wagenknecht (BSW) gespalten. Das hat die Linke so stark geschwächt, dass sie seitdem in der «Sonntagsfrage» unter fünf Prozent liegt (Stand: November 2024). Welchen Kurs das BSW einschlägt – pragmatische Anpassung oder Fundamentalopposition – bleibt abzuwarten.

Auch die Alternative für Deutschland (AfD) erlebte in ihrer bisher elfjährigen Geschichte Spaltungen. 2015 traten ihr Gründer Bernd Lucke und rund 2.000 andere Mitglieder,[25] darunter auch Prominente wie der Kölner Volkswirtschaftsprofessor Joachim Starbatty und der ehemalige BDI-Präsident Hans-Olaf Henkel, aus. Die von ihnen neugegründete Allianz für Fortschritt und Aufbruch (ALFA), zu der viele ehemalige AfD-Mitglieder übertraten, blieb jedoch bei Wahlen erfolglos. Nach der Bundestagswahl 2017 verließen die Spitzenkandidatin der AfD, Frauke Petry, und weitere 19 Funktionäre in den Ländern die Partei.[26] Die Blaue Partei, in die einige von ihnen übertraten, blieb ebenfalls erfolglos.

Die Austritte und Abspaltungen haben die AfD bisher nicht geschwächt. Trotz oder vielleicht gerade wegen ihrer Fundamentalopposition erzielte sie vor allem bei den letzten Landtagswahlen im Osten große Erfolge. Meinungsumfragen zeigen: Die Wähler wissen durchaus, dass es sich in Teilen um eine gesichert rechtsextreme Partei handelt. Sie stimmen trotzdem für die AfD, weil sie ungelöste Probleme anspricht.[27] Das kommt bei allen gut an, die tatsächlich (oder auch nur gefühlt) sozial abgestiegen sind oder auch nur befürchten, zukünftig ihren erreichten Lebensstandard nicht halten zu können.

---

23 Die SPD hat diesen Anpassungsprozess bereits in den 1950er-Jahren vollzogen. Vgl. dazu näher Hermann Adam: «Der Weg an die Macht und ihr Verlust. Das Dilemma der SPD im parlamentarischen Regierungssystem», in: *perspektivends*, Heft 1/2020, abrufbar unter: refubium.fu-berlin.de: https://is.gd/IHHxbV.

24 Vgl. «Wählerschaft der Mitte wendet sich von den Grünen ab», *Zeit-online*, 17.4.2024, zeit.de: https://is.gd/Ri7fke (zuletzt aufgerufen am 26.10.2024). Die eher linke Kernklientel blieb der Partei treu.

25 Vgl. Tilman Steffen: «Petry spricht von Sabotage», *Zeit-online* vom 10. Juli 2015, abrufbar unter zeit.de: https://is.gd/glQM48.

26 Eine Namensliste hat der Tagesspiegel veröffentlicht. Siehe Maria Fiedler / Matthias Meisner: «Nach Rückzug von Frauke Petry ‹Das Projekt AfD ist beendet›», in: *Der Tagesspiegel* vom 25.11.2017, abrufbar unter tagesspiegel.de: https://is.gd/y8QlDo (11.10.2024).

27 Vgl. *infratest dimap* (26.9.2021): «Bundestagswahl 2021: Ansichten der AfD-Wählenden über eigene Partei», und *infratest dimap* (9.6.2024): «Europawahl 2024. Wer wählte die AfD – und warum», beide abrufbar unter *tagesschau.de*. Ähnlich die Ergebnisse für die Landtagswahl in Thüringen.

Diesen Wählern scheint allerdings nicht bewusst zu sein, was sie mit ihrem Wahlverhalten bewirken. In Brandenburg, Sachsen und Thüringen haben jetzt CDU und SPD (plus Grüne in Sachsen) allein keine absolute Mehrheit. Das BSW wird somit gebraucht, wenn eine Koalition ohne die AfD gebildet werden soll, in Thüringen sogar zusätzlich die Linke. Zwar könnte ein Ministerpräsident im dritten Wahlgang auch mit einfacher Mehrheit gewählt werden. Dann käme eine Minderheitsregierung zustande, die bei jedem Gesetzgebungsvorhaben das BSW (und in Thüringen auch die Linke) einbeziehen müsste.

Die Entscheidungsfindung einer Minderheitsregierung wäre ähnlich wie bei einer lagerübergreifenden Mehrheitskoalition: Bei manchen Fragen käme es zu einem Kompromiss, bei anderen zu Junktims (bei Frage A gibt eine Partei nach, die kann sich dafür bei Frage B durchsetzen), wieder andere blieben unerledigt, weil die Parteien sich gegenseitig blockieren. Doch Junktims – im Volksmund Kuhhandel genannt – und Blockaden wünschen sich die Bürger gerade nicht von der Politik. Sie möchten, dass die Politiker handeln und nicht endlos diskutieren. Wenn die Wähler aber keinem politischen Lager eine Mehrheit geben, verfestigen sie genau den Zustand, der ihre Skepsis gegenüber der Demokratie, so wie sie heute funktioniert, ausgelöst hat: langwierige Aushandlungsprozesse, mitunter sogar Unregierbarkeit und Stillstand. Es besteht sogar die Gefahr einer politischen Destabilisierung. Genau daran sind aber die Parteien am rechten und linken Rand interessiert, weil sie hoffen, in das dann entstehende Machtvakuum eindringen zu können.

Und nicht nur die Unregierbarkeit droht! Bei Minderheitsregierungen ist weniger absehbar, welche Politik sie verfolgen werden, weil sie auf wechselnde Mehrheiten angewiesen sind.[28] Das führt zu mehr Unsicherheit in der Wirtschaft, kann Unternehmen veranlassen, Investitionen zurückzustellen oder in andere Bundesländer abzuwandern. Auch viele dringend benötigte Fachkräfte werden sich überlegen, ob sie nicht besser eine Stelle in einem anderen Bundesland mit stabileren politischen Verhältnissen annehmen. Deshalb schätzt die Mehrheit der Ökonomen die Auswirkungen der jüngsten Wahlergebnisse in Sachsen und Thüringen auf die Wirtschaft als negativ ein.[29] Es ist geradezu paradox: Gerade diejenigen, die sich am meisten vor dem Verlust ihres sozialen Status ängstigen, tragen mit ihrer Stimme für die AfD zu einer Verschlechterung der Wirtschaftslage in ihrer Region bei und vergrößern damit sogar noch ihr Risiko, sozial abzusteigen und Lebensstandardeinbußen hinnehmen zu müssen.

Zahlreiche Einflussmöglichkeiten

Bei vielen Bürgern hat sich in letzter Zeit ein Gefühl der Ohnmacht verbreitet: Man könne in der repräsentativen Demokratie zwar wählen, damit aber wenig bewirken.

---

28 Wie gut oder wie schlecht Minderheitsregierungen funktionieren, ist in der Politikwissenschaft umstritten. Vgl. Tom Strohschneider: «Nennen wir es doch Kooperationsregierung», oxiblog.de: https://is.gd/6Fhy1r (zuletzt abgerufen am 9.11.2019) und die dort zitierten Untersuchungen.

29 Vgl. dazu Konstantin Bürkle / Aaron Günther / Niklas Potrafke / Ramona Schmid / Simon Xemaire: «Landtagswahlen in Sachsen und Thüringen: Ökonomen bewerten wirtschaftliche Auswirkungen», in: *Ifo-Schnelldienst*, Heft 10/2024, S. 49 ff.

Doch auch in der repräsentativen Demokratie haben die Bürger viele Möglichkeiten, auf Gesetze Einfluss zu nehmen. Zwar werden die meisten Gesetzentwürfe in der Ministerialbürokratie ausgearbeitet.[30] Die Ministerien sind jedoch nach § 47 (3) der Gemeinsamen Geschäftsordnung der Bundesministerien (GGO) gehalten, Zentralverbände, deren Mitgliederbelange durch ein vorgesehenes Gesetz berührt werden, rechtzeitig zu beteiligen. Deshalb werden den jeweiligen Verbänden die Gesetzentwürfe zur Stellungnahme vorgelegt.

Während der parlamentarischen Beratungen können die Fachausschüsse des Bundestages Anhörungen durchführen, zu denen auch Wissenschaftler sowie Fachleute aus der Praxis (!) eingeladen werden. Seit 1990 ist die Zahl derartiger Anhörungen enorm gestiegen. In der 12. Legislaturperiode (1990–1994) wurden 277 Anhörungen durchgeführt, in der letzten Legislaturperiode von 2017 bis 2021 waren es 623.[31] Das zeigt: Die Politik holt aus allen gesellschaftlichen Bereichen die Meinung zu ihren Gesetzesvorhaben ein.[32]

Auf lokaler Ebene müssen die Gemeinden Verbänden, Vereinen und organisierten Interessengruppen, aber auch allen interessierten Personen Gelegenheit geben, sich zu beabsichtigten Bebauungsplänen zu äußern – z. B. zum Bau eines Bahnhofs wie Stuttgart 21. Einwendungen müssen sorgfältig geprüft werden. Eine Pflicht, sie

zu beachten, gibt es jedoch nicht. Darüber hinaus haben alle Abgeordneten in ihrem Wahlkreis ein Büro, wo jeder Bürger sein Anliegen vortragen kann. Schließlich hat jeder das in Art. 17 GG verbürgte Recht, sich schriftlich mit Bitten oder Beschwerden an den Bundestag zu wenden (Petitionsrecht).

Trotz all dieser Einflussmöglichkeiten heißt «Gehört werden» nicht notwendigerweise «Erhört werden». Die 71 Mio. erwachsenen Bürger haben unterschiedliche Überzeugungen und Interessen. Und da man nie allen gerecht werden kann, sind selbst bei einer «Politik des Gehörtwerdens» Enttäuschungen nicht zu vermeiden. Diese Erfahrung musste auch Winfried Kretschmann machen,[33] als die Grünen in den 2010er-Jahren die Bürgerbeteiligung im «Ländle» ausgebaut haben.

Auch Demonstrationen sind eine Möglichkeit, die politischen Willensbildung zu beeinflussen. Doch selbst wenn Hunderttausende für oder gegen etwas demonstrieren, brauchen die gewählten Vertreter in den Parlamenten den Forderungen der Demonstranten nicht zu folgen. Regierung und Parlament dürfen auch nicht mit Gewalt zu etwas gezwungen werden. Deshalb gibt es die sog. Bannmeile: Innerhalb eines festgelegten Raums vor den Verfassungsorganen dürfen keine Demonstrationen stattfinden, damit kein unmittelbarer Druck auf Bundestag, Bundesrat oder Bun-

---

30 Mehr als zwei Drittel bis zu 90 Prozent aller verabschiedeten Gesetzentwürfe werden von der Bundesregierung eingebracht, also von der Ministerialbürokratie ausgearbeitet. Vgl. Florian Grotz / Wolfgang Schroeder: *Das politische System der Bundesrepublik Deutschland. Eine Einführung*, Wiesbaden 2021, S. 254.

31 *Datenhandbuch zur Geschichte des Deutschen Bundestages*, Kap. 8.7.

32 Kritisch zur Praxis der wissenschaftlichen Politikberatung der Bundesregierung in der 19. Legislaturperiode (2017–2021) Siri Hummel / Laura Pfirter: «Gut beraten? Zur Rolle der Zivilgesellschaft in Sachverständigengremien», *Arbeitspapier* 57 der Otto-Brenner-Stiftung, Frankfurt a. M. 2023.

33 Siehe Winfried Kretschmann: «Das Wagnis der Bürgerbeteiligung». Eröffnungsvortrag beim 25. Wissenschaftlichen Kongress der Deutschen Vereinigung für Politische Wissenschaft am 24. September 2012 in Tübingen, *Manuskript* S. 7 f.

desverfassungsgericht ausgeübt werden kann. Demonstrationen sind lediglich eine Meinungsäußerung – nichts weiter.[34]

In internationalen Fragen entscheidet in der repräsentativen Demokratie allein die Regierung. Viele wegweisende Entscheidungen wie die Nachrüstung in den 1980er-Jahren, die Einführung des Euro, die Waffenlieferungen an die Ukraine oder letztens die geplante Stationierung von US-Raketen in Deutschland wurden von der Exekutive getroffen. Weder Bundestag noch Bundesrat müssen solchen Entscheidungen zustimmen, weil der Bund gemäß Art. 24 Abs. 1 GG Hoheitsrechte auf zwischenstaatliche Einrichtungen übertragen hat, in diesem Fall auf die NATO.[35] Deshalb sind die Bürger bei internationalen politischen Entscheidungen ohnmächtig – auch in der Demokratie.

Fazit: realistisches Demokratieverständnis vermitteln

In der repräsentativen Demokratie ist die unmittelbare Teilnahme der Bürger an der politischen Willensbildung im Wesentlichen auf die in Abständen stattfindenden Wahlen des Bundestags beschränkt. Die konkreten politischen Entscheidungen werden nicht vom Volk, sondern nach Art. 20 (2) GG von besonderen Organen der Gesetzgebung, der vollziehenden Gewalt und der Rechtsprechung getroffen. Einzelne Bürger können nur indirekt über Parteien, Verbände oder zivilgesellschaftliche Organisationen versuchen, auf politische Entscheidungen einzuwirken.

Repräsentative Demokratie ist somit die Herrschaft einer politischen Elite, der das Volk die politischen Entscheidungsbefugnisse übertragen hat. Dieses der Realität entsprechende Bild der Demokratie gilt es in der politischen Bildung zu vermitteln.[36] Direktdemokratische Elemente wie z. B. Volksentscheide wurden für die Bundesebene aus guten Gründen nicht in unsere Verfassung aufgenommen. Hier aus Platzgründen nur die zwei wichtigsten:

- Bei der Menge der anfallenden Gesetze ist es nicht praktikabel, die Bürger über alles direkt entscheiden zu lassen. In der 19. Wahlperiode (2017 bis 2021) wurden 870 Gesetze in den Bundestag eingebracht.[37] Würde das Volk jedes Mal darüber abstimmen, müssten die Bürger im Schnitt an jedem Arbeitstag über ein Gesetz entscheiden.[38] Allein das zeigt, wie sinnvoll die Arbeitsteilung zwischen Berufspolitikern und Volk in der repräsen-

---

34 Ob Proteste sozialer Bewegungen etwas bewirken und wenn ja, was, konnte die politikwissenschaftliche Bewegungsforschung bisher nicht eindeutig beantworten. Vgl. dazu Dieter Rucht: *Kollektive Proteste und soziale Bewegungen. Eine Grundlegung*, Weinheim 2023, S. 146 ff.

35 Dies hat das Bundesverfassungsgericht bereits mit seiner Entscheidung vom 18. Dezember 1984 – 2 BvE 13/83; BVerfGE 68, 1 – in Zusammenhang mit dem damaligen NATO-Doppelbeschluss klargestellt. Vgl. Wissenschaftlicher Dienst des Deutschen Bundestages: «Kurzinformation: Die Stationierung von US-amerikanischen weitreichenden Waffensystemen in Deutschland», WD 2 – 3000 – 047/24.

36 In der Bundeszentrale für politische Bildung scheint man auch dieser Auffassung zu sein. Jedenfalls hat sie das Buch von Philipp Christian Schmädeke: *Geschichte der Realistischen Demokratietheorie*, Bonn 2022, in ihre Schriftenreihe aufgenommen (Band 10719).

37 Vgl. Parlamentsdokumentation Deutscher Bundestag (Hg.): *Statistik der Gesetzgebung – 19. Wahlperiode* (Stand der Datenbank: 3.1.2022)

38 Ein Jahr hat nach Abzug der Wochenenden, der Feiertage und des Urlaubs i. d. R. 220 Arbeitstage.

tativen Demokratie ist: Die Berufspolitiker machen die Gesetze, und das Volk erarbeitet das Bruttosozialprodukt.

▪ An Volksentscheiden beteiligen sich in der Praxis weniger Bürger als an regulären Parlamentswahlen. Die Teilnahme ist zudem schichtenspezifisch verzerrt. Wohlhabende mit hoher Bildung nehmen überproportional an Volksabstimmungen teil, Unterprivilegierte bleiben eher zu Hause. Deshalb setzen sich bei Volksentscheiden wirtschaftsliberale, kulturkonservative und den Status quo bewahrende Positionen in der Mehrzahl der Fälle durch. Von Direktdemokratie profitieren somit eher die Reichen und Mächtigen, die Interessen der Armen und Schwachen sowie von Minderheiten werden weniger berücksichtigt. Das normative Prinzip politischer Gleichheit «one man – one vote», das schon in der repräsentativen Demokratie in der Realität nicht voll umgesetzt ist,[39] wird in der Direktdemokratie de facto noch weniger verwirklicht.[40]

Trotz dieser offensichtlichen Schwächen der Direktdemokratie wünschen sich 91 Prozent der Jugendlichen im Alter von 14 und 20 Jahren laut einer Studie des Opaschowski Instituts für Freizeitforschung mehr politischen Einfluss und fordern, dass das Volk über viele Fragen direkt abstimmen soll.[41] Das lässt vermuten: Im Schulunterricht werden die Vorzüge des Repräsentationsprinzips und die Probleme der Direktdemokratie zu wenig behandelt. Doch eine herrschaftsfreie Gesellschaft, in der die Menschen sich selbst regieren[42], ist eine idealistische Vorstellung. Denn schon in Kleingruppen bildet sich eine Herrschaftsstruktur mit Rangstufen und einem Machtgefälle heraus.[43] Das gilt erst recht für Gesellschaften, in denen das Zusammenleben der Menschen qua Gesetzgebung, Polizei und Justiz geregelt werden muss.

Unzufriedenheit mit der Demokratie geht meist auch mit Zukunftsängsten und der Sorge einher, den eigenen Lebensstandard künftig nicht mehr halten zu können.[44] Deshalb müsste in der politischen Bildung verstärkt auch über die wirtschaftlichen Zusammenhänge aufgeklärt werden. Insbesondere wäre deutlich zu machen, dass die Politiker nicht für Wirtschaftskrisen und Wohlstandseinbußen verantwortlich sind, wenn sie von Kriegen oder Naturkatastrophen, die anderswo

39 Vgl. Armin Schäfer: *Der Verlust politischer Gleichheit. Warum die sinkende Wahlbeteiligung der Demokratie schadet*, Frankfurt a.M. 2015 und Lea Elsässer: *Wessen Stimme zählt? Soziale und politische Ungleichheit in Deutschland*, Frankfurt a.M. 2018.

40 Zur Direktdemokratie und ihren Problemen siehe Manfred G, Schmidt: *Demokratietheorien*, 6. Aufl., Wiesbaden 2019, S. 353 ff. (Kap. 23). – Uwe Wagschal: «Diskurs oder Machtpolitik: Welche Interessen setzen sich in der Direktdemokratie am erfolgreichsten durch?», in: Markus Freitag / Uwe Wagschal (Hg.), *Direkte Demokratie. Bestandsaufnahmen und Wirkungen im internationalen Vergleich*, Berlin 2007, S. 303 ff.

41 Vgl. Zeit-online vom 22.3.2019, zeit.de: https://is.gd/nXTlWC (zuletzt aufgerufen am 27.10.2024).

42 Derart idealistische, Illusionen weckende Vorstellungen sind leider auch gelegentlich in der SPD anzutreffen. Siehe beispielsweise Andrea Ypsilanti: *Und morgen regieren wir uns selbst*, Frankfurt a.M. 2018.

43 Grundlegend dazu George Caspar Homans: *Theorie der sozialen Gruppe*, 7. Aufl., Wiesbaden 1978, hier insbesondere S. 143 ff. (6. Kapitel: Das innere System – Differenzierung innerhalb der Gruppe) und S. 178 ff. (8. Kapitel: Die Stellung des Führers). Im Untertitel des Buches von Robert Michels (siehe Fußnote 4) ist nicht umsonst die Rede von «oligarchischen Tendenzen des Gruppenlebens»!

44 Vgl. Hermann Adam: «Die politische Ökonomie des Parteiensystems», in: *Wirtschaftsdienst*, Heft 9/2024, S. 618 ff.

auf der Welt stattfinden, ausgelöst werden. Ebenso müssten die Ursachen des permanenten wirtschaftlichen Strukturwandels und seine Folgen für das Leben der Menschen behandelt werden. Wer die komplexen politischen und ökonomischen Zusammenhänge besser versteht, wird hoffentlich wieder mehr Vertrauen in die Politiker gewinnen und sie nicht mehr für alle Fehlentwicklungen verantwortlich machen. ■

....

Lothar Czayka

Über Gefahren für unsere Demokratie

> Das demokratische Grundprinzip besteht darin, alle Mitglieder einer Gemeinschaft an den Entscheidungen teilhaben zu lassen, die diese Gemeinschaft betreffen.
> Burkhard Wehner

I.

Schon seit längerer Zeit wird in der Bundesrepublik – und auch in anderen westlichen Ländern – viel über Gefahren für die Demokratie gesprochen. Die meisten Politikerinnen und Politiker der einstigen Ampel-Koalition, aber auch der Unionsparteien glauben, dass z. B. von den «Reichsbürgern», den «Wutbürgern», den «Querdenkern», den radikalen Klimaschutzprotagonisten «Letzten Generation», auch von einzelnen Personen wie etwa dem ehemaligen Präsidenten des Verfassungsschutzes Maaßen und vor allem von der AfD große Gefahren für den Bestand unserer Staatsform ausgehen. Viel wichtiger als hastiges und unverhältnismäßiges Vorgehen gegen einige unzufriedene Minoritäten und ständige Ausgrenzung und pauschale Aburteilung der AfD als «Nazi-Partei» wäre mehr gründliches Nachdenken und mehr öffentliche – nicht geframte – Sachdiskussion über unsere Demokratie.

Seit der Antike ist zwar viel über «Demokratie» nachgedacht und geschrieben worden, aber die meisten Zeitgenossen dürften wohl bei diesem Wort in erster Linie nur an die wörtliche Übersetzung «Volksherrschaft» denken, und das ist sehr irreführend, denn so etwas war selbst im antiken Athen nur eine Episode und in mehr oder weniger beschränktem Maße der Fall.

Hinsichtlich unserer Staatsform heißt es in Artikel 20 des Grundgesetzes: «(1) Die Bundesrepublik Deutschland ist ein demokratischer und sozialer Bundesstaat. (2) Alle Staatsgewalt geht vom Volke aus. Sie wird vom Volke in Wahlen und Abstimmungen und durch besondere Organe der Gesetzgebung, der vollziehenden Gewalt und der Rechtsprechung ausgeübt. [...]»

Schon diese grobe Charakterisierung unserer Staatsform lässt erkennen, dass es sich – im Vergleich mit der Formulierung des demokratischen Grundprinzips von

Burghard Wehner[1] um eine ziemlich reduzierte Form von Demokratie handelt. In der öffentlichen Diskussion in Politik und Medien wird meist nur von «Demokratie» gesprochen – vermutlich aus Vereinfachungsgründen, vielleicht aber auch, weil dadurch die Aura dieses Wortes transportiert wird.

Unsere Demokratie ist eine sogenannte «repräsentative» («indirekte» oder «parlamentarische») Demokratie, in der das Staatsvolk zwar auch als der Souverän gilt, aber an den politischen Entscheidungen und Aktivitäten nur in geringem Maße beteiligt ist. Für die politische Arbeit wählt das Staatsvolk alle vier Jahre Abgeordnete für ein Parlament aus einer Menge von Kandidaten, die von politischen Parteien bestimmt werden. Die gewählten Abgeordneten sind ausgestattet mit freien Mandaten, d. h. sie sind bei Abstimmungen im Parlament prinzipiell nur ihrem Gewissen, de facto allerdings auch einem mehr oder weniger starken Fraktionszwang durch ihre jeweilige Partei unterworfen.

Das Konzept der repräsentativen Demokratie wurde während der Französischen Revolution erstmalig in der französischen Verfassung von 1791 verankert vor allem mit der Begründung, dass das der in Großgesellschaften notwendigen Arbeitsteilung entspreche. Später wurde das Repräsentationskonzept noch etwas anspruchsvoller formuliert, an die Stelle der simplen ökonomischen Begründung trat die Erhebung der gewählten Abgeordneten in den Rang von «Repräsentanten» oder «Stellvertretern» des Volkes. Das allerdings war nur eine Verschleierung der Tatsache, dass es sich dabei – bewusst oder unbewusst – um die Etablierung einer neuen Variante von

Aristokratie – einer jeweils zeitlich begrenzten «Wahl-Oligarchie» – handelte. Denn für das ganze Staatsvolk – den millionenköpfigen Souverän – ist eine «Repräsentation» oder «Stellvertretung» etwa im Sinne einer Art Transsubstantiation unmöglich. Rousseau schrieb: «Die Abgeordneten des Volkes sind also nicht seine Vertreter und können es gar nicht sein; sie sind nur seine Bevollmächtigten und dürfen nichts entscheidend beschließen. Jedes Gesetz, das das Volk nicht persönlich bestätigt hat, ist null und nichtig; es ist kein Gesetz»[2]. Offenbar gab es in der Nationalversammlung einflussreiche Gruppen, die aus verschiedenen Gründen daran interessiert waren, den gewählten Parlamentsabgeordneten eine gewisse Unabhängigkeit vom Willen der Mehrheit des Volkes zu sichern.

Trotz oder wegen dieses Rückfalls in politische Metaphysik wurde das Repräsentationskonzept als Legitimationsprinzip für die Abgeordneten bis heute in den meisten Verfassungen demokratischer Länder beibehalten.

II.

Wir kommen nun zum zentralen Thema dieses Aufsatzes. Innere Gefährdungen unserer Demokratie gehen heute nach vorherrschender Meinung vor allem von rechtsextremistischen oder linksextremistischen Parteien oder Bewegungen aus. Übersehen wird aber meist, dass Gefahren durchaus auch von gewählten Regierungen aller Couleur ausgehen können. Denn Regierungen wollen, wenn sie einmal an die Macht gekommen sind, normalerweise auch an

---

1 Burghard Wehner: *Die Katastrophen der Demokratie*, Darmstadt 1992, S. 31.

2 Jean-Jacques Rousseau: *Der Gesellschaftsvertrag*, Köln 2012, S. 130.

der Macht bleiben. Wenn sie Angst haben, nicht wiedergewählt zu werden, kommen sie oft auf dumme Gedanken. Ein immer noch aktuelles Beispiel aus den USA ist Trumps Weigerung, seine Abwahl im Jahre 2020 als rechtsgültig zu akzeptieren. Weitere Beispiele sind die Versuche der Regierungen in Polen, Ungarn, Israel und auch in Italien die Gewaltenteilung aufzuweichen. Neben der Volkssouveränität und den Grundrechten ist die Gewaltenteilung einer der wichtigsten Grundpfeiler unserer Staatsform. Die Väter des Grundgesetzes hätten allerdings bei der Gewaltenteilung ruhig noch ein Stück weiter gehen können, nämlich durch Auflösung der traditionellen Verquickung von Legislative und Exekutive in den Parlamenten.

Eine weitere wichtige Gefahrenquelle auch für Demokratien sind politisch-ökonomische Ideologien, die sich gelegentlich in den Köpfen der politischen und wirtschaftlichen Führungseliten eines Landes einnisten. Als Beispiel aus der jüngeren Vergangenheit denke ich dabei hauptsächlich an den Neoliberalismus. Eines der zentralen Konzepte dieser Ideologie war die Forderung nach «Verschlankung des Staates» durch weitestgehende Deregulierung der Wirtschaft und Privatisierung von Staatsaufgaben. Der Leviathan sollte radikal abgespeckt werden. An das andere Ungeheuer – den Behemoth als Metapher für den entfesselten privaten Kapitalismus – hat anscheinend niemand gedacht. Viele der Krisen, die wir heute haben, sind Folgen der neoliberalistischen Wirtschafts- und Sozialpolitik, die in den 1980er-Jahren begann. In den vergangenen vierzig Jahren ist der Staat in fast allen Bereichen personalmäßig und materiell kaputtgespart worden. Das Gesundheitswesen, das Bildungswesen, Post und Bahn wurden kommerzialisiert. Der größte Teil der staatseigenen Sozialwohnungen wurde an Immobilienkonzerne verscherbelt. Die Konzentration in der Einkommens- und Vermögensverteilung nahm dramatisch zu. Die Umweltpolitik wurde sträflich vernachlässigt und auch die Infrastruktur ließen die Regierungen in vielen Bereichen verrotten. Diese drei letztgenannten Punkte bergen längerfristig die größte Gefahr für unsere Demokratie. Bei diesem neoliberalistischen Tanz ums Goldene Kalb haben fast alle Parteien mitgemacht. Deshalb wird heute über dieses Kapitel in der Bundesrepublik kaum noch gesprochen, während diese Ideologie vor allem in den USA in manchen Köpfen wieder virulent wird. Die heute in der Bundesrepublik – aber auch in anderen westlichen Ländern – in Teilen der Bevölkerung wieder aufkeimende Unzufriedenheit mit unserer Demokratie hat viele Ursachen, von denen ich im Folgenden nur einige aufzählen möchte.

1.

Die gewählten Abgeordneten, die Regierungsmitglieder und die Bürokraten entwickeln oft ein aristokratisches Bewusstsein. Oft nehmen sie gegenüber dem Volk einen ungehörigen pädagogischen Habitus an und spielen sich auf, als seien sie der Souverän. Für ihre Aussagen erheben sie meist einen absoluten Wahrheitsanspruch. Versprechen, die sie vor der Wahl gemacht haben, werden oft nicht eingehalten. Sie sind aber nur bezahlte Manager für die politischen Angelegenheiten des Volkes. Weil sie oft an einen Erziehungsauftrag glauben oder an ihre eigenen Interessen denken, ist es leider nicht sicher, dass sie immer nur im Interesse des Volkes handeln werden. Ob das Volk für die Erledigung seiner politischen Angelegenheiten bei den Wahlen eine gut qualifizierte Mannschaft oder nur mittlere Talente angeheuert hat, zeigt sich leider erst nach den Wahlen. Deshalb empfiehlt Popper, dass man in der Verfassung Vorsorge für die Möglichkeit eines relativ schnellen und friedlichen Regierungswechsels treffen sollte.

2.

Die Abgeordneten, Regierungsmitglieder und Bürokraten versuchen oft, Politik nach *ihren* Vorstellungen vom «Gemeinwohl» zu machen. Damit aber überschreiten sie ihre Kompetenzen, weil sie natürlich nur in der Erwartung angeheuert worden sind, um Politik im Sinne der Interessen des Volkes, des Souveräns zu machen. Da sie ja auch nur Menschen sind, sollten sie wissen, welches die allgemeinen zeitlosen menschlichen Interessen sind. Das Problem, Informationen über die jeweils aktuellen politischen Interessen der Bürger zu erlangen, wird oft aufgebauscht. Da gibt es nun wirklich viele Kanäle: die Medien, die Demoskopie, Gespräche mit Vertretern aller Bevölkerungskreise. Welches die jeweils wirklich prioritären Interessen der Mehrheit des Volkes sind, dazu muss man keine wissenschaftlichen Untersuchungen in Auftrag geben oder im Fernsehen Vertreter des Prekariats befragen, was ihnen für ein besseres Leben fehlt. Jeder Mensch weiß doch, worum es heute in Deutschland vorrangig geht: Bekämpfung der Armut, der Wohnungsnot, der Inflation, der Sanierung des Gesundheitswesens und des Bildungswesens, Lösung des Zuwanderungsproblems, sozialverträgliche Klimapolitik, Verhinderung ständig steigender Staatsverschuldung, Bekämpfung der immer noch zunehmenden Konzentration von Einkommen und Vermögen und damit Verbesserung der Zukunftsperspektiven für die Kinder. Die Mehrheit des Volkes will vor allem keinen Krieg und auch in keinen Krieg hineingezogen werden. – Längerfristige Politik gegen die prioritären Interessen des Volkes – sei es aus moralischen oder aus ideologischen Gründen – führt zu Radikalisierung nach rechts oder nach links und bildet für die repräsentative Demokratie die größte Gefahr.

3.

Viele Menschen beklagen auch, dass es in unseren westlichen Demokratien viele Bereiche gibt, die einer demokratischen Kontrolle mehr oder weniger entzogen sind. Erstens ist hier wohl der Bereich der Wirtschaft zu nennen. Unsere Wirtschaftsordnung in der Bundesrepublik war seit 1949 eine kapitalistische Marktwirtschaft mit einer starken sozialen Ausrichtung: die von Ludwig Erhard und Alfred Müller-Armack erdachte und politisch durchgesetzte «Soziale Marktwirtschaft». Bis etwa zum Ende der 1970er-Jahre war es der beste Kapitalismus, den es je gegeben hat. Danach begann die Ära des Neoliberalismus, in der in fast allen westlichen Ländern eine radikalliberale Wirtschafts- und Gesellschaftspolitik betrieben wurde, bis es im Jahr 2008 zu einer globalen Finanzkrise kam. Da ich über die zum Teil bis heute anhaltenden negativen Folgen der neoliberalistischen Episode oben schon gesprochen habe, will ich es hier nicht wiederholen. Dass eine Kombination von Demokratie und kapitalistischer Marktwirtschaft grundsätzlich problematisch ist, das ist bekannt. Demokratie mit Zentralverwaltungswirtschaft ist tödlich für die Demokratie. Die Kombination von Demokratie und Kapitalismus ist zwar nicht unproblematisch, hat sich aber lange Zeit gut bewährt. Gleichwohl ist eine Rückbesinnung auf die Soziale Marktwirtschaft immer noch wünschenswert.

Ein zweites Beispiel sind die Zentralbanken, die man in Europa im 19. Jahrhundert als von den Regierungen unabhängige Institutionen etabliert hat, weil Inflationen in früheren Zeiten meist von den Regierungen ausgelöst wurden. Deshalb ist es auch die Hauptaufgabe der Europäischen Zentralbank (EZB), für Währungsstabilität zu sorgen. Was aber hat sie in den letzten Jahren getan? Sie hat zugunsten hoch verschuldeter Staaten eine extrem expansive Geldpolitik betrieben, die zu einem guten Teil die bis heute anhaltende Inflation – mit ihren unsozialen Folgen – verursacht hat. In den öffentlich-rechtlichen Medien hat man darüber allerdings kaum etwas gehört, alles wurde auf den Ukraine-Krieg geschoben.

In Bezug auf das Inflationsproblem sollte die Bevölkerung übrigens generell besser informiert werden. Viele Menschen glauben beispielsweise, dass die im Grundgesetz verankerte Bremse für die Staatsverschuldung nur aus Gerechtigkeitsgründen hinsichtlich der Belastung der künftigen Generationen eingeführt wurde. Diese Schuldenbremse ist aber vor allem auch eine Inflationsbremse. Weiterhin verbinden viele Menschen mit den gegenwärtig sinkenden Inflationsraten die falsche Vorstellung, dass jetzt die Preise wieder sinken. Sinkende Inflationsraten bedeuten aber nur, dass die Preissteigerungen abnehmen. Auch solche Informationsmängel bilden eine Gefahrenquelle für unsere Demokratie.

4.

Viele Menschen haben ein starkes Harmoniebedürfnis. Sie fühlen sich nicht wohl, wenn auch in einer Großgesellschaft nicht in allen Punkten ständig Übereinstimmung herrscht. Sie finden besonders den Streit in der Politik – zwischen Parteien und innerhalb von Parteien, in Koalitionen und in Regierungen und zwischen gesellschaftlichen Gruppierungen aller Art – ärgerlich und unproduktiv. Sie fühlen sich verunsichert und kritisieren das Mehrheitsprinzip bei Wahlen und Abstimmungen, weil es dabei zur logisch unmöglichen Gleichsetzung von Mehrheiten mit dem Ganzen, zu Mehrheitsherrschaft über Minoritäten und bei sehr knappen Wahlergebnissen zu Problemen mit der Regierungsbildung kommt. Dies alles ist zwar verständlich, aber die Vorstellung, es könne in einer Großgesellschaft eine «Konsensdemokratie» geben, in der eine gemeinwohlorientierte Politik im Sinne von Rousseaus *volonté générale* gemacht würde, ist eine Utopie.

So etwas dürfte es nur geben, wenn ein charismatischer Führer diese Leerformel in seinem Sinne interpretiert und dem Volk oktroyiert. Eine Demokratie wäre das allerdings nicht mehr, eher das Gegenteil. Nach aller Erfahrung dürfte es doch eine Tatsache sein, dass es in jeder Großgesellschaft jederzeit eine Vielfalt von Meinungen bezüglich politischer Ziele und bezüglich der Maßnahmen zu ihrer Erreichung gibt. In jeder Art von Demokratie muss über die politischen Ziele und die politischen Maßnahmen innerhalb und zwischen den politischen Institutionen gestritten werden. Wenn in einer Demokratie nicht mehr gestritten wird, ist es eine Friedhofsruhe.

5.

Abschließend möchte ich nur noch kurz auf eine weitere Gefahrenquelle für unsere Demokratie hinweisen. Es handelt sich um die Rolle vor allem der Leitmedien in Presse, Rundfunk, Film und Fernsehen, insbesondere im Bereich des politischen Journalismus. Traditionell besteht die Hauptaufgabe der Medien in diesem Bereich in einer unabhängigen und kritischen Unterrichtung der Bürger über die jeweils aktuell wichtigsten innenpolitischen und außenpolitischen Ereignisse und Entwicklungen. Weil das als eine wichtige Grundlage für die politische Meinungsbildung der Bürger in einer Demokratie von großer Bedeutung ist, ist die Freiheit der Arbeit im Bereich der oben genannten Medien durch Garantie im Grundgesetz und einer Reihe weiterer Gesetze – insbesondere auch gegen Eingriffe des Staates – abgesichert. Dennoch beklagen die Leitmedien in letzter Zeit einen bemerkenswerten Vertrauensverlust bei den Bürgern, der auch durch diverse Umfragen bestätigt wurde.

In ihrem Buch über *Die vierte Gewalt* behaupten die Autoren Precht und Welzer[3], dass bei den Leitmedien im Bereich des politischen Journalismus in letzter Zeit eine Zunahme erfolgreicher Versuche zur Beeinflussung der Politik ohne demokratisches Mandat zu beobachten sei. Wenn diese durchaus beobachtbare Tendenz stärker zunehmen sollte, wäre das eine tatsächlich ernste Gefahr für unsere Demokratie.

III.

Wenn nun der Eindruck entstanden sein mag, dass ich hier einen Aufsatz gegen unsere Demokratie geschrieben hätte, dann möchte ich abschließend versuchen, das ein bisschen zu korrigieren. Mir ging es nicht darum, unsere Demokratie schlecht zu machen. Mir geht es um eine Kritik der heute vorherrschenden Sakralisierung einer weitgehend auf Wahlen reduzierten Form der Demokratie, weil die Sakralisierung den Fortschritt behindert. Das Hauptproblem unserer Demokratie – und der meisten westlichen Demokratien – besteht in der weitgehenden Selbstentmachtung des Souveräns durch die mit den Wahlen verbundene zu weitgehende Bevollmächtigung der Gewählten. Für eine Stärkung unserer Demokratie wäre in erste Linie eine wesentlich stärkere Partizipation des Souveräns – also des Volkes – an der politischen Arbeit und bei wichtigen politischen Entscheidungen wünschenswert. Vor allem müssten die politischen Parteien viel stärker um neue Mitglieder aus allen Teilen der Bevölkerung werben.

Natürlich wären dabei auch einige Hürden zu überwinden. Vor Kurzem hat Axel Honneth[4] daraufhin gewiesen, dass der schon durch normale Arbeit stark beanspruchte Souverän durch gewisse Änderungen in den Arbeitsverhältnissen erst in die Lage versetzt werden müsste, noch zusätzlich politische Arbeit zu leisten. Dabei müssten allerdings auch zu erwartende Interessenkonflikte gelöst werden, denn man kann wohl davon ausgehen, dass eine Zunahme des politischen Engagements der Bevölkerung nicht unbedingt im Interesse der etablierten politischen Klasse und auch nicht unbedingt im Interesse der Wirtschaft liegen würde.

Mit unserer imperfekten Demokratie sind wir bisher dennoch ganz gut gefah-

---

3   Richard David Precht / Harald Welzer: *Die vierte Gewalt – Wie Mehrheitsmeinung gemacht wird, auch wenn sie keine ist,* Frankfurt a. M. 2022, S. 7 f.

4   Axel Honneth: *Der arbeitende Souverän,* Berlin 2023.

ren. Wir haben Glück gehabt: Unsere Parteien und unsere Politikerinnen und Politiker haben bisher keine echten politischen Katastrophen verursacht. Das heißt aber nicht, dass wir aufhören sollten, über eine Verstärkung der Fundamente unserer Demokratie nachzudenken. Willy Brandts Ankündigung *Wir wollen mehr Demokratie wagen* in seiner Regierungserklärung im Jahr 1969 ist auch heute durchaus noch aktuell. Eine stärkere Beteiligung des Souveräns an der politischen Arbeit wäre auch heute das beste Mittel gegen Bedrohungen unserer Demokratie. ◼

Klaus-Jürgen Scherer

Transformation der Demokratie?
Ein Weckruf

Von der *Transformation der Demokratie* war schon einmal die Rede. So hieß das 1967 im Voltaire-Verlag zusammen mit Peter Brückner erschienene Traktat des Berliner Politikwissenschaftlers Johannes Agnoli, an dessen überfüllte und furiose Vorlesungen am Otto-Suhr-Institut Mitte der 1970er-Jahre ich mich noch gut erinnere. Es hieß in seinen radikal-anarchistischen Theoriesplittern, bei den Volksparteien handele es sich eigentlich um eine Einheitspartei im äußeren Gewand eines pluralen Parteiensystems. Die liberale repräsentative Demokratie sei allenfalls liberal im Sinne der Befreiung kapitalistischer Interessen, wäre nie demokratisch im Sinne der Beteiligung und Repräsentation aller. Letztlich müsse der kapitalabhängige und autoritäre Staat – wie auch immer – revolutionär überwunden werden.

In Agnolis Schlüsseltext der ApO ging es nicht mehr um die Entfaltung des demokratischen Pluralismus, vielmehr wurde der demokratische Staat selbst zum Gegner: in der linksradikalen Studentenbewegung zunächst im Namen direktdemokratischer Räte und einer irgendwie Rosa Luxemburg'schen Massenbewegung, später durch selbst ernannte marxistisch-leninistische Avantgardeparteien oder gar durch Terrorzellen der Propaganda der Tat. Rückblickend war dieser Angriff auf die Demokratie nur Begleitmusik der *Fundamentalliberalisierung* (Jürgen Habermas) der Bundesrepublik. Nach der autoritären, noch im Nationalsozialismus sozialisierten Nachkriegsgesellschaft wurde ein Bundeskanzler Willy Brandt, wurde eine Ära sozialliberaler Reformen möglich.

Dabei war der Angriff auf die Demokratie von der anderen Seite des politischen Spektrums auch nach dem alliierten Sieg über Nazideutschland nie ganz verschwunden, doch blieben Neonazis bundesweit immer unter 5 % der Wählerstimmen. Zwar wiesen Rechtsextremismus-Studien jahrzehntelang darauf hin, dass beständig so um die 10–15 % der Bevölkerung über rechtsradikale Einstellungen verfügten. Diese stellten jedoch kein gravierendes Problem dar, weil die derbsten Stammtischparolen sich meist im Dunstkreis der Kneipen auflösten und nicht wie heute durch die Algorithmen des Internets zu allgegenwärtigen Lügen wurden. Auch waren die meisten dieser rechts schwadronierenden Männer im Beschweigen ihrer Schuld zu Nichtwählern oder sogar Wählern demokratischer Parteien geworden.

Im 21. Jahrhundert wurde die Lage grundsätzlich anders, eine neue globale *Transformation der Demokratie* greift um sich, das Comeback von Donald Trump und was nach der deutschen «Ampel» droht stehen dafür. Diesmal entspringt die politische Transformation nicht wie «68» einer wie auch immer neomarxistischen Theoriewelt. Diesmal rutscht die Politische Kultur international wie Ende der 1920er, Anfang der 1930er-Jahre wieder nach Rechtsaußen.

Alter oder neuer Faschismus?

Über Begriffliches lässt sich bestens streiten. Die eigentliche historische Parallele scheint mir die *Konservative Revolution*. Diese Feinde der pluralistischen Demokratie bekämpften selbige im Namen einer angeblichen «Volksdemokratie»[1]. Rechtsextreme Intellektuelle beziehen sich heute auf diese Ideologie[2], wie sie Armin Mohler in seinem 1949 erschienenen Handbuch *Die Konser-* *vative Revolution in Deutschland 1918– 1932* zusammenfasste. Zur *Konservativen Revolution* gehörten politische Strömungen der Weimarer Republik, die entschieden antiliberal, antidemokratisch, antiegalitär und ultranationalistisch waren. Und in die Geschichte eingingen als Wegbereiter der Herrschaft des Nationalsozialismus, obwohl die *Konservativen Revolutionäre* in der Regel keine aktiven Nationalsozialisten waren. Ganz in diesem Sinne ist der heutige demokratische Konservatismus auf dem Rückzug. Zunehmende Grenzüberschreitungen nach rechts und antidemokratische Tabubrüche sind nicht nur kommunikatives Spiel, sondern bereiten den Systembruch ernsthaft vor – wie beim Schlüsselwort «Remigration»[3], das massenhafte Deportation meint.

Viel diskutiert wird, wieweit diese Neue Rechte *faschistisch* ist. Ob man das durch die DDR («antifaschistischer Schutzwall») und durch die 68er-Bewegung (fast jeder Widerspruch galt als faschistisch) diskreditierte Schlagwort auf AfD und MAGA[4]-Bewegung politisch anwenden soll, bleibt umstritten: Einerseits kann man mit dem F-Wort drastisch vor diktatorischen Tendenzen warnen und besonders klare Grenzen ziehen, andererseits wird damit das Opfernarrativ von Rechtsaußen bedient – dass Kamala Harris im US-Wahlkampf Trump einen Faschisten nannte, nützte ihr jedenfalls nicht.

Natürlich gibt es Gemeinsamkeiten zwischen dem historischen Faschismus und der Neuen Rechten: «Begreift man unter

---

1 Auch heute herrscht gerade «in Ostdeutschland […] bei vielen die Überzeugung, dass Demokratie die direkte Umsetzung des Volkswillens sei. Also: Die Politiker sollen das machen, was ich mir wünsche. Die Menschen vergessen dabei, dass Demokratie das Aushandeln von Interessen ist, der Schutz von Minderheiten, dass es Gewaltenteilung gibt». Wolfgang Thierse, Gespräch in: *Der Tagesspiegel* 29. November 2024, S. 16 f.
2 Armin Pfahl-Traughber: «Rechtsextremistische Intellektuelle und die «Kulturrevolution von rechts». In *perspektivends* 2/23, S. 51 ff.
3 Übrigens Unwort des Jahres 2023.
4 MAGA = Make America Great Again.

Faschismus eine ultranationalistische, rassistische Ideologie, den Willen zur gewaltsamen Unterdrückung der Opposition, eine sozialdarwinistische Verherrlichung des Rechts des Stärkeren, das Einschwören einer Partei auf unbedingte Gefolgschaft und der Massen auf einen charismatischen Führer, dann scheint Trump ein Faschist zu sein.»[5] Sicher ist «die Politik von Trump und der MAGA-Bewegung [...] eine Politik im faschistischen Stil, die Gewalt verherrlicht und militärische Bereitschaft fördert. Gewalt wird zu einer Art Fetisch, die ihre Definition von Männlichkeit ausmacht.»[6]

Wobei sich Geschichte nicht wiederholt: Das *Rechtsextremistische*, die historisch bekannten Elemente faschistischer und völkischer Ideologie, auch die «gruppenbezogene Menschenfeindlichkeit»[7], sind heute nur die eine Seite.

Hinzu kommen neue Elemente eines *wirren Populismus,* einer kulturell-kommunikativen Zerstörung von Vernunft und Rationalität, eines *Süchtig nach Irrsinn*[8], gefördert durch die fatale Sozialisation über social media. «Wenn die Postmoderne der Sieg der Popkultur über die klassische Elitenkunst war, so triumphieren jetzt die populistischen Bilder und Behauptungen über die Realität [...] Die klassische Informationswelt ist kollabiert unter dem Bombardement aus Hohn und Irrsinn, dem Fake-Gequatsche und den Obszönitäten.»[9]

Gegenüber dem historischen Faschismus haben sich die Zeiten gewandelt: Entgegen dem totalitären Kollektivismus des 20. Jahrhunderts enthält die Neue Rechte einen libertären Grundzug, beharrt aggressiv auf persönlicher Freiheit. Carolin Amlinger und Oliver Nachtwey haben diesen «libertären Autoritarismus» analysiert[10], dabei wird das Recht auf individuelle Freiheit autoritär interpretiert als frei zu sein von Rücksichtnahme, von gesellschaftlichen Zwängen und von Solidarität, wird missverstanden als souveränes Recht auf jedwede *individuelle* Durchsetzung. Der faschistische Todes- und Opferkult ist durch hedonistisch-individualistische Selbstverwirklichungsansprüche abgelöst und *kollektive* Gewaltverherrlichung spielt, obwohl Rassismus und Männlichkeitskult weiterhin konstituierend sind, eine weniger zentrale Rolle. Es geht nicht mehr um einen Führerkult im *totalitären* System, sondern im *schwachen* Staat.[11] Die Rolle einer konsistenten Theorie oder in Stein gemeißelten Weltanschauung ist heutzutage unwichtiger, das Kreisen um pathologisch-narzisstische Führungspersönlichkeiten überlagert ideologische Fragmente. Der völkische Nationalismus ist nicht mehr notwendig *expansiv* nach außen gerichtet, er kommt polarisierend und *isolationistisch*, nach innen gerichtet («America first») daher, auch so lassen sich brauchbare Feindbilder finden.

5   Christian Staas: «Ein Faschist im Weißen Haus?», in: *Die Zeit*, 21. November 2024, S .41.

6   Gespräch mit Jeremi Suri: «Droht ein Bürgerkrieg?», in: *Der Tagesspiegel*, 5. November 2024, S. 5.

7   So das bekannte sozialwissenschaftliche Konzept von Heitmeyer, das Einstellungen von Rassismus, Extremismus, Diskriminierung und Sozialdarwinismus bündelt. Vgl. Wilhelm Heitmeyer: *Deutsche Zustände. 10 Bände,* Berlin 2002–2011.

8   Nicht nur bei den Trump-Wählern auszumachen, vgl. *Süddeutsche Zeitung*, 26./27. Oktober 2024, S .41.

9   Ebenda.

10 Carolin Amlinger / Oliver Nachtwey: *Gekränkte Freiheit. Aspekte des libertären Autoritarismus*, Berlin 2022.

11 Um dessen Verzwergung, gerade zugunsten der Superreichen, sich in den USA weit über das Entkernen demokratischer Institutionen hinaus Elon Musk kümmern soll.

Zwar hat sich im Westen die systematisch-faschistische Gewaltpolitik, wie wir sie historisch kannten[12], nicht eins zu eins durchgesetzt. Entstanden sind aber *hybride Gesellschaftsformationen, die postfaschistisch-nationalistische Charakteristika mit neoliberal-postdemokratischen Haltungen kombinieren.* Letztere werden von vielen Menschen – bei Trump und anderen Superreichen – entgegen den eigenen Interessen respektiert und bewundert: «Seine Religion ist der Erfolg, sein Tempel das eigene Ego, Regeln sind für Schwache. Das Phänomen ist nicht neu. Es ist nicht einzigartig. Es ist das Ergebnis, wenn man Kapitalismus und Demokratie konsequent zu Ende spielt. Die wichtigste Spielregel lautet: Der Erhalt oder noch besser die Vermehrung von Reichtum sichert Macht. Die wiederum sichert Reichtum und so weiter und so fort.»[13]

Trotz solcher Differenzierungen: Schon allein die aggressive Vernichtungsrhetorik, das Freund-Feind-Denken und der Anspruch auf absolute Führung lassen das analytische Urteil zu, dass die Neue Rechte deutlich *faschistoide Züge* besitzt. Doch wiewiet das F-Wort dann in der tagespolitischen Auseinandersetzung genutzt werden sollte, ist eine andere Frage.

Transformation der Demokratie im Weltmaßstab

Der innenpolitische Angriff auf die Demokratie geht einher mit der Polykrise einer «Welt im Aufruhr»[14]. Diese ist jetzt multipolar, ohne den *einen* weltweiten Hegemon, aber mit einem weltpolitischen Koordinatensystem, das sich in Richtung Autokraten in Amt und Würden verschiebt. «Insgesamt sind Politik und Gesellschaft mit politischen Strukturverschiebungen globalen Ausmaßes konfrontiert: Eine weltweit abnehmende Zahl von Demokratien, der Aufstieg illiberaler Staaten, die zurückgehende Beachtung von Menschenrechten und Minderheitenschutz sowie die Machtgewinne von Rechtsaußenparteien sind die sichtbarsten Phänomene dieser Strukturverschiebung. Das zeigt sich unter anderem im Europaparlament, in dem der Sitzanteil der Rechtsaußenparteien von 1994 bis 2024 von acht auf 26 Prozent gestiegen ist.»[15]

Dies ist verbunden mit neuen aufstrebenden Imperien (allen voran China) und mit Kriegen, bei denen der Westen mit seinen Werten und Normen – wie in Afghanistan oder derzeit in der Ukraine – in die Defensive geraten ist. Die westliche Führungsrolle ist – vom Irakkrieg bis zu Netanjahus Kriegsführung – weitgehend diskreditiert. Innenpolitische Herausforderungen durch Rechtsextreme und Rechtspopulisten werden ergänzt durch außenpolitische Attacken von Autokratien und Diktaturen. Diese verbünden sich international – etwa als BRICS-Staaten – und mischen in umkämpften Demokratien mit ihrer asymmetrischen Kriegsführung mit.

Offenbar sind wir eingetreten in ein globales Zeitalter der Unzufriedenheit und emotionalen Wut *gegen die da oben,*

---

12 Siehe auch die vier Romane von Antonio Scurati: M. *Der Sohn des Jahrhunderts; M. Der Mann der Vorsehung; M: Die letzten Tage von Europa, M: Das Buch des Krieges*, Stuttgart 2021-24.

13 Jürgen Schmieder: «Die Unantastbaren», in: *Süddeutsche Zeitung* 23./24. November 2024, S. 45.

14 Herfried Münkler: *Welt im Aufruhr. Die Ordnung der Mächte im 21. Jahrhundert*, Berlin 2023.

15 Wolfgang Schroeder: «Progressiver Versuch. Welche Lehren müssen aus dem Ende der Ampel gezogen werden?», in: *Neue Gesellschaft / Frankfurter Hefte* 12/2024, S. 15.

gegen die herrschende Politik und die führenden Politiker. Bei allen diskutierten Alternativen innerhalb des demokratischen Spektrums liegt das *Momentum* beim Angriff der Völkisch-Autoritären und Identitätsdemokraten auf den Kern der freiheitlichen Demokratie. Diese wird als *korruptes Elitenprojekt*, dem man nichts mehr zutraut, denunziert, demgegenüber wird eine homogene Volksidentität konstruiert, deren angebliche Mehrheitsmeinung man kenne und vertrete. Probleme werden fast immer ins Katastrophische überhöht.[16]

Was als wahr oder falsch angesehen wird, kommt nicht mehr als Frage des Wissens und des Ringens um die besseren Argumente daher, sondern entspringt willkürlichen Zuspitzungen, Feindbildern, Vorurteilen oder einfachen ideologischen Schwarz-Weiß-Bildern. Lüge, Verschwörungstheorien und Hass, ja politisch motivierte Gewalt, nehmen zu. Schlichte Erlösungsnarrative, die einem Halt im Leben bieten, und reaktionäre Sehnsüchte nach der vermeintlich heilen Welt der 1950er- oder gar der 1930er-Jahre finden Zustimmung.

Es gibt zahlreiche wissenschaftsbasierte Thesen über Motive für das Erstarken der Neuen Rechten, da kommt einiges zusammen: der Vertrauensverlust einer zerstrittenen Bundesregierung; die Trigger-Themen Migration und Friedenssicherung; Folgen von Inflation; die angebliche Übergriffigkeit des Staates (wie bei den Corona-Schutzmaßnahmen); sozial unausgewogene Zumutungen der ökologischen Transformation (vom Heizungsumbau bis Umstieg aufs E-Auto); radikalisierte «woke» Identitätspolitik (von der Gendersprache bis zum «Alten-weißen-Mann»-Rassismus); das offenbar dauerhafte Sonderbewusstsein Ost[17]. Die Rede ist auch von ökonomischer und kultureller Prekarisierung, von «Modernisierungsopfern», von abgehängten ländlichen Regionen, vom Sicherheitsverlust durch Globalisierung, von digitalen Blasen gegen alle Fakten, vom Versagen der politischen Bildung, nicht zuletzt von der Ungleichzeitigkeit zwischen beschleunigter Krisenerfahrung und strukturell langsamer Demokratie – die Liste ließe sich fortsetzen.

All dies sind bedeutende Entwicklungen und Einflussfaktoren, die den Zusammenhalt schwächen und zur Politisierung von Repräsentationslücken, Integrationsdefiziten und Kulturkämpfen beitragen. Doch dürfte vieles davon eher *Anlass* denn Ursache sein: Die europäische und fast globale Dimension, der aktuelle Megatrend ist umfassender. Wir haben es offenbar, wie `68, allerdings unter umgekehrten Vorzeichen, wieder mit einer *weltweiten sozialen Bewegung*[18] zu tun. Die *Transformation der Demokratie* zeigt sich als internationaler, in der Sozialpsychologie der Massen fundierter Zeitgeist. Oder um die OECD von 2021 zu zitieren: «Auf der ganzen Welt geht das Vertrauen zwischen den Menschen zurück, das zivile Engagement wird schwächer und Kulturkriege entstehen […] Wir leben in einer globalen Ära der Unzufriedenheit.»[19]

---

16 Beim Klimawandel und Artensterben nicht ganz zu Unrecht.

17 Vgl. Steffen Mau: *Ungleich vereint. Warum der Osten anders bleibt*, Berlin 2024.

18 Kennzeichen sozialer Bewegungen finden sich wieder: Lebensweltliche Eingebundenheit, Gemeinschaftsbildung, jugendbewegte Elemente, auch Phänomene von Militanz am Rande. Vgl. Klaus-Jürgen Scherer: *Jugend und soziale Bewegung. Zur politischen Soziologie der bewegten Jugend in Deutschland*, Opladen 1989.

19 *Die Zeit* 19. September 2024, S. 31.

Demokratiefeinde auf dem Vormarsch

Im Herbst 2024 lag die AfD in Ostdeutschland bei rund 30 % und bundesweit bei bis zu 20 %; zusätzlich kam das demokratisch-zentralistische und noch wenig fassbare BSW auf rund 15 % in Ostdeutschland und auf rund 8 % bundesweit.[20] Erzielen die den demokratischen Institutionen Entfremdeten solche Stimmenanteile, fällt Isolierung und Nichtbeachtung schwer. Ostdeutsche Landesregierungen mit BSW-Beteiligung oder gar mit Duldung der AfD dürften Brandmauern weiter durchlöchern. Eine AfD, die auf den Thüringer Faschisten Björn Höcke verzichten würde, wäre im Prinzip kooperationsfähig – so gab Sahra Wagenknecht in einem freundlichen Fernsehduell mit Alice Weidel den Kurs Richtung Öffnung vor.[21]

Zum Auftakt der Legislaturperiode *Brandenburg oder Thüringen*? In Thüringen[22] gab es einen Eklat, als die AfD versuchte ihre eigene Kandidatin für das Amt der Landtagspräsidentin gegen die verfassungsrechtlichen Regeln durchzusetzen, was selbst vonseiten der CDU «Machtergreifung» genannt und vom Landesverfassungsgericht verhindert wurde. Das passte zu den Erfahrungen mit Hetze und Gewalt des AfD-Wahlkampfes gegen die Vertreter der etablierten Parteien. Der Eindruck verbreitete sich, wo die AfD vorne liegt, zeigt sie ihr wahres Gesicht und setzt auf brutale Konfrontation. So blieb die Trennungslinie zwischen Demokraten und Rechtsextremisten in dieser Situation deutlich sichtbar.

In Brandenburg hingegen[23] – immerhin nach erfolgreicher Zuspitzung von Dietmar Woidke, *wenn die AfD gewinnt, trete ich zurück* – war die Stimmung friedlich, «verläuft die konstituierende Sitzung des Landtags geradezu harmonisch»[24]: Die alte und neue SPD-Landtagspräsidentin sah in der Zusammensetzung des neuen Landtags mit einer Hälfte neuer Abgeordneter sogar eine Chance. «Vielleicht können wir in fünf Jahren sagen, dass wir ein Vorbild, ein Labor des Wandels für die Demokratie in Deutschland sind», so Ulrike Liedtke, die auch mit Stimmen aus der AfD, die einen stellvertretenden Landtagspräsidenten bekam, gewählt wurde. Auch der Alterspräsident aus dem BSW sprach von Gemeinsamkeiten in der parlamentarischen Arbeit und meinte damit auch die AfD: «Gewähren wir dem politischen Gegner, dass er auch mal zutreffende Dinge beantragen kann.» Überhaupt plädierten führende BSW-Politiker, die bei Liedtkes Redepassage gegen den Rechtsextremismus nicht applaudierten, sehr deutlich dafür, die extreme Rechte nicht auszugrenzen.[25]

Was hilft mehr, die scharfe Konfrontation wie in Thüringen *oder* demokratische Normalität wie bei Konstituierung des Brandenburger Landtages? Polarisierter Kampf oder Entzauberung durch parlamentarische Sacharbeit? Kann man beides verbinden? Denn einerseits knüpft die AfD ja tatsächlich an ganz normalen Stimmungs-

---

20 Das neue BSW ist zwar nicht rechtsextrem, bricht aber ebenfalls mit dem demokratischen Parteienspektrum, vertritt, zudem als Kaderpartei einer Führerin, einen noch wenig fassbaren Querfront-Populismus.
21 *WELT-TV* 9. Oktober 2024.
22 Am 26. September 2024.
23 Am 17. Oktober 2024.
24 *Süddeutsche Zeitung* 18. Oktober 2024, S. 5.
25 Siehe *Süddeutsche Zeitung* 19./20. Oktober 2024, S. 4.

lagen vieler «kleinen Leute» an, von deren Problemen und Lebenswirklichkeiten sich eine linksliberale (akademisch-großstädtische und ökologisch-woke) Elite oft arrogant entfernt hat. Andererseits besteht ein großer Teil der AfD-Funktionsträger aus Extremisten und ideologischen Polarisierern, aus Neofaschisten, die den «Parteienstaat abschaffen» und die Demokratie autoritär und identitär (völkisch, xenophob, ethnisch rein und politisch gesäubert) umbauen wollen. Entsprechend zerstritten werden die Debatten fortgesetzt, ob wehrhafte Demokratie bedeutet, die Verfassungsmäßigkeit der AfD durch das Bundesverfassungsgericht prüfen zu lassen.[26]

Dabei verfügen wir über die niederschmetternde Erfahrung, dass *beide* Wege – einerseits Tabuisierung und «Brandmauer», andererseits Kooperation und inhaltliche Annäherung – den Aufstieg der Neuen Rechten *nicht* stoppen konnten:

In *Deutschland* hatten die demokratischen Parteien und öffentlich-rechtlichen Medien die AfD nach ihrer Gründung 2013 jahrelang nicht wie eine normale Partei behandelt, sie von politischer Verantwortung fern gehalten und ihnen möglichst wenig Bühne geboten. Und konnten damit doch nicht ihr kontinuierliches Anwachsen verhindern. Bis dahin, dass selbst die Höcke-AfD in Thüringen am 1. Sept. 2024 (mit 32,8 %, plus 9,4 %) bei hoher Wahlbeteiligung (73,6 %) zur stärksten Partei wurde.

In *Österreich* ging man den entgegengesetzten Weg. Es gab bereits 2000–05 und 2017–19 ÖVP-FPÖ-Bundesregierungen, auch derzeit existieren schwarz-blaue Koalitionen auf Landesebene. Doch auch die Enttabuisierung und Übernahme von FPÖ-Rhetorik durch die ÖVP konnte das Anwachsen der FPÖ unter dem Rechtsaußen Herbert Kickl nicht verhindern. In der österreichischen Nationalratswahl vom 29. Sept. 2024 wurde die FPÖ (mit 28,8 %, plus 12,7 %) stärkste Partei Österreichs – und das bei hoher Wahlbeteiligung (77,7 %).

Natürlich bedeutet diese *Transformation der Demokratie* nicht gleich Machtergreifung oder «Orbanisierung». Doch hat sich die Grundstruktur der Parteiensysteme gewandelt, sie sind kaum noch durch die Dominanz zweier sich demokratisch abwechselnder Volksparteien geprägt. Bei allen nationalen Differenzen, anderen Wahlsystemen und fluiden Mehrheitsverhältnissen läuft es meist mehr oder weniger auf eine 50:50 Spaltung hinaus zwischen wie auch immer Populisten, Rechtsextremen, Völkisch-Konservativen, Neofaschisten, «illiberalen Demokraten» oder Identitären auf der einen Seite. Und andererseits den christdemokratischen, liberalen, sozialdemokratischen oder grünen Verteidigern demokratischer Werte, zu denen Menschenrechte, freie Wahlen, Minderheitenschutz, Pluralismus, offene Zivilgesellschaft, Rechtsstaat, Kultur- und Wissenschaftsfreiheit, unabhängige Medien, soziale Bürgerrechte gehören.

In dieser *Transformation der Demokratie* können vereinigte Demokraten durchaus noch gewinnen, oft allerdings eher knapp: Wie bei den Landtagswahlen im September 2024, wo die AfD in Sachsen nur 0,4 % hinter der CDU und in Brandenburg nur 1,66 % hinter der SPD lag. Wie bei der von Trump nie anerkannten Wahl von Joe Biden nach vier Jahren Präsidentschaft in den USA

---

26 Selbst Heribert Prantl (pro) und Gesine Schwan (contra) gerieten bei dieser Frage aneinander (*Deutschlandfunk* 12. Oktober 2024).

2020. Wie bei der Abwahl des rechtsextremen Jair Bolsonaro 2022 in Brasilien. Wie in Polen 2023 bei der Abwahl der rechtspopulistischen PIS-Regierung nach acht Jahren. Und wie bei der in Frankreich immer noch nicht regierenden Marine Le Pen.

Und doch bleibt die Rechtswende, das Erstarken derjenigen, die die Demokratie transformieren wollen, internationaler Trend. Wie am 6. November 2024 mit dem triumphalen Wahlsieg (mit Mehrheiten in Senat und Repräsentantenhaus) von Donald Trump, der im US-Wahlkampf allen Regeln entrückt faschistisch herumpolterte.[27] In den europäischen Ländern liegt die Neue Rechte überall auf dem ersten, zweiten oder mindestens dritten Platz. Nehmen wir beispielhaft das wenig beachtete Portugal, wo die extreme Rechte von einer Splittergruppe am 10. März 2024 zur dritten politischen Kraft im Parlament wurde. Die rechtspopulistische Chega! bekam 18 %, die Wahlbeteiligung stieg von rd. 50 % auf zwei Drittel. Auch hier ließen sich, so viele Wahlanalysen, mit der Rhetorik des «Außerhalb-des-Systems-Stehens» – *alle Politiker seien gleich, eigennützig und unfähig, sich in die Probleme der normalen Bürger hineinzuversetzen* – besonders junge unpolitische Wähler über social media mobilisieren.

Zeitgeist des Verlustes

Wurde aus der «Fortschrittskoalition» der Ampel auch deshalb eine nach drei Jahren gescheiterte «Übergangskoalition», weil uns überhaupt, so die soziologische Zeitdiagnose von Andreas Reckwitz[28], das Fortschrittsnarrativ der Moderne abhandengekommen ist? Noch in den 1990er-Jahren dominierte gewisser Fortschrittsglauben: an die Globalisierung, an die Vernetzung, an die Wissensgesellschaft, an technologische Lösungen der Umweltprobleme, an die gesellschaftliche Liberalisierung, an das Vorrücken von Demokratie, an den Rückgang von Konfrontation und Krieg, selbst in Ostdeutschland trotz Deindustrialisierung an die «blühenden Landschaften».

Jetzt sieht Reckwitz im *Verlust*, der mit Angst, Wut und Trauer verbunden sei, das Grundproblem der Spätmoderne. Natürlich gab es immer schon «Erschöpfungsverlust», ist es doch menschliche Lebenserfahrung, dass irgendwann sowieso alles bergab geht, Alter und Tod sind gewiss. Doch heute wären solche Gefühle – und damit viele negative Emotionen – in den Gesellschaften bestimmend geworden. Eine Politik, die Fortschritt predigt und offenkundige Verluste nicht ernst nimmt, verliere an Glaubwürdigkeit. Verlustangst kann man mit rationalen Argumenten schwerlich besiegen. So habe der Aufstieg der Populisten vor allem mit der Angst der Menschen vor Abstieg zu tun, mit *Zukunftsverlust,* mit dem Verlust von Status, Ordnung und Sinn im Prozess beschleunigter Modernisierung.

Populistische Täter-Opfer-Erzählungen knüpfen hieran an, so wird etwa aus der Angst vor Globalisierung die Angst vor Flüchtlingen. Reckwitz spricht von *Verlustidentitäten,* auch weil Opfer immer mehr Sichtbarkeit und Respekt fordern, weil kollektive Identitäten immer häufiger durch

---

27 Ein typisches Wahlkampfzitat von Trump: «Wir versprechen euch, dass wir die Kommunisten, Marxisten, Faschisten, linksradikalen Gangster – wir werden sie ausrotten. Leute, die wie Ungeziefer gerade innerhalb der Grenzen unseres Landes leben. Sie vergiften das Blut unseres Landes, das tun sie, darum geht es, um Migranten, das sind keine Menschen, das sind Tiere. Ich benutze das Wort Tiere, denn genau das sind sie.»

28 Andreas Reckwitz: *Verlust. Ein Grundproblem der Moderne*, Berlin 2024.

Opfernarrative begründet werden. In diesem Sinne manifestiert sich z. B. völkisch-rassistisches Denken als Verschwörungstheorie, die Legende vom «Großen Austausch» wird verbreitet, gegen die «Umvolkung» durch islamisch-arabische Flüchtlinge müsse der Biodeutsche *sich doch wehren dürfen.*

Zwar konstatieren Meinungsforscher einen Unterschied zwischen individuellem Fortschritt und kollektivem Fortschrittsbegriff: die gesellschaftliche Zukunft wird pessimistischer gesehen, die persönliche Zukunft aber relativ positiv. Doch insgesamt gehe die Reise Richtung *Verlusteskalation:* «Die Zukunft ist keine Verheißung mehr. Kaum jemand glaubt mehr, dass es den eigenen Kindern in 20 Jahren besser gehen wird.»[29]

Irgendwann hatte sich die Wut auf die etablierten Parteien, der Hass auf demokratische Politiker, die *Ablehnung als Lebenshaltung* (Alexander Batthyány) verselbstständigt. Vom amerikanischen Rust Belt bis nach Ostdeutschland wird gefühlt, es werde mehr für Minderheiten getan als für die normale gesellschaftliche Mitte.

In Ostdeutschland kommt eine erfolgreiche Umdrehung des Framings hinzu, die Ex-DDR gilt nun nicht mehr als rückständig gegenüber dem Westen, sondern wird zur politischen Avantgarde, zur Speerspitze der gesellschaftlichen Entwicklung.[30] Verbunden mit einer Trotzhaltung, die Gregor Gysi *Daffke-Haltung* nannte: *Sagt man den Leu-*

ten, Ihr seid Nazis, so wissen sie, wie sie die etablierte Politik am besten ärgern können; sagt man den Leuten, sie dürfen alles wählen außer AfD, so machen sie es gerade deshalb.

Probleme, die von den demokratischen Parteien liegengelassen wurden (oder nicht wirklich lösbar sind), wirken angstauslösend: Angst vor Kriegseskalation, Angst vor Flüchtlingen, Angst vor Globalisierung, eben überhaupt Verlustängste. Rechte Narrative knüpfen hieran erfolgreich an: *Ich bin nicht zufrieden mit der Politik, die gemacht wird angesichts von Migration und Ukrainekrieg; ich fühle mich unsicher angesichts von Kriminalität, Wohnungsnot und ich fühle mich benachteiligt wie die Ausländer beim Bürgergeld betüdelt werden.*

Die AfD greift solche Emotionen von Angst und Wut auf, gerade der Jugend und jungen Erwachsenen wird ein *Wir-Gefühl* angeboten gegen die Ausländer, *gegen die da oben […]. Der Coolnessfaktor liegt jetzt offensichtlich bei rechts.*[31] Besonders männliche Jugendliche ordnen sich 2024 zu 25 % als *eher rechts* oder deutlich *rechts* ein, was ein starker Anstieg gegenüber 2019 ist.[32] Das Narrativ der wertenden Zuschreibung (die eigene Identität über die anderer Identitäten zu stellen und das eigene Anderssein als Maßstab für alle zu verstehen und durchsetzen zu wollen) und eine verstärkte Orientierung an autoritären Kräften präge diese «Generation Krise».

---

29 Gespräch mit Andreas Reckwitz: «Verluste sind das schmutzige Geheimnis des Fortschritts», in: *Der Spiegel* 42/2024, S. 125.

30 Ebenda.

31 ««Wenn rechts irgendwie cool ist.› Gespräche mit Spremberger Jugendlichen», in: *Süddeutsche Zeitung* 10. Oktober 2024, S. 5.

32 Mathias Albert u. a.: ̇19. Shell-Jugendstudie. *Pragmatisch zwischen Verdrossenheit und gelebter Vielfalt,* München 2024, S. 13 f. Bei einer Mehrheit der 12–25-Jährigen der neusten Shell-Jugendstudie ist das Bild natürlich differenzierter, «pragmatisch zwischen Verdrossenheit und gelebter Vielfalt»; dennoch treibt 81 % die Angst vor einem Krieg in Europa um und 67 % machen sich Sorgen um die wirtschaftliche Lage und möglicherweise steigende Armut.

Widerstand gegen die Transformation der Demokratie

Es gibt nicht das *eine* Patentrezept gegen die Neue Rechte, vieles wird ineinandergreifen müssen. Doch – so auch Reckwitz – eine neue Perspektive auf den Fortschritt, der *das Erreichte schützen und weiterentwickeln will*, ist durchaus möglich. Allerdings, würden Rechthaberei, Moralisierung und Emotionalisierung, Zerstrittenheit und Selbstzerlegung die Oberhand links der Mitte behalten, wäre der Anziehungskraft rechter Narrative kaum noch etwas entgegenzusetzen. In diesem Sinne ist die Stärke der Rechten immer auch die Schwäche der Linken.

Wer der *Transformation der Demokratie* widerstehen möchte, mag über vier strategische Hinweise gegen rechts nachdenken:

1.

Selbst Reckwitz hält einen klügeren Umgang mit Verlustängsten durch Vorsorge und Resilienz für denkbar. Dazu muss dem maßlosen und emotionalisierten *Es wird alles immer schlimmer* entgegengetreten werden, denn der Rechtsruck lebt vom überzogenen Krisendiskurs. Etwa vom Mythos, dass in Deutschland 2015 massenhafter Rechtsbruch stattgefunden habe, dass das Staatsversagen notorisch sei, dass allüberall Messerstechereien und Wohnungseinbrüche durch Flüchtlinge drohen. Solchem Krisendiskurs könnte die Legitimation entzogen werden, wenn es gelingt, mit Narrativen progressiver Gesellschaftsgestaltung wieder Hoffnung zu wecken. Es geht darum, durch die Kombination reformpolitischer Verbesserungen mit überzeugenden

Bildern von einer besseren Zukunft Zuversicht zurückzugewinnen.

2.

Der Neuen Rechten muss (was 2024 den Diskurs bestimmte) das Angstthema Nr. 1 weggenommen werden: durch eine effektivere Steuerung und Begrenzung von Migration, durch eine grundsätzlich verbesserte Integration, aber auch durch Aufklärung, dass einfache Parolen nicht weiterhelfen. *Das Boot ist voll* war in den 1990er-Jahren ein rechter Spruch, heute ist die Belastungsgrenze vielerorts reale Lebenserfahrung. Manche Überforderungsskepsis basiert auf erlebtem Problemstau (Arbeitskonkurrenz, Fehlentwicklung Bürgergeld, knapper Wohnraum, Schulen mit zu hohem Migrantenanteil usw.). Sicher ist das Asylrecht ein zentrales Element von Demokratie, ist die Einwanderung angeworbener Fachkräfte notwendig, doch ändert dies nichts an der Notwendigkeit, irreguläre Migration, die das Asylrecht missbraucht, herunterzufahren. Um schwierige politische Entscheidungen im Spannungsverhältnis von Humanität und realen wie mentalen Möglichkeiten wird man nicht herumkommen. Die Frage, wie weit mit den vorhandenen wirtschaftlichen und gesellschaftlichen Ressourcen Integration gelingen kann, ist legitim, deren Tabuisierung wird leicht zu einem Einfallstor von rechts. Eine «Ethik der Migration» darf sich nicht die Sprechweisen einfacher Lösungen zu eigen machen, ist aber auch etwas anderes als das naive Plädoyer für offene Grenzen, übrigens auch weil «transkontinentale Migration [...] kein geeignetes Mittel (ist), um Armut und Elend in der Welt zu bekämpfen»[33].

---

33 Julian Nida-Rümelin: *Über Grenzen denken. Eine Ethik der Migration*, Hamburg 2017, S. 98 f. Siehe auch Ders.: *Ähren im Wind. Politische Orientierung in fordernder Zeit*, München 2024, S. 112 ff.

3.

Staatliches Handeln muss effektiver als Problemlöser erfahrbar sein. Das bloße *Wir schaffen das – dann fühlten sich die Leute alleine gelassen und es passierte zu wenig* zerstörte Legitimation. Wie loyal die Bürger zur Demokratie stehen und wie resilient diese wird, entscheidet sich auch daran, ob jeder/jede das Gefühl hat, dass er/sie zählt und er/sie gehört wird. Das bedeutet, möglichst viele Menschen kommunikativ und über Infrastrukturen der Teilhabe einzubeziehen, auch über neue, die repräsentative Demokratie ergänzende, Formen von Partizipation, und über Wirtschaftsdemokratie. Da geht es nicht zuletzt um bessere politische Bildung, um den Erhalt öffentlicher Räume und um die Förderung kultureller Freiräume der gesellschaftlichen Selbstreflexion.

4.

Mit Rechten reden oder nicht? Oft werden wir im Umgang mit der AfD vor diese Alternative gestellt. Zwar bringt der Dialog mit führenden Ideologen und Politikern des Rechtsextremismus erfahrungsgemäß meistens nichts[34]. Doch wie sonst, wenn nicht mit Gesprächen über den Zaun hinweg, könnten beim Nachbarn, der rechte Losungen nachbetet, Zweifel gesät werden? Notwendig scheint gerade für die SPD dreierlei: konsequenter Antifaschismus; das Ernstnehmen sozialer Themen des Kümmerns und

Problemlösens; kommunikatives Brückenbauen hin zu Milieus, die für AfD- und BSW-Parolen anfällig sind:

Erstens: Wehrhafte Demokratie bedeutet, überall *zivilgesellschaftlich* aufzuklären und Widerstand zu leisten, aber auch *institutionell* zu verhindern, dass die Feinde der Demokratie demokratische Strukturen zur Abschaffung selbiger nutzen. Es geht um die Resilienz der Institutionen, die Verteidigung des Öffentlich-rechtlichen Rundfunks oder die Stärkung der politischen Bildung. Da mag die Frage der Prüfung der Verfassungsmäßigkeit der AfD durch das Bundesverfassungsgericht juristisch umstritten sein, politisch ist sie längst geboten. Die demokratischen Kräfte dürfen nicht warten, bis die AfD die Landtage dirigiert, die Lehrpläne in den Schulen diktiert und ihre Leute in Gerichten und Verwaltungen unterbringt. Selbst eine juristische Niederlage vor Gericht wäre kein Triumph für die Rechtsextremen, denn allein schon die öffentliche Debatte stärkt die Glaubwürdigkeit des demokratischen Spektrums. Rechtsextreme Überzeugungswähler werden dadurch vielleicht nicht erreicht, aber Protestwähler, wenn in solchen Verfahren die faschistische Seite der AfD offengelegt wird.

Zweitens: Der Kampf um Demokratie und gegen Rechtsextremismus ist eine zentrale Aufgabe, aber eben nicht alles[35]. Werden die *traditionellen Hauptthemen* der sozialen Demokratie und des demokratischen Sozialismus («Brot-und-Butter-Themen») vernachlässigt, nützt aller Kampf gegen rechts wenig.[36]

---

34 Auf der HDS-Tagung in Birkenwerder hat am 16. November 2024 die ostdeutsche SPD-Bundestagsabgeordnete Maja Wallstein eindrücklich geschildert, wie sie erlebt, dass der AfD «Inhalte relativ egal sind», es gehe ihr primär um die Einschüchterung von Demokraten und die Zerstörung demokratischer Institutionen.

35 Wahlkämpfe für Demokratie, Minderheitenrechte und gegen Faschismus gingen verloren, wenn sie nicht gleichzeitig Antworten auf ökonomische Probleme (Arbeitslosigkeit, Inflation), Gerechtigkeitslücken, Sicherheitsbedürfnisse und Veränderungserschöpfung geben.

36 Vgl. Kira Ludwig: «Es dauert. Der Fortschritt ist eine Schnecke», in: *Neue Gesellschaft / Frankfurter Hefte* 4/2024, S. 35 ff.

Da kommt es auf überzeugende Konzepte an: für die Zukunftsinvestitionen in nachhaltige Infrastruktur, für ordentliche Arbeitsplätze, für einen sicheren Sozialstaat, für eine bezahlbare Energiewende, für geringe Inflation, für ein gerechteres Steuersystem, für funktionierende öffentliche Schulen, für ausreichend billigen Wohnraum, für ernsthafte kulturelle Integration usw. Wer Rechtsextremismus, Fremdenfeindlichkeit und Nationalismus bekämpfen will, muss Sicherheit im Wandel verkörpern, Arbeitsplätze retten, Kinderarmut beseitigen, «Klassismus»[37] und Verteilungspolarisierung ernsthaft angehen, Bildung und sozialen Ausgleich fördern.

Drittens: Für die SPD ist es existenziell, auch wenn sie nur noch bedingt eine Volkspartei ist, milieuübergreifend Brücken zu bauen, hin zu den arbeitenden Klassen und *einfachen Leute*n. Hin zu den *normalen Menschen* mit eher traditionellen Berufen und Lebensmodellen, die heimatverbunden mit einer an Gewohnheiten orientierten Kultur besonderen staatlichen Schutz suchen. Die sich kulturell und wirtschaftlich unterlegen fühlen und die skeptisch auf identitäre Minderheiten und Gruppenegoismen, auf zu viel Migration und zusätzliche Zumutungen im Namen des ökologischen Umbaus blicken. Der Begriff «Respekt» des letzten Bundestagswahlkampfes wies, auch das neue Proletariat der Dienstleistungsökonomie und der Zugewanderten in einfachen und prekären Jobs ansprechend, in eine richtige Richtung, wurde aber nicht durch eine soziale Politik gefüllt, die systematisch Verlusterfahrungen, Armutserlebnisse und Veränderungsängste aufgriff. Die SPD darf nicht zulassen, dass sie nach dem Desaster der Agenda-Jahre

erneut für Verschlechterungen des Lebensalltags verantwortlich gemacht wird[38].

Fazit

Wie auch immer, die Welt rutscht weiter ins Nationalistische, Autokratische und Faschistoide, einschließlich Schutzzöllen, Aufrüstung, Kriegsgefahr. Sicher wird sich das Ende der Weimarer Republik nicht wiederholen, anders als damals sind das soziale Elend und die wirtschaftliche Krise weniger existenziell. Das demokratische Wertefundament ist gefestigter und die Gesellschaft der Bundesrepublik ist nicht so durchmilitarisiert wie die Weimarer Republik nach dem Ersten Weltkrieg und nicht revisionistisch auf die Wiederherstellung imperialer Größe orientiert.

Dennoch sind Parallelen unverkennbar: So wie der Weimarer Koalition aus SPD, Zentrum und DDP die Mehrheit abhandenkam, schmilzt die demokratische Mitte in der Berliner Republik. Gerade der rasche Niedergang der SPD – von 29,8 % (1928) auf 20,4 % (Nov. 1932), jetzt von 25,7 % (2021) auf 14–16 % (nach Umfragen Herbst 2024) – ähnelt sich.

Und damals wie heute ist der die liberale Demokratie bekämpfende, autoritäre Nationalismus nicht nur ein deutsches Phänomen. Durch den erneuten Sieg von Donald Trump könnte die Rechtswende auch hierzulande weiter an Attraktivität gewinnen. Der Erdrutschsieg der NSDAP bei den Reichstagswahlen – von 18,7 % (1930) auf 37,3 % (Juli 1932) bzw. immer noch 33,1 (Nov. 1932) – erinnert an den heutigen Aufstieg der AfD: Es war auch damals eine *gewählte extremis-*

---

37 Marlen Hobrack: *Klassismus*, Ditzingen 2024.
38 Eine Falle, in die die Kampagne von Kamala Harris lief.

tische Partei.[39] Das Ränkespiel konservativer und rechtsliberaler Kräfte führte dazu, dass die Macht 1933 in die Hände dieser extremistischen Partei fiel, die Deutschland erst in eine totalitäre Diktatur und schließlich in den totalen Untergang führte. Passen wir auf, gerade nach dem Triumph von Trump, nicht in Schreckstarre und Ratlosigkeit zu verfallen. Noch lässt es sich verhindern, dass sich die *Transformation der Demokratie* fortsetzt und die in großen Teilen rechtsextreme AfD wirklich politische Macht erobert. ∎

---

39 Siehe auch: Thomas Haldenwang, in: *Süddeutsche Zeitung* 11. März 2024, S. 3.

Stephan Gorol

Alle reden sie vom Frieden
Von einer verwirrenden Debatte

Seit dem Angriff Russlands auf die Ukraine tobt in Deutschland eine hitzige Debatte über Krieg und Frieden. Aber anstelle eines Erkenntnisfortschrittes verharrt sie seit 2022 in den immer gleichen Stereotypen von «Waffen ja» vs. «Waffen nein». Und der alte Menschheitstraum «Frieden» führt uns nicht mehr zusammen, sondern entzweit uns. Wir scheinen gefangen in einer diskursiven Endlosschleife, die wie eine Splatterversion von Täglich grüsst das Murmeltier daherkommt.

Warum finden wir zu keiner existenziellen Sprache, die den Herausforderungen des Krieges gegen die Ukraine gerecht wird und die unsere Gesellschaft einigen kann? Angst lässt einen verstummen, wenn der blutige Atem des Krieges vor der Haustür steht. Wir aber wollen cool wirken und überspielen unsere Angst wie pubertierende Heranwachsende, indem wir täglich neue Kriegsszenarien und rechthaberische Antworten herausbrüllen, wobei wir mit unreflektierten Schlagworten nur so um uns werfen und uns wechselseitig fehlenden «Friedenswillen» oder mangelnde «Empathie gegenüber der Ukraine» vorwerfen. Wie klebriger Mehltau hat sich über uns eine wortgewaltige Sprach- und Denkunfähigkeit gelegt, die der Logik des Krieges hilflos ausgeliefert ist.

Die Bundesregierung taumelt mit einer Politik dahin, die weder den diplomatischen Erfordernissen noch den militärischen Anforderungen eines Krieges gerecht wird. Denn wie anders als «fehlerhaft» können die Hängepartien und Zögerlichkeiten genannt werden, mit denen die militärische Unterstützung der Ukraine seit Kriegsausbruch begleitet wird. Sie haben mit dazu beigetragen, dass der russische Angriff nicht erfolgreich zurückgeschlagen werden konnte und sich die militärischen Diskussionen seither immer weiter ausdehnen.

Kurios wurde das Agieren der Bundesregierung dabei durch ihre widersprüchlichen Begrifflichkeiten. Mit Wortungeheuern wie «Zeitenwende» oder «Kriegstüchtigkeit» versuchte sie, sich einerseits ein heroisches Charisma in Zeiten des Krieges zuzulegen, das zwar mit der Realpolitik kaum Schritt halten konnte, jedoch einen großen gesellschaftlichen Schaden verursachte und ein militarisiertes Klima erzeugte. Andererseits sollten die militärischen Zögerlichkeiten auch noch als verantwortungsvolle Friedenspolitik dargestellt werden. Was denn nun?

Diese verwirrende Deutungs- und Sprachunfähigkeit ist Ausdruck mangelnden Könnens und fehlenden Mutes, diplomatische und militärische Antworten auf den Krieg in einem Begründungszusammenhang zu denken. Damit hat die Bundesregierung eine gesellschaftliche Diskursverkürzung begünstigt, die Diplomatie und Waffenlieferungen nur noch als Gegensätze begreift, und andererseits Tür und Tor für eine neue Beliebigkeit des Friedensbegriffes geöffnet. Frieden mutierte zu einem austauschbaren Allerweltsbegriff, der für Wahlkampfzwecke, genauso wie für Koalitionsverhandlungen auf Ebene der Bundesländer instrumentalisiert werden konnte. Deshalb auch blieb ein Erkenntnisgewinn all der hitzigen Schlagwortdebatten bis heute aus. Dafür aber verhärtete sich das politische Klima in Deutschland zusehends.

Und in der Ukraine sterben täglich weiterhin Menschen, immer neue Landstriche werden zu No Go Areas. Der Krieg droht zu einem der längsten europäischen Kriege zu werden. Deshalb gebietet es die Ernsthaftigkeit des Denkens, sich zunächst der Ukraine zuzuwenden, bevor weiterhin der deutsche Diskurs besprochen wird.

*

Wir wissen doch alle, dass der russische Angriff auf die Ukraine 2022 nur mithilfe westlicher Waffen zurückgedrängt werden konnte. Wir wissen aber auch alle, dass militärische Strategien allein keinen Ausweg hin zu einer Friedenslösung bieten. Und warum können wir beide Wahrheiten nicht in einem Atemzug aussprechen und unsere Politik danach ausrichten?

Was in der ersten Kriegsphase notwendig war, eine schnelle und konsequente Antwort des Militärs, um den russischen Erstangriff zurückzuschlagen, versandete einerseits in dem zögerlichen Gebaren des Westens; andererseits war das militärische Denken nie eingebettet in die Sprache der Diplomatie. Eher halbherzig wurden die Friedensgespräche in der Türkei kurz nach Kriegsausbruch vom Westen unterstützt und schnell aufgekündigt. Die Hoffnungen auf Waffenstillstand und weitere Friedensverhandlungen versiegten so schnell, wie sie aufgekommen waren.

Gewiss die Unvereinbarkeiten der vorliegenden Vertragsentwürfe waren gravierend. So erwiesen sich die im russischen Entwurf angebotenen Sicherheitsgarantien für die Ukraine ebenso unannehmbar wie die imperialistischen Ansprüche auf ihr Staatsgebiet. Aber beide Seiten hatten mit dem Gedanken einer «Nicht NATO-Mitgliedschaft der Ukraine» einen Gesprächskorridor für weitere Friedensverhandlungen aufgezeigt, der vom Westen zugemauert wurde. Die Gespräche scheitern zu lassen, war und ist ein politisches Versagen der NATO; auch wenn dies im stillen Einvernehmen mit Russland geschah, das dann seinerseits ebenfalls der militärischen Sprache zur Durchsetzung seiner Interessen den Vorzug gab.

Der westliche Verweis auf Butscha als zusätzliche Begründung für den Gesprächsabbruch war leider eine zynische Instrumentalisierung der gefolterten und getöteten Ukrainerinnen und Ukrainer. Das russische Massaker ist ein Kriegsverbrechen, für das Russland zur Rechenschaft gezogen werden muss. Aber das Leid der Getöteten und der Schmerz ihrer Hinterbliebenen dürfen nicht dafür herhalten, eigene politische oder militärstrategische Überlegungen zu legitimieren. Vielmehr müssen Trauer und Demut gegenüber den Opfern und Toten von Butscha die Triebkraft sein, um mit Russland einen Weg aus diesem Krieg hinauszufinden. Und Ja, deshalb darf auch ein Gespräch mit Kriegsverbrechern kein Tabu sein. Damit die Menschen in Butscha nicht umsonst gestorben sind, sondern zur ewigen Erinnerung werden: als Mahnung für den Frieden.

*

Was hat sich denn durch den Abbruch der Friedensgespräche in der Türkei verbessert? Nichts.

Das Schlachten in der Ukraine hält bis heute gnadenlos an. Und die immer neuen Friedenspläne, erweisen sich entweder als pure Ankündigung oder sind durch das Auslassen wichtiger Aspekte bereits im Ansatz zum Scheitern verurteilt. Die Unfähigkeit der NATO, ein Kriegsende außerhalb des Schlachtfeldes zu denken, zeigt sich darüber hinaus in der Mischung von Unfähigkeit und Arroganz, mit der mögliche Partner für Friedensvermittlungen aus dem Dialog herausgehalten werden: China, Brasilien, Indien, Türkei – allesamt unsichere Kandidaten, gelten sie doch als «Putin Versteher».

Der Westen schaukelt strategielos auf einem Ozean der Tränen hin und her, während Russland sich zurücklehnen, seinen Feldzug fortsetzen und immer neue Ziele

verkünden kann. Außerhalb des Schlachtfeldes und der Sanktionen wird es nicht gefordert, um seinen Kriegskurs zu ändern.

Auf diesen Feldern aber fühlt sich das Land weiterhin unbesiegbar und scheint neue Eskalationsstufen bereits einzuplanen. Ebenfalls sind die Bemühungen Russlands nicht erfolglos, sich einem internationalen Staaten-Netzwerk jenseits des europäisch/amerikanischen Westens anzugliedern.

Warum also sollte Putin, dessen Weltbild heute von Macht und Zynismus geprägt ist, seinerseits auf den Westen zugehen, der außer seiner militärischen Sprache und dem Vertrauen darauf, dass Stellungsgewinne auf dem Schlachtfeld schon einen Politikwechsel in Moskau hervorrufen werden, nichts anzubieten hat, was Russland an den Verhandlungstisch bringt.

Die westlichen Analysen vom August 2024, die ukrainische Offensive in Kursk könne Russland zu Gesprächen zwingen, werden sich einmal mehr als zahnlose Verbalattacken erweisen und wie bisher in den hilflosen Appellen enden: «Herr Putin – Beenden Sie den Krieg.»

Es rächt sich der Abbruch der türkischen Friedensgespräche. Zwar gibt es bis heute isolierte Gesprächsfelder zwischen Russland, der Ukraine und dem Westen über Getreideabkommen oder Gefangenenaustausche. Aber ein breiter Kommunikationskanal, in dem die Verhandlungsmasse für spätere Friedensgespräche ausgelotet und perspektivisch entwickelt werden kann, wurde zugeschüttet.

Anstatt auf eine Vertrauensdynamik solcher Treffen in Zeiten des Krieges zu setzen, hat uns die alleinige Militärlogik in eine Sackgasse geführt. An die früheren Gespräche kann heute nicht mehr so einfach angeknüpft werden. Zu viele Kriegsereignisse, der Aufbau immer neuer Drohkulissen, verhärtete Interessenskonstellationen und Veränderungen der politischen Rahmenbedingungen haben ein immer komplexeres Szenario entstehen lassen, als dass die früheren Denkmodelle so einfach übernommen werden könnten. Und ein gegenseitiges Verständnis für die Notwendigkeit von Verhandlungen ist gegenwärtig nicht in Sicht.

Die Akteure des Westens haben sich mit ihrer Politik erst einmal lahmgelegt und überlassen das Schicksal der Ukraine möglicherweise neuen «Playern» und nicht einschätzbaren Initiativen, seien es eventuelle «Deals» zwischen Trump und Putin oder künftige Friedenspläne Chinas. Vielleicht kommt alles auch ganz anders und die militärische Unterstützung stößt im Westen an finanzielle und politische Grenzen.

Gewiss, das sind reine Spekulationen, aber wahr ist, dass sich der Westen und die Ukraine so festgefahren haben, dass es für sie «gesichtswahrend» nur noch eine Lösung geben kann, die vor Monaten der CDU-Außenpolitikexperte Roderich Kiesewetter auf den Punkt gebracht hat: «Es ist Russlands Krieg. Ein demokratisches Russland kann es nur geben, wenn Russland verlieren lernt und begreift, welches Grauen es über die Welt brachte.»

*

Dieser Satz offenbart das Dilemma eines absoluten und identitären Politikverständnisses. Denn ein Denken, das in sich keine Widersprüche mehr kennt, bestätigt immer nur seine eigenen Grundannahmen. Dort wo es keine Dialektik von Krieg und Frieden, Militär und Diplomatie mehr gibt, kann es nur eine Niederlage Russlands oder einen Diktatfrieden geben.

Beides sind für Russland unannehmbare Forderungen. Darüber hinaus gefährdet dieses «Alles oder Nichts» Denken auch das Überleben der Ukraine. Denn Szenarien, die nur in den Extremen Sieg oder Kapitulation denken, kalkulieren im für den Westen negativen Kriegsfall die Kapitulation der Ukraine bereits mit ein.

Untermauert wird diese Haltung durch außen- und sicherheitspolitische Szenarien, die nur noch eine Richtung kennen: Aufrüstung und Erhöhung der Militärausgaben als Mittel der Konfliktlösung. Immer neue Bedrohungsanalysen müssen dafür herhalten, die Aussichtslosigkeit von Diplomatie zu begründen. Es gilt wieder das römische Sprichwort: Wenn du den Frieden willst, bereite den Krieg vor. Ein Mantra, das unablässig und vielstimmig in Politik, Medien und Gesellschaft wiederholt und immer verfeinerter begründet wird. Eine heroische Sprache von Heldentum und Stärke bestimmt das Denken in unserem Land. Verteidigungsbereitschaft ist out, das neue Zauberwort heißt Kriegsfähigkeit.

Der demokratische Diskurs bleibt auf der Strecke. Die offene verwandelt sich unmerklich in eine identitär denkende Gesellschaft. Stimmen, die dem Mainstream der Zeitenwende kritisch gegenüberstanden und stehen, wurden zunächst als «Putin-Versteher» diffamiert oder als «streitbare Geister» in Randpositionen gedrängt, bis sie schließlich als «umstritten» ganz ausgegrenzt werden.

*

Wie konnte es geschehen, dass der archaische Geist eines Ernst Jünger oder das Denken Heraklits («Krieg ist der Anfang aller Dinge») plötzlich wieder so hoch im Kurs stehen, während Entspannungspolitik und

Friedensforschung ein Schattendasein fristen.

Paradox – aber wahr. Teile der alten westdeutschen Friedensbewegung haben diesen Zustand mit herbeigeführt. Im Gegensatz zur früheren Forderung «Frieden schaffen ohne Waffen», die in den 1980er-Jahren den bundesrepublikanischen Grundkonsens «Frieden schaffen mit immer weniger Waffen» bewirken konnte, führten sie als Antwort auf den Ukraine Krieg die neue Formel ein: «Frieden schaffen mit immer mehr Waffen.»

Auf dem grünen Bundesparteitag 2022 verkündete die Außenministerin Annalena Baerbock: «Wir unterstützen die Waffenlieferungen und die Ausweitung der Waffenexporte an die Ukraine, gerade weil wir eine Friedenspartei sind.» Mit diesen Worten profilierte sie sich ebenfalls als Repräsentantin eines identitären Politikverständnisses.

Kritisch-dialektisches Denken wurde an die Seite geschoben und der neue deutsche Mainstream geboren, der aus einer toxischen Verbindung von argumentativer Militärlogik, Rechthaberei und besserer Moral besteht. Erfolgreich konnte er sich bisher als «Achse des Guten» gegen Skepsis und Nachdenklichkeit abschotten.

Und weil hier der Krieg zum Friedensstifter umgedeutet wird, können sich die Kinder der alten westdeutschen Friedensbewegung heute auch so vehement für immer neue Waffensysteme aussprechen, gutes Gewissen inbegriffen.

*

Annalena Baerbock und Roderich Kiesewetter sind nur zwei Vertreter eines identitären Politikverständnisses, das sich in Deutschland wie ein gefährlicher Virus ausbreitet, unser Denken verengt und anschlussunfähig macht.

Das Problem des identitären Denkens besteht darin, dass es die Wirklichkeit in zwei gegensätzliche Lager aufteilt, in Weiß und Schwarz. Grautöne, in denen sich das Leben überwiegend abspielt, werden übersehen. Gleichzeitig drängt das identitäre Denken zur Reinheit seiner selbst und versucht alles Störende, alle kritischen Einwände, Widersprüche und die Skepsis aus sich zu entfernen. Reinheit und Unreinheit prägen nicht mehr die eigene Identität, sondern stehen sich unversöhnlich gegenüber. Das identitäre Denken will sich selbst gefallen – rein sein.

Hier schnappt die Falle zu. Da jeder Begriff nicht mit sich selbst identisch sein kann, sondern sich stets von sich selbst unterscheidet, verabschieden sich nun begriffliche Reflexionen und Dialektik. Die Tautologie ersetzt die Heterologie. Selbstgerechtigkeit tritt an die Stelle von Kritikfähigkeit. Der Selbstbezug macht das Denken zunehmend anschlussunfähiger, bis es schließlich ganz zum Stillstand kommt. Auch wenn es dies anfangs nicht zu bemerken scheint. Dreht es sich doch auf der Suche nach der eigenen Reinheit zunächst immer schneller um sich selbst. Bis es endgültig rein ist und nichts mehr zu sagen hat außer den immer gleichen Mantras. Denn die angestrebte Reinheit schaltet den Motor des Denkens aus, der in der Dialektik von Reinheit und Unreinheit liegt.

Die immer wiederkehrende Rhetorik einer Annalena Baerbock, einer Sarah Wagenknecht, eines Roderichs Kiesewetters, einer Claudia Major oder eines Michael Roth sind jeweils Einzelbeispiele eines solchen Politikverständnisses, ebenso wie die immer verfeinerten Argumentationen gegen jegliche Form militärischer Hilfen in einem Krieg oder die Gegenargumentationen für immer mehr Waffenlieferungen: rechthaberisch und kommunikationsunfähig. Sie erliegen alle der Versuchung, ihr Denken in einer Widerspruchsfreiheit zu versöhnen, und taugen deshalb lediglich dazu, die Aporien der jeweiligen Gegengumente aufzuzeigen. Der Balken im eigenen Auge jedoch wird übersehen.

Im Ergebnis haben wir uns nichts mehr zu sagen, reden aber viel. Nur wenn wir wieder lernen, Begriffe nicht im Singular, sondern im Plural zu denken, kann dieser Stillstand aufgehoben werden. Um den gegenwärtigen deutschen Zeitgeist abzulösen, der sich ängstlich hinter einer sich selbst erfüllenden Prophezeiung versteckt: «Warum die Welt keinen Frieden findet.», müssen wir eine diskursive Hegemonie des Friedens anstreben.

*

Dabei wird Frieden nicht als «die eine» Definition vorgegeben, sondern als erkenntnisleitender Rahmen eines gesellschaftlichen Projektes verstanden, das sich absetzt von dem ewigen Kreislauf ritualisierter Diskussionen und die «Logik des Krieges» durch «Logik des Friedens» überwinden will.

Anstatt auf eine bessere Moral beruft sich die «Logik des Friedens» auf die Anstößigkeiten, aber auch Aporien der Vernunft. Denn sie weiß um die Gefahren des Friedens, aber auch um illusionäre Friedensbegriffe. Und deshalb kann sie unterscheiden zwischen den letzten und vorletzten Dingen: Aus gerechten werden gute Gründe, aus Frieden wird Sicherheitspartnerschaft, aus Versöhnung wird Verständnis, aus Feindesliebe wird Entfeindung.

Die «Logik des Friedens» versteht Frieden als Abwehr von Krieg und strebt den Frieden sichernde Institutionen und Vertrauen schaffende Maßnahmen zwischen den Staaten an. Denn der Krieg Russlands gegen die Ukraine zeigt wie in einem blutigen Brennglas auf, wie sich die Ost-West Sprachlosigkeit, der zunehmende Vertrauensverlust und die immer aggressiver werdenden Feindbilder in den vergangenen Jahrzehnten zu einem mörderischen Inferno verdichtet haben. Und wir werden uns der verpassten Chancen in den 1990er-Jahren bewusst, in denen aus Feinden Partner hätten gemacht werden können.

Deshalb muss ein neues Sicherheitssystem zur Kriegsverhinderung geschaffen werden, das Ost und West im Rahmen einer Europäischen Sicherheitspartnerschaft verbindet. Gerade angesichts der Verzweiflung, in die uns dieser Krieg gestürzt hat, kann die Idee der Gemeinsamen Sicherheit einen Ausweg hin zu einem Verhandlungsfrieden aufzeigen und Hoffnung für das Danach bieten. Vielleicht wird ein ukrainisch-russischer Vertragsfrieden zur Blaupause. Denn Überleben und gutes Leben können auf der Welt nicht mehr gegeneinander, nur noch miteinander gewährleistet werden.

Hoffnung in dunklen Zeiten ist ein Anspruch der «Logik des Friedens». Denn sie verdrängt nicht das Leid, nicht die Trauer, nicht den Hass und nicht die Schuld – sie nimmt sie an. Aber sie will mit ihrem existenziellen Denken daran arbeiten, dass Leid und Trauer nicht in immer mehr Hass umschlagen. Sondern in Erkenntnis, gerade dann, wenn Dunkelheit die Menschen überwältigt. Nur so kann ein Handeln wider der «Logik des Krieges», entstehen, das die ängstliche Kriegsrhetorik überwindet, die unsere Gesellschaft wie ein Geschwür überzogen hat, sie zerfrisst und kaltherziger werden lässt.

Entgegen diesem Denken, dass die Frage des Seins auf dem Schlachtfeld sucht und sich auf die Endlichkeit in der Politik fokussiert hat, gibt die «Logik des Friedens» den Möglichkeiten der Politik den Vorrang, den Wagnissen, dem Neuen – und wenn es manchmal auch nur Versuche oder kleine Schritte des Friedens sind.

Entgegen der herrschenden und zermürbenden Perspektivlosigkeit sucht sie nach Möglichkeiten, welche Eckpunkte und Verfahrensregeln in ukrainisch-russischen Friedensverhandlungen ausgelotet werden können. Nur wenn beidseitig ein Bruch mit der Vergangenheit gewagt wird, können Lösungen gefunden werden, die beiden Seiten Sicherheitsgarantien für die Zukunft bieten: von entmilitarisierten Zonen zwischen Kiew und Moskau, über einen Europabeitritt der Ukraine verbunden mit einer NATO-Neutralität bis hin zu ukrainisch-föderativen und autonomen Strukturen in der Ostukraine und auf der Krim. Ukrainische Souveränität und russische Sicherheitsinteressen müssen nicht gegeneinander ausgespielt werden. Diplomatie ist keine Parteinahme für Russland, sondern für die Vernunft.

Die «Logik des Friedens» ist sich dabei ihres inneren diskursiven Charakters bewusst, der von pazifistischen, über anti-militaristische bis hin zu realpolitischen Gedanken zur Friedenssicherung reicht. Sie kennt die Dialektik und die Aporien von Krieg und Frieden. Sie weiß, dass friedenssichernde Maßnahmen nur in «befriedeten» Zeiten umgesetzt werden können und müssen. Werden sie in diesen Zeiträumen unterlassen, sind die Auswirkungen fürchterlich – wie der Krieg gegen die Ukraine zeigt. Aber sie weiß auch, dass selbst in Zeiten des Krieges ein (Rest)vertrauen für Verhandlungen angestrebt werden kann,

wenn auf mögliche Eskalationsstufen verzichtet wird.

Deshalb ist der Widerstand gegen die Mittelstreckenraketen von so zentraler Bedeutung. Anders als sein Vorgänger Helmut Schmidt, der in den 1980er-Jahren den NATO-Doppelbeschluss in einer großen gesellschaftlichen Debatte begründete, kündigte Bundeskanzler Olaf Scholz die Stationierung neuer Mittelstreckenraketen auf deutschem Boden wie einen alternativlosen Verwaltungsakt in der parlamentarischen Sommerpause an. Und anders als in den 1980er-Jahren wurde diesmal der diplomatische Verhandlungsaspekt gleich ganz vergessen, der mit der geplanten Stationierung einhergehen kann: Verhandlungsmasse zur Beendigung eines Krieges. (The times are changing)

Begründet wird die Stationierung zwar mit einem herzustellenden Gleichgewicht bei allen Waffensystemen. Aber für die militärische Unterstützung der Ukraine machen sie so erst einmal keinen Sinn. Denn der Radius von Mittelstreckenraketen reicht deutlich über die russischen Raketenstützpunkte gegen die Ukraine hinaus, weit ins russische Gebiet. Sie sind deshalb vielmehr Ausdruck eines neuen Bedrohungsszenarios, das über die bisherigen Analysen hinaus geht: Russland erscheint heute als das Böse schlechthin, als der direkte Feind des Westens, der uns angreifen wird und gegen den sich Deutschland als kriegsfähig zu erweisen hat. Ein kriegerisches Eskalationsszenario, das dringend unterbrochen werden muss. Denn diese Spirale kennt dann nur noch eine Richtung: Endkrieg.

Gerade aber aufgrund dieses qualitativen Unterschiedes zwischen der bisherigen Ukraineunterstützung und der neuen Logik des Westens kann der Widerstand gegen die Mittelstreckenraketenstationierung kritische Stimmen zum Krieg bündeln – unabhängig ihrer jeweiligen Positionierungen zum Ukrainekrieg – und so die lähmenden Debatten «Waffen ja» vs. «Waffen nein» überwinden.

Eine solche Bündelung ist in der Lage, die Friedensbewegung aus ihrem gegenwärtigen Schattendasein herausholen, in das sie sich selbst durch ihre inhaltliche Ausdünnung und stereotypen Argumentationsmuster (Opfer und Täter sind gleichermaßen schuldig, Keine Waffenlieferungen, Sofortiger Waffenstillstand) gebracht hat. Aber je mehr Menschen sich ihr anschließen, umso mehr wird ein Umschlag von Quantität in Qualität ermöglicht, der sich der inhaltlichen und gesellschaftlichen Breite der westdeutschen Friedensbewegung in den 1980 Jahren annähert und dem diskursiven Charakter einer Friedenslogik gerecht wird.

Die Erfahrungen auf der Berliner Friedensdemonstration am 3. Oktober 2024 mit ca. 30.000 Teilnehmer:innen an der Siegessäule haben gezeigt, dass wir gegenwärtig eine Wendesituation erleben. Der Zuspruch zur Friedensbewegung wird größer, sie selbst versucht, sich aus ihrer bisherigen orthodoxen Verengung zu lösen – ein innerer Bewegungspluralismus wie in den 1980 Jahren ist aber noch nicht vorhanden.

Jedoch die Sache des Friedens ist zu existenziell, als dass die Bewegung trotz aller Kritik an ihrer bisherigen inhaltlichen und taktischen Verengung nicht unterstützt werden sollte; selbst wenn Sozialdemokrat:innen bei ihren Reden auch künftig mit Buhrufen zu rechnen haben. Von Auftritten der Grünen ganz zu schweigen. Aber die Regierungspolitik und die Metamorphose der Grünen haben dafür gesorgt, dass beide Parteien ihren Ruf als Friedenspartei noch lange an den Nagel hängen können. Gefragt sind glaubwürdige Einzelpersönlichkeiten, die eine Stimme innerhalb der Friedenslogik darstellen, Möglichkeiten eines ukrainisch-russischen Vertragsfriedens und Wege aus der kriegerischen Eskalationsspirale aufzeigen können. Nur so kann die Friedensbewegung zu einer vielschichtigen und eigenständigen Stimme werden, die sich aus parteipolitischer Umarmung befreit.

So aber hat es Ende der 1970er-Jahre im vergangenen Jahrhundert auch angefangen. Bis sich daraus eine breite gesellschaftliche Bewegung entwickelte, die eine politische Deutungshoheit für weitere Friedens- und Abrüstungsverhandlungen erlangen konnte. ■

Johano Strasser

Was bedeutet Fortschritt im digitalen Zeitalter?

Fortschritt hat eine *technologische,* eine *ökonomische,* eine *kulturelle* und speziell auch eine *ethische Dimension.* Uns interessieren hier vor allem die ethischen Implikationen des digitalen Fortschritts und besonders die des Fortschritts auf dem Feld der sogenannten KI. Dabei ist zu berücksichtigen, dass der *Begriff KI* selbst schon problematisch ist, da damit computergestützte Verfahren vermenschlicht werden und Konnotationen transportiert werden, die für eine rationale und vorurteilslose Diskussion der Möglichkeiten und Begrenzungen dieser Systeme hinderlich sein können. Wenn der Begriff im Folgenden dennoch gebraucht wird, so gewissermaßen in Anführungszeichen.

Wir stehen heute an der Schwelle gigantischer technologischer Veränderungen. Zurückblickend unterteilen viele den technisch-ökonomischen Fortschritt oft in drei große Schübe:

1. die Mechanisierung durch Wasser- und Dampfkraft, seit dem 18. Jahrhundert,
2. die durch elektrischen Strom und Fließbänder gestützte Massenfertigung seit dem 19. Jahrhundert,
3. die Rationalisierung der Abläufe durch den Einsatz von Informationstechnologie seit den 1970er-Jahren.

Auffällig ist, dass hier wichtige zeitlich frühere Errungenschaften wie die Erfindung des Rades, die Nutzung des Feuers, der Windkraft für Mühlen und Seefahrt, die Erfindung des Pflugs, die Züchtung von Rindern, Schafen, Schweinen etc., überhaupt das ganze weite Feld der Landwirtschaft fehlt. Aber wenn wir diese Einseitigkeit der Periodisierung der Technikentwicklung einmal beiseitelassen und uns ganz auf die Neuzeit konzentrieren, können wir mit Wolfgang Huber konstatieren, dass der vierte revolutionäre Veränderungsschub, der vor allem mit dem Einsatz von künstlicher Intelligenz verbunden ist, zu Recht oft mit dem Kürzel 4.0 versehen wird.[1]

Ökonomisch und technisch scheinen die neuen gewaltigen Veränderungen nach allem, was wir absehen können, bewältigbar zu sein. Die infrastrukturellen Voraussetzungen dafür sind jedenfalls in Europa, in den USA und China, aber auch in vielen Ländern der vormals sogenannten Dritten Welt gegeben. Die Bildungs- und Wissenschaftseinrichtungen sind im Großen und Ganzen dafür ausreichend, sodass die absehbaren technischen und finanziellen Probleme gelöst werden können. Bleibt die Frage: Sind die Gesellschaften auch, was die institutionellen, rechtlichen, psychologischen und ethischen Implikationen der anstehenden Technikrevolution angeht, ausreichend vorbereitet? Sind sie in der Lage, mit den sich am Horizont abzeichnenden neuen technischen Möglichkeiten und Herausforderungen so umzugehen, dass sie sich zum Wohl der Menschen statt zu ihrem Schaden auswirken? Oder

---

1 Vgl. Wolfgang Huber: *Menschen, Götter und Maschinen. Eine Ethik der Digitalisierung,* München 2023, S. 97 ff.

ist unser Fortschrittsglaube immer noch so naiv, dass wir uns von Stanislaw Jerzy Lec auch hier fragen lassen müssen: «Ist es ein Fortschritt, wenn ein Kannibale Messer und Gabel benutzt?»

Schon vor Jahren hat Lars Klingbeil, damals noch Generalsekretär der SPD, sich mit einem Appell zu Wort gemeldet, den der *Tagesspiegel* vom 3.11.2018 mit der ein wenig irreführenden Überschrift versah: «Schluss mit der Angst vor künstlicher Intelligenz!» Klingbeil betont zwar zu Recht die mithilfe von KI möglich werdenden großen Fortschritte in der Medizin und in vielen Sektoren von Wirtschaft und Verwaltung und fordert für die Entwicklung dieser Technik «eine konkrete Investitionsstrategie, die auf einer Milliardensumme basiert.» Aber er warnt auch davor, alles einfach abzunicken, was die Cleverles in Silicon Valley uns als Fortschritt offeriert. «Nicht alles, was technisch möglich ist, sollte auch verwirklicht werden. Es gibt Entwicklungen, die gegen unsere ethischen Grundsätze verstoßen. Es gibt Entscheidungen, die niemals von Maschinen getroffen werden dürfen. Ich möchte nicht, dass Maschinen festlegen, was Recht und was Unrecht ist. Ich möchte nicht, dass Kriegsführung digitalisiert und von Algorithmen vorangetrieben wird. Deshalb brauchen wir eine Diskussion über Grenzen, über Kontrolle, über Transparenz und über die Frage der Verantwortung bei Künstlicher Intelligenz.»

Das ist eine Position, die im wesentlichen auch Julian Nida-Rümelin und Nathalie Weidenfeld in ihrem 2018 erschienenen Buch *Digitaler Humanismus. Eine Ethik für das Zeitalter der Künstlichen Intelligenz* vertreten. In zwanzig inhaltsreichen und gut geschriebenen Kapiteln wird

die Frage erörtert, wie die Digitalisierung politisch gestaltet und rechtlich eingehegt werden könnte, damit sie tatsächlich zur Humanisierung der Welt beiträgt. Detailliert befassen sich Nida-Rümelin und Weidenfeld mit der Robotik und den damit oft verbundenen übertriebenen Erwartungen, mit dem Internet der Dinge, das die lebensweltliche Einbettung der Menschen radikal verändern könnte, mit den möglichen Auswirkungen der Optimierung des Menschen durch Genchirurgie und Gehirnmanipulation, mit Fluch und Segen digitaler Bildung und den gesellschaftlichen Auswirkungen KI-gesteuerter Kontrollsysteme, mit der Utopie der *liquid democracy* und der Frage, ob die «disruptive» Technikentwicklung auf dem Gebiet der KI zwangsläufig zu massenhafter Arbeitslosigkeit führen muss, wie es Yuval Noah Harari in seinem Buch *Homo Deus* befürchtet[2].

Die sogenannten *Transhumanisten* halten von solchen Bedenken und Warnungen nichts. Sie sind vielmehr davon überzeugt, dass es in absehbarer Zukunft zu einer *Verschmelzung von Mensch und Maschine* und damit zu einer Weiterentwicklung des Menschen, wie wir ihn kennen, zu einer Art Übermenschen kommen wird, eine Entwicklung, die sie als positiven Fortschritt begrüßen. Der Umschlagpunkt kommt nach dieser Theorie, wenn die sogenannte *Singularität* erreicht ist, d.h. wenn KI-gesteuerte Maschinen so intelligent wie Menschen geworden sind. Dann werden – so die Prognose – beide zu einer neuen Spezies Mensch verschmelzen. Das gesamte Wissen der Menschheit, insbesondere auf den Feldern der Gentechnik, der Nanotechnologie, Neurologie und Kybernetik wird bei Erreichen der Singularität die Geburt

---

2   Yuval Noah Harari: *Homo Deus. Eine Geschichte von Morgen,* München 2017.

einer neuen Spezies des Menschen zur Folge haben. Ray Kurzweil, der anerkannte Vordenker der Transhumanisten hat diesen Prozess so beschrieben:

Die Singularität ist eine Zukunft, in der das Tempo des technologischen Wandels so schnell und weitreichend voranschreitet, dass die menschliche Existenz auf diesem Planeten irreversibel verändert wird. Wir werden die Macht unserer Gehirne, all die Kenntnisse, Fähigkeiten und persönlichen Macken, die uns zu Menschen machen mit unserer Computer-Macht kombinieren, um auf eine Art zu denken, zu kommunizieren und zu erschaffen, wie wir uns heute noch nicht vorstellen können.

Diese Verschmelzung von Mensch und Maschine mit der plötzlichen Explosion der Maschinen-Intelligenz wird, im Verbund mit rasend schneller Innovation in den Bereichen der Gen-Forschung sowie der Nanotechnologie, zu einer Welt führen, wo es keine Unterscheidung mehr zwischen dem biologischen und dem mechanischen Leben oder zwischen physischer und virtueller Realität gibt. Diese technologischen Revolutionen werden es uns ermöglichen, unsere gebrechlichen Körper mit all ihren Einschränkungen zu überwinden. Krankheit, wie wir sie kennen, wird ausgerottet. Die menschliche Existenz wird einen Quantensprung in der Evolution durchlaufen. Wir werden in der Lage sein zu leben, solange wir wollen.

Diese von den Transhumanisten vertretene euphorische Beurteilung der nächsten technischen Revolution teilen aber keineswegs alle Experten, die in diesem Gebiet zu Hause sind. Die Mehrheit scheint inzwischen vorsichtig skeptisch zu sein, nicht wenige sind gar pessimistisch, was die abseh-

bare Entwicklung auf dem Gebiet der KI angeht. Seit Langem werden bange Fragen bezüglich der in diesem Feld möglichen negativen Folgen KI-inspirierter technischer Innovationen gestellt. Skeptische Anfragen dieser Art sind uns schon länger vertraut beim Thema Atomenergie und bei der Entwicklung der Kriegs- und Überwachungstechnik. Aber angesichts der gewaltigen technologischen Veränderungen, die sich um das Thema *Künstliche Intelligenz* ranken, sind die Bedenken weitaus größer und grundsätzlicher. Inzwischen haben Hunderte von KI-Experten, unter ihnen der Apple-Mitbegründer Steve Wozniak und der irrlichternde Elon Musk vor einer unbedachten Weiterentwicklung der neuen Technik gewarnt. «Noch zu unseren Lebzeiten werden KI-Forscher die Prinzipien der Intelligenz […] so gut verstehen, dass sie Wesen erschaffen können, die weit intelligenter sind als die heutigen Menschen», heißt es z. B. in einer kürzlich veröffentlichten Studie von Wissenschaftlern der Universität Oxford zu den Zukunftsaussichten der KI. Dort ist «von der größten intellektuellen Leistung aller Zeiten die Rede, deren Bedeutung über die Menschheit hinausgeht, über das Leben hinaus, jenseits von Gut und Böse.» Laut Michael Cohen, dem Hauptautor dieser Studie, ist im Zusammenhang mit der Weiterentwicklung der KI, wie wir sie gerade heute mit *Chat GPT* und den absehbaren Weiterentwicklungen erleben, allerdings eine «existentielle Katastrophe nicht nur möglich, sondern auch wahrscheinlich».

Die meisten zuständigen Wissenschaftler, die auf diesem Gebiet arbeiten, mahnen mittlerweile zur Vorsicht bei der Anwendung der KI. Während auf der einen Seite die Euphorie über neue technologische Möglichkeiten dank Künstlicher Intelligenz nach wie vor groß ist, gibt es mittlerweile viele Experten, die zur Vorsicht aufrufen. So plädiert die Vorsitzende des Deutschen Ethikrates, Alena Buyx, aktuell für eine Entwicklungspause bei künstlicher Intelligenz, damit ethische und soziale Risiken gründlich abgewogen werden können. Viele der auf dem Feld der KI arbeitenden Wissenschaftler plädieren für eine sich an ethischen Maßstäben orientierende strenge Begrenzung des auf diesem Gebiet technisch Möglichen. Auch viele IT-Experten, zum Beispiel die Forscher vom gemeinnützigen *Center for AI Safety*, warnen vor einer unregulierten Entwicklung und Nutzung von KI. In einer Stellungnahme, die hundert Forschende unterzeichnet haben, steht der beunruhigende Satz: «Die Minderung des Risikos des Aussterbens (der Menschheit!) durch KI sollte neben anderen Risiken von gesellschaftlichem Ausmaß wie Pandemien und Atomkrieg eine globale Priorität sein.»

Die hier geäußerten Befürchtungen gehen weit über das hinaus, was seit Jahrzehnten unter der Rubrik *Maschinenethik* diskutiert wird. Maschinenethik als eine *Bereichsethik* wie Sozialethik oder Sexualethik wurde seit den 1950er- und 1960er-Jahren zumeist im Zusammenhang mit dem, was damals *Technikfolgenabschätzung* genannt wurde, abgehandelt. Dabei ging es hauptsächlich um Fragen der Vermeidung von Unfällen. Heute geht es aber nicht mehr nur um die Gefahr von Unfällen, sondern vor allem um mögliche verheerende kumulierte Folgen eines unfallfreien Normalbetriebs, um die Belastung der sozialen und natürlichen Umwelt und damit um Beeinträchtigungen, die besonders hart die heute Jungen und die kommenden Generationen betreffen, und es geht im Endeffekt um eine mögliche Entmenschlichung, wenn nicht gar eine Selbstvernichtung des Menschen. Es geht einerseits immer noch

darum, wie sicher die komplizierten technischen Anlagen sind, wie wahrscheinlich große Unfälle (z. B. der *Super-GAU* bei Atomanlagen) sind, welche dauernden Folgeschäden durch Unfälle in der chemischen Industrie zu befürchten sind, wie dauerhafte Schäden durch giftige Abfälle vermieden werden können. Noch viel wichtiger sind aber die mittel- und langfristigen Folgen eines weitgehend unfallfreien Normalbetriebs der technischen Systeme. Letzteres gilt vor allem für die technologische Entwicklung, die mit dem Begriff der KI verbunden ist. Hier stellen sich uns grundsätzlichere Fragen, Fragen nach dem Sinn und nach der sozialen, kulturellen und ethischen Verantwortbarkeit eines dramatischen Fortschritts, der die Menschlichkeit des Menschen selbst infrage stellt.

Die Diskussion um die Frage, ob Roboter «Subjekte der Moral» sein können und ob im Zuge der KI-Entwicklung sogenannte «moralische Maschinen» geschaffen werden könnten und sollten, ob man diesen Maschinen überhaupt eine *Moral* im Sinn *moralischer Verantwortung* implantieren kann, ob wir in Zukunft zwischen «bösen» und «guten» Maschinen werden unterscheiden müssen – all das führt über die klassische Maschinenethik als *Bereichsethik* hinaus. Der Schweizer Professor für Maschinenethik Oliver Bendel weist zurecht darauf hin, dass die meisten sogenannten «moralischen Maschinen» sich wie menschliche Fundamentalisten verhalten: «Sie halten sich stur an Regeln, die man ihnen eingetrichtert hat.» So etwas wie *Verantwortung* im moralischen Sinn könne ihnen auch durch die raffinierteste Programmierung aber nicht eingepflanzt werden.

Einige dieser *moralischen Maschinen* vermögen immerhin zum Teil die Folgen abzuschätzen, die ihre Handlungen nach sich ziehen würden, und auf dieser Basis Entscheidungen zu treffen. Worauf es seiner Meinung nach ankommt, formuliert Bendel so: «Anders als die klassischen Bereichsethiken denkt die Maschinenethik nicht nur über Subjekte der Moral nach, sondern schafft sie im besten Falle auch. Sie bringt zusammen mit Künstlicher Intelligenz und Robotik moralische und manchmal unmoralische Maschinen hervor.» Und weiter: «Was wir der Maschine einpflanzen, ist eine maschinelle Moral, eine Moral, die in der Maschine funktioniert. Diese Moral können wir einbetten in ein Modell der normativen Ethik.»[3] Wie genau freilich diese Einbettung in die normative Ethik funktionieren soll, wenn die KI-gesteuerten Automaten einmal in die Welt entlassen sind, bleibt auch bei ihm eine offene Frage.

Der schwedische Kosmologe und Wissenschaftsphilosoph Max Tegmark hat sich in seinem Buch *Leben 3.0 – Mensch sein im Zeitalter Künstlicher Intelligenz* mit dieser Frage befasst. Auf mehr als fünfhundert Seiten entwickelt er eine Kosmologie, die mit dem Urknall anfängt und über viele Entwicklungsstufen schließlich in dem mündet, was er *Allgemeine Künstliche Intelligenz* (AKI) nennt. Sein Grundgedanke: Wenn es möglich war, dass sich nach dem Big Bang vor vielleicht 13,8 Milliarden Jahren aus toter Materie, angefangen mit den Einzellern, erstes primitives Leben entwickeln konnte, Leben, das sich bewegen, sich fortpflanzen, sich weiterentwickeln, sich seiner Umgebung anpassen und in immer mehr Arten und Unterarten über unseren Planeten ausbreiten konnte, wenn sich seit hunderttausend oder mehr Jahren aus diesem Leben, vermutlich aus einer besonderen Affenart, Lebewesen ent-

wickeln konnten, die sich über Sprache verständigen können, die über sich selbst und ihre Position im Universum nachdenken und bald auch schon religiöse, künstlerische und wissenschaftlich-philosophische Formen der Selbst- und Weltdeutung schaffen konnten, Lebewesen, die es im Laufe der Zeit immer besser verstanden, systematisch zu lernen und bei der Lösung von Problemen zu kooperieren, wenn diese Menschen immer raffiniertere Werkzeuge und Maschinen entwickeln konnten, die ihnen dabei halfen, ihre Ziele zu erreichen, wenn es ihnen schließlich gelang, Maschinen zu bauen, die vieles, wenn nicht alles schneller und besser erledigen konnten, als der Mensch selbst, muss es dann nicht auch als möglich angesehen werden, dass es eines Tages Maschinen geben wird, die dem Menschen in nahezu allem überlegen sind, die ohne Anleitung des Menschen und nach selbsterhobenen Daten und daraus gewonnenen Erkenntnissen, sich selbst Ziele setzen und diese erreichen?

Nach Tegmark wäre dies eine logische und insofern auch erwartbare Entwicklung, bei der auf das Leben 1.0 (Einzeller) und das Leben 2.0 (Homo sapiens) das Leben 3.0: das Zeitalter der allgemeinen künstlichen Intelligenz (AKI) folgt, d. h. das Zeitalter, in dem Maschinen gelernt haben, *alle* Intelligenzleistungen des Menschen, nur schneller und zuverlässiger, auszuführen und dabei sich selbst fortlaufend zu verbessern und sich neue Ziele zu setzen. Ob dies schließlich mehr oder weniger zwangsläufig dazu führen wird, dass der Homo sapiens und seine Kultur als überholt ausstirbt und eine neue Kultur maschinellen Lebens sich in unserer Galaxis ausbreitet, ist laut Tegmark unter KI-Experten umstritten.

---

3   Überlegungen zur Disziplin der Maschinenethik, Beitrag vom 2.2.2018 bei Google.

Auf den ersten Blick erscheint diese Argumentation im Kern überzeugend, jedenfalls nicht von vornherein abwegig zu sein, auch weil Tegmark nicht wie Kurzweil als eine Art Erweckungsprediger auftritt. Aber ist der Prozess, den er hier schildert, wirklich so schlüssig? Schon der Übergang von der toten Materie zum Leben in seiner primitivsten Form ist mit den rein naturwissenschaftlichen Kriterien, die Tegmark allein gelten lässt, nicht zu erklären. Die Logik der Physik ist eine andere als die der Biologie. Müssen wir daher nicht von vornherein annehmen, dass eine Technik, die auf der Logik der Physik beruht, dass also eine KI nie an die Stelle des Menschen treten kann? Klafft zwischen der KI und dem Menschen nicht eine ähnliche Kluft wie zwischen dem Anorganischen und dem Organischen? Alle Versuche, die Kategorien des Nichtlebendigen auf das Lebendige anzuwenden, sind – jedenfalls bisher (siehe Dawkins etc.) – gescheitert.

Dennoch: Jürgen Schmidhuber, Informatiker, Co-Direktor des Schweizer Forschungsinstituts für Künstliche Intelligenz und Professor an der saudischen King Abdullah University of Science and Technology (Kaust), hält es für naheliegend, dass eine Kultur des Lebens 3.0, die auf der Basis rein naturwissenschaftlicher Prinzipien beruht, sich schon in den nächsten Jahrzehnten herausbilden wird. In einem Interview mit Adrian Kreye in der *Süddeutschen Zeitung* vom 5./6. August 2023 erwägt er, dass diese posthumanistische Kultur vermutlich irgendwann auf den Merkur übersiedeln werde, wo die für eine solche Entwicklung benötigten Energiemengen und Rohstoffe nahezu unbegrenzt vorhanden seien. Die ausgewanderte KI-Kultur, so Schmidhuber weiter, würde uns als aussterbende Kultur auf der Erde zurücklassen. Was dort mit uns passiert, sagt er allerdings nicht.

Was Schmidhuber und andere KI-Forscher hier entwickeln, ist eine Vision, wie sie in ähnlicher Drastik auch in vielen Science-Fiction-Filmen und -Romanen, im Ansatz auch schon in dem berühmten Kubrick-Film *Odyssee im Weltraum*, der nun auch schon wieder über fünfzig Jahre alt ist, thematisiert worden ist. In diesen utopischen oder dystopischen Filmen und Romanen ist die Welt entweder bevölkert von Maschinenwesen oder Mensch-Maschine-Mischwesen, sogenannter Cyborgs, die für jedes Problem die entsprechend ihrer Programmierung optimale Lösung anzubieten haben, die aber zugleich auch eine Gefahr darstellen können für alles, was wir heute unter *menschlicher Kultur* oder *Humanität* verstehen.

Science-Fiction dieser Art ist nicht erst in der Moderne entstanden. Es gibt Zeugnisse dafür selbst im Mittelalter und in großer Zahl in der Renaissance. Die Da-Vinci-Zeichnungen von Flugmaschinen zeugen davon, ebenso einige der fantastischen Bilder von Hieronymus Bosch. Spätestens ab Anfang des 17. Jahrhunderts tritt uns das Phänomen auch als nüchterne naturwissenschaftlich begründete Gesellschaftsprognose entgegen, so bei Roger Bacon in seiner *Epistola de secretis operibus artis et naturae,* wo er schreibt:

Es werden Maschinen gebaut werden, mit denen die größten Schiffe, von einem einzigen Menschen gesteuert, schneller fahren werden, als wenn sie mit Ruderern vollgestopft wären; es werden Wagen gebaut werden, die sich ohne die Hilfe von Zugtieren mit unglaublicher Geschwindigkeit bewegen werden; Flugmaschinen werden gebaut werden, mit denen ein Mensch die Luft beherrschen wird wie ein Vogel; Maschinen werden es erlauben, auf dem Grund von Meeren und Flüssen zu gelangen.

Was zu Zeiten von Roger Bacon noch Zukunftsmusik war, ist heute längst Realität. Heute greift die Fantasie der Technikoptimisten in die endlosen Weiten des Weltraums aus. Die Besiedlung des Mars oder des Merkur gehört heute schon zur seriösen wissenschaftlichen Zukunftsplanung. Heute sind Entdeckungsfahrten zu anderen Galaxien und die Begegnung mit fremden intelligenten Lebewesen nicht nur typisch für eine große Zahl von Science-Fiction-Romanen und -Filmen, sondern werden ernsthaft von streng naturwissenschaftlich denkenden Forschern und Technikern erwogen.

Zugleich gibt es neben den zahlreichen eher optimistischen Zukunftsentwürfen immer noch eine ebenso zahlreiche Gruppe dystopischer Filme und Romane, die dieselbe technologische Entwicklung als Auftakt zu einer finalen Menschheitskatastrophe beschreiben und davon das Ende des Humanismus und den Untergang der Menschenwelt erwarten.

Dazu kommt eine Reihe postapokalyptischer Romane, die davon handeln, wie – zumeist kleine – Gruppen von Menschen in abgelegenen Bergtälern oder auf einsamen Inseln in der Weite des Ozeans eine solche Menschheitskatastrophe mehr oder weniger zufällig und mehr oder weniger geläutert, aber in äußerst prekären Verhältnissen überleben. Beispiele für diese Gattung sind: Herbert Rosendorfer, *Die goldenen Heiligen oder Columbus entdeckt Europa*, 1990; Cormac McCarthy, *Die Straße*, 2006; Robert Harris, *Der zweite Schlaf, The Second Sleep*,

2019; Thomas Steinäcker, *Die Verteidigung des Paradieses*, 2026 etc. Und schließlich gibt es utopisch-dystopische Zwittererzählungen wie etwa Sibylle Bergs Roman *GRM. Brainfuck*, der über weite Strecken utopische Hoffnungen auf einen grandiosen Sieg einer weltweit operierenden Hackergemeinde über Gewaltherrscher und Ausbeuter beschreibt, um dann am Ende doch in einer dystopischen Ernüchterung zu enden, weil den Organisatoren der Weltrettung die Energie und die Fantasie für eine wirklich humane Gestaltung des menschlichen Lebens auf der Erde fehlt.

Dass wir an der Schwelle gewaltiger technologischer Veränderungen stehen, ist eine Einsicht, die Technik*utopisten* und Technik*dystopisten* teilen. Bleiben Fragen wie diese:

- Wie kann diese Entwicklung kontrolliert werden, sodass ethische Standards eingehalten werden?
- Wie kann verhindert werden, dass die alles Bisherige übertreffende effektive Technologie der KI sich verselbstständigt oder in die Hände krimineller Machtmenschen fällt, wie es ja bei der Kriegs- und Überwachungstechnik heute schon in einigen Ländern der Fall ist?
- Wie kann eine dramatische Arbeitslosigkeit verhindert werden, wenn nach glaubwürdigen Berechnungen bei gleichem Output eine Roboterstunde zwischen drei und sechs Euro, ein Facharbeiter aber 50 € pro Stunde kostet?[4]

Was die Beurteilung der zu erwartenden dramatischen Veränderungen durch die KI angeht, gibt es nach Tegmark drei Frak-

---

4   Siehe Thomas Range: *Mensch und Maschine. Wie künstliche Intelligenz und Roboter unser Leben verändern*, Stuttgart 2021.

tionen, die sich zum Teil heftig bekämpfen: Die *digitalen Utopisten*, die laut Tegmark verkünden, «dass das digitale Leben der nächste positive Schritt der kosmischen Evolution sei», der, wenn wir die technologische Entwicklung fördern würden, statt zu versuchen, sie aufzuhalten und zu versklaven, mit ziemlicher Sicherheit gut ausgehe.[5] Die *Techno-Skeptiker*, die die Entwicklung zu einer allgemeinen künstlichen Intelligenz meistens ablehnen, weil sie von ihr die Zerstörung aller humanen Werte erwarten oder eine solche Entwicklung jedenfalls für wahrscheinlich halten.

Und schließlich die *nutzbringende KI-Bewegung*, deren Anhänger die Entwicklung zu einer allgemeinen, umfassenden KI als logische Fortsetzung der Evolution des Lebens im All ansehen, die sich zwar der Gefahren dieser Entwicklung bewusst ist, aber diese im Ganzen als vermeidbar oder zumindest einhegbar ansieht, sodass aus ihrer Sicht die Vorteile überwiegen. Zu dieser dritten Gruppe zählt sich Tegmark selbst. Wie sich allerdings hier die vielen Stimmen von Wissenschaftlern einordnen lassen, die die Entwicklung hin zur Allgemeinen Künstlichen Intelligenz (AKI) eher negativ werten, bleibt bei ihm offen.

Nach Tegmarks Urteil ist die große Mehrheit der Experten auf dem Gebiet der KI inzwischen zu dieser dritten, Tegmarks eigener Gruppe zu rechnen. Sie erkennen Gefahren, halten sie aber im Prinzip für beherrschbar und betonen die Vorteile einer planvollen KI-Evolution, während sie eine sich selbst überlassene KI-Revolution ablehnen.[6] Die Skepsis geht bei Tegmark also mit einem kräftigen Schuss ungebrochenen Vertrauens auf Wissenschaft und

Technik Hand in Hand, in mancher Hinsicht ähnlich wie bei den Befürwortern der Atomenergie, die zwar nach der langen Reihe gefährlicher, zum Teil katastrophaler Atomunfälle – nach Threemile Island, Tschernobyl, Fukushima etc. – anerkennen, dass es hier ernsthafte Gefahren gibt, die aber immer noch glauben, diese vollständig bannen zu können, und unverdrossen für neue Reaktoren, vor allem für die auch von Bill Gates propagierten *kleineren Reaktoren* und die bisher nur auf dem Papier existierenden *Fusionsreaktoren* werben, obwohl u.a. das Problem der Entsorgung des strahlenden Abfalls nach wie vor völlig ungelöst ist.

Man mag der Ansicht sein, dass die oft sehr abstrakt anmutenden Diskussionen über Chancen und Risiken der KI mit dem, was die Mehrheit der Menschen beschäftigt, wenig bis gar nichts zu tun hat. Aber das ist falsch. Fragen nach den ethischen Konsequenzen der Nutzung von KI stellen sich inzwischen längst auch im Alltag der Menschen. Das gilt zum Beispiel für das sogenannte «autonome Fahren», das angeblich ein probates Mittel gegen die Verstopfung der Straßen und Autobahnen darstellt und von Teilen der Autoindustrie als Allheilmittel angepriesen wird. Dabei ist offensichtlich, dass das sogenannte «autonome Fahren» die Autonomie der Menschen eher einschränken würde, als sie zu erweitern, und darum besser «automatisiertes Fahren» oder «Gefahren-Werden» genannt werden sollte. Überall basteln Teams von Programmierern an Modellen, die selbstfahrende Autos befähigen sollen als sogenannte «moralische Maschinen» in Gefahrensituationen Wertentscheidungen

---

5   Max Tegmark: *Leben 3.0 – Mensch sein im Zeitalter Künstlicher Intelligenz*, Berlin 2020, S. 53.
6   Ebenda, a.a.O., S. 54 f.

zwischen verschiedenen Menschenleben zu treffen. Aber ist es überhaupt vertretbar, dass wir einem KI-gesteuerten Auto durch Programmierung beizubringen versuchen, in einer Gefahrensituation zwischen möglichen Opfern zu wählen? Welcher Programmierer hätte das Recht, einer alten Frau weniger Wert beizumessen als einem Schulkind? Noch grundsätzlicher ist der Einwand, den Wolfgang Huber in diesem Zusammenhang macht: «Man kann nicht auf der einen Seite menschliche Autonomie und Selbstbestimmung ganz nah an die unantastbare Menschenwürde heranrücken und auf der anderen Seite Maschinen als solche Autonomie und Selbstbestimmung zuerkennen.»[7] Die Einführung automatisch fahrender Autos auf unseren Straßen würde statt mehr Autonomie, voraussichtlich eine dramatische Beschränkung der menschlichen Freiheit bedeuten (und nebenbei für leidenschaftliche Autofahrer auch einen Verzicht auf ein nicht unbedeutendes Vergnügen).

Ähnliche Probleme wie beim sogenannten «autonomen Fahren» stellen sich bei den möglichen Anwendungsformen von ChatGPT. Mit dieser Technik lassen sich unter anderem bequem Werbetexte, Gelegenheitsreden, Texte im Stil von Business-Plänen oder Hausaufgaben verfassen. Vielfältige Einsatzmöglichkeiten ergeben sich auch in der Wissenschaftskommunikation, vor allem wenn ChatGPT genutzt wird, um bereits veröffentlichtes Wissen zusammenzufassen. Ob es wirklich zu verantworten ist, diese KI, die in größter Geschwindigkeit zum Beispiel alle relevanten juristischen Texte durchsehen kann, auch Rechtsentscheidungen wie Urteile und Strafbefehle schreiben zu lassen, um damit das überfor-derte Gerichtswesen zu entlasten, wie es heute erwogen wird, ist aus vielen Gründen fraglich.

Nun wird aber der Einsatz dieser Technik für das Verfassen von Drehbüchern empfohlen. Aber wollen wir tatsächlich Filme sehen, die nach «Schema F» von Robotern erzeugt werden? Sollen in Zukunft womöglich auch von der KI zusammengebastelte Gedichte, Erzählungen und Romane als Literatur gelten? Der European Writers' Council ist jedenfalls dagegen, aus guten Gründen, wie ich meine. Wollen wir das? Wollen wir journalistische Kommentare lesen, die von einer Chatbox aus im Internet gesammelten Meinungsschnipseln im Stil der *Süddeutschen* oder der *FAZ* oder der *Bildzeitung* zusammengebastelt wurden? Könnte, ja müsste eine solche Entwicklung nicht verheerende Folgen für die Kultur, vielleicht gar einen erheblichen Rückgang der menschlichen Kreativität zur Folge haben? Ist so etwas wie Demokratie überhaupt möglich, wenn anspruchsvoller Journalismus aus unserem Alltag verschwindet, wenn Armeen von Bots ungestraft Lügen verbreiten können und dem Meinungsstreit schließlich das unverzichtbare Substrat *anerkannter Tatsachenwahrheiten* fehlt?

Es gibt heute auch ernst zu nehmende Stimmen, die in diesem Zusammenhang vor einer globalen Katastrophe warnen. In einem Internet-Beitrag haben unter dem Titel *KI und nukleare Risiken* Klaus Moegling und Karl Hans Bläsius kürzlich die sich hier ergebende Bedrohung folgendermaßen beschrieben: «Wenn immer mehr Medieninhalte automatisch erzeugt werden, ohne Möglichkeit den Wahrheitsgehalt zu prüfen, wird politisches Handeln in demokratischen Staaten immer schwieriger. Chaos

---

7   Wolfgang Huber a. a. O., S. 40.

mit sozialen Verwerfungen, Aufständen und eventuell Bürgerkriege könnten die Folge sein. Zunehmend schwierigeres politisches Handeln verbunden mit immer gefährlicheren Waffensystemen, wie z. B. die Weiterentwicklung von Hyperschallraketen und die oben beschriebene Tendenz zu KI-basierten Waffen bilden eine Mischung, die für unsere politischen Systeme unbeherrschbar wird und auch durch Missverständnisse leicht zu einer globalen Katastrophe führen kann, z. B. in Form eines Atomkriegs aus Versehen.»

Man mag solche Befürchtungen für alarmistisch halten. Aber man wird kaum bezweifeln können, dass hier ein Problem vorliegt. Neben solchen sehr grundsätzlichen Einwänden gibt es eine Fülle von weiteren, die vor allem die Wertgrundlage der demokratischen Gesellschaft betreffen. So hat zum Beispiel die Rechtsphilosophin Iris Phan an der Leibniz-Universität Hannover sich kürzlich kritisch mit den Folgen für die Kultur und das menschliche Verhalten von Menschen befasst, die mit hoch entwickelten Sexpuppen verkehren. Ihre Frage: Welche Folgen hat es für das Verhalten von Menschen, die sich gegenüber solchen Puppen, die äußerlich und in ihren sprachlichen und mimischen Reaktionen kaum von wirklichen Menschen zu unterscheiden sind, alles erlauben können?

Ronen Steinke hat in einem Artikel unter dem Titel *Wenn der Sexroboter nein sagt,* in der *Süddeutschen Zeitung* vom 9. August 2023 die Frage gestellt: «Wer sich angewöhnt, einem Wesen mit Augen, einer weiblichen Stimme wie Siri oder Alexa laufend Kommandos zu erteilen – was gewöhnt der sich eigentlich an?» In der Tat: Können wir sicher sein, dass das, was mit Sexpuppen Praxis ist, was im Umgang mit Alexa, Siri und anderen Haushalts- und Pflegerobotern erlaubt ist, nicht eines Tages auf die Umgangsformen in der Gesellschaft als ganzer abfärbt? Wenn Gewaltdarstellungen in Filmen und im Fernsehen, wenn Hetze im Netz ein Problem ist, ist dann das, was durch den Umgang mit der KI-Technik als Denk- und Verhaltensweisen eingeübt wird, allemal als Schicksal, als harmlose Begleiterscheinung hinzunehmen oder gar als Beglückung wahrzunehmen?

Die genannten Beispiele zeigen, dass wir uns erst am Anfang einer wirklich kritischen Auseinandersetzung mit der neuen Technologie der KI befinden. Noch ist vieles hier exotisch, für die einen aufregend neu, für die anderen abstoßend fremd und gruselig, für Dritte womöglich uninteressant und unbegreiflich. Aber der Fortschritt auf diesem Feld hat sich in den letzten Jahren derart beschleunigt, zugleich wird die Entwicklung der KI-Technik mit so gewaltigen Summen vorangetrieben, dass es durchaus sein kann, dass wir zu spät aufwachen und die Weichen dann schon endgültig in die Richtung einer kaum rückgängig zu machenden Dehumanisierung der Menschenwelt gestellt sind. ∎

Jörg Weingarten

Die Stärkung der Tarifbindung als politisches Handlungsfeld

Kontext und Einleitung

Die Beschäftigten in der Bundesrepublik Deutschland und besonders in NRW können auf viele Jahre etablierter Tarifpartnerschaft zurückblicken. Die Resultate waren gesellschaftspolitisch lange Zeit vorzeigbar: Hohe Tarifbindung, eine relativ starke Mittelschicht mit guter Kaufkraft; prekäre Beschäftigungsverhältnisse waren eher selten. Wir sehen und erleben, dass vieles sich zwischenzeitlich gedreht hat.[1] Das korrespondiert zweifelsohne mit dem Strukturwandel von der Industrie- zur Dienstleistungswirtschaft sowie der Ausweitung prekärer und atypischer Beschäftigungsverhältnisse. Doch liegt dies sicher noch an weiteren Ursachen, wie der gezielten Tarifflucht seitens mancher Arbeitgeber.[2] So ist eine zunehmende «Verwilderung» der Arbeitsbeziehungen zu beobachten. Dieser Begriff beschreibt Tendenzen der Anerkennungsverweigerung bislang etablierter Strukturen der Tarifpartnerschaft.[3] Dies geschieht durch den Rückzug aus einst festen Formaten der Arbeitsbeziehungen, etwa in Form von unternehmerischen Mitgliedschaften in Arbeitgeberverbänden ohne kollektive Anwendung der ausgehandelten Tarifergebnisse, einer sog. OT-Mitgliedschaft.[4] Die Unternehmen sind Mitglied in einem Arbeitgeberverband, sind aber nicht an die ausgehandelten Tarifergebnisse der Sozialpartner gebunden. Unter dem Strich wirkt sich die Existenz immer größer werdender «tariffreier Zonen» unmittelbar zulasten der dort tätigen Beschäftigten aus.

Bevor auf die Bedeutung staatlicher Ebenen und des politischen Handelns für das Tarifsystem eingegangen wird, soll zunächst ein Blick auf die Entwicklung der Tarifbindung und der Auswirkungen der voranschreitenden Tariferosion eingegangen werden.

Die Entwicklung der Tarifbindung

Seit vielen Jahren sind die Zahlen der Tarifbindung in Gesamtdeutschland und in den Bundesländern rückläufig. Exemplarisch lag dieser Wert in NRW in den 1990er über alle Beschäftigten hinweg noch bei 85 %. Wie die nachfolgende Grafik zeigt, ist die Tarifbindung in den 2000ern dann weiter gesunken und hat 2023 einen vorläufigen Tiefpunkt mit 51 % erreicht. Bei der Anzahl von Betrieben mit Tarifbindung sieht es dabei noch dramatischer aus. Weniger als 30 % aller Betriebe in NRW wenden Tarifverträge an.

---

1 Siehe etwa Nachtwey 2016. Die Bertelsmann Stiftung titelte 2021: «Die Mittelschicht in Deutschland bröckelt».

2 Eine Analyse liefern Brinkmann et al. 2006.

3 Dazu Urban 2023. Der Begriff der Arbeitsbeziehungen umfasst Strukturen, Prozesse und gesetzliche Grundlagen innerhalb derer Arbeitgeber- und Arbeitnehmerseite ihr Interessen austragen.

4 Das Kürzel «OT» steht für den Begriff «Ohne Tarifbindung».

Jörg Weingarten

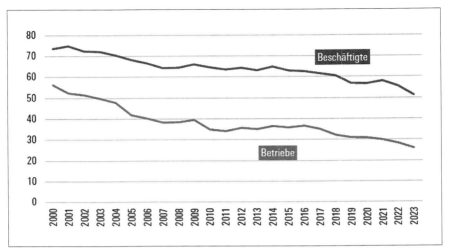

1 Entwicklung der Tarifbindung in Nordrhein-Westfalen seit 2000   (Quelle: Lübker/Schulten 2024)

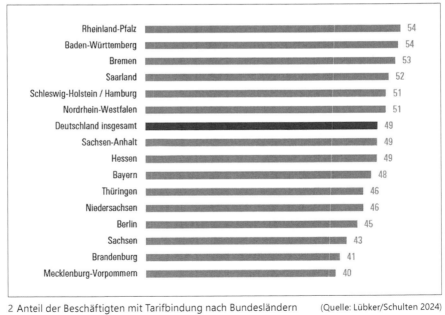

2 Anteil der Beschäftigten mit Tarifbindung nach Bundesländern   (Quelle: Lübker/Schulten 2024)

Hohe Tarifbindung stärkt die Einkommensgerechtigkeit

Eine Analyse von LÜBKER/SCHULTEN aus 2024 hat deutlich gemacht, dass es sowohl bei der Entlohnung als auch bei den Arbeitsbedingungen deutliche Unterschiede zwischen tarifgebunden und nicht tarifgebunden Beschäftigungsverhältnissen gibt.[5] In der unbereinigten Lohnlücke sind es 20 %, bereinigt immer noch 10,2 %, die die Beschäftigten im Vergleich zu Betrieben mit Tarifbindung weniger verdienen.[6] Die wöchentliche Arbeitszeit ist durchschnittlich um eine Stunde höher, die Bedingungen bei Urlaubsansprüchen und weiteren Regelungen, die tarifvertraglich festgelegt werden, fallen naturgemäß noch deutlich schlechter aus.

Darüber hinaus hat die internationale Forschung gut aufgezeigt, dass eine hohe Tarifbindung das wirkungsvollste Instrument zur Verringerung von Ungleichheit bei der Einkommensverteilung ist. Dass aus einer hohen Tarifbindung eine geringe Anzahl an Niedriglohnbeschäftigten folgt, zeigt sich etwa an EU-Mitgliedsstaaten wie Schweden, Dänemark und Finnland.[7] In diesen Staaten sind die Tarifbindung und das Lohnniveau im europäischen Vergleich hoch. In Ländern mit niedriger Tarifbindung konzentrieren sich die meisten Löhne dagegen um den jeweiligen Mindestlohn, die mittleren Einkommensschichten sind vielfach geschrumpft. Das vergrößert Ungleichheiten, die Schere zwischen Arm und Reich öffnet sich weiter und kann zu höherer Unzufriedenheit und sinkender Akzeptanz unserer demokratischen Strukturen führen.[8]

Gesellschaftliche Aspekte der Tarifbindung

Dabei ist das Tarifsystem mehr als die Summe einzelner Verträge. Vielmehr ist es eine Art öffentliches Gut, von dem die Gesellschaft als Ganzes profitiert. Das Tarifvertragsgesetz erwähnt explizit die Schutzfunktion, Befriedungsfunktion, Ordnungsfunktion sowie die Verteilungsfunktion von Tarifverträgen.[9] Und gerade dieser Aspekt bezieht sich nicht nur auf individuelle Entlohnung.

Der Deutsche Gewerkschaftsbund (DGB) hat auf Grundlage der letzten Verdienststrukturerhebung des Statistischen Bundesamts berechnet, dass durch Tarifflucht und Lohndumping den Sozialversicherungen bundesweit jedes Jahr rund 43 Milliarden Euro an Beitragseinnahmen entgehen.[10] Bund, Ländern und Kommunen fehlen knapp 27 Mrd. Euro an Steuereinnahmen. Und wären alle Arbeitnehmer:innen in tarifgebundenen Beschäftigungsverhältnissen tätig, würde sich die Kaufkraft um 60 Mrd. Euro erhöhen. Ein Aspekt, der gerade bei zunehmender Exportschwäche den Binnenkonsum antreiben und die Wirtschaft stärken könnte.

---

5 Lübker/Schulten 2024.

6 Zur Berechnung der bereinigten Lohnlücke werden strukturelle Faktoren abgezogen, etwa die Unterschiede bei Beschäftigungsumfang oder Bildungsstand.

7 Gerhard Bosch: «Verteilungswirkungen von Tarifverträgen». Vortrag vom 21.05.23 bei der DGB Tagung Tarifbindung stärken, Zahlen von Eurostat sowie Haapanala, H. et al. 2024.

8 Brülle/Spannagel 2023.

9 Strünk 2021.

10 DGB Tarifflucht Bilanz 2023.

Und wenn Beschäftigte im Zuge der Transformation ihren gut bezahlten Arbeitsplatz in einem tarifgebundenen Unternehmen verlieren, ist selbst bei guter Ausbildung oder nach absolvierter Weiterbildung die Gefahr hoch, in einem Segment mit niedrigen Löhnen und prekären Arbeitsbedingungen zu landen. So verweist BOSCH darauf, dass diverse Studien die teilweise drastischen Einkommensverluste bei unfreiwilligem Arbeitsplatz- und/oder Berufswechsel belegen.[11]

Deshalb vertritt der Deutschen Gewerkschaftsbund eine klare Position, die durch Gutachten und Studien gestützt wird. Es gilt aus Sicht des DGB, die Tarifbindung bundesweit zu stärken. Die erodierende Entwicklung gibt aber auch der Politik im politischen Mehrebenensystem Anlass zum Handeln.

Stärkung der Tarifbindung und die Rolle des Staates

Für die die Stärkung der Tarifbindung gibt es sicher nicht das eine, das zentrale Instrument, vielmehr müssen verschiedene Ansätze ineinandergreifen. Während die Gewerkschaft vor der Aufgabe stehen, ihre Mitgliederstruktur und Bindungskraft auszubauen, sind die Arbeitgeberverbände gefordert, offensiv für das Tarifvertragssystem einzustehen und die eingangs erwähnten OT-Mitgliedschaften in den Verbänden aufzugeben. Doch auch dem Staat kommt eine wichtige Rolle bei der Tarifwende zu. Die Tarifautonomie steht dem

grundsätzlich nicht im Wege, auch wenn sie Verfassungsrang genießt. Die Rechtsprechung des Bundesverfassungsgerichts urteilte 2017 zudem, dass der Staat über Handlungsspielraum verfügt, die Funktionsfähigkeit der Tarifautonomie sicherzustellen.[12] OT-Mitgliedschaften müssten aus Sicht des DGB daher verboten werden.

Die Arbeitgeberseite argumentiert, dass gesetzliche Maßnahmen zur Tarifstärkung mit der im Grundgesetz verbürgten Koalitionsfreiheit zu messen seien.[13] Diese stellt nach Auffassung der Arbeitgeberseite hohe Anforderungen an staatliche Eingriffe und bezieht sich auf das Argument der «negativen Koalitionsfreiheit», das aber gutachterlich entkräftet wurde.

Richtig ist, die Koalitionsfreiheit ist im Grundgesetz garantiert. Sie steht auch Individuen zu und beinhaltet das Recht, zur Wahrung und Förderung der Arbeits- und Wirtschaftsbedingungen, Vereinigungen (Koalitionen) wie Gewerkschaften und Arbeitgeberverbände zu bilden. Zu betonen ist die positive Koalitionsfreiheit, die z. B. das Recht der einzelnen Arbeitnehmenden auf Beitritt zu und Betätigung in einer Gewerkschaft schützt. Die Arbeitgeberseite argumentiert vielfach, es bestünde auch das Recht, dass Arbeitgeber aus ihren Koalitionen wieder austreten oder ihnen fernbleiben dürfen. (sog. negative Koalitionsfreiheit). Das Hugo Sinzheimer Institut kommt zu dem Ergebnis, dass zwar die Rechtsprechung aus Art. 9 Abs. 3 GG ein Grundrecht der negativen Koalitionsfreiheit folgert. Diese beinhaltet aber nur das Recht, einer Koalition fernzu-

---

11 Bosch 2022.

12 bundesverfassungsgericht.de: https://is.gd/QcFgem.

13 BDA 2021. Sachverständigenanhörung im Bundestag zu Fraktionsanträgen, das Tarifvertragssystem zu fördern – Tarifbindung zu stärken. bundestag.de: https://is.gd/j5smn0.

bleiben, aber keine sog. negative Tarifvertragsfreiheit in bestehenden Koalitionen.[14]

Ähnlich kommt der Arbeitsrechtler KRAUSE in einem Gutachten zu dem Ergebnis, dass im Hinblick auf die erwähnte Koalitionsfreiheit staatlichen Tariftreuevorgaben in der öffentlichen Auftragsvergabe keinerlei verfassungsrechtlichen Bedenken entgegenstehen.[15] Das Gutachten bestätigt zudem, dass Tariftreuegesetze für die Vergabe, wie das im Saarland mittlerweile umgesetzte Fairer-Lohn-Gesetz, auch europarechtlich zulässig sind. Dies gilt sowohl unter dem Blickwinkel des Vergaberechts als auch im Hinblick auf das Arbeitnehmerentsenderecht.

Was bedeutet das in der Praxis?

Die staatlichen Ebenen verfügen als Auftraggeber an die Privatwirtschaft über großes Gestaltungspotenzial. Das betrifft Branchen wie die Bauwirtschaft, das Handwerk, Gebäude- und Logistikdienstleistungen etc. Bundesweit macht das jährliche Beschaffungsvolumen öffentlicher Institutionen gut zehn Prozent des deutschen Bruttoinlandsprodukts oder mindestens 300 Mrd. Euro aus.[16]

In seiner Vorbildfunktion und als Nachfrager von Dienstleistungen und Produkten sollte der Staat aus Sicht des DGB die Bedeutung der Tarifbindung anerkennen und entsprechend vorleben.[17] Mit den Tariftreuevorgaben bei öffentlichen Aufträgen haben die staatlichen Ebenen ein wirksames Mittel zur Hand, das Tarifsystem zu stärken. Wenn Unternehmen nur öffentliche Aufträge erhalten, die Tarifverträge anwenden, wird die Geltungswirkung von Tarifverträgen mittelbar gestärkt. Damit werden tarifgebundene Unternehmen vor Wettbewerbsverzerrungen durch ruinösen Preiskampf geschützt, Lohndumping auf dem Rücken der Beschäftigten durch den Staat vermieden und vorhandene Tarifstandards gesichert. Das geplante Bundestariftreuegesetz wäre ein Schritt in diese Richtung gewesen, ob die Umsetzung nach Vorlage des ersten Referentenwurfs seitens des BMAS im Oktober 2024 weiter vorankommt, ist nach dem Scheitern der Ampel-Koalition aber mehr als fraglich. Nichtsdestotrotz ist in jüngerer Zeit eine «Kehrtwendung pro Tarif» in der EU, im Bund (mit Fragezeichen) aber auch vielen Bundesländern offensichtlich. NRW-Ministerpräsident Wüst hat etwa beim Arbeitnehmerempfang der Landesregierung im April 2024 ein entsprechendes Gesetz für Nordrhein-Westfalen angekündigt. Die Wende in Richtung «Pro Tarif» ist auch in einen europäischen Gesamtkontext eingebettet.

Europa schreitet in der Frage der Tarifbindung voran

Die europäische Mindestlohnrichtlinie (EU 2022/2041) ist noch in nationales Recht umzusetzen, aber sie setzt schon jetzt ein Ausrufezeichen im Sinne Guter Arbeit.

---

14 Ausführlicher erläutert das Kingreen 2020, S. 63 in seinem Rechtsgutachten für das Hugo Sinzheimer Institut.

15 Krause 2019.

16 DGB NRW 2023, S. 19 ff. Dort finden sich weitere Angaben auf kommunaler und Länderebene.

17 DGB-Positionspapier 2023. Geradezu skandalös ist die Tatsache, sich der zum DuMont-Konzern gehörige Bundesanzeiger Verlag, weigert Tarifverhandlungen aufzunehmen. Siehe Urbe 2024.

Jörg Weingarten

Neben den Vorgaben zum Mindestlohn enthält die Richtlinie auch Handlungsstränge zur «Förderung von Tarifverhandlungen», sofern in einem EU-Mitgliedsstaat weniger als 80 % der Beschäftigten einem Tarifvertrag unterliegen. Wie dargelegt, ist dies in Deutschland der Fall. Die EU-Mitgliedsstaaten sind in diesem Falle gefordert, mit den Sozialpartnern einen Aktionsplan mit Maßnahmen zur Förderung von Tarifverhandlungen zu erstellen und diesen der EU-Kommission mitteilen. Die EU-Kommission und das EU-Parlament gehen in ihren Erwägungsgründen davon aus, dass eine hohe Tarifbindung zu einem hohen Mindestlohn und einer geringen Anzahl an Niedriglohnbeschäftigten führt. Die Vorgaben der EU beinhalten auch Regelungen für die Vergabe öffentlicher Aufträge (Art. 9 der Richtlinie). Die Mitgliedsstaaten sind nun aufgefordert, dafür zu sorgen, dass bei öffentlichen Vergabeverfahren nur solche Unternehmen berücksichtigt werden, die geltenden Tarifverträge einhalten.

Zu einer solchen Förderung der Tarifbindung bei der Auftragsvergabe hatte sich auch die Ampel-Bundesregierung im Koalitionsvertrag bekannt, indem sie betonte, «die Tarifeinheit, -bindung und -treue» stärken zu wollen. Wie sich eine kommende Bundesregierung in dieser Frage konkret positioniert, bleibt abzuwarten. Positiv ist, dass sich die Landesregierung in Nordrhein-Westfalen zu einer Stärkung der Tarifbindung bekennt, etwa im Koalitionsvertrag aber auch ganz aktuell im industriepolitischen Leitbild des Landes NRW, besonders im Kontext der Fachkräfteentwicklung:

Insgesamt bedürfen Fachkräftegewinnung und -sicherung in Zeiten des wirtschaftlichen Wandels auch einer sozialverträglichen Flankierung der Transformation für Arbeitnehmerinnen und Arbeitnehmer sowie Unternehmen. Ein Baustein hierzu ist die Stärkung der Tarifbindung, für die sich die Partnerinnen und Partner des Zukunftsdialogs Industrie gemeinsam einsetzen.[18]

Fazit und Ausblick

Auf dem Weg zur Stärkung der Tarifbindung ist politisch manches angestoßen, andere «Bretter» müssen noch gebohrt werden. Kampagnen wie des DGB zur Stärkung der Tarifbindung und der Sensibilisierung von Politik und öffentlicher Hand für das Thema sind trotz erster Bekenntnisse und neuer Tariftreueregelungen wie im Saarland nach wie vor wichtig.[19] Der DGB hat deshalb einen umfassenden Maßnahmenkatalog vorgelegt, der auf einen nationalen Aktionsplan zur Stärkung der Tarifbindung einzahlen kann, wie es die EU fordert.[20] Hierzu gehören u. a. der Ausbau von Allgemeinverbindlicherklärungen (AVE) von Tarifverträgen, ein Verbot sogenannter OT-Mitgliedschaften in Arbeitgeberverbänden, eine Stärkung der Nachwirkung von Tarifverträgen bei Betriebsabspaltungen, bessere (digitale) Zugangsrechte von Gewerkschaften und Betriebsräten zu Beschäftigten in Unternehmen sowie erweiterte Nutzungsmöglichkeiten von Vorteilsregelungen für Gewerkschaftsmitglieder. Die kommende Bundesregierung wird gefordert sein, die Initiative zu ergreifen, Strukturen und Ver-

18 MWIKE 2024: Industriepolitisches Leitbild für NRW. S. 31.
19 Eine umfassende Übersicht findet sich hier: dgb.de: https://is.gd/1glQGI.
20 DGB 2024.

fahren festzulegen, um – in Kooperation mit Gewerkschaften und Arbeitgeberverbänden – einen konkreten Aktionsplan zu entwickeln. Sicherlich positiv ist auch, dass sich in der regionalen Wirtschaftsförderung dem Thema Tarifbindung allmählich angenommen wird. So bekommen nun in Mecklenburg-Vorpommern Unternehmen, die der Tarifbindung unterliegen, höhere Förderquoten als tariffreie Betriebe.[21] Im Zuge der Reform der «Gemeinschaftsaufgabe Verbesserung der regionalen Wirtschaftsstruktur» (GRW) wurde dort ein Bonussystem eingeführt, das durchaus Vorbild für anderen Bundesländer sein könnte.

Die Ausführungen haben gezeigt, dass zwischen staatlichen Eingriffen und Tarifautonomie kein grundsätzlicher Widerspruch besteht. Politisches Handeln zur Stärkung der Tarifbindung wichtiger denn je,

denn ohne die Stützung durch staatliche Akteure – sei es in Form direkter Vorgaben für die Geltung von Tarifnormen, sei es über die Stärkung der tarifschließenden Koalitionen selbst – dürfte die Bereitstellung eines funktionsfähigen Tarifsystems kaum möglich sein.[22]

Staat und Politik können sich über das Tarifvertragssystem auf stabile Verhältnisse in der Wirtschaft und die soziale Ausgewogenheit in den von Tarifverträgen geregelten Bereichen verlassen. Wichtig ist, dass alle Ebenen der Politik vom herausragenden Stellenwert der Tariftreue auch in Zukunft überzeugt sind und Unternehmen und Arbeitgeberverbände sich zur sozialen und demokratischen Bedeutung von Tarifverträgen bekennen.

Literatur

Behrens, M. / Schulten, T.: Das Verhältnis von Staat und Tarifautonomie. Ansätze zur Stabilisierung des Tarifvertragssystems. *WSI Miteilungen* 76. S. 159–167. 2023.

Bertelsmann Stiftung (Hrsg.): *Die Mittelschicht bröckelt*. Gütersloh, 2021: Download unter: bertelsmann-stiftung.de: https://is.gd/aldfJx.

Bosch, G.: *Verteilungswirkungen von Tarifverträgen*. Vortrag vom 21.05.23 bei der DGB Tagung Tarifbindung stärken. Berlin 2023.

Brinkmann, U. et al.: *Prekäre Arbeit. Ursachen, Ausmaß, soziale Folgen und subjektive Verarbeitungsformen unsicherer Beschäftigungsverhältnisse*. Gutachten für den Arbeitskreis Migration und Integration der Friedrich-Ebert-Stiftung. Bonn 2006.

Brülle, J. / Spannagel, D.: Einkommensungleichheit als Gefahr für die Demokratie, WSI-Verteilungsbericht 2023, *WSI-Report* Nr. 90, November 2023.

Bundesverband Deutscher Arbeitgeber (BDA): *Sachverständigenanhörung im Bundestag zu Fraktionsanträgen, das Tarifvertragssystem zu fördern – Tarifbindung zu stärken*. 2021. abrufbar unter: bundestag.de: https://is.gd/nBC2jA.

DGB-Bundesvorstand: *Tarifflucht Bilanz* 2023. Berlin. Abrufbar unter dgb.de: https://is.gd/kqqNZa.

DGB-Bundesvorstand: *Positionspapier: Bundesregelung zur Tariftreue bei öffentlichen Ausschreibungen*. Berlin 2023.

DGB-Bundesvorstand: *Nationaler Aktionsplan zur Stärkung der Tarifbindung*. Berlin 2024.

DGB Nord: Neuausrichtung der Wirtschaftsförderung. DGB Nord begrüßt «Königskriterium Tarifvertrag» in M-V. Hamburg, *Pressemitteilung* vom 24.10.2022.

DGB NRW: *Vorfahrt für Tarifbindung*. Düsseldorf 2023.

Europäische Kommission: *RICHTLINIE (EU)*

21 DGB Nord 2022.
22 Siehe Behrens/Schulten 2023, S. 159.

2022/2041 DES EUROPÄISCHEN PARLAMENTS UND DES RATES vom 19. Oktober 2022 über angemessene Mindestlöhne in der Europäischen Union. Brüssel. Abrufbar unter eur-lex.europa.eu: https://is.gd/KJlsoE.

Haapanala, H. et al.: Decent wage floors in Europe: Does the minimum wage directive get it right? in: *Journal of European Social Policy* 33, 2024. S. 421–435.

Lübker, M. / Schulten, T.: *Tarifbindung in den Bundesländern. Entwicklungslinien und Auswirkungen bei den Beschäftigten. WSI-Analysen zur Tarifpolitik*, Düsseldorf 2023.

Lübker, M. / Schulten, T.: *Tarifbindung in den Bundesländern. Entwicklungslinien und Auswirkungen bei den Beschäftigten. WSI-Analysen zur Tarifpolitik*. Düsseldorf 2024.

Kingreen, T.: *Exklusive Tariföffnungsklauseln. Rechtliche Ausgestaltung und verfassungsrechtliche Zulässigkeit. HSI-Schriftenreihe*. Band 35. Düsseldorf 2020.

Krause, R.: Weiterentwicklung des Tarifrechts. In: *Schriften zum Bürgerlichen Recht,* Band 501, Berlin 2019.

Ministerium für Wirtschaft, Klima und Energie des Landes NRW (MWIKE): *Industriepoltisches Leitbild des Landes NRW*. Düsseldorf 2024.

Nachtway, O.: *Die Abstiegsgesellschaft. Über das Aufbegehren in der regressiven Moderne*. Berlin 2016.

Urban, H.P.: *Gewerkschaftliche Macht und die Verwilderung der Arbeitsbeziehungen*: Ein soziologischer Blick auf eine Dimension der kapitalistischen Transformation. Antrittsvorlesung zur Verleihung der Honorarprofessur für Soziologie an der Friedrich-Schiller-Universität Jena am 08.06.23.

Urbe, W.: Streik bei DuMont gegen prekäre Arbeitsbedingungen. *TAZ* vom 21.04.2024. Abrufbar unter: taz.de: https://is.gd/gwvHbF.

Saarländisches Tariftreue- und Fairer-Lohn-Gesetz (STFLG) Abrufbar unter: saarland.de: https://is.gd/ENOfOY.

Strünk, C.: Tarifpolitik/Tarifautonomie: In: *Handwörterbuch des politischen Systems der Bundesrepublik*. Bundeszentrale für politische Bildung 2021. Abrufbar bpb.de: https://is.gd/DUYQNG. ∎

BERNSTEIN 175, BREITSCHEID 150

Peter Steinbach

Eine zweibändige Biografie über Eduard Bernstein
Klaus Leesch: *Eduard Bernstein (1850–1932): Leben und Werk*[1]

Über Bismarck, Wilhelm II., Hitler und Adenauer gibt es zweibändige Biografien, die ein staatstragendes Geschichtsbewusstsein plafondieren. Von den historischen Bösewichtern des 20. Jahrhunderts hat es neben Stalin jüngst auch Ulbricht zu einer zweibändigen Biografie gebracht. Gemeinsam ist ihnen, dass die Überzeugung der Verfasser von der historischen Bedeutung der in das Zentrum der historischen Deutung gerückten Persönlichkeiten ebenso wie die mögliche Einschätzung der Leser von vornherein bekräftigt wird. Jakob Burckhardt hat über historische «Große» in seinen weltgeschichtlichen Betrachtungen reflektiert und keineswegs allein an Männer in Staatsämtern gedacht, sondern auch kulturgeschichtliche Größe ins Kalkül gezogen.

Würde man versuchen, unter den Sozialdemokraten «Große» im Sinne Burckhardts zu suchen, würde rasch deutlich, dass es kaum eine Einigungsmöglichkeit gäbe. Immer stünden Für und Wider, Sympathie und Antipathie im Raum, fänden sich Einwände, die Aussagen relativierten. Es blieben vor allem prägende Ereignisse, etwa die Rede von Otto Wels vom März 1933, Schumachers Verdikt gegen den «Kanzler der Alliierten», Schröders Agenda 2010. Geschichte ist vielschichtig, verträgt keine Eindeutigkeit. Dies erschwert die historische Urteilsbildung.

Zu den bis heute umstrittenen Sozialdemokraten gehört Eduard Bernstein. Er wird mit dem Stichwort des Revisionismus verbunden, einem Kampfbegriff der Wende vom 19. zum 20. Jahrhundert. Dass Bernstein in der Zeit der Sozialistenverfolgung im Schweizer und Londoner Exil den *Sozialdemokrat* prägte, ist angesichts des ihm vor allem von Karl Kautsky und August Bebel angelasteten Verrats an der marxistischen Lehre nahezu vergessen, auch dass er nach Ausbruch des Ersten Weltkriegs nicht der nationalistischen Welle erlag. Und dass sich in seiner Interpretation der politischen Handlungsspielräume nach der Novemberrevolution ein sozialdemokratisches Verfassungsbewusstsein manifestierte, das die Sozialdemokratie zur Weimarer Verfassungspartei schlechthin machte, verlor sich

---

1 Zwei Bände, 1788 S., Frankfurt a. M. / New York: Campus Verlag 2024, € 189,00.

angesichts des Scheiterns der Weimarer Republik, weil sich nicht zuletzt in der Seminarfolklore der 1960er-Jahre vielfach ein kritisches Urteil festsetzte. Es steigerte sich zur perfiden und historisch falschen Parole: «Wer hat uns verraten? Sozialdemokraten.»

Bernstein war nicht nur eine sozialdemokratische Jahrhundertfigur. Geboren 1850, verstorben 1932 war er Zeitgenosse von Systemwechsel und Umbrüchen. Er war Zeitgenosse der Bismarckschen Reichsgründung und der Verfolgung der Sozialdemokraten, die ihn ins Exil zwang. Als zur Fahndung Ausgeschriebener konnte er erst nach der Jahrhundertwende wieder nach Deutschland zurückkehren. Er galt als Verfassungs- und «Reichsfeind». Ihm wurde unterstellt, mit der «proletarischen Revolution» der bürgerlichen Gesellschaft Sicherheit, Wohlstand, Bürgerlichkeit zu nehmen, also den «großen Kladderadatsch» anzustreben. Dabei hatte er mit Engels und unter dem Einfluss der englischen Fabian Society längst eine andere Strategie der Machtdurchsetzung durchdacht. Er setzte auf die revolutionären Ergebnisse der Demokratie, die er nicht nur verteidigte, sondern auch in ihren Wirkungen durchdachte. Über das Wahlrecht Einfluss auf die gesamtstaatlichen Zielsetzungen zu nehmen, rückte ihn in den Gegensatz zu den revolutionären Attentisten.

Das demokratische Wahlrecht eröffnete in seinen Augen reformistische Chancen und die Aussicht auf eine friedliche und dennoch fundamentale Veränderung von Staat, Wirtschaft und Gesellschaft.

Zur Reizfigur wurde Bernstein um die Jahrhundertwende. Kennzeichen der Sozialdemokratie waren immer innerparteiliche Auseinandersetzungen. Lassalleaner und Eisenacher, Anarchisten und Syndikalisten, Revolutionäre und Reformer prägten die Richtungsstreitigkeiten, die immer wieder für Debatten sorgten und ständige Integration durch Kompromisse verlangten. Bernstein wurde von den Revolutionären der Partei, die sich um Rosa Luxemburg scharten, aber auch von den «Zentristen» um Bebel und Karl Kautsky als Reformist bekämpft. An den Zielen der sozialen Demokratie wurde er deshalb aber nicht irre. Seine wohl wichtigste und weit mehr als zehn Auflagen erreichende Publikation erschien 1899 und warf die Fragen auf, die die SPD seitdem immer neu herausforderten, sie Zerreißproben aussetzten und zu seiner ständigen Revision ihres Programms ihrer Analysen und ihrer Handlungsspielräume zwang.

Leesch konzentriert sich nicht nur auf den Revisionismusstreit, obwohl er im Zentrum seiner Studie steht. Er beeinflusste wie kaum eine andere theoretische Auseinandersetzung die sozialdemokratische Programmdiskussion bis in die 1950er-Jahre. Er war für alle Kämpfe um die Orientierung der SPD seitdem exemplarisch für innerparteiliche Richtungs- und Fraktionskämpfe, für Parteispaltungen und die Überbrückung organisatorisch verfestigter Gegensätze. Leesch skizziert die Anfänge einer politisch-methodischen theoretischen Modifikation der marxistischen Theorien in den 1880er- und 1890er-Jahren und geht den Folgen eines geradezu systemtheoretisch-komplexen Denkens nach, das Bernstein in die Nähe der Luhmannschen Systemanalysen[2] zu rücken scheint. In der Tat schiene es mir

---

2 In diesem Zusammenhang verweise ich auf die soeben erschienene Sammlung der systemtheoretischen Vorlesungen, die Luhmann zwischen 1966 und 1970, also in den Jahren eines bundesdeutschen Politikwechsels, ausarbeitete: Niklas Luhmann: *Soziologie unter Anwesenden*, Berlin 2024.

reizvoll, die damalige Auseinandersetzungen im Lichte der großen Theoriedebatten seit den 1880er-Jahren zu sehen.[3]

Bernstein dachte die Wirklichkeit nicht doktrinär, sondern reagierte auf den Wandel, dachte und analysierte flexibel. Er ließ sich in einer politisch bedingten und zugleich sozialwissenschaftlich geprägten Neugier auf neue Fragestellungen ein, die die gesellschaftlichen, wirtschaftlichen und politischen Veränderungen spiegelten. Er durchschaute Gesellschaftsverhältnisse strukturell, fragte nach den Wirkungen von Traditionen der Weltsicht, nach dem Einfluss von Lebensbedingungen, entwickelte ein erstaunliches Gespür für Milieus, lange, bevor dieser Begriff bestimmend wurde. Er prüfte Funktionen, war allerdings parteiinternen Intrigen nicht immer gewachsen, die oft dem Morgenstern-Prinzip erlagen, nach dem nicht sein könnte, was nicht dürfte. Kontroversen sprachen nicht gegen ihn und seine Überzeugungen, verklärten allerdings seine Bedeutung für die Parteigeschichte.

Leesch konzentriert sich auf Bernstein und seine Zeit und legt dennoch ein Buch vor, dass eine prinzipielle Bedeutung für die Erklärung des politischen Realitätsbewusstseins hat. Bernsteins Kontroversen zeigen, dass es nicht nur auf die gut begründete Einsicht ankommt, sondern auf die Bereitschaft seiner Zeitgenossen und Parteifreunde, Denkbewegungen nachzuvollziehen, soziale Verhältnisse und Gegensätze genetisch und dynamisch zu analysieren und zu prüfen, dabei auch ideologische Gräben zu verlassen. Die akribische, «dicht beschriebene» Rekonstruktion von Argumenten und Gegeneinwänden vergangener Grundsatzdebatten macht diese Studie so bedeutsam. Leesch revidiert gleichsam den Revisionismus und verstrickt sich nicht in Philologien und Rechthabereien, sondern präsentiert das Ringen eines Zeitgenossen, der nicht nur Produkt, sondern auch Gegensatz seiner Zeit war, auf eine Weise, die nicht nur historische, sondern auch gegenwärtige Fantasie herausfordert.

Meine Lektüre des Buches findet vor dem Hintergrund der Debatten statt, die dem Bruch der Koalition von SPD, Grünen und FDP vorausgingen. Es läge nahe, das Vorwort des 18. Brumaire zu zitieren. Aber auch wenn Lindners Aufkündigung dem Drehbuch zu folgen scheint, das einst Graf Lambsdorff entwickelte, geht es um mehr, weil sich – ähnlich wie in den Jahrzehnten vor dem Ausbruch des Ersten Weltkriegs – weltpolitische Rahmenbedingungen seit der Okkupation der Ukraine und dem Angriffskrieg vom 24.2.2022 auf innen- und sicherheitspolitische Rahmenbedingungen zurückwirken und vertraute Muster aufnehmende Erklärungen nicht mehr nahelegen dürfen.

So gesehen, empfehle ich, die herausfordernde Arbeit nicht zu lesen, um sich historisch zu erbauen, sondern ihre politische Bedeutung zu erkennen. Es ging um Bernsteins Selbstbehauptung in Umbrüchen der Industrialisierung, der politischen Unterdrückung, der militärischen Katastrophe und der Revolution, der Republikanisierung von Staat und Verfassung, um die Konfrontation mit dem Untergang der deutschen Demokratie. Jedenfalls drängen sich bei der Lektüre der Studie viele Assoziationen, Analogien und Parallelen auf. Bernstein kapitulierte nicht vor den Folgen

---

3 Franz Maciejewski (Hg.): *Theorie der Gesellschaft oder Sozialtechnologie: Beiträge zur Habermas-Luhmann-Diskussion*, Frankfurt a. M. 1973; Hans-Joachim Giegel: *System und Krise: Beitrag zur Habermas-Luhmann-Diskussion*, Frankfurt a. M. 1975.

eines sozialen Wandels, der Politik kompli-
zierte, komplexes Denken verlangte und
nicht zuletzt deshalb auf den Widerstand
derjenigen stieg, denen es nicht um Reduk-
tion von Komplexität, sondern um Bestätigung des bestehenden Vorurteils ging. Es
wäre gewiss reizvoll, seine Theorie mit dem
Instrumentarium der strukturell-funktiona-
len Theorie zu reinterpretieren.

Leesch sieht in Bernstein den innerparteilichen Kämpfer, den Strategen und Taktiker, der sich in einer historisch-politisch
stets wandelnden Welt zu behaupten hatte
und einen großen Teil seiner politischen
Energie auf die innerparteiliche Selbstbehauptung gegen die «Linke» und Bebel
als Vertreter des Zentrismus verwenden
musste. Ihm kam es nicht auf Fraktionsbildung, sondern auf eine Begründung
einer in die Zukunft tragenden Strategie
an. Leesch macht deutlich, dass Bernstein
in die Kontroverse hineingeriet, dass er sie
nicht gesucht hatte.

Das zeigte sich 1903 nach seiner Wahl
zum Reichstagsabgeordneten, aber auch
nach dem Verlust des Mandats 1907 im
Zuge der «Hottentottenwahlen», nicht zuletzt auch in seiner finanziellen Abhängigkeit von seiner publizistischen Tätigkeit,
die sich im *Sozialdemokrat*, im *Vorwärts*,
in der *Neuen Zeit* und auch in den *Sozialistischen Monatsheften* niedergeschlagen
hatte. Ähnlich wie Erzbergers war Bernsteins politische Existenz durch die Publizistik abgesichert, wenn nicht geprägt.

Kennzeichen seines Denkens waren
«Häutungen», waren seine Neuansätze, die
seine Gegner «Mauserungen» nannten. Er
bewies zugleich Flexibilität und die Fähigkeit, sich den gesellschaftlichen Veränderungen zu stellen. Er war kein Doktrinär
und hätte deshalb das Zeug zum politischen Brückenbauer in das politisch libe-

rale, reformoffene Bürgertum gehabt, denn
er ging nicht vor der Vorstellung aus, dass
dem Proletariat eine «reaktionäre Masse»
gegenüberstandstand. Er blickte über die
Parteigrenzen hinaus, war also nicht auf
Systemgrenzen fixiert, suchte nach Unterstützern bei der Verwirklichung von Teil-
zielen, beschwor zugleich zwar rhetorisch
geschickt das Endziel, wenngleich er es in
vage Fernen rücken. Er kultivierte die Bereitschaft zum pragmatischen Kompromiss
und wurde so zur Herausforderung für alle,
die in Prinzipien dachten, sie beschworen
und dadurch Handlungsspielräume ein-
engten. Bernstein war nicht so einsam, wie
seine Gegner unverdrossen behaupteten.

Insofern war die Feststellung von Ignaz
Auer symptomatisch, der Denken und Tun
unterschied und sich dafür entschied, nicht
alles zu artikulieren, man denke, um das
Handeln zu rechtfertigen. Er sah in der Sozialdemokratie nicht zuletzt den Träger eines
«organisatorischen Liberalismus». Er deutete
so eine sozialliberale Grundorientierung an,
die sich von Friedrich Naumanns National-
Sozialismus zu unterscheiden hatte. Neue
Herausforderungen einer Auseinandersetzung mit der politischen Wirklichkeit schlos-
sen sich an mit Weltkrieg und Kriegskrediten, mit Parlamentarisierungsdebatten und
Revolution, mit Sozialstaatlichkeit und Ver-
fassungskämpfen. Bernstein stand im Zentrum der Kontroversen und hatte sie ge-
danklich so zu bewältigen, dass sie der praktischen Politik der Sozialdemokratie auch
Prägungen ermöglichten, die ihrer sich
über mehr als 150 Jahre erstreckenden Geschichte eine Kontinuität sicherten.

Vielleicht liegt es an diesem Aufenthalt
eines Sozialdemokraten, der nicht nur für
die Sozialdemokratie zwischen Reichsgründung und dem Ende der Weimarer Republik
stand, sondern sich auch selbst behaup-

ten, zur Wehr setzen, seine Haltung ständig überdenken und modifizieren musste. An seinen Zeitgenossen Eduard Bernstein hätte er gewiss nicht gedacht, obwohl er viele Kriterien der Größe erfüllt hätte. Aber auf derartige Kriterien, die mehr über den Urteilenden als etwas über den Beurteilten aussagen, kommt es bei Bernstein nicht an. Auf ihn muss man sich einlassen, vorurteilslos, detailversessen, mit Sinn für argumentative Zwischentöne, auch mit der Bereitschaft argumentative Nebenstränge wichtig zu nehmen, nicht zuletzt, weil sie sich im weiteren Gang als wichtig erweisen.

Das zeigt sich schon an der Frühgeschichte der Sozialdemokratie, der Bereitschaft Bernsteins, sich auf Lassalle und die beiden Stränge der frühen Sozialdemokratie, den ADAV und die Eisenacher einzulassen. Früh wird hier angedeutet, was die SPD nicht nur stark, sondern durch ihre Flexibilität und Polyvalenz so stark macht. Immer lassen sich Richtungen und Strömungen auf eine gemeinsame und dennoch unterschiedlich gedeutete Wirklichkeit beziehen. Bernstein scheint diese charakteristische Fähigkeit zur Überbrückung ebenso zu verkörpern wie eine Prinzipienorientierung, die jede programmatische Verkleisterung und kompromisslerische Harmoniesucht, jede Einheitsbeschwörung, wenn nicht verhindert, so doch erschwert.

Obwohl die Biografie den Leser wegen ihres Umfangs abschrecken und lähmen dürfte, ist es die bemerkenswert gelungene Biografie eines Theoretikers, der sein Weltbild zunächst durch Lassalle, Marx, Engels, Karl Höchberg prägen ließ und sich dann emanzipierte. Leesch schildert diese Wandlung im Spiegel von Bernsteins Zeitungsartikeln, also eines sich mühsam erschließenden «Werks», zugleich seines Alltagslebens, seiner Umgebung, seiner Freundschaften.

Diese unter anderem von Peter Brandt betreute Hagener Dissertation ermöglicht so dem Leser eine nachvollziehende Urteilsbildung. Er hilft, nicht nur so jene Kontroversen aufzugreifen, die sich zu Schlagworten verdichteten, sondern analysiert die Kontroversen dialogisch, zeichnet also auch die Argumente von Bernsteins Kritikern, unter ihnen Wilhelm Liebknecht und August Bebel, ganz abgesehen von Kautsky und Luxemburg nach, die vielfach sein Bild bis heute bestimmen. Dies braucht Umfang, aber auch Zeit für die Lektüre. Erbaulich im Sinne einer historischen Erzählung ist seine Darstellung nicht. Aber anregend, weil sich immer wieder aktuelle Einschätzungen und auch historische und politische Kriterien einer Beurteilung aufdrängen.

Leesch macht nicht nur die «Konjunkturen einer mehr oder weniger starken Befassung mit (Bernsteins) Vorstellungen deutlich», greift sowohl die «Anstrengungen des orthodoxen Marxismus-Leninismus» auf, den Sozialdemokraten wegen seiner «Vorstellungen von einem Weg zu einem evolutionären und liberalen Sozialismus zu verteufeln und/oder weitgehend totzuschweigen»(591). Dadurch leistet er einen neuen Beitrag zu dem von Heimann, Küpper und Scherer vorangetriebenen Versuch einer «geistigen Erneuerung» eines «demokratischen Sozialismus», der sich – zwar links, aber – mittig «positioniert»[4].

Das Bemerkenswerte dieser den Leser in viele argumentative Wege verstrickende Biografie ist es, Bernsteins Entwicklung aus den Kontroversen zu verdeutlichen, in die er

---

4   Horst Heimann / Hendrik Küpper / Klaus-Jürgen Scherer (Hg.): *Geistige Erneuerung links der Mitte: Der Demokratische Sozialismus Eduard Bernsteins*, Marburg 2020.

sich einließ und zu behaupten hatte. Leesch verlangt vom Leser, den Weg eines Sozialdemokraten zu vollziehen, der Veränderungen von Staat und Gesellschaft, Wirtschaft und Milieus wahrnahm und verarbeitete. Das verunglimpften manche als Mauserung und verkannten so Bernsteins Methode, Denkgebäude zwar wahrzunehmen, sich aber nicht in ihnen zu verkanten oder gar einzubetonieren. Ein für Gegeneinwände blinder Dogmatiker war er zu keiner Zeit!

Vielleicht liegt darin seine gegenwärtige Bedeutung, zumindest der Reiz und auch die Notwendigkeit, seinen Denkbewegungen zu folgen, seine Argumente zu prüfen, von seiner Disputationsfreude, die Stimmungen widerstand, zu lernen. Leesch macht es dem Leser nicht leicht, denn jedes der Argumente und Gegenwartsargumente ist nachzuvollziehen. So präsentiert er dialogische Theorie- und Programmgeschichte. Dies gestattet, Bernstein Entwicklungen in Bezug zu den historisch-politischen und geistesgeschichtlichen Veränderungen zu rücken und als Auseinandersetzung mit einer wechselhaften Gegenwart nachzuvollziehen, gleichsam teilzunehmen an der Auseinandersetzung mit Geschichte, Gegenwart, Politik und Umwelt.

Eine ähnlich intensive und ausführliche Beschäftigung mit «Leben und Werk» haben nur wenige Sozialdemokraten geschafft. Hier ist vor allem Hartmut Soell zu nennen, dessen ebenfalls zweibändige Erler-Biografie[5] die in Verruf gekommene Biografie rehabilitierte: als eine postfaktische, nachträgliche Entwicklung, als konsequent konstruierte Realisierung eines Lebensentwurfs, als suggerierendes Narrativ einer Vollendung des früh keimhaft Angelegten. Biografie ist mit großer Berechtigung in die

historiografische Krise geraten, ist doch die Gefahr sehr groß, Lebensentwürfe konsequent als die Verwirklichung fast eines schließlich erfüllten Lebensplanes oder Lebenstraumes zu deuten, sie gleichsam vom Ende her zu interpretieren.

Das verbietet sich für Bernstein – zum einen wegen seiner Herkunft, zudem wegen seines Herauswachsens aus seiner Zeit. Biografien präsentieren keine Lebensläufe oder posthume Würdigungen, sondern lassen den Leser an Auseinandersetzungen teilnehmen, die den Protagonisten formten. Kennzeichen der älteren Biografien war hingegen die Identifikation der Verfasser mit ihren Helden, die als vorbildlich gelten und Maximen vermitteln sollten. Sie erinnerten an theologische Heiligengeschichten, nicht an das Ringen in und mit einer Zeit. Zu den Ausnahmen gehörte Friedrich Engels Biografie von Gustav Mayer, vor allem der zu Unrecht vergessene Hartmut Soell, der mit der Biografie von Fritz Erler an einen Menschen erinnerte, der in den 1960er-Jahren Hoffnungsträger eines sozialdemokratischen Gestaltungsanspruchs in Kompetenzbereichen war, in denen Sozialdemokraten als unzuverlässig, moskauhörig, inkompetent galten. Von Erler sagte Helmut Schmidt in einem Vortrag vor der Evangelischen Akademie Berlin in den frühen 1990er-Jahren einmal, er sei niemals Bundeskanzler geworden, wenn Erler nicht so überraschend verstorben sei.

Dass nun Eduard Bernstein, nicht nur als Name berühmt und zum Revisionisten verkürzt, dabei wenig gelesen, und zunehmend nach einer auch die deutsche Teilung spiegelnden gespaltenen Geschichtsschreibung der Arbeiterbewegung oft stereotyp umstritten, eine umfassende, den

---

5 Hartmut Soell: *Fritz Erler: Eine politische Biographie*, Bonn 1976.

Leser herausfordernde Lebensbeschreibung und Werkanalyse bekommen hat, ist nicht nur ein Zeichen von Pietät und Takt, sondern Chance einer Neuaneignung. Hier spiegelt sich der Versuch, ein Defizit zu füllen. Dass dies geschieht, ist auch die Anerkennung einer methodischen Bemühung und eines politischen Anspruchs, wie man es von einer Dissertation erwarten kann, die von Peter Brandt betreut wurde. Bemerkenswert ist nicht nur die dicht ermittelte und intensiv ausgewertete Quellengrundlage; vielmehr kommt diese monumentale Darstellung gleichsam zur heutigen unübersichtlichen Zeit. Denn sie passt in die gegenwärtige Phase tiefer Verunsicherung sozialdemokratischen Selbstverständnisses.

Bernstein kam 1850 zur Welt, zwei Jahre nach der gescheiterten Revolution von 1848/49. An der Wiege war ihm nicht gesungen worden einmal ein sozialdemokratischer Theoretiker zu werden. Bestimmt war er zunächst für eine Ausbildung im Bankgewerbe. Von einer Sozialisierung in der Reaktionszeit kann man nicht sprechen, denn seine familiäre Herkunft war geprägt durch das Judentum, nicht durch das preußische Königtum. Bernstein lässt sich nicht nur durch Schlagworte und durch seine Rolle in der «Revisionismusdebatte» charakterisieren. Er markiert nicht nur eine programmgeschichtliche Episode in der Zeit der Wahlrechts- und Verfassungskämpfe, sondern lädt zu einer Methode politischer Analyse ein, die auf Selbstkritik als methodische Selbstkontrolle, auf Korrekturbereitschaft und -fähigkeit setzt.

«Sagen was ist!», das ist ein häufig artikulierter Anspruch von Realisten, aber auch von ideologischen und programmatischen Provokateuren, die nicht die Wirklichkeit beschreiben wollen, sondern auf Erschwernisse politischer Entwicklung und der Machtdurchsetzung durch eine von ihnen wahrgenommene Wahrheit hinweisen. Oft wird dieser gegen «Visionäre» und «Utopisten» gerichtet.

Eduard Bernstein wurden Provokationen angelastet oder von Kautsky unterstellt. Dabei provozierte nicht, nicht als Fantast, nicht als Visionär, sondern vielleicht, weil er einer der politischen Realisten seiner Zeit war. Dies war in Zeiten eines militanten Patriotismus, von Großmachtträumen, einer Monopolitisierung nationale Gefühle, einer Suche nach dem «Platz an der Sonne». Besonnenheit war keine Selbstverständlichkeit, und auch die politische Gesellschafts- und Politikanalyse war nicht in der Lage, Wissen und Wollen, Können und Machen auf gesellschaftliche Rahmenbedingungen zu beziehen. Bernstein bekam seine wichtige politische Punktion im sozialdemokratischen Exil, in das er mit der Zeitung *Der Sozialdemokrat* ausgewichen war.

Als Redakteur wurde er mit Quisquilien ebenso befasst wie mit Eitelkeiten, Gefühlsausbrüchen, Machtansprüchen. Er musste vermitteln und zugleich zum Garanten innerparteilicher Meinungsfreiheit, zum Verteidiger der Kritik, zum Absicherer der Kritik der Kritik werden. Er integrierte so Traditionen, Erfahrungen und Erwartungen, wurde vom Lassalleaner und Höchbergianer zum Marxisten in der Engelschen Variante. Er konnte tolerant gegenüber wechselnden Parteimeinungen sein, weil er einen Standpunkt hatte, der stark durch Engels geprägt war und sich in den Differenzen mit Wilhelm Liebknecht festigte, ohne ihn zu verhärten.

Bernstein war in der Lage, Infragestellungen, kritische Einwände und bisher von ihm unbeachtete Argumente aufzunehmen, zu prüfen, sie als nutzbringend für seine Bewältigung der «Herausforderungen der Sozialdemokratie» zu verwenden oder zu verwerfen – und dabei zu begründen. Dabei orientierte er sich nicht an Prämissen, Dogmen, Vorurteilen, sondern reflektierte Wandlungen und sich dadurch ergebende Chancen. Vor allem aber hatte er gegenwärtige Entwicklungen im Blick. Deutlich wurde dies in der Behandlung der osmanisch-russischen Armenier-Frage, bei der nicht die außenpolitischen Überlegungen, sondern Menschenrechte im Vordergrund standen. Das zeigt sich vor allem in der Wahlrechts- und die Wahlbeteiligungsfrage, die eine Bereitschaft zum Kompromiss, aber auch zum Engagement für das Gemeinwesen voraussetzte.

Wahlen boten Ansätze nicht nur der Partizipation, sondern auch der gesamtstaatlichen Beeinflussung. Bernstein wusste die partizipatorische von der parlamentarischen Ebene zu trennen und ließ sich deshalb durch die Warnung vor Kompromissen nicht beeinflussen. Nicht nur der lange Zeitraum, sondern auch die sich bietende Entscheidungs- und Beeinflussungsmöglichkeit bestimmten seine Überlegungen über Theorie und Praxis, über Struktur und Situation. Das zeigte sich in seiner Einschätzung des damaligen Reichstagswahlrechts und damit der Möglichkeit, den Staat und seine Administration zu beeinflussen, das zeigte sich in der Agrarfrage um die Jahrhundertwende.

Hilfreich bei einer Einschätzung der deutschen Sozialdemokratie war dabei der Blick von außen, den er als Emigrant im Exil kultiviert hatte und zugleich als Auslandskorrespondent von *Neuer Zeit*, *Vorwärts* und den *Sozialistischen Monatsheften* nutze. Er blickt nicht nur über den Tellerrand, gleichsam von Deutschland aus, sondern von außen. Dadurch konnte er Tendenzen aufnehmen, etwa der Fabian Society, deshalb war er mit den französischen und anarcho-syndikalistischen Denkvorstellungen vertraut.

In seiner intellektuellen Integrationsbereitschaft manifestierte sich seine geistige Unabhängigkeit, umso mehr, als sich die sozialdemokratischen Richtungen herausschälten, Stellungnahmen verlangten, auch oft jene innerparteilichen Gegensätze und Feindschaften begründeten, die die sozialdemokratischen Theoriedebatten bereicherten, sich in der politischen Arena der Wahlkämpfe und Parlamentsdebatten, vor allem auf den Parteitagen nicht immer als Stärkung der sozialdemokratischen Identität auswirkten. «Parteifreund», das wurde auch Bernstein deutlich, war so wenig der Beleg einer menschlichen Verlässlichkeit wie der Begriff der «Männerfreundschaft».

Bernstein gilt es trotz der eher politiktheoretischen Einordnungsversuche von Thomas Meyer historisch neu zu entdecken. Das wissen wir von jüngeren Sammelbänden und jenen zahlreichen Arbeiten, die Leesch auflistet, allerdings zu wenig nutzt, um seiner Arbeit Schneisenschläge anzubieten. Er orientiert sich am publizistischen Material, das sehr dicht interpretiert wird. Zugleich registriert er die Reaktionen auf Bernsteins Artikel und Bücher, ordnet sie in die Geschichte der Parteitage ein und liefert so ein überzeugendes Bild von Tageskämpfen, die langfristige Auswirkungen hatten.

Zuweilen verliert sich Leesch in Nebenschauplätzen, erwähnt aufgrund der Briefwechsel viele Begegnungen, die den Leser zuweilen überfordern oder ablenken. Es hätte die Lektüre erleichtert, wenn zuweilen Zusammenfassungen oder grundsätzliche Bemerkungen die Orientierung erleichtert hätten. So ergibt sich aus der Verschränkung von Privatleben, Parteidebatten und publizistischen Arbeiten eine faktisch überbordende Darstellung mit ihren 1669 Seiten Darstellung, 4889 Anmerkungen – und dies bei einem Buchgewicht von 2996 Gramm. Ein Register hätte es zudem dem Leser nicht nur erleichtert, sich zurechtzufinden, sondern dieses *Opus magnum* auch für die Parteigeschichtsschreibung besser zu nutzen.

Erleichtert wird dies durch ein differenziertes Inhaltsverzeichnis, das sich auf dreizehn Seiten erstreckt, und durch ein Literatur- und Quellenverzeichnis von mehr als achtzig Seiten. Der Leser sollte sich dadurch nicht abschrecken lassen, sondern sich in dieser narrativ dichten, in der Regel chronologisch vorgehenden Lebensschilderung einrichten. Die Arbeit wird durch gewisse Redundanzen sogar gut lesbar, weil man überall einsteigen kann. Als Handbuch sollte der Text nicht verwendet werden, denn sein Anliegen richtet sich auf die Einladung zu Nachvollzug programmatischkritischer Revisionen, die nicht nur die Parteigeschichte durch heftige Auseinandersetzungen und Spaltungen, durch umstrittene Strategien und verworfene, sich nicht selten zu Krisen auswachsende taktisch orientierte Kontroversen, auszeichneten, sondern ihre Kraft zur Anpassung an politischen und sozialen, ideologischen und welthistorischen Wandel erklären können.

Bernstein hatte in diesem Ringen mit der Wirklichkeit früh eine Schlüsselrolle. Er empfand sich nicht als bewusster Provokateur, sondern akzeptierte seine Aufgabe, ständig Thesen, Erklärungen, Positionen nachzuspüren, ihnen auf den Grund zu gehen, Kontroversen zu stimulieren, zu begleiten und einzuordnen. Er gehörte zu den Empirikern unter den Strategen. Dies schien ihn zum Taktiker zu machen, zumindest in den Augen seiner den Gegensatz nicht selten moralisierenden Gegner.

Taktiker setzen sich in den Augen ihrer Kritiker dem Vorwurf des Opportunismus aus. Zugleich verhärten sie sich in den Auseinandersetzungen, weil sie auf Empirie und damit auf Evidenz setzen. Leesch geht es nicht um eine Lebensgeschichte, die Bernstein selbst mit zahlreichen Veröffentlichungen vorbereitet und zugleich beeinflusst hat. Leesch geht es vielmehr um die Darstellung der Genese einer Denkform, die sich im politischen Streit, in der Debatte entwickelt. Durchgängig macht er deutlich, wie sich Bernstein seit der Mitte des 19. Jahrhunderts bis an den Vorabend der nationalsozialistischen Regierungsübernahme in einer ständig gewandelten Umwelt zu bewähren, zu behaupten und neu zu orientieren hatte. Er ist unverkennbar ein Produkt seiner Zeit geblieben.

So gesehen, gehörte Bernstein zu den programmhistorisch nicht nur Herausfordernden, sondern zu den programmgeschichtlichen Schwergewichten, den – historisch ungemein gebildeten – theoretisch und philosophiegeschichtlich grundgelehrten Sozialdemokraten. Mit der auf zwei Bände angelegten Biografien gelingt es Leesch, Geschichte, Tagespolitik und politische Philosophie mit sozialwissenschaftlichen Fragestellungen zu verbinden. Auch wenn Leesch chronologisch vorgeht, gelingt es ihm mit seiner Studie, wichtige Exkurse zu inkludieren. Zunehmend wird deutlich, dass es sich um einen Beitrag zur Wissenschaftstheorie und empirisch-historischen Forschung handelt, die erkenntniskritische Züge aufweist. Bernstein war immer wieder gezwungen, sich auf Situationen einzustellen, die nicht nur theoretisch herausfordernd, sondern auch existenziell gefährlich waren.

Weil Leesch chronologisch vorgeht, entgeht er der größten Gefahr von Biografien, ein Leben rückblickend, aus Kenntnis des Endpunkts, zu konstruieren. Im Zentrum steht der Versuch, eine grundsätzlich undurchschaubare Gegenwart und damit auch eine offene Zukunft zu bestehen. Deshalb lässt sich sein Leben nur aus der Mitte seiner Herausforderungen, gleichsam von Entscheidung zu Entscheidung, analysieren. Leesch kennt den Ausgang von Bernsteins Lebensweg, Bernstein allerdings nicht. So sieht er bewusst die Entwicklung aus den engen Horizonten seiner Erwartungen und vor dem Hintergrund seiner Erfahrungen, seiner Begegnungen, Anregungen, Korrekturen.

Der Leser hat den großen Vorteil, Bernstein auf seinem Weg in das Exil, durch das Kaiserreich und die Kriegs- und Revolutionszeit, schließlich durch die so wechselhaften Jahre der Weimarer Republik zu begleiten. Bernstein ruhte, wie seine Erinnerungen zeigen, durchaus in sich; deshalb erschütterten ihn Kontroversen, Enttäuschungen, Irritationen nicht. Leesch nimmt dann und wann Partei, weicht sogar in seine eigene Gegenwart aus, aber ihm gelingt es immer wieder, zu Bernstein selbst zurückzukehren. Bei allem Verständnis vermeidet er eine hagiografische Bewunderung. Er bietet keine Suggestion, keine Wiedergutmachung, keine höhere Gerechtigkeit, sondern entgeht konsequent der Gefahr, dessen Biografie als eine Art Vollendung zu überhöhen. Bernstein war kein Frühvollendeter, sondern ein Mensch, der immer wieder gezwungen war, Entwicklungen zu adaptieren.

Leben nicht vom Ende her, das suggeriert nicht, dass Bernsteins Lebens schon früh durch Konturen zu kennzeichnen waren, die ihn gleichsam zu einem Frühvollendeten werden ließen, der seinen Weg nur noch «zuende gehen» musste. Bernstein ist nicht das Produkt seiner Zeit, sondern er reibt sich an Gegensätzen, an Kritikern, an Situationen, die seine Weltsicht und sein Weltverständnis auf die Probe stellten. Insofern lässt er sich auch nicht als Gegensatz seiner Zeit oder als Mensch deuten, der sich zu dem, der er wurde, entwickeln konnte, weil er Gegner, aber auch Freunde hatte.

Kennzeichnen Bernsteins ist seine Fähigkeit, sich den Herausforderungen seiner Zeit und seiner Gegner zu stellen, Eigenständigkeit – etwa in der Frage der Kriegsfinanzierung – zu wahren, in die Irre führende Deutungen wie etwa in der Kolonialfrage zurückzunehmen. Positionen zu überwinden, die er selbst einst geteilt hatte – vielleicht macht diese Fähigkeit Bernsteins «historische Größe» aus: Argumente anderer ernst zu nehmen, dabei Kontroversen niemals aus dem Weg zu gehen und in demoskopischen Stimmungen ebenso wenig einen Beleg für die Berechtigung einer Argumentation zu sehen wie in nicht selten durch Intrigen und Winkelzüge vorbereiteten Mehrheitsentscheidungen keine grundlegende Erschütterung des als zutreffend und richtig Erkannten zu sehen, das macht Bernstein zum Prototypen einer Programmdebatte.

Dabei ist seine Bereitschaft zum Kompromiss stets spürbar. Er war durchaus bemüht, Gegensätze zu entschärfen, wenn nicht sogar aufzulösen. Antworten auf seine Kritiker wich er nicht aus, auf Polemiken und Sarkasmen verzichtete er nicht, zugleich aber argumentierte er sehr dicht, hart am Text seiner Gegner, blieb dabei auf beeindruckende Weise erkenntnistheoretisch reflektiert, immer Wollen und Sollen, Wissen und Meinen, Denken und Glauben unterscheidend. Insofern gehört er zu den großen, stilbildenden politischen Disputanten des 20. Jahrhunderts, die sich ihren eigenen Fehlmeinungen stellten und dabei die Größe hatten, sich selbst zu korrigieren.

Insofern sei Leesch Monumentalwerk allen empfehlen, die heute ratlos auf die weltpolitische Lage und die innenpolitischen Verwerfungen schauen. Sagen, was ist, erkennen, was war, einschätzen, was werden könnte, Ziele verfolgen, aber nicht in Traumgebilden versinken, dies alles lässt sich aus diesem Werk entwickeln. Es macht insofern zukunftsoptimistisch, als Bernstein durch viele Tiefen ging, sich zuweilen am Ende seiner Möglichkeiten sah, in seiner Reputation beschnitten und bestritten wurde.

Was bleibt? Wem immer die Voraussetzungen und Folgen politischer Entscheidungen zum Problem werden, kann an seinen Texten lernen, Unsicherheiten zu überwinden, Dunkelheit zu erhellen, zugleich mit der Präzisierung und Prüfung seiner «Endziele» stets flexibel über Wege, Kompromisse, Partner auf Zeit nachzudenken. Er war besser als die Doktrinäre unter seinen Parteifreunden in der Lage, Reformpotenziale und damit gesellschaftliche Verbesserungsmöglichkeiten zu erkennen. Er schuf sich keine Welt nach seinem Bild, sondern nahm politische Veränderungen als Handlungsbedingungen Veränderungen wahr.

Er ließ nicht ab, von seinen Zeitgenossen jenseits von Dogmen und Doktrinen Korrektivbereitschaft und -fähigkeit zu verlangen. So fand er sich dann doch mit Kautsky zusammen, unterstützte die Parlamentarisierung des Kaiserreichs trotz seiner Mitgliedschaft in der USPD, verschwor sich der 1918/19 entstandene «deutschen» Republik, der Demokratie. Unbeirrt ertrug er so manche Diffamierung, die ihn nicht selten in seinem persönlichsten Kern verletzte. Wie in seinen verschiedenen «Erinnerungen» versöhnte er sich immer wieder mit der Partei, die ihn als «Staatsmann» ehrte, als Gelehrten, die anerkannte, dass sein Aufstieg durch die «Mühen» vieler Ebenen gegangen war. Am Ende stand dann vor allem der Wunsch, eine drohende «miserable Zeit» (1650) zu überstehen. Mit seinem Tod eine knappe Woche vor dem Weihnachtsfest 1932 wurde ihm erspart, was manchen seiner Freunde, Kontrahenten, Kritiker nach dem 30. Januar 1933 drohte.

Der Ort, an dem er starb, wird heute durch eine Gedenktafel markiert: Schöneberg, Bozener Str. 18. Helga Grebing ordnete Bernstein Jahrzehnte später ein, als sie die «historischen Kontinuitätslinien» betonte, die zum Godesberger Programm führten.» Leesch fragt, was «in der Überlieferung der sozialdemokratischen Partei so schiefgegangen ist, dass (fast) jedes Kind weiß, wann und wo Rosa Luxemburg und Karl Liebknecht Rosen auf ihr Grab gestreut bekommen, aber eine auch nur in Ansätze vergleichbare Ehrung bei Eduard Bernstein fast vollständig ausgeblieben ist.» Geblieben ist mit seiner Dissertation zum Glück mehr als nur ein Ehrengrab auf dem Schöneberger Friedhof Eisackstraße.

Leesch schafft nach den bereits 1977 von Horst Heimann und Thomas Meyer durchgeführten Kongress über Bernsteins «konstruktiven» (Meyer)und «demokratischen» (Horst Heimann) «Sozialismus» eine neue Grundlage intensiver Beschäftigung. Sie muss mehr zielen, muss als auf mehr zielen als auf die Rechtfertigung seines Berliner Ehrengrabs. Bernstein ist als Theoretiker zu entdecken und ernst zu nehmen. Er bewies den Mut eines konfliktbereiten und -fähigen, niemals einen Schmusekurs rechtfertigenden sozialistischen Intellektuellen, als er ohne Rücksicht auf Prämissen und Vorurteile die Wirklichkeit analysierte, die Staat, Gesellschaft, Wirtschaft, Partei, internationale Politik in Zusammenhängen dachte.

Diese Studie ist nicht das letzte Wort, sondern eine Einladung. Bernstein muss als Analytiker und Methodiker politischer Analyse neu entdeckt, gelesen und rezipiert werden. Leesch weist die Veröffentlichungen Bernsteins nach, zu einem guten Teil leicht online greifbar. Diese Arbeit hat insofern ihr Ziel erreicht, als Bernstein in Zukunft nicht mehr durch politische Schlag-worte, durch lexikalische Verkürzungen, durch ideologische Verzerrungen in seiner Bedeutung reduziert werden kann. Er hatte immer etwas zu sagen, als Theoretiker der Politik ist er nicht «erledigt», denn seine Methode, zu «sagen was ist», ist zugleich eine kommunikationspolitische Empfehlung.

Aber damit bin ich wieder im Herbst 2024, unmittelbar vor dem Jahreswechsel, der hoffentlich nicht in späteren Zeiten als ein weiterer Zeitenwechsel in die Annalen eingeht. ∎

Nils Diederich

Miszellen: Kleine Bernsteinfunde

Als ich im letzten Sommer das mit gut drei Kilogramm gewichtige Buchpaket der Berliner Vorwärts-Buchhandlung mit Klaus Leeschs zweibändiger Bernstein-Biografie öffnete, hatte ich zwei Erinnerungen.

Klaus Leesch hat in seiner monumentalen Arbeit das Leben Eduard Bernsteins eng mit der politischen Geschichte der SPD und ihrer ideologischen, theoretischen und praktischen Verästelungen minutiös verknüpft und aufgezeichnet. So widmet er allein dessen 70. Geburtstag drei Seiten.[1] Dies ist nun die erste meiner Assoziationen: Ich war 15 Jahre alt und idealistisch-radikalsozialistischer Falke in der Zehlendorfer Gruppe «Rosa Luxemburg», als mir mein Vater Ludwig Diederich erzählte, dass er in meinem Alter im Jahre 1920 am 6. Januar an einem Fackelzug der Berliner Sozialistischen Arbeiterjugend zu Ehren von Eduard Bernstein anlässlich eines runden Geburtstages teilgenommen habe. Seitdem ist mir Bernstein vertraut.

Es gibt zwei Ereignisse, die die Geschichte der deutschen Sozialdemokratie entscheidend mitgeprägt haben und die mit dem Namen Bernstein verbunden bleiben: die Entstehung des Erfurter Programms 1891 und die Revisionismusdebatte am Ausgang des 19. und Beginn des 20. Jahrhunderts. Über beide Vorgänge klärt uns Klaus Leesch gründlich auf.

Der Programmentwurf, den Kautsky und Bernstein als Alternative zu einem Vorschlag des Parteivorstandes entworfen

---

1   Leesch, Bd. 2 S. 1289 ff.

hatten, bestand aus zwei Teilen.[2] Der erste Teil war eine von Kautsky verfasste popularisierte Kurzfassung der Thesen von Karl Marx[3], der die Arbeiterklasse darüber aufklären sollte, dass der Kapitalismus zum Zusammenbruch verurteilt sei und die Arbeiterklasse den historischen Auftrag habe, die neue Gesellschaft zu gestalten. Der zweite, von Bernstein verfasste Teil enthielt einen langen Katalog konkreter Forderungen zur politischen, sozialen und wirtschaftlichen Umgestaltung der Gesellschaft. Die meisten dieser Forderungen konnten letztlich erst mit dem Zusammenbruch des Kaiserreichs und der Gründung der Weimarer Republik durchgesetzt werden, allerdings ohne den endgültigen Zusammenbruch des Kapitalismus.

Die Revisionismusdebatte, der Leesch ein 229 Seiten umfassendes Kapitel widmet, wurde ausgelöst durch Artikel des damals noch im Londoner Exil lebenden Eduard Bernstein und die heftige Reaktion seines (bis dahin) Freundes Karl Kautsky, Chefredakteur der *Neuen Zeit* in Berlin. Der Streit kulminierte in einer heftigen Debatte auf dem Stuttgarter Parteitag der SPD im Jahre 1898. Bernstein hatte bemerkt, man müsse Marx weiterdenken: «Gibt man [...] den Marxismus als der Weisheit letzten Schluß aus, dann schadet man dem Andenken von Marx mehr, als man ihm nützt.»[4] Ein baldiger Zusammenbruch der bürgerlichen Gesellschaft sei nicht zu erwarten, daher gelte es, die Privilegien der kapitalistischen Bourgeoise durch demokratische

Einrichtungen einzuschränken. Daher habe er formuliert «Bewegung sei Alles...».[5] Auf dem Parteitag traten neben Kautsky auch August Bebel und insbesondere Alexander Helphand (Parvus), Clara Zetkin und Rosa Luxemburg als Bernsteins Gegner auf. Letztgenannte formulierte gegen Vollmar und Bernstein «das Endziel ist Alles».[6]

Mir fiel ein, dass Franz Diederich, Vater meines Vaters, in seinem Tagebuch von 1901/02 Bemerkungen zu Bernstein notiert hatte. Bereits 1968 berichtete Karl-Ernst Moring in seiner Arbeit über die Bremische Sozialdemokratie, dass der im Oktober 1898 auf dem Stuttgarter Parteitag in der SPD ausgetragene Revisionismusstreit auch die bremische Partei erreicht hatte. Moring schreibt:[7] «Der entflammte Streit ließ es der Bremer Partei geraten erscheinen, in einer öffentlichen Parteiversammlung am 27. September 1899 die revisionistische und die marxistische Theorie zu konfrontieren. Friedrich Ebert fiel die Aufgabe zu, die Bernsteinschen Ansichten darzulegen, während Franz Diederich die Unrichtigkeit der revisionistischen Ansichten darzulegen hatte.» In ihren Reden allerdings kritisierten beide am Ende Bernstein. Sie lehnten den Revisionismus ab. Ebert «pries den Pragmatismus der SPD» und Diederich kam zum Schluss, dass der Revisionismus «praktische Forderungen formuliert, die schon längst in der Partei befolgt werden.»

Bevor nun die Bernstein-Fundstücke aus dem Tagebuch des Franz Diederich (FD) über die Revisionismusdebatte zitiert wer-

2 A.a.O. Bd. 1. S. 351 ff.

3 Es handelt sich im Grunde um eine gekürzte Wiedergabe des 24. Kapitels Abschnitt 7 «Geschichtliche Tendenz der kapitalistischen Akkumulation» von Karl Marx' *Das Kapital*.

4 Zitiert nach Leesch Bd. 1, Kap. 8, S. 481 ff.

5 Zitiert nach ebd.

6 A.a.O. Bd. 1 S. 565.

7 Moring S. 63.

den, kurze Informationen zu dessen Verfasser: Franz Diederich war von 1895 bis 1902 Redakteur der Bremer Bürgerzeitung. Er hatte sich seit 1885 der Sozialdemokratie zugewandt[8] und sich während des Studiums in Leipzig, auch unter dem Einfluss seines Kommilitonen Karl Liebknecht, stärker engagiert, wurde 1902 vom Parteivorstand als politischer Redakteur der Dortmunder Arbeiterzeitung angestellt. Er wurde bald wegen «Pressevergehen» zu Geldstrafen und schließlich zu 18 Monaten Gefängnis verurteilt.[9] Danach berief ihn Anfang 1895 die Partei zum Chefredakteur der sozialdemokratischen Bremer Bürgerzeitung. Moring meint, dass damals der Chefredakteur der Bremer Bürgerzeitung wesentlich die politische Linie der Bremer Partei beeinflusste. Georg Kotowski, Verfasser einer Ebertbiografie, hat mir einmal erzählt, er halte FD für einen Förderer und «Entdecker» Friedrich Eberts.

Hier nun zu den Zitaten aus Franz Diederichs Tagebuch.[10] Am 25.2.1901 notiert er:

Eduard Bernstein ist der Mann, auf den die Reaktion gewisse Hoffnungen setzt. Man denkt, er wird einen Keil in die Sozialdemokratische Partei Deutschlands treiben. Es ist richtig, daß die eigentlichen Agitatoren, was doch nicht mit dem Doktrinären verwechselt werden darf, höchst ergrimmt auf Ede sind, der in Wirklichkeit nichts anderes gethan hat, als Vollmars Ruf von 1891, die alten Agitationshefte zu verbrennen, in anderer Form zu erheben und zu erläutern. Die Praktiker der Partei kennen diesen Grimm nicht. Und dann hat Bernstein nichts Neues gesagt, denn was er fordert, ist schließlich nur die Zusammenfassung einer Thätigkeit, die diese im letzten Jahrzehnt im Stillen erst, dann in die Öffentlichkeit dringend getrieben haben. Aber diese Praktiker entscheiden in den Versammlungen, denen nun einmal ausschlaggebende oberste Gewalt zugewiesen ist, nicht; hier sind es zunächst noch die Agitatoren, die das Verständnis der Masse auf ihrer Seite haben. Das erwachsende Bedürfnis erst wird von Punkt zu Punkt hier Änderungen schaffen.

FD beschreibt dann beispielhaft Vorgänge in den 1890er-Jahren in Bremen: die Praktiker würden sich gegen die Agitatoren durchsetzen; und fährt fort:

Die Welt der Parteianschauungen erfährt zweifellos von der Seite dieser praktischen Bethätigungen her Veränderungen und diese werden in ihrer Gesamtheit notgedrungen in den Agitationsheften gewisse Correcturen anbringen. Das alles aber wird sich ganz logisch und ohne jeden Sprung vollziehen. Es wird den Kern der sozialistischen Theorie nicht berühren, sondern nur die Theorie auf eine neue Basis von Gegenwartsbeispielen stellen, die ebenso wenig Ewigkeitswert haben wie die bisherigen, an die der Agitator sich mit vollem Rechte mit junger gläubiger Begeisterung anschloß. Daß Bernstein nichts anderes als das im Auge hat, wird sich sehr schnell in ganzer Deutlichkeit zeigen. Denn die Ganz- und Halbreaktionäre, die auf ihn hoffen, werden ihm die Gelegenheit dazu geben. Dann wird auch Bernstein's Bild in der Arbeiterschaft ganz andere Konturen erhalten. In Paris hörte ich Bernstein im

---

8   So Ludwig Diederich.
9   Koszyk, S. 58 ff.
10 Franz Diederich Tagebuch (In den Zitaten wurde die Schreibweise des Verfassers beibehalten).

Salle Wagram zu mir sagen: Ja, die deutschen Arbeiter geben mir kein Mandat zu einem internationalen Kongreß. So war es in der That gewesen, kein Mensch in Deutschland hatte an den Verbannten gedacht. Allerdings darf dabei nicht vergessen werden, daß die deutschen Arbeiter gewohnt sind, ihre lokalen Mitarbeiter für die Delegationen zu bevorzugen. Ich schreibe diese Notizen über Bernstein, weil ich heute ein gutes Bild Bernsteins in der Illustrierten Beilage zum Berliner Tageblatt *Die Welt im Spiegel* finde und gleichzeitig im Vorwärts eine Kritik Bernsteins über ein Buch Paul Weisengrüns. Diese Kritik ist ein solcher Hieb gegen die, welche Bernstein zum Keil für die Partei machen möchten. Scharf genug hat Ede dem Herrn gesagt, daß ein sehr weites Stück Land zwischen ihm und Leuten wie Weisengrün liegt.

Es folgen Erinnerungen an Weisengrün, dem FD im Jahre 1890 in linken Zirkeln in Leipzig begegnet war. Schon wenige Tage später bezieht sich FD wieder auf Bernstein. Am 2. März 1901 denkt er über die Veröffentlichung sozialpolitischer Literatur durch sozialdemokratische Verlage nach. Aus der Arbeiterklasse selbst käme eine Tendenz mit sozialreformerischem Charakter, die sich auch bereits in der Reichstagsfraktion abzeichne.

Sicher wird diese Entwicklung sich nicht sprunghaft, sondern ganz allmählich vollziehen. Ich weiß ja an mir selbst, wie ich aus den radikalen doktrinären Anschauungen, die mich 1892 gegen Vollmar ebenso entschieden wie verunglückt Front machen ließen, allmählich losgekommen bin. Die sozialpolitischen Studien im Gefäng-

nis zu Münster gaben schon 1893 den Anfang und ein inneres Widerstreben, doktrinäre Gesichtspunkte als das Höchste der Thätigkeit in der Arbeiterbewegung zu betrachten, belehrten mich am besten, wie es mit mir stand. Die Bernstein'sche Methode, die Wandlung mit einem gewaltsamen Stoß vorwärts zu treiben, halte ich allerdings noch heute für überflüssig. Sie wandte unglückliche Mittel an und fiel in eine unglückliche Zeit. In dem Stadium der Entwicklung der Anschauungen, wo diese Methode dazwischenfuhr, konnte ihr ungalantes Wesen und ihr theoretisierender Charakter nur stören. Die Sache wäre auch ohne Bernsteins Eingriff gereift. Wenn sie einmal – wie es ja schon jetzt geschieht – nach Bernstein getauft wird, so geschieht das sehr mit Unrecht. Bernstein selber hat unter der verstimmenden Wirkung seines Eingreifens persönlich wohl am meisten gelitten. Aber die Verstimmung, die er gegen sich geschaffen, wird ihn hoffentlich darüber belehren, daß und wo Mängel in seinem Vorgehen lagen. Wird aber der gegenwärtig sich vollziehende Übergang des Interesses zu sozialpraktischen Fragen nicht von den Parteiverlagshäusern beachtet und benutzt werden? Die Begründung der Südekum'schen «Kommunalen Praxis» ist ein solch geschicktes Rechnung tragen.

Der nächste Eintrag zu Bernstein findet sich am 26. September 1901. Offenkundig unter dem Eindruck der Berichterstattung über den Lübecker Parteitag der SPD (ausführlich dargestellt bei Leesch), schreibt FD:[11]

Die Bernstein-Sache ist famos zu Ende gebracht in Lübeck. Als ich Bernstein's Schlußerklärung las, durchzuckte mich's in jä-

---

11 Leesch, Bd. 1, S. 743 ff.

her Freude. Ich bin keiner von seinen Anhängern. Er ist nicht genial genug um eine Schule oder Gruppe zu bilden. Weder als Redner noch als Schriftsteller hat er irgend etwas Faszinierendes. Er hat auch nichts Neues in die Bewegung gebracht. Die Praxis ging seinen Vorschlägen längst voraus. Nur kannte er den Umfang dieser Praxis des Proletariats jedenfalls nicht. Das Neue, das an seinem Streite ist, besteht lediglich darin, daß es den Anlaß gab, größere Beweglichkeit des Denkens in die Reihen der Partei zu tragen, den Gesichtskreis der Kritik dem praktischen Stand der Bethätigung der Partei entsprechend zu erweitern. Also eigentlich liegt der Wert seiner Thätigkeit in den letzten Jahren ganz neben seinen Schriften. Sie wirken nicht direkt, sondern indirekt vorteilhaft für das Proletariat. Sie schärfen seinen Verstand, um ihm so Kraft zu geben, das einmal zu erkennen, was Bernstein selbst nicht zu treffen vermochte.

Im Disput von Ebert und Diederich in der oben erwähnten Parteiversammlung von 1899 lehnten letztlich beide, wie gesagt, den Revisionismus ab. Offenkundig verteidigte Diederich nicht die Position von Kautsky, sondern kam zum Schluss wie Ebert, dass Bernstein offene Türen einrenne und das, was er fordere, letztlich schon (in Bremen) geübte Praxis sei. Wahrscheinlich ist es so, wie bereits Moring herausgearbeitet hat, dass die Bremer Sozialdemokratie im letzten Jahrzehnt des 19. Jahrhunderts bereits – das Beispiel Ebert zeigt es – eine pragmatische Position in der Tagespolitik der Partei bezogen hatte.

Auch Klaus Leesch berichtet über die 1901 fortgesetzte Debatte in der Partei und der Parteipresse, vor allem über die fortgesetzte heftige Polemik Kautskys und die Replik von Bernstein. Bernstein war inzwischen aus London in seine Heimatstadt Berlin zurückgekehrt und hatte im Februar 1902 bei einer Nachwahl den durch den Tod Bruno Schoenlanks freigewordenen Wahlkreis in Breslau mit großer Mehrheit errungen.[12] Im Juni 1902 hielt er seine erste Rede im Reichstag. Er muss auch (anders als FD im Tagebuch vermerkt) ein begehrter Redner gewesen sein, denn Leesch schildert eine Mehrzahl von gut besuchten Versammlungen, in denen er offenbar stets großen Beifall erntete.

So führte ihn der Weg auch nach Bremen, worauf sich die letzte der Eintragungen in FDs Tagebuch am 10. August 1902 bezieht, an dem sich FD krank fühlte und durch persönliche und familiäre Probleme abgelenkt war:

Regensonntag. Bremer Gewerkschaftsfest! [...] Dann zum Bahnhof und Eduard Bernstein abgeholt, der die Festrede halten soll. ‹Ach Sie sind es, der die litterarischen Aufsätze für die Neue Zeit schreibt?› fragt B. nach einer Weile. Ich bejahe. ‹Ach die sind sehr gut› meint er dann. Ich buche(?) das, weil's mich interessiert. Selbstredend ist es auch schmeichelhaft. Wir machen durch den Regen hin im Festzug mit und ich fühle, wie die Nässe sehr merklich auf mein Gemüt wirkt. [...] Ich war an den Führerdienst gebunden, das war mir ärgerlich. Das Fest verlor den Glanz für mich. Ich kam seelisch überhaupt zu keinem Verhältnis zu ihm. Der Rede Bernstein's folgte ich eine Weile, um dann ab und zu bedenklich abzuschweifen. Ich studierte die regungslose Gesichtermasse unten, dicht gedrängt wie hin-

---

12 A. a. O. S. 762 ff.

geschütttete Erbsen, und bei einigen [...]. (?) Köpfen kam mir der Gedanke an Brandenburg's Bild von den ‹Menschen unter der Wolke›, das mich lange im Sinnen festhielt. Als ich wieder zu Bernstein zurückkehrte, fühlte ich, daß meine Stirn schwer gerunzelt war. Ich irrte dann bald wieder ab und betrachtete den ganz famos geformten Hinterkopf Bernsteins, seine volle Wölbung. Um schließlich wieder nachzugrübeln, weshalb wohl meine Gedanken heute durchaus ins Plastische und Malerische abirrten. Vielleicht, weil das ihre natürliche Neigung, die immer hereinbricht, wenn ich nicht Energie genug habe, mich zu einer andern Aufmerksamkeit zu zwingen.

Die Gespräche mit Bernstein gingen bald ins Gebiet der parteigeschäftlichen Reminiszenzen. Er erzählt seine Fahrt von Basel bis Kiel, als er sich unterm Ausnahmegesetz zum Kopenhagener Kongreß begab, sich vornahm, nirgends über Politik zu sprechen und überall sofort in der Bahn mitten in politischen Gesprächen festsaß. Wie dann in Kopenhagen der Beamte, der die Namen feststellte, sehr unwirsch wurde, daß alles unter falschem Namen reiste, und, als Bernstein sagte, er heiße Conzett, und gar auf Befragen aufrichtig den Conzett'schen Paß vorwies, diesem – als dem Einzigen vermeintlich Ehrlichen – einen tief-hochachtungsvolle Honneurverbeugung verabfolgte. Und solcher Erinnerungen mehr. Bernstein hat ein enormes Gedächtnis. Ich merkte das auch am Abend, als ich ihn noch auf zwei Stunden im Hotel aufsuchte. [...]

FD hat bald darauf Bremen verlassen. Bereits im Februar 1901 hatte er notiert, dass

er wegwolle von Bremen, in seine Heimatstadt Hannover oder nach Berlin, und sich selbstständig als Schriftsteller betätigen. Mehrere Angebote zu einer Reichstagskandidatur, in den 1890er-Jahren in Dortmund und in Bremen und 1901 erneut in Dortmund hatte er allerdings abgelehnt. Er war sehr offenkundig kein Mann der Tagespolitik, mehr Literat als Politiker. Eine Woche nach dem Besuch Bernsteins erreichte ihn das Angebot von Albert Südekum, dem Leiter der Leipziger *Sächsischen Arbeiterzeitung*, sich auf die Stelle des Feuilletonredakteurs in Dresden zu bewerben, auf die er dann alsbald berufen wurde.

Die Notate des FD werfen Licht auf das Verhältnis von parteilicher Programmatik und politischer Praxis vor Ort. Moring hat dies für Bremen vor dem Ersten Weltkrieg klar herausgearbeitet. Von ihm lernen wir auch, welche Rolle Einzelpersönlichkeiten spielen. Franz Diederich hat sich, als im Jahre 1900 die berüchtigte «Lex Heinze» beraten wurde und in vielen Städten bürgerlich-liberale «Goethebünde» entstanden, aktiv an dem vom Pfarrer Albert Kalthoff mit initiierten Bremer Goethebund beteiligt, wie es Thomas Auwärter in seiner Arbeit über Kalthoff ausführlich dargelegt hat.[13] Intention von FD war offenkundig, der Arbeiterklasse die Bildungsgüter der Nation nahezubringen und diesen zu erschließen, und zwar jetzt und nicht erst nach dem Zusammenbruch des Kapitalismus. Moring in Bezug auf Bremen:[14] «Die Sozialdemokratie war bestrebt, die trennenden Gräben zwischen Arbeiterschaft und Bürgertum zuzuschütten und durch Zusammenarbeit die Emanzipation zu fördern.» Der Nachfolger FDs in der Redak-

---

13 Auwärter, insbes. S. 245, 394 ff., 413 ff.
14 Moring S. 78.

Nils Diederich

tion der Bremer Bürgerzeitung war Heinrich Schulz, der die Auffassung vertrat, dass die Arbeiter keinerlei Kompromisse mit der Bourgeoisie eingehen dürfen. Daher lehnte er eine Zusammenarbeit mit dem bürgerlichen Goethebund strikt ab und konzipierte den sozialdemokratischen «Verein für Volkskunstabende», den Diederich 1895 gegründet und nach 1900 eher als Kooperationspartner des Goethebund gesehen hatte, zur sozialistischen Konkurrenz.

Kautskys Postulat[15] auf dem Parteitag von 1898, wie er es zuerst im ersten Teil des Erfurter Programms formuliert hatte, die Demokratie komme erst mit Zusammenbruch des Kapitalismus und dem Sieg des Proletariats, erwies sich als weniger tragfähig, als die Sichtweise von Eduard Bernstein. Die Eroberung der politischen Macht und die Expropriation der Kapitalisten sind «an sich keine Endziele, sondern nur Mittel zur Durchführung bestimmter Ziele und Bestrebungen.»[16] Die ausgegrabenen Aufzeichnungen aus dem Bremer Tagebuch von Franz Diederich von 1901/02 zeigen, dass es auch schon damals von Sozialdemokraten so gesehen wurde.

Quellen

Franz Diederich: *«Meine Tage» Tagebuch 1901/2,* 7 Hefte [FD I – VII, 15.2.1901 -11.9.1902] (In den zitierten Passagen wurde die Schreibweise von FD beibehalten).

Ludwig Diederich: *Denker – Dichter – Kämpfer. Gedenkworte für Franz Diederich (geb. 2.4.1865, gest. 28.2.1921) aus Anlass seines 100. Geburts-*

tages, vorgetragen von L. Diederich am 2. Oktober 1965 in Düsseldorf während einer Feierstunde des «Ost- und Mitteldeutschen Arbeitskreises für Kultur- und Sozialpolitik im Lande Nordrhein-Westfalen» für Franz Diederich, Bruno Schönlank und Willy Hofmann. 13 S. o.O., o.J. (Typoskript).

Literatur

Auwärter, Thomas: *Die Wiederentdeckung der Religion und die Humanisierung des Christentums. Zeit, Leben, Werk und Religion von Albert Kalthoff (1850–1906),* Bremen 2020 [Habilitationsschrift].

Koszyk, Kurt: *Anfänge und frühe Entwicklung der sozialdemokratischen Presse im Ruhrgebiet (1675–1908),* Dortmund 1953 (Dissertation).

Kotowski, Georg: *Friedrich Ebert. Bd. 1: Der Aufstieg eines deutschen Arbeiterführers 1871 bis 1917.* Steiner, Wiesbaden 1963.

Leesch, Klaus: *Eduard Bernstein (1850 -1932) Leben und Werk,* 2 Bände, 1788 S. Campus Verlag Frankfurt a.M. / New York 2024.

Moring, Karl-Ernst: *Die Sozialdemokratische Partei in Bremen 1890-1914. Reformismus und Radikalismus in der Sozialdemokratischen Partei Deutschlands.* Schriftenreihe des Forschungsinstituts der Friedrich-Ebert Stiftung B. Historisch-politische Schriften. Verlag für Literatur und Zeitgeschehen Hannover 1968.

Osterroth, Franz: *Biographisches Lexikon des Sozialismus* Band I: Verstorbene Persönlichkeiten Verlag J.H.W. Dietz Nachf. Hannover 1960 (Stichworte Bernstein, Diederich).

Pforte, Dietger: *Von Unten Auf. Studie zur literarischen Bildungsarbeit der frühen Deutschen Sozialdemokratie und zum Verhältnis von Literatur und Arbeiterklasse,* Anabas Verlag Gießen 1979. ∎

---

15 Hierzu Moring S. 69 ff. und Auwärter 394 ff.
16 Zit. Nach Leesch Bd. 1 S. 567 f.

Detlef Lehnert

«Vornehmste Aufgabe der Linken ist die Kritik»
Rudolf Breitscheid wiederentdeckt

Die nur in wenigen Bibliotheksexemplaren verfügbare Dissertation von Peter Pistorius, *Rudolf Breitscheid 1874-1944. Ein biographischer Beitrag zur deutschen Parteiengeschichte*, Köln 1968, gedruckt Nürnberg 1970, war bislang ein Geheimtipp für speziell Interessierte. Erst die begonnene, aber nicht weitergeführte Edition mit einem für viele Schriften und Reden Breitscheids passenden Titel *Vornehmste Aufgabe der Linken ist die Kritik Publizistik 1908-1912*, Hg. Sven Crefeld, Berlin 2015 – ein verknapptes Breitscheid-Zitat von 1908 (S. 47) – brachte den mit einem Vorwort beteiligten Peter Pistorius zum Thema der Promotionsschrift zurück (S. 219). Umso erfreulicher ist es, dass deren «überarbeitete und gestraffte Fassung» (S. 217) von dem inzwischen hochbetagten Autor – ein jahrzehntelang namhafter Journalist – noch selbst für ein breiteres Publikum vorgelegt wurde.[1] Wie schon in der Dissertation ist die politische Biografie vor der NS-Zeit in die etwas gleichgewichtig berücksichtigten Entwicklungsabschnitte «Der Demokrat (1903-1912)», nun S. 21-66, «Der Sozialist (1912-1922)» S. 67-118 und «Der Republikaner (1922-1933)» S. 119-165 gegliedert. Das macht durchaus Sinn, weil Breitscheid im Kaiserreich der linksbürgerlichen Splitterpartei «Demokratische Vereinigung» angehört hatte. Deren Gründer-

vater Theodor Barth verstarb bereits 1909, was Breitscheid zu deren führendem Repräsentanten machte und nach dem Wahldebakel 1912 mit seinem Übertritt zur SPD auch jener Kleinstpartei fast schon den Totenschein ausstellte.

Breitscheid hat als Neusozialdemokrat gemeinsam mit dem ihm damals eng verbundenen SPD-Publizisten Friedrich Stampfer nicht nur an dessen einflussreicher Pressekorrespondenz mitgewirkt (S. 68). Ohne Namensnennung beider – und so auch dem Autor verborgen geblieben – besorgten sie auch vier Jahrgänge der Chronik *Internationales Jahrbuch für Politik und Arbeiterbewegung* (1912-1915, erschienen Berlin 1913-1917) mit zusammen über 4000 Seiten, eine bis heute enorme Leistung der Dokumentation damaligen Weltgeschehens. So wie die zuvor rivalisierenden Parteitheoretiker Eduard Bernstein und Karl Kautsky stieß der Internationalist Breitscheid zur 1917 gegründeten kriegskreditgegnerischen USPD. Dort erlangte er mit der seit März 1915 erscheinenden Zeitschrift *Sozialistische Auslandspolitik*, die während der Revolution 1918/19 in *Der Sozialist* umbenannt wurde, wiederum eigenen publizistischen Einfluss (S. 71 f.). Für wenige Revolutionswochen amtierte er als preußischer Volksbeauftragter und somit eine Art von interimistischer Innenressortleiter für die

---

1 Anlässlich des 150. Geburtstags von Breitscheid (was S. 217 und bereits S. 16 in einem kurzen Einleitungsgespräch mit Martin Schulz als Vorsitzender der fördernden FES erwähnt wird): Peter Pistorius: *Rudolf Breitscheid 1874-1944. Kampf um Wahrheit und Macht*. Marburg: Schüren 2024, 232 S., € 28,00.

USPD. Aber neben dem faktischen Regierungschef Paul Hirsch von der SPD blieb er ohne größeren Einfluss (S. 87 u. 91). Nach dem Bruch zwischen SPD und USPD Ende 1918, für Breitscheid vertieft durch eine mit dem Namen Gustav Noske verbundene Politik der nun auch inneren Gewaltanwendung statt geduldigeren Verhandelns (S. 96), wurde die Reichstagszugehörigkeit von 1920 bis 1933 – also zu «sämtlichen frei gewählten Parlamenten der Weimarer Republik» (S. 162), wenn man die im Januar 1919 frei gewählte Nationalversammlung vor den Verfassungsbeschlüssen noch in der revolutionären Übergangsperiode verortet – bald seine zweite Lebensaufgabe nach der zeitkritischen Publizistik. Neben der seit dem Versailler Friedensvertrag wieder höheren Bedeutung der Außenbeziehungen war es wohl diese ihm als glänzendem Redner auf den hoch aufgeschossenen Leib geschneiderte Rolle des Parlamentariers, die Breitscheid von der vorübergehenden Übernahme von manchen USPD-Rätekonzepten im Sinne einer «Diktatur des Proletariats» (S. 99–104) wieder abrücken ließ. Er betrieb nun «Politik auf dem Boden der Republik» (S. 107 u. ff.) in deren Weimarer Verfasstheit und fand 1922 den Weg zur Vereinigten SPD.

In seinem Eintreten für den inneren und äußeren Bestand sowie die Fortentwicklung der Weimarer Republik gelangten demokratische und sozialistische Komponenten im vorausgegangenen politischen Lebensweg Breitscheids zur Synthese. Gerade auch die von ihm u. a. im November 1922 im Reichstag beschworene «Verständigung zwischen Deutschland und Frankreich» (Zitat S. 121) sollte den äußeren Rahmen dafür herstellen. Nachbarliche Politiker wie die bürgerlichen «Radikalen» (Links- bzw. Sozialliberalen) Herriot und Briand werden um den Vertrag von Locarno 1925 und den deutschen Beitritt zum Völkerbund 1926 herum, wobei Breitscheid durch Berufung in die deutsche Delegation gewürdigt wurde (S. 131), neben den befreundeten französischen Sozialisten als Ansprechpartner erwähnt. Mit Hermann Müller erlebte Breitscheid, nunmehr einer der Vorsitzenden der SPD-Reichstagsfraktion neben Otto Wels – der als zugleich Parteivorsitzender wesentlich die Fäden zog (S. 139 u. 141) – und Wilhelm Dittmann, 1928 erstmals seit 1920 einen sozialdemokratischen Kanzler.[2] Die sogar mit dem Friedensnobelpreis 1926 – zusammen mit Briand – belohnte Vertragspolitik des im Krieg noch annexionistischen und auch danach nationalliberal gesinnten Außenministers Stresemann befand sich gegenüber Breitscheid in wechselseitiger Abhängigkeit. Wegen ständiger und mit einem Parteichef Hugenberg zuletzt noch verschärfter Verweigerung der Deutschnationalen gab es ohne die SPD keine Mehrheitsbasis für Stresemanns Außenpolitik, die auch nicht lange über dessen frühen Tod Anfang Oktober 1929, kurz vor dem New Yorker Börsencrash, hinaus betrieben wurde. Umgekehrt konnte die sog. Erfüllungspolitik, die in Vertragstreue eine friedliche und verständigungsorientierte Korrektur der Versailler Mächteordnung erstrebte, nach dem seit Mai 1924 endgültigen Verlust der Koalitionsmehrheit aus vereinigter SPD, liberaler DDP und katholischer Zentrumspartei, ins-

---

2 Der allerdings nicht bis 1932 amtierte (Fn. 23 auf S. 133), sondern bis März 1930 und bereits 1931 verstarb. Überhaupt sind die so nicht zum Text passenden Fußnoten voller Fehler in Lebensdaten und auch der Schreibweise von Namen, allein 20-mal falsch Hoegener statt richtig (Wilhelm) Hoegner S. 175 bis 202 usw.

besondere von einer SPD bis Mai 1928 in Opposition nicht ohne aktive Mitwirkung des Außenministers Stresemanns realisiert werden. Auch wenn der in vielem denkverwandte Parteitheoretiker Rudolf Hilferding als Stichwortgeber für die Zielstellung der «Vereinigten Staaten von Europa» im Heidelberger Programm der SPD von 1925 gelten darf, muss an den Parlamentarier Breitscheid als wichtigen Propagandisten der «Europa-Idee» (S. 134 u. ff.) ebenso nachdrücklich erinnert werden.

Die SPD hatte die spätestens zum Ende 1930 verheerende Lage der Republik nicht herbeigeführt: weder die Gewerkschaften schwächende Massenerwerbslosigkeit einer Weltwirtschaftskrise – die hier unterbelichtet bleibt – noch die spalterische «Sozialfaschismus»-Agitation einer stalinisierten KPD oder die Selbstpreisgabe der früheren Koalitionsparteien DDP, die im Schwundprozess zur «Deutschen Staatspartei» mit Beimischung antisemitisch-antiparlamentarischer «Jungdeutscher» mutierte, bzw. den Rechtsschwenk im katholischen Zentrum unter dem Prälaten Kaas und dem Hindenburg-dienerischen Deflationskanzler Brüning. Die SPD mit ihren Umfeldorganisationen stand längst ziemlich allein mit dem Rücken zur dann schrittweise durchlöcherten Weimarer Verfassungswand, und die Aufmärsche einer «Eisernen Front» aus Partei, Freien Gewerkschaften, Republikschutzverband «Reichsbanner» und Arbeitersportverbänden erreichten weithin nur Resonanz im eigenen Milieu (S. 151). Ein «Tolerierungskurs der SPD» (S. 158 u. ff.) gegenüber Brüning war auch mit Rücksicht auf die preußische SPD-geführte Regierung um Otto Braun, von der, wenn überhaupt, noch gewisse «Macht» ausgehen konnte, zunehmend defensiv, wofür «Bereit sein ist alles» (S. 150 sowie 160 u. ff.) zum fragwürdigen Motto der Vorbereitung auf den Abwehrkampf gegen die erwartete finale NS-Offensive werden sollte. Entgegen allen Legalitätsillusionen zuvor schritt aber die Machtübertragung an Nicht- und Antidemokraten von 1930 bis 1933 unter der Ägide Hindenburgs schleichend voran, *ohne* so etwas wie den abgewehrten bzw. gescheiterten Kapp- und Hitler-Putsch sowie den spektakulären «Marsch auf Rom» ein Jahrzehnt zuvor.

Es blieb dem kaum jemals mit «Macht» – wenn auch Einfluss – ausgestatteten Breitscheid seit dem Exilweg, noch kurz vor der Abstimmung über das Ermächtigungsgesetz, nur der Kampf um «Wahrheit» zu den Verhältnissen unter der NS-Diktatur mehr noch als unter der Zensur im Ersten Weltkrieg (S. 90), um die Stichworte des Untertitels aufzugreifen. Während ein «Vierter Teil» (Kap. X. u. XI.) in der Dissertationsfassung noch – wie zuvor im Modus der Aktivierung – «Der Antifaschist 1933–1944» benannt war, heißt es nun mehr den Status der Ohnmacht betonend «Der Abgrund (1933–1944)» für den letzten Abschnitt S. 167–212. Zumal an Breitscheid wegen seiner antinazistischen Haltung und Exilaktivitäten gleichermaßen in der BRD wie der DDR im öffentlichen Raum erinnert worden ist, erfolgt noch ein ausführlicher Blick darauf, was er sich von einem Bündnis der «Einheitsfront» (S. 182 u. ff.) und der Beteiligung an der französischen «Volksfrontbewegung» um den demokratischen Sozialisten Léon Blum als dort seit Juni 1936 amtierender Regierungschef (S. 190 u. ff.) versprochen hat. Dessen Partei ist der in Paris lebende Breitscheid im Januar 1937 sogar beigetreten (S. 196). Die «Einheitsfront» der *Arbeiter*bewegung setzte einen breiten gewerkschaftlichen Unterbau voraus, der trotz vorausgegangener Konflikte bei acht Millionen deutschen Gewerkschaftsmitgliedern für die Vereinigung von SPD und USPD 1922 noch gegeben war. Mit einer KPD, die gegen die Freien Gewerkschaften eine «Revolutionäre Gewerkschaftsopposition» einschließlich der «Sozialfaschismus»-Propaganda gegen die SPD organisierte, war solches nicht realisierbar, was immer dennoch an Solidarität in Wohnvierteln gegenüber Naziübergriffen praktiziert wurde.

Die französische «*Volks*front» unter Einschluss bürgerlich-progressiver Kräfte und auch nationalpolitisch gegen die von Hitlerdeutschland ausgehende Bedrohung formiert – 1940 kam es aber zur kriegerischen Okkupation durch Hitlerdeutschland – war breiter fundiert und so eine andere, zeitweise erfolgreichere «linke» Initiative. Fehleinschätzungen der Übertragbarkeit auf Deutschland sollte man Breitscheid angesichts eines Primats des NS-Regimesturzes nicht aus *heutiger* Kenntnis vorhalten – die viel gewürdigten sozialdemokratischen Beteiligten des 20. Juli 1944 kooperierten in der Not auch nicht nur mit lupenreinen Demokraten. In einem seiner vielen dokumentierten Briefe zog Breitscheid im Sommer 1938 das für seine vorausgegangene Beteiligung sehr bittere Fazit, dass «die Haltung der Kommunisten den Voraussetzungen gemeinsamer Arbeit zuwiderläuft. Ich beklage diese

Entwicklung auf das lebhafteste, da ich mich ehrlich und ernsthaft für die Schaffung einer geschlossenen marxistischen Front eingesetzt habe, aber ich will unter keinen Umständen im Moskauer Schlepptau segeln» (S. 200).[3] Das war letztlich auch schon 1920 seine Haltung gewesen, als der radikale Flügel der USPD den Weg des Zusammenschlusses mit KPD nach Moskauer Vorgaben ging (S. 105).

Das Lebensende wurde dann wirklich zur persönlichen Tragödie (S. 207 ff.), die man in den zwar etwas verschlungenen, aber eindrucksvollen Lebensweg bis einschließlich 1940 nicht hineinlesen kann. Der Verhaftung im Februar 1941 durch das Vichy-Regime folgte die Auslieferung an die Gestapo, dortiger Haft Anfang 1942 die Deportation in ein Sondergebäude am Rande des Konzentrationslagers Sachsenhausen und im September 1943 nach Buchenwald, wo Breitscheid im August 1944 das Opfer eines alliierten Luftangriffs wurde. Seine Ehefrau Tony (geb. Drevermann, 1878–1968), die ihn auch politisch aktiv bald nach der Heirat als Frauenrechtlerin übereinstimmender Gesinnung bis hin zu einem «Verlag Tony Breitscheid» (S. 72) begleitet hatte und aus deren Briefen von 1965 der Autor S. 213 f. zitiert, überlebte schwer verletzt und somit die gemeinsame Verschüttung nicht erinnernd, sodass Restzweifel am Hergang bleiben (S. 210). ∎

---

3   Der Beleg in Fn. 68 ist aber evident falsch, vgl. die Diss. S. 375 mit Fn. 1, dort auch sinngleich etwas anderer Zitatwortlaut. Eine zu erhoffende Zweitauflage bedürfte zumindest der Bereinigung der Fußnoten von allzu vielen Fehlern, die sich teilweise auch in die Erläuterungstexte zu den zahlreichen Illustrationen eingeschlichen haben wie auf S. 79, wo für den «Tod in Amsterdam» richtig Kautsky statt Bernstein zu nennen wäre.

Ulrich Schöler

«Rudolf Breitscheids Wirken zwischen zwei Weltkriegen»
Ein Impulsvortrag[1]

Meine sehr geehrten Damen und Herren, liebe Genossinnen und Genossen, Kolleginnen und Kollegen, lieber Rolf Mützenich, wir haben in den zurückliegenden knapp zwei Stunden eine Menge Wichtiges und Spannendes über den bedeutenden sozialdemokratischen Politiker und Parlamentarier Rudolf Breitscheid gehört. Dass ich in der für meinen Beitrag zur Verfügung stehenden Zeit nur einige wenige ausgewählte Schlaglichter auf sein Wirken in und zwischen den Weltkriegen werfen kann, versteht sich von selbst. In seiner Begrüßungsrede hat Rolf Mützenich ja bereits auf die eine oder andere Parallele zu einem seiner bedeutendsten Vorgänger hingewiesen: beide geborene Kölner, beide mit einem gesellschaftswissenschaftlichen Studium, beide promoviert zu Themen mit internationalen Bezügen, beide bedeutende und leidenschaftliche Parlamentarier.

Hier und da werde ich mir erlauben, auf weitere Parallelen zurückzukommen. Schauen wir auf die politischen Herausforderungen, denen beide sich in ihrem jeweiligen Werdegang zu stellen hatten bzw. haben, lassen sich nämlich auch nach gut hundert Jahren doch weitere auch inhaltliche Parallelen entdecken. Nach seinem Wechsel vom Linksliberalismus zur Sozialdemokratie stellt für Breitscheid sicherlich das Verhältnis zum Krieg eine erste gravierende Zäsur dar. Anders als die Mehrheit der sozialdemokratischen Parteiführung und Reichstagsfraktion (der er zu diesem Zeitpunkt noch nicht angehörte) trägt er die Politik des Burgfriedens und der Bewilligung der Kriegskredite nicht mit. Für den ehemaligen Sozialliberalen dürfte allerdings die rigide Weise, wie innerhalb von Partei und Fraktion die Politik der Mehrheit durchgesetzt und die Minderheit ihrer Artikulationsmöglichkeiten beraubt wurde, ein vermutlich ebenso großer Schock gewesen sein. Dies führte ihn – neben den unbestrittenen Geistesgrößen der zeitgenössischen Sozialdemokratie wie Eduard Bernstein, Hugo Haase, Rudolf Hilferding, Karl Kautsky oder Rosa Luxemburg – in die sich notgedrungen neu gründende Unabhängige Sozialdemokratische Partei.

Auch wenn in der Publizistik hier und da nun Parallelen der heutigen Situation zu der des Ersten Weltkriegs gezogen werden, muss festgehalten werden: Die aktuelle deutsche wie weltpolitische Situation ist eine grundsätzlich andere. Es gibt keine sozialdemokratische Mehrheitsströmung, die sich einer imperialen Kriegsführung unterwirft und einen derartigen Krieg mitfinanziert. Unter einem sozialdemokratischen Bundeskanzler und der Fraktionsführung Rolf Mützenichs lässt die heutige Sozialde-

1   Auf einer Veranstaltung der SPD-Bundestagsfraktion im Reichstagsgebäude Berlin am 7. November 2024: *Rudolf Breitscheid – unterschätzt und vergessen. Die Wiederentdeckung eines großen Sozialdemokraten.* Mit Rolf Mützenich (MdB, SPD-Fraktionsvors.), Peter Pistorius, Sabine Hering, Emily Vontz, (MdB), Peter Brandt.

Ulrich Schöler

mokratie keine Zweifel daran, wer der Angreifer und wer der Überfallene in diesem Krieg in der Ukraine ist und dass dem überfallenen Land auch mit Waffenlieferungen zu seiner Verteidigung geholfen werden muss. Eine derartige Haltung – da bin ich mir sicher – hätte auch die Unterstützung Rudolf Breitscheids gefunden.

Die Herausforderung, vor der allerdings Rolf Mützenich – aber nicht nur er – heute steht, ist nicht minder anspruchsvoll. Beharrlich, und gegen immer neue publizistische Widerstände wie bewusste Missinterpretationen, hat er in den zurückliegenden Monaten darauf gepocht, dass zu einer sozialdemokratischen Haltung in diesem Konflikt zweierlei gehört: die unbedingte Unterstützung der sich verteidigenden Nation und das beharrliche Ausloten auch der geringsten Chancen für eine diplomatische Beendigung dieses Krieges auf der Basis von zweierlei Voraussetzungen: der des Völkerrechts und der der nicht zu übergehenden Interessen der geschundenen Ukraine. Eine solche Haltung, die sich mit Recht auf die Tradition Willy Brandts berufen kann, ist etwas fundamental anderes als die solch selbst ernannter Friedensbewegter, die etwa auf der jüngst stattgefundenen Kundgebung in Berlin den Sozialdemokraten Ralf Stegner niederbrüllten und -pfiffen, als er das Wort vom «Angriffskrieg» verwendete, und die in ihrem Demonstrationsaufruf kein kritisches Wort über den Angreifer dieses Krieges verloren haben.

Diejenigen, die sich wie Breitscheid im Ersten Weltkrieg auch als Parlamentarier gegen die Bewilligung der Kriegskredite positionierten, mussten sich allerdings den Vorwurf gefallen lassen, mit ihrem Verhalten das hochgehaltene Prinzip der «Fraktionsdisziplin» (in diesem Falle besser «Fraktionszwang» genannt) zu verletzen.

Was Breitscheid betrifft, so hatte er – noch als Funktionär der Freisinnigen Partei dazu bereits 1908 eine durchaus differenziert zu nennende Haltung eingenommen. Da heißt es in einer von ihm mitverfassten Adresse an die linksliberalen Reichstagsabgeordneten: «Rücksichtnahme auf die Erfordernisse der Fraktionsdisziplin erkennen wir bei kleineren Fragen willig an, aber die wichtigsten Grundsätze der Partei einer Parteidisziplin unterwerfen, heißt, den Parteiinhalt der Parteiform zu opfern. Wenn die Fraktionsgemeinschaft zum Instrument für die Unterdrückung von Parteiprinzipien gemacht werden kann, dann ist ihr weiterer Bestand ein Unheil.» In diesem Sinne dürfte er einige Jahre später die rigide Haltung der sozialdemokratischen Fraktionsführung im Weltkrieg sicherlich als ein Unheil betrachtet haben.

Ende der 1920er-, Anfang der 1930er-Jahre stand – Peter Brandt hat vorhin die inhaltlichen Dilemmata geschildert – Rudolf Breitscheid als einer der Fraktionsvorsitzenden vor einem anderen Problem. Er musste zwischen den Vorstellungen einer selbstbewussten Fraktion und den Zwängen der sozialdemokratischen Minister im Kabinett Hermann Müller einen gangbaren Weg finden. Ausgangspunkt des Konflikts war die schwer aufzulösende Diskrepanz zwischen den Positionierungen von Partei und Fraktion im Wahlkampf unter dem zentralen Motto «Kinderspeisung statt Panzerkreuzer» und der späteren Zustimmung zum Bau genau dieser Panzerkreuzer im Kabinett angesichts der koalitionären Zwänge. Breitscheids grundsätzliche Haltung in diesem Konflikt liest sich so: «Unsere Minister im Kabinett haben keine Blankovollmacht; unsere Minister stehen unter der ständigen Kontrolle der Fraktion hier im Hause und der Partei draußen im Lande.» War er damit jemand, wie ihm in einem biografischen Text kritisch attestiert wurde, dessen Haltung mit der Ratio einer funktionsfähigen parlamentarischen Regierung nicht zu vereinbaren war? Dieser Sichtweise kann ich – diese Bemerkung vorweg – überhaupt nicht folgen. Breitscheid repräsentierte schon damals etwas, was viel später unter dem Begriff des «Struckschen Gesetzes» populär werden sollte: Danach sind Parlamentsfraktionen nicht die willenlosen Helfershelfer der Exekutive, sondern sie haben die so schwierige wie wichtige Aufgabe, das Handeln auch der eigenen Regierung kritisch zu begleiten und damit natürlich auch in den Gesetzgebungsprozess aktiv einzugreifen.

Das vorstehend erwähnte exekutivlastige Verständnis des Verhältnisses von Fraktion und Regierung wird allerdings bis in die jüngste Zeit verfochten. Unter der Überschrift «Ohne ihn ist Scholz weg» legte am vergangenen Freitag ein Autorenpaar der *FAZ* auf einer ganzen Seite die eigene Verwunderung darüber dar, dass sich hinter dem immer freundlichen Fraktionsvorsitzenden Rolf Mützenich ein durchaus machtbewusster Spitzenpolitiker verberge. Lieber Rolf, ich konnte mir bei der Lektüre das Schmunzeln nicht verkneifen. Was glauben denn diese Damen und Herren Journalisten, wie jemand in ein Amt wie das deinige gelangen kann, ohne ein kluges Gespür für die Bedingungen wie die Grenzen der damit verliehenen Verantwortung wie Macht zu besitzen? Welch Fehlbesetzung wärst Du, wäre Dir beides nicht zu eigen! Dass Olaf Scholz gleichwohl auf Deine Unterstützung und Loyalität zählen kann, hast Du oft genug bewiesen und beweist Du auch in diesen schwierigen Tagen.

Für Rudolf Breitscheid wiederum gilt, dass er wenige Jahre später zu neuen, zu anderen Schlussfolgerungen in Sachen Partei- und Fraktionsdisziplin gelangte. Auf dem Leipziger SPD-Parteitag 1931 bezeichnete er den Weg in die USPD im Rückblick als einen verhängnisvollen Fehler, ohne zu thematisieren, wer damals wen in Richtung Spaltung genötigt hatte. Die in dieser Phase Anfang der 1930er-Jahre erneut zum Ausdruck kommende Unduldsamkeit der sozialdemokratischen Führung und Mehrheit angesichts zunehmender Kritik gegenüber dem Tolerierungskurs gegenüber dem Kabinett Brüning trieb nicht nur eine Reihe kritischer Reichstagsabgeordneter, sondern auch weite Bereiche oppositioneller Parteijugend aus der Partei hinaus und hinein in die neugegründete Sozialistische Arbeiterpartei, die SAP, unter ihnen den jungen Willy Brandt. Der hat diese Trennung später im Rückblick als «Aufbegehren gegen eine schwächliche, kraftlose und kompromisslerische Politik» beschrieben.

Rudolf Breitscheid dürfte zu diesem Zeitpunkt jedoch noch keine Vorstellung davon gehabt haben, dass sich hier bereits Prozesse abzuzeichnen begannen, die die Sozialdemokratie nach 1933 im Exil vorübergehend in diverse politische Kleingruppen zerfallen ließ und auch ihn persönlich marginalisierte. Er und Willy Brandt trafen sich dann – trotz der Trennung von SPD und SAP – bei dem Versuch der Organisierung eines breiter aufgestellten Widerstands im Rahmen des Pariser Volksfrontausschusses.

Vor Herausforderungen, die beide in diesen wie in den Folgejahren zu bewältigen hatten, stehst Du – lieber Rolf – in heutiger Zeit glücklicherweise nicht. Aber wir alle gemeinsam sind – neben den gewaltigen internationalen Erschütterungen dieser Tage – auch innenpolitisch Zeugen von Zerwürfnisprozessen, schon länger bei der Partei Die Linke und den nach deren Spaltung verbliebenen Teilen Linke und BSW, die nochmals verdeutlichen, wozu ideologisch starre Wahrheitsansprüche und Ausgrenzungsprozesse führen. Auch die Grünen erlebten in kleinerem Format gerade heftige Erschütterungen in ihrer Jugendorganisation. Die Sozialdemokratie ist gut beraten, in dieser Hinsicht das Lernen aus eigenen Fehlern früherer Jahre und Jahrzehnte nicht zu vergessen und sich ihre offene und tolerante Grundhaltung und Diskursfähigkeit zu bewahren. Insgesamt betrachtet bietet in diesem Zusammenhang das von vielen Brüchen und Wendungen geprägte Leben Rudolf Breitscheids auch für das Lernen aus derartigen Krisensituationen eine Menge Anschauungsmaterial.

Erlauben Sie mir dazu noch eine abschließende kurze Bemerkung aus aktuellem Anlass. Breitscheid verließ 1912 das politische Lager des Linksliberalismus und trat der Sozialdemokratie bei. Er war zu der Überzeugung gelangt, dass das Zusammendenken traditioneller liberaler Freiheitsrechte und sozialer Verantwortung nur dort eine wirkliche politische Heimat hat. Ihm haben es in späteren Krisensituationen bekannte ehemalige Liberale wie Günter Verheugen und Ingrid Matthäus-Maier gleichgetan. Der gestrige Tag hat nochmals überdeutlich werden lassen, dass diese soziale Verantwortung in der aktuellen Führung der FDP keine Heimat hat. Wer eine Schuldenbremse zum alleinigen Identifikationsmerkmal eines modernen Liberalismus stilisiert, wer nur die eigene besserverdienende Klientel bedienen möchte, hat seine Verantwortung für die aktuellen Herausforderungen nicht verstanden.

Der frühere Linksliberale Rudolf Breitscheid war ein großer Sozialdemokrat. Wir sollten sein Andenken durch kritische Auseinandersetzung mit seinem Lebensweg weiter zu bewahren versuchen, wozu die heutige Veranstaltung einen kleinen, aber wichtigen Baustein geliefert hat. ∎

Sabine Hering

Lehren aus der SPD-Geschichte[1]

Bis zum 6. November 2024, dem Bruch der Koalition, habe ich die an mich gerichtete Anfrage, Schlüsse aus der Geschichte der SPD für die Zukunft zu ziehen, eher für eine Fingerübung gehalten. Das hat sich seitdem schlagartig verändert. Neben meiner bis dahin im Vordergrund stehenden Botschaft: *Abwehr gegen rechts* – ist jetzt ein zweites ganz aktuelles Thema getreten: Der Umgang mit dem Liberalismus. Das ist ein Thema, das an unmittelbarer Aktualität nichts zu wünschen übrig lässt, mir aber bereits durch ein Zitat von Rudolf Breitscheid zu denken gegeben hat, der im Jahr 1912 zu der Schlussfolgerung kam: *Mit dem Liberalismus ist eine soziale Demokratie nicht machbar.* Aber dazu später mehr.

Ich fange aber erst einmal so an, als sei nichts geschehen.[1]

Wir sind die älteste und wir sind die größte der Parteien. Wir sind stolz auf unsere Geschichte – und das mit Recht. Denn die SPD ist die einzige Partei, die im Laufe der deutschen Geschichte immer und unter allen Umständen demokratisch gesonnen war und auch demokratisch gehandelt hat. Die einzige.

Aber: Die Demokratie zu verteidigen, das Bollwerk gegen rechts zu sein und für soziale Gerechtigkeit einzutreten: All das hat der SPD nicht immer genützt – und nützt ihr auch gegenwärtig nicht viel. Die Gunst der Wählerinnen und Wähler erobern wir derzeit damit nicht in ausreichendem Maße.

Zum Glück steht die SPD nicht vor der Schicksalsfrage wie im März 1933, als Otto Wels die Niederlage der Partei im Abwehrkampf gegen den Nationalsozialismus einräumen musste, aber gleichzeitig betonte, dass der Mut, das Ermächtigungsgesetz unter Einsatz von Leib und Leben abzulehnen, zumindest die Ehrhaftigkeit der Sozialdemokratie unter Beweis gestellt habe.

Wir sind noch immer nicht ehrlos, auch nicht wirklich wehrlos – wir stellen derzeit schließlich noch immer den deutschen Bundeskanzler, aber wie lange noch – und wie wehrhaft sind wir und unsere Demokratie eigentlich?

Die SPD steht derzeit vor einer ganzen Reihe von Herausforderungen: Wie können

---

1 Referat auf der Herbsttagung von HDS e.V. und Brandenburger Friedrich-Ebert-Stiftung in Birkenwerder am 17. November 2024.

wir uns derzeit nicht nur gegen rechts, sondern auch gegen den unverfrorenen Neoliberalismus der FDP, die althergebrachten Konservativismen von CDU/CSU, die zum Allgemeinplatz gewordenen Forderungen und die Überheblichkeit der Grünen und die fadenscheinigen Friedensappelle des BSW zur Wehr setzen?

Mir wurde aufgetragen, Lehren aus der Geschichte der SPD zu ziehen und Perspektiven für die Zukunft daraus zu generieren. Eine echte Herausforderung, aber: Wohlan – hier sind sie.

Lehre Nummer 1: Einigkeit macht stark

In der Zeit erster sozialdemokratischer Aufbrüche Anfang der 1860er-Jahre gab es mehrere Richtungen, mehrere Leitfiguren, mehrere Programme. Am Ende der Auseinandersetzungen stand im Zuge des Gothaer Parteitags 1875 der Zusammenschluss, die Einigkeit, deren es für einen erfolgreichen Weg zur Macht bedurfte, und der gemeinsame Name: Sozialdemokratische Partei Deutschlands.

Das war das erste Mal, aber nicht das letzte Mal in der SPD, dass die Partei ihre Stärke aus der Einigkeit heraus entfaltete. Das war auch 1922 wieder so, als die Mehrheitspartei sich mit der zwischenzeitlich abgespaltenen USPD zusammenschloss, um während der ersten deutschen Republik die Zügel der Politik fest in der Hand zu halten. Allerdings noch nicht einmal 12 Jahre lang – aber auf die Gründe dafür kommen wir später zu sprechen.

Und dann gab es noch einen weiteren Triumph der Einigkeit, der Umstand nämlich, dass im Zuge der Wiedervereinigung die am 7.10.1989 gegründete SDP in der DDR von der West-SPD anerkannt wurde

und dann – ich erwähne das stolz als Mitglied der Historischen Kommission der SPD Brandenburg – bis heute als stärkste Partei bei uns im Bundesland reüssiert. Über nun mehr als 30 Jahre.

Lehre Nummer 2: «Der Worte sind genug gewechselt ...»

1979 hat Susanne Miller, damals die Vorsitzende der Historischen Kommission der SPD, das Buch *Die Bürde der Macht* veröffentlicht. Darin vertritt sie – vereinfacht gesagt – die These, dass die SPD ihre Stärke immer besser in der Opposition entfaltet hätte als in der Regierungsverantwortung. Dabei bezieht sie sich zwar vor allem auf die ersten Jahre der Weimarer Republik, aber ihre Überlegungen sind auch auf die späteren Krisen, in welche die SPD auch nach 1945 geraten ist, anwendbar.

Das Problem, das Miller damit offenlegt, ist im Grundsatz die Differenz zwischen parteipolitischer Programmatik und regierungspolitischem Handeln. Nicht nur die SPD muss im Rückblick konstatieren, dass viele ihrer Leitideen und Versprechungen, die sie in der Zeit der Opposition vollmundig verkündet haben, dann im Zuge ihrer Regierungshoheit nicht angemessen umgesetzt werden konnten.

Dabei ist den Parteien nicht unbedingt und nicht immer die Abweichung von den Wahlversprechungen vorzuhalten, sondern es ist – ganz besonders im Blick auf die aktuelle Wahlperiode klar und deutlich einzuräumen, dass sich 2021 niemand hat vorstellen können, vor welche Herausforderungen Corona, der Ukraine-Krieg und der Überfall auf Israel die Regierung stellen würde. Aber das Verständnis für Unvorhergesehenes ist nur die eine Seite.

Festzuhalten ist auch: Parteien – und vor allem so eine traditionsreiche Partei wie die SPD – werden nicht nur aufgrund ihrer Programmatik, nach ihren Wahlversprechen eingeschätzt, sondern viel mehr nach ihrer konkreten Politik, ihren Vorstößen, Kämpfen und Erfolgen in der parlamentarischen Arbeit. Die Devise der Wählerinnen und Wähler lautet – und das mit gewissem Recht: «Der Worte sind genug gewechselt, wir wollen jetzt endlich Taten sehen.»

Alle diejenigen, die nach einem schlechten Wahlausgang sagen: Wir hätten einen besseren Wahlkampf machen müssen, streuen sich Sand in die Augen. Eine bessere Politik hätten sie machen müssen, oder zumindest eine Politik, welche weniger Ärger, Irritation und Enttäuschungen verursacht, als dies allzu häufig der Fall ist.

Und die Parteien müssen – dies ist besonders der SPD ins Buch zu schreiben – ihren Einsatz, ihre Taten und ihre Erfolge besser unter die Leute bringen. Manchmal kann man auch von den Rechten etwas lernen.

Lehre Nummer 3: Bereit sein ist nicht alles.

Einen Tag nach der Ernennung Hitlers zum Reichskanzler am 31. Januar 1933 sagte Rudolf Breitscheid im Parteiausschuss der SPD:

> Mehr denn je sind wir verpflichtet, das Wort BEREIT SEIN IST ALLES auch in die Tat umzusetzen. D.h. dass für alle Organisationen der Arbeiterschaft der Moment gekommen ist, in dem sie sich in ernsten Bemühungen darüber klar werden müssen, was unsererseits zu geschehen hat, wenn Hitler die demokratische Maske abwirft.

Zu «ernsthaften Bemühungen» aufzurufen, war zu wenig. Am 23. März 1933 ist es soweit – mit der Abstimmung über das Ermächtigungsgesetz ist der Verfassungsbruch Hitlers vollzogen. Das Schicksal der Demokratie ist besiegelt.

Reichsbanner und Eiserne Front kommen – trotz ihrer zahlenmäßigen Überlegenheit – nicht mehr zum Einsatz. Die Gründe dafür sind vor allem darin zu suchen, dass die Parteiführung noch immer den Glauben an die Unzerstörbarkeit der parlamentarischen Demokratie nicht aufgegeben hatte. Ein großer und fataler Irrtum.

In der aktuellen Herausforderung einer erstarkenden Rechten in unserem Land müssen uns diese Ereignisse besonders zu denken geben. Das Ende von Weimar ist auch durch die Unentschlossenheit der SPD zur aktiven Gegenwehr eingeläutet worden. Vielmehr allerdings durch die Parteien, die dem Ermächtigungsgesetz zugestimmt haben, ohne sich bis heute mit der Bedeutung dieses Vorgangs öffentlich auseinanderzusetzen.

Das enthebt die SPD in den kommenden Jahren aber nicht der Verantwortung, Lehren aus dem Ende von Weimar zu ziehen und wieder ein Bollwerk, vielleicht aber sogar, *das* «Bollwerk» gegen rechts zu sein.

Direkt im Anschluss daran – die Lehre Nummer 4: Ohne Mehrheiten ist die Demokratie verloren

Noch mal ein Blick weiter zurück in die Geschichte: Ohne Mehrheiten hat die SPD im Kaiserreich keine ihrer wesentlichen Forderungen im Reichstag durchsetzen können. In der Weimarer Republik mussten sie in unterschiedlichen Konstellationen lavieren und haben – am Ende – die letzte SPD-geführte «Müller-Regierung» fallen gelassen. Sie haben damals geglaubt, die Mehrheiten unter besseren Bedingungen wiedergewinnen zu können. Aber die besseren Bedingungen kamen nicht. Und ob sich heute das Blatt wieder von den aufkommenden antidemokratischen Tendenzen abwendet, ist mehr als ungewiss.

Der Satz «Wer, wenn nicht wir – und: wann, wenn nicht jetzt», der immer wieder zu Mut und Entschlossenheit aufgerufen hat, sollte auch gegenwärtig in der SPD häufiger gesagt und ernst genommen werden. Zum Beispiel im Einsatz dafür, dass durch einen Antrag auf die Überprüfung der Verfassungsmäßigkeit der AfD ein Verbot dieser Partei die Risiken abwendet, die auf politischem Weg kaum noch überwindbar erscheinen.

Wer, wenn nicht wir – und: wann, wenn nicht jetzt!

Lehre Nummer 5: Ohne Frauen ist kein Staat zu machen!

Als August Bebel 1895 zum ersten Mal im deutschen Reichstag das Frauenstimmrecht forderte, war er zwar der erste Parlamentarier, welcher für das Bürgerrecht der Frauen eintrat – erfunden hat er es nicht. Er griff mit eindrucksvollen Worten eine Forderung auf, die seit der Französischen Revolution ein grundsätzliches Umdenken in dem Verhältnis der Geschlechter wachgerufen hatte. Dass Bebel mit seiner Forderung nicht nur die Interessen der Frauen vertrat, sondern langfristig auch seiner Partei große Vorteile verschafft hat, konnte er nicht wissen, hat es vielleicht aber gehofft.

Zu diesen Vorteilen gehörte zunächst ein großes Potenzial an hoch qualifizierten Frauen, die seit 1919 auf allen Ebenen aus der Frauenbewegung in die Parlamente Einzug hielten. Dass diese Frauen noch mehrere Jahrzehnte gebraucht haben, um durch den § 3/2 GG und Zusatzinstrumenten wie Frauenförderpläne, Quoten und Gender Mainstreaming zur Gleichheit auch innerhalb der Partei zu kommen, gehört zu dem Kapitel «aus Fehlern lernen», das ebenfalls in das Buch der guten Vorsätze der SPD eingetragen werden muss.

Lehre Nummer 6: «Wer die Mitte verloren hat, muss wenigstens den Rand halten»

Einstmals hatte die SPD eine starke Basis, aus der sie ihre Anhängerschaft bezog und damit über ein tragfähiges Fundament verfügte. Es gab nicht nur eine feste Bindung an die Gewerkschaften, es gab Arbeitersportvereine, Bildungsvereine, eine gut organisierte Arbeiterjugend, sozialdemokratische Frauenorganisationen, Naturfreunde und zahlreiche weitere Gruppierungen, welche ihren Mitgliedern Identität und Zusammenhalt – und der Partei den Rückhalt bot, aus dem sie über Jahrzehnten hinweg ihre Kraft bezogen hat. Die SPD war nicht nur eine Partei, sie war eine soziale Bewegung.

Das ist sie ohne Zweifel schon lange nicht mehr. Sie vertritt zwar wie ehedem die Forderung nach Gleichberechtigung und sozialer Gerechtigkeit, ihre «Klientel» bezieht sie nicht mehr aus klar definierbaren und konstanten Gruppierungen. Das liegt nicht nur an der SPD, sondern vor allem daran, dass die wenigen noch existierenden klar definierbaren konstanten Gruppierungen wie die «Besserverdienenden» oder «Öko/Alternativen» fest in der Hand anderer Parteien sind.

Der «Verlust der Mitte» erfordert deshalb ein Umdenken. Die Geschichte zeigt, dass Menschen durchaus nach Orientierung, auch nach Identität und nach so etwas wie einer sozialen Heimat suchen. Dass sie sehr wohl den Zusammenhalt zu schätzen wissen. Deshalb sind die Ortsvereine nach wie vor eine attraktive Anlaufstelle für gewisse Menschen, die sich politisch engagieren wollen. Die Mehrheit der Bürgerinnen und Bürger erreichen wir damit aber nicht. Diese haben in zunehmendem Maße das Gefühl, dass sie sich in den social media sehr viel besser politisch artikulieren können (soweit sie überhaupt das Bedürfnis danach haben) als am Stammtisch eines Ortsvereins.

Die Follower gewinnt man deshalb heute nicht durch die Werbung um Parteimitgliedschaft, sondern durch die Anziehungskraft der medialen Netzwerke. Die Ideologischen Gettos, die «Blasen», die dadurch entstehen, dass man in der Regel nur mit Gleichgesinnten im Austausch steht, verfälschen zwar allzu häufig den Blick auf die Realität, das war aber auch ein Charakteristikum der Binnenstrukturen innerhalb der sozialen Bewegungen von früher.

In diesen neuen Netzwerken einen Raum zu bieten für politisches Denken in den veränderten Dimensionen des Miteinanders ist eine der Herausforderungen vor der wir derzeit stehen. Wenn wir verhindern wollen, dass die brüchig gewordenen Ränder der Gesellschaft nicht zu einem Kollaps und einem Ende demokratischer Grundfesten führen, müssen wir uns dieser Herausforderung stellen.

Lehre Nummer 7: Augen auf beim Umgang mit den Liberalen

Wie bereits am Anfang erwähnt, hat Rudolf Breitscheid 1912 gesagt: «Mit den Liberalen ist eine soziale Demokratie nicht machbar.» Der Bruch der Koalition am 6.11.2024 hat diese These erneut unter Beweis gestellt. Breitscheid hatte in den Jahren zuvor mit großem Einsatz den Versuch unternommen, dem Wirtschaftsliberalismus einen sozialen Liberalismus mit Annäherung an die SPD entgegenzusetzen. Dieses Experiment misslang aufgrund der kapitalistischen Ausrichtung innerhalb der liberalen Strömungen, aber auch der konservativ bürgerlichen Wählerschaft.

Es hat aber davor und danach auch andere fortschrittliche Formen des Liberalismus gegeben, die sich durchaus in Einklang mit den Zielen der Sozialdemokratie bringen ließen. Ob es «nach Lindner» wieder mit dem Liberalismus aufwärtsgehen kann, wissen wir nicht, geben aber die Hoffnung noch nicht ganz auf.

Und die Conclusio?

Dass wir wirklich die Partei der Demokratie, der sozialen Gerechtigkeit und einer menschlichen Zukunft sind, dürfen wir deshalb nicht nur verheißen, nicht nur anhand unserer Geschichte Nachweise liefern, dass eine andere Welt möglich ist, als die Welt der finsteren Zeiten, in der wir gegenwärtig leben. Wir müssen selber daran glauben.

Seit dem Bruch der Koalition stehen wir wieder mitten im Wahlkampf. Deshalb müssen wir zeigen, dass wir nicht nur die älteste und die größte, sondern auch die beste der Parteien sind.

Benno Haunhorst

Keine Hinterbänklerin: Maria Meyer-Sevenich
Erinnerung an eine katholische Sozialdemokratin

Eine Hinterbänklerin war sie sicher nicht. Ihre Zeitgenossen erlebten sie als mutige und mitreißende Rednerin. Der wohl interessanteste katholische Politiker in Niedersachsen in den Jahren nach dem Krieg war eine Frau und zudem noch eine Sozialdemokratin: Maria Meyer-Sevenich. Sie vertrat im Landtag den Wahlkreis 21 (Hildesheim-Sarstedt), war Ministerin und wohnte im Hildesheimer Stadtteil Himmelsthür.

Sie folgenden äußeren Daten gewähren bereits einen Einblick in ein hoch politisiertes Leben: 1907 in Köln geboren, 1928 Eintritt in die SPD und baldiger Austritt. Seit 1929 studierte sie Jura und Philosophie in Frankfurt a. M. 1931 gründete sie dort die SAP mit, eine sozialistische Organisation, der auch Willy Brandt angehörte. Von dort wechselte sie 1932 zur trotzkistischen KPD(LO) und schließlich 1933 zur KPD, aus der sie 1937 wiederum austrat. Zwischenzeitlich wurde Maria Seenich, wie sie als unverheiratete junge Frau hieß, exmatrikuliert und verhaftet bevor ihr die Flucht in die Schweiz und schließlich nach Frankreich gelang. Dort kehrte sie 1937 zurück zur katholischen Kirche. 1942 wurde sie von der Gestapo verhaftet und in einem deutschen Zuchthaus inhaftiert. Sie entging eher zufällig ihrer Erschießung. Im Sommer 1945 war sie an der Gründung der hessischen CDU beteiligt.

Halten wir hier einmal fürs Erste inne und entfalten die folgenden Jahre in einer etwas detaillierteren Betrachtung. Denn über ihre ersten 17 politischen Jahre in

fünf Parteien und schließlich der katholischen Kirche wissen wir nur das Wenige, was sie später selbst hat durchblicken lassen. 1970, nach weiteren 25 Jahren in der politischen Auseinandersetzung – zuletzt von Hildesheim aus-, starb Maria Meyer–Sevenich. Was waren ihre Grundlagen, Themen und Ziele? Konnte sie in ihrer Zeit etwas bewegen?

Sozialismus aus christlicher Verantwortung

Vom 14. bis zum 16. Dezember 1945 fand in Bad Godesberg das erste Reichstreffen der CDU statt. Mit ihrer improvisierten Rede «Die Union als Gottesarbeit im Dienst am Kreuz» zog Maria Sevenich über eine Stunde lang die 250 Delegierten in ihren Bann. Am Ende der Tagung wurde in einer Entschließung der «Sozialismus aus christlicher Verantwortung» zur Grundlage der Partei erklärt. Dahinter steckte aber wohl eher eine Initiative der Berliner CDU-Delegierten und nicht der Appell Maria Sevenichs. Aber darauf komme ich noch zurück.

Maria Sevenich sprach davon, dass nur ein lebendiges Christentum der Verantwortung gerecht werden könne, Hitler endgültig zu besiegen und Deutschland in die Demokratie zu führen. Die Neugestaltung der Politik werde aber nur über eine neue Bewegung wie der CDU gelingen. Die beiden christlichen Konfessionen hätten in der Opposition gegen Hitler zusammengearbeitet. Ihre Gemeinschaft in einer neuen Partei sei ein Zeichen für den Aufbruch in die Demokratie. Dagegen fühle sich die SPD lediglich an ihre Klientel gebunden. Einige ihrer Führer verbrachten die Nazi-Zeit im Ausland und wüssten deshalb nichts von den Sorgen der Deutschen.

Sevenich verfiel an dieser Stelle in Stereotypen, die man jemandem mit ihrer Biografie nicht zugetraut hätte: Die meisten Deutschen waren keine Nazis, nur wer alles mitgemacht hatte, dürfe darüber urteilen, Schuld an Hitler waren allein die erstarrte Regierungspolitik vor 1933 und das Ausland. Mit großer Begeisterung wurde in Bad Godesberg der Schlussappell ihrer Rede aufgenommen:

> [...] daß man an die politische Arbeit mit demselben Ernst herangehen muß, mit dem der Priester zum Altar tritt. Denn was wir hier tun wollen, ist in letztem Dienst an Menschen, Dienst an Vaterland und Abendland, ist Gottesarbeit und Dienst am Kreuz.

Diese metaphysische Überhöhung der Alltagspolitik war sicherlich der Redesituation und wohl auch der Stimmung des Aufbruchs und der Neugestaltung geschuldet. Bei Maria Meyer-Sevenich fand sie aber ihre Quelle in der katholischen Philosophie Jacques Maritains, die sie in ihrem französischen Exil kennengelernt hatte. Aus diesen Gedankenkreisen speiste sich dann auch ihre Auseinandersetzung mit dem Sozialismus, den sie in mehreren Ansprachen bis in den Sommer 1946 hinein vortrug.

Der Marxismus, so charakterisierte Sevenich wohl auch aus eigener Erfahrung, sei eine materialistische Weltanschauung der Gottlosigkeit. Wer auf dieser Basis den Sozialismus anstrebe, entwerte den Menschen, seine Moral und seine Geschichte.

So wird der Sozialismus zu nichts anderem als der Überführung von der privatkapitalistischen in gemeinwirtschaftliches Wirtschaften. Die unausweichliche Konsequenz für den Menschen ist eine noch größere Einschränkung seiner persönlichen Freiheit [,]

führte sie in einem Vortrag am 9.2.1946 aus und gab damit die Kritik an einem rein mechanischen Erfassen gesellschaftlicher Vorgänge wieder, die sie Maritains 1936 veröffentlichten «Humanisme integral» entnommen hatte. Maria Sevenich erkannte an, dass sich die SPD – und sie meinte damit sicherlich den Parteivorsitzenden Kurt Schumacher – von dieser marxischen Weltanschauung gelöst und einer sittlichen Motivation zugewandt hatte. Sevenich bezeichnete das auch als einen Sozialismus auf der Basis des Naturrechts. Dafür müsse man aber kein gläubiger Christ werden. Der christliche Sozialismus ginge hingegen aus von der Sehnsucht nach der Befreiung des Menschen durch gemeinschaftliche, verändernde Liebe.

Aus der SPD wurde Maria Sevenich vorgeworfen, sie würde vom «christlichen Sozialismus» reden, um aus der SPD neue Parteimitglieder für die CDU abzuwerben. Sie antwortete darauf, natürlich könne ein Christ in der SPD sein, aber er müsse dabei immer bedenken, dass diese Partei Religion als Privatsache verstehe, also nicht aus christlicher Verantwortung heraus Politik mache. Allein Nationalsozialismus und Bolschewismus seien die erklärten Gegner der Politik aus christlicher Verantwortung.

Auf Anregung von Maria Sevenich fand am 15./16. Juni 1946 im Kloster Walberberg eine Arbeitstagung der Vertreter des christlichen Sozialismus innerhalb des

CDU-Spektrums statt. Sie hatte empfohlen, sich mit den Gedanken des Dominikaners Eberhard Welty auseinanderzusetzen, um einerseits zu klären, was diese Ideen mit dem Berliner CDU-Vorsitzenden Jakob Kaiser und wohl auch mit dem «Sozialismus aus christlicher Verantwortung» der Frankfurter CDU Gründungsväter Walter Dirks und Eugen Kogon gemeinsam hätten. Andererseits ging es auch um eine Abklärung zwischen diesen Vorstellungen eines christlichen Sozialismus einerseits und des Solidarismus andererseits, wie er z. B. von den Jesuiten um Gustav Gundlach vertreten wurde. In der nächsten Zeit spielten dann die Ideen des «Walberberger Kreises» in der programmatischen Diskussion der CDU eine starke Rolle. Welty wirkte auf das Ahlener Programm der CDU vom Februar 1947 bis in einzelne Formulierungen hinein.

Nach der Tagung in Walberberg erschien im Juli-Heft der *Frankfurter Hefte* der bedeutende Aufsatz «Das Wort Sozialismus» von Walter Dirks. Es ist nicht erkennbar, das Sevenich von Dirks oder anderen maßgeblichen Initiatoren der CDU wahrgenommen wurde, obwohl sich etwa Dirks und Sevenich in Hessen auch persönlich begegnet sein müssten. Vielleicht wurde sie nicht ernstgenommen, weil sie zwar rhetorisch großartig war, aber beim Nachlesen doch erkennbare analytische Schwächen hatte. Wir wissen es nicht, aber interessant ist schon, dass in keiner der zeitgenössischen Darstellungen auf Sevenich Bezug genommen wird. Das ist auch deshalb bemerkenswert, weil von ihr in den Jahren 1946 bis 1949 sieben eigenständige Veröffentlichungen zur Politik aus christlicher Verantwortung als Broschüren vorgelegt wurden. Damit führte sie die Publikationsliste an. Und offensichtlich gehörte sie zeitweise zu

den führenden Propagandisten der Adenauer Richtung in der CDU.

In der Wahrnehmung der interessierten Zeitgenossen gab es in den Jahren zwischen dem Kriegsende und der Gründung der Bundesrepublik vier Richtungen eines christlich-sozialistischen Ansatzes unter Katholiken: Die Gruppe um Jakob Kaiser in der CDU. Sie konzentrierte sich auf die Frage der Sozialisierung, war aber gesellschaftstheoretisch nicht auffallend aktiv. Ihren Höhepunkt und zugleich ihr Ende markierte das Ahlener Programm der CDU. Als zweite Gruppe seien die Walberberger um den Dominikaner Eberhard Welty genannt. Deren streng naturrechtlich fundierte Gesellschafts- und Wirtschaftslehre wurde zwar als «christlicher Sozialismus» bezeichnet, blieb aber dafür jede Begründung schuldig. Offensichtlich führte die Ablehnung eines marxistisch begründeten Sozialismus wohl zu der Charakterisierung «christlicher Sozialismus». Als größte, jedenfalls als publizistisch wortmächtigste Gruppe lassen sich die Vertreter eines «Sozialismus aus christlicher Verantwortung» um Walter Dirks und die *Frankfurter Hefte* begreifen. Sie verbanden Demokratie in Politik und Gesellschaft mit Planwirtschaft. Die Eigentumsverhältnisse entscheiden über das Gelingen der Demokratie. Als vierte, aber recht unbedeutend gebliebene Gruppe kann noch der «Bund christlicher Sozialisten» um den katholischen Geistlichen Joseph Rossaint genannt werden: Gesellschaft und Wirtschaft sollen von unten nach oben strukturiert werden ohne Privateigentum und in kommunistischer Gesinnung. Diese Gruppe fühlte sich als einzige den aus dem Protestantismus stammenden «religiösen Sozialisten» verbunden.

Sevenich passte in diese Modelle nicht hinein. Sie dachte weltanschaulich und religiös: Der Marxismus und seine Vorstellungen von Wirtschaft, Gesellschaft und Staat seien abzulehnen, weil sie materialistisch seien, also dem christlichen Bekenntnis komplett widersprechen. Das christliche politische Denken sei nun seinerseits kein naturrechtlicher Entwurf, sondern die menschliche Antwort auf die Ansprache des lebendigen Gottes. Zwar bediente sich Maria Sevenich immer wieder naturrechtlicher Denkmuster, die sie sicherlich in Walberberg kennengelernt hatte, aber sie argumentierte eher mit dem in der Zeit Notwendigen und mit dem Vorbild der christlichen Urgemeinde. Der marxistische Sozialismus lebe im Bolschewismus fort, der christliche Sozialismus sei in der Urkirche verwirklicht worden und gründe auf dem Gebot der Nächstenliebe, des Helfens und Teilens. Jedoch gelang es ihr nicht, diesen religiösen Ansatz durchzuhalten. So benannte sie ausdrücklich als Kriterium der Entscheidung für den christlichen Sozialismus, ob jemand die naturrechtliche Ordnung des Privateigentums und des Elternrechts auf Erziehung anerkenne.

Es mag sein, dass Maria Sevenich bei Konrad Adenauer gut ankam, weil sie religiös argumentierte und damit letztlich persönlich. Sie argumentierte nicht gewerkschaftlich und nicht von einem Bild von gerechter Gesellschaft und von der Entprivatisierung der Wirtschaft her. Vielleicht suchte er auch ihre Unterstützung, um bei seinem Kampf gegen einen antikapitalistischen christlichen Sozialismus in der CDU eine Verbündete zu haben. Jedenfalls unternahm Adenauer alles, um den Einfluss von Jakob Kaiser auf die CDU zu verhindern und eine christlich-sozialistische Partei unmöglich zu machen. Im zweiten Halbjahr 1946 veröffentlichte Sevenich ihre offenen Briefe an Jakob Kaiser, in denen sie

ihm vorhielt, man könne keine Brücken bauen zwischen Christentum und Sozialismus. Damit drückte sie Adenauers Position aus, die dieser aus seiner prinzipiellen Abneigung gegen alles Östliche, also der Sowjetunion, des bolschewistischen Kommunismus, der Ostzone, der SED und der dortigen CDU Jakob Kaisers, bezog.

Es waren vor allem akademische und kirchliche Kreise gewesen, die die Idee eines christlichen Sozialismus als Grundlage der CDU vorantrieben. Mit der zunehmenden Positionierung der Besatzungsmächte gegen eine Sozialisierung der Wirtschaft, dem Erstarken der Sozialdemokratie im Westen und der Einheitspolitik der Kommunisten in der sowjetischen Zone sowie letztlich auch der stärker werdenden Einmischung der kirchlichen Hierarchie und der Sammlung konservativer Kräfte in der CDU schwanden diese Bemühungen bereits im Sommer 1947.

Bereits im Laufe des Jahres 1946 war es zu mehreren Ereignissen gekommen, die die Eigensinnigkeit Maria Sevenichs verdeutlichten und somit den Graben zwischen ihr und Adenauer stetig größer werden ließen. Zwar standen die beiden noch am 11.8.1946 als Hauptredner auf dem Podium der Großkundgebung anlässlich des ersten Landesparteitages der CDU in Hannover. Bereits im Sommer dieses Jahres hatte ihr die US-Behörde Auftritts- und Redeverbot erteilt in der amerikanischen Zone. Der Vorwurf lautete, sie habe die Entnazifizierung mit der Bolschewisierung gleichgesetzt. Konrad Adenauer brachte sie über seine Verbindungen zum Dominikaner Laurentius Siemer bei Hermann Siemer und der CDU im katholischen Vechta unter. Das entsprach wohl einer doppelten Disziplinierung: Einerseits sollte sie den konservativen Katholizismus der Landbevölkerung kennenlernen und andererseits wusste Adenauer von der stramm antisozialistischen und stramm protestantisch-bürgerlich dominierten niedersächsischen CDU, die ohne jedes Verständnis für einen aus der katholischen Soziallehre entwickelten christlichen Sozialismus war. Er ließ in seinen Reden von 1946 an durchblicken, dass der Sozialismus doch bereits im Nationalsozialismus realisiert worden sei. Der Richtungsstreit in der CDU wurde auch über die Verwendung des Begriffs Sozialismus ausgetragen. Als Maria Sevenich ihre Vorstellung von einem demokratischen Aufbau in die religiöse Metapher von einem völligen «Neubeginn» Deutschlands fasste, hatte sie den endgültigen Bruch mit Adenauer vorgezeichnet. Dieser sprach stets vom «Wiederaufbau» und verfolgte damit einen restaurativen Pragmatismus. Als Sevenich dann am 29.10.1946 in einen vierwöchigen Hungerstreik trat, um auf die unzureichende Versorgung der Briten mit Nahrungsmitteln für die Bevölkerung hinzuweisen, provozierte sie nicht nur die Besatzungsmacht, sondern auch die CDU, für die sie eine verabredete Vortragstour durchs Land nun nicht mehr antreten konnte. Adenauer erschien am Bett der Hungernden, um sie vom Abbruch zu überzeugen. *Die Welt* brachte ein Foto davon. Im April 1947 wurde sie dann aber doch über die Landesliste in den Landtag gewählt. Übrigens machte der Hungerstreik Schule. Vom März bis in den Mai 1948 kam es an mehreren Orten in Niedersachsen zu Hungerstreiks. Der DGB hatte dazu aufgerufen.

Am 14.6.1947 heiratete sie Werner Meyer, den Kreisgeschäftsführer der CDU und Landesvorsitzenden der Jungen Union. Meyer war der Vetter von Heinrich Albertz, dem sozialdemokratischen Vertriebenenminister in Hannover. Das Paar übersiedelte von Vechta nach Wunstorf bei Hannover. Am 10.4.1948 sprach Maria Meyer-Sevenich als Hauptrednerin auf der Großkundgebung der CDU zur Flüchtlingspolitik in Hannover. Wenige Wochen später am 14.5.1948 – trat sie aus der CDU aus und folgte damit ihrem Mann. Noch am Abend zuvor hatte sie auf einer öffentlichen Veranstaltung der CDU in Bad Sachsa gesprochen. Ihrem Parteiaustritt war ein zweistündiges Gespräch mit Konrad Adenauer vorausgegangen.

1955 äußerte sich Maria Meyer-Sevenich zum erkennbar letzten Mal über den «Sozialismus aus christlicher Verantwortung» vor dem «Sozialistischen Aussprachekreis» des SPD-Unterbezirks Hildesheim. Mit Erich Ollenhauer und Carlo Schmid stellten sich später auch noch Männer aus der ersten Reihe der Partei den Diskussionen in diesem Gesprächskreis.

Kämpferischer Antiklerikalismus

Bereits in den 1980er-Jahren war die Göttinger Historikerin Helga Grebing bei ihren Arbeiten über die Anfangsjahre der niedersächsischen Politik auf Maria Meyer-Sevenich gestoßen. Sie veröffentlichte damals auch die beiden Briefe, die Meyer-Sevenich an Kurt Schumacher geschrieben hatte. Am 28.11.1948 und am 8.10.1949 teilte sie dem SPD-Parteivorsitzenden ihre wachsende Kritik an der CDU sowie ihre zunehmende Nähe zur SPD und schließlich ihren Parteieintritt mit.

In ihrem ersten Brief an Schumacher schrieb Maria Meyer-Sevenich davon, wie sie bereits 1933 den Marxismus als unproduktiv für die politische Arbeit erlebt habe. Durch ein persönliches Glaubenserlebnis im Exil habe sie sich wieder dem katholischen Bekenntnis zugewandt, teilte sie mit. Ein vertieftes Studium der Bibel und der katholischen Soziallehre habe sie schließlich die politische Radikalität des Glaubens erkennen lassen. Maria Meyer-Sevenich erblickte – so führte sie aus – in der CDU eine neue Bewegung, die in der Synthese von Christentum und Sozialismus eine Gegenkraft zum Kapitalismus ausbilden wollte.

Schließlich führte sie dem SPD-Parteivorsitzenden gegenüber drei Gründe an für ihren Austritt aus der CDU. Erstens stehe diese mittlerweile unter der Führung reaktionärer Kräfte und andererseits habe sich die SPD von der marxistischen Weltanschauung gelöst. Zweitens nannte Meyer-Sevenich die Ausbreitung eines «Kleriko-Faschismus» in der CDU. Die Kirche dürfe aber nicht wieder in die Parteipolitik eindringen. Schließlich kritisierte sie drittens die Vertriebenenpolitik der CDU: Man dürfe den Vertriebenen nicht die Rückkehr in ihre Heimat als Lösung ihrer Probleme versprechen. Maria Meyer-Sevenich bat Kurt Schumacher um Verständnis dafür, dass sie nicht in die SPD eintrete. Als Mitglied der SPD würde sie im Katholizismus gleich abgestempelt sein. Sie wolle aber doch gegen den «Kleriko-Faschismus» in der Kirche etwas erreichen. In den Monaten zwischen ihrem vollzogenen Austritt aus der CDU und ihren endgültigen Eintritt in die SPD schrieb sie ihre Gedanken auf. 1949 veröffentlichte sie diese in der Broschüre «Gebt dem Kaiser, was des Kaisers ist. Ein Beitrag zur Geschichte des politischen Katholizismus». Daraus sollen gleich noch einige der wesentlichen Gedanken vorgestellt werden.

Im Oktober 1949 teilte Meyer-Sevenich Schumacher in einem ausführlichen Brief ihren Eintritt in die SPD mit. Über weite Passagen wiederholte sie vieles aus ihrem ersten Brief. Nach dem Beschluss des Ahlener Programms 1947 verabschiedete sich die CDU – so Meyer-Sevenich – von allen Reformideen eines «Sozialismus aus christlicher Verantwortung» und wurde mit kirchlichem Segen zu einer wirtschaftsliberalen konservativen Partei. Sie schloss ihren Brief mit den Worten:

daß – entgegen allen für unsere deutschen Verhältnisse zumindest unzutreffenden Verkündigungen meiner Kirche – ein katholischer Christ Sozialist sein muß,- und ohne die geringste Gewissensnot aktiver Kämpfer in den Reihen der Sozialdemokratie sein kann.

Maria Meyer-Sevenichs Ausführungen über den politischen Katholizismus und über den Klerikalismus in der Politik in ihrer bereits erwähnten Schrift von 1949 nahmen bereits vieles von dem vorweg, was von linken Katholiken erst ab Mitte der 1960er-Jahre öffentlich kritisiert wurde. In der ersten Zeit ihrer politischen Karriere hatte sie nie von der Kirche gesprochen, sondern stets von einem Glauben, der zu einem menschenfreundlichen Einsatz anleite. Das änderte sich jetzt, indem sie überprüfte, ob sich die Allianz von Kirche und politischem Katholizismus selbst nach den christlichen Grundsätzen richte. Sie sei sich bewusst, hob Meyer-Sevenich gleich zu Beginn hervor, dass ihre Schrift als Angriff auf die Kirche dargestellt werden würde, aber sie müsse in der Kirche selbst die christlichen Werte einfordern. Sie bestritt, dass die Kirche selbst das Recht habe, Politik zu machen, weil sie damit irdische Macht ausübe. Das widerspreche in allem der Botschaft und dem Leben Jesu.

Ausführlich analysierte sie die historischen Beispiele des «Kleriko-Faschismus» in Spanien, Italien und Österreich. Ihr zentraler Satz zur deutschen Situation lautete:

Die parteipolitische Entscheidung des Kölner Kardinals für die CDU, (übrigens zu einer Stunde, da die kapitalistischen Kräfte in der Führung der Partei, die christliche Maskierung zynisch fallen ließen!) hat die parteipolitische Auseinandersetzung in unzählige Pfarreien hineingetragen, deren Priester nun die Parteiarbeit – wenn nötig auch von der Kanzel herunter –, für wichtiger einschätzen als die seelsorgliche Verantwortung für die ihnen anvertrauten Seelen.

Bis zu diesem Zeitpunkt hatte Meyer-Sevenich schon mehrfach ihre Kritik an dem von Kardinal Frings öffentlich vollzogenen Eintritt in die CDU formuliert. Jetzt rückte sie ihn aber in die Ecke des «Kleriko-Faschismus»: Seelsorglicher und politischer Machtmissbrauch sowie Kumpanei mit dem Kapitalismus.

Demokratie – so argumentierte Meyer-Sevenich gegen die weitverbreitete Auffassung in ihrer Kirche – sei keine Erfindung des Liberalismus. Demokratie folgere aus der gleichen Geschöpflichkeit aller Menschen. Jesus Christus habe sich mehrfach gegen die Bevorzugung gesellschaftlich privilegierter Menschen gewandt. Ausführlich beschäftigte sie sich dann mit den schweren Verfehlungen der Nazis gegen kirchliche Grundsätze. Aber dagegen habe die Kirche nicht ausreichend Stellung bezogen. Demgegenüber seien die nach 1945 hervorgehobenen Differenzen zwischen Katholizismus und Sozialismus inhaltlich unsinnig und als einseitige politische Propaganda zu erkennen. So verletzte die Kirche

aber den Auftrag Jesu und stoße die Menschen ab.

Maria Meyer-Sevenich zog zur Begründung ihrer Ausführungen mehrere päpstliche Enzykliken sowie bischöfliche und theologische Stellungnahmen heran. Entscheidend wurde aber, dass sie diese meist naturrechtlichen Äußerungen durch biblische Bezüge kritisierte. Die persönliche Glaubensüberzeugung steht so gegen die kirchliche Positionierung. Dieser für eine Katholikin dieser Zeit bedeutsame Paradigmenwechsel entstammte sicherlich ihrer privaten Bekenntniserfahrung. Aber man erkennt auch deutlich ihre Anlehnung an Jacques Maritain (1882–1973), dem sie 1938 in Frankreich begegnet war. Sie hielt sich eng an sein Buch *Christlicher Humanismus* – in Deutschland erst 1950 veröffentlicht – ohne das stets als Zitat auszuweisen. Man wird den Eindruck nicht los, dass Maria Meyer-Sevenich ihre Notizen aus einer Vorlesung oder einem Vortrag von Maritain einfach aneinanderreiht. Ihre Wortwahl, ihr intellektuelles Vorstellungsgelände sowie ihre Gegnerschaften zog sie aus Maritains Darstellung. Kommunismus, Marxismus, Atheismus, Materialismus und Kapitalismus kritisierte sie nach seinem Vorbild. Sein Verständnis von menschlicher Geschichte, Freiheit der Person und sozialer Verantwortung ließen Maritain von einem «humanistischen Sozialismus» reden und ein politisches Handeln der Christen gegen Totalitarismus und Unfreiheit in Kirche und Gesellschaft zeichnen. Der Katholik lebt mit Jesus Christus vom Ewigen her. Dieser theologische Ansatz Maritains stand konträr zu der Soziallehre der deutschen Theologen und wurde auch vom Lehramt in Rom weitgehend abgelehnt. Erst Papst Paul VI. bezog sich in seiner Enzyklika «Populorum progressio» von 1967 auf Maritain, indem er «wahre Humanität» als christlichen Begriff des Fortschritts bezeichnete. Vielleicht hat Maria Meyer-Sevenich das noch zur Kenntnis nehmen können. Jedenfalls aber war sie eine der ersten Deutschen – und zudem noch als Nichttheologin –, die Jacques Maritain rezipiert hatte.

Politikfelder

Geist und Tat hieß die von Willi Eichler herausgegebene Monatszeitschrift. Ausgesprochen profiliert bereitete sie die weltanschauliche Öffnung der SPD im Godesberger Programm vor. Neu waren vor allem die katholischen Stimmen in dieser Zeitschrift und die vielen Reflexionen über den Katholizismus des ethischen Sozialisten Willi Eichler selbst. Zwischen 1952 und 1958 publizierte Maria Meyer-Sevenich gleich 12 Artikel in *Geist und Tat*. Sie beschäftigten sich mit politischen Fragen des Katholizismus. So auch ihr Beitrag «Der politische Katholizismus als Ziel und Wirklichkeit» gleich im ersten Jahrgang 1954 der Theoriezeitschrift der SPD *Die Neue Gesellschaft*. Wir wissen ja bereits, dass Meyer-Sevenich nach einem politischen Ausdruck ihres christlichen Glaubensbekenntnisses suchte. Erstmals veröffentlichte sie dazu jetzt ihre Gedanken in einem sozialdemokratischen Kontext. Werfen wir also als Einstieg einen Blick in ihren Artikel in der *Neuen Gesellschaft*.

Der politische Katholizismus beginnt dort – schrieb Maria Meyer-Sevenich – , wo die seelsorgliche Aufgabe der Kirche zum politischen Führungsanspruch erhoben wird. Gleich zu Anfang hielt sie ihre Position der Ablehnung dieses Anspruchs aus religiösen Gründen fest. Sie führte erneut – wie bereits in ihrer Schrift von 1949 – Österreich und Spanien in den 1930er-Jahren an als Beispiele für Regionen, in denen die katholische Kirche direkten Einfluss auf die Gestaltung aller Bereiche der Politik ausübte. In den Demokratien nach 1945 griff die Kirche nicht mehr direkt in die Politik ein, sondern nutzte ihre Wege über die Laien. Als «christlicher Politiker» unterläge der Laie aber der Gehorsamspflicht gegenüber den Klerikern. Die Kirche wolle ihre Lehre verbreiten und sichern. Das sei verständlich und ihr Auftrag. Aber ihr Weg über die Erringung weltlicher Macht bzw. über die Nutzung weltlicher Macht sei der falsche. Dieser Weg des politischen Katholizismus sei ein Irrweg.

Dass die katholische Kirche so vehement gegen die Sozialdemokratie agierte, besaß nach Meyer-Sevenich einen klaren Grund. Und das war nicht die Position des «historischen Materialismus», die sie der SPD vorhielt. Das war vorgeschoben. Nein, die SPD fordere die Überwindung der Klassengesellschaft und die Entwicklung der Demokratie. Diese politischen Gründe waren allerdings völlig konträr zum Selbstverständnis der kirchlichen Hierarchie und der herrschenden katholischen Kreise. Der politische Katholizismus wollte keine gesellschaftsverändernden Wege gehen, sondern eine bloß karitative Sozialhilfe pflegen. Sie werfen den Sozialdemokraten vor, eine eigene Religion zu verfolgen und das Christentum und die Kirchen verbieten zu wollen. Das sei aber ein rein ideologisch motivierter Vorwurf.

In *Geist und Tat* schrieb sie 1952 über die antikapitalistische Einstellung der katholischen Soziallehre. Aber im Alltag stütze sie das System. Denn der Katholizismus sei in der modernen Gesellschaft noch nicht angekommen, sondern verlege seinen politischen Schwerpunkt auf die innere Einstellung des Menschen: Der Missionsauftrag der Kirche werde individualisiert und nicht auf das Verhalten der Mächtigen in Gesellschaft und Wirtschaft angewandt. Das aber entspräche genau der Position des liberalistischen Kapitalismus, urteilte Meyer-Sevenich.

In den Jahren 1953/54 widmeten sich ihre Beiträge besonders der Schulpolitik, genauer: dem Streit um die Bekenntnisschule. Die Hochzeit diese Auseinandersetzung lag in Niedersachsen zwischen 1952 und 1957. Endgültig beendigt wurde der Streit aber erst mit dem Niedersachsenkordat 1965. In Niedersachsen – vergleichbar auch in Nordrhein-Westfalen – sollte ein neues Schulgesetz beschlossen werden. Aus Sicht der katholischen Kirche ging es dabei um die Einhaltung des Elternrechts, das der staatlichen Erziehung vorgeordnet sei. Um dem gerecht zu werden, sollten an jedem Ort eine katholische Schule für die katholischen Schüler und eine evangelische Schule für die evangelischen Schüler eingerichtet werden. Gegen eine «Gemeinschaftsschule» mobilisierten die katholische Presse, die kirchlichen Verbände und die Bischöfe die Gläubigen. Ihr Hauptgegner war die SPD. «Die Sozis verewigen die Gemeinschaftsschule der Nazis» lautete die Parole auf einer Demonstration von Katholiken im «Schulkampf». In Hannover und in Lingen kam es zu Kundgebungen mit jeweils mehreren Zehntausend Teilnehmern. Maria Meyer-Sevenich kritisierte in drei Richtungen. Pragmatisch sei es unsinnig, für die geringe Zahl an katholischen Schülern eigene Schulen vom Staat vorzuhalten. Dann wies sie darauf hin, dass es keine unfehlbare Glaubensaussage der Kirche zur Schulfrage gebe und dass das als unwandelbares Naturrecht dargestellte Elternrecht doch einem historischen Werde-

prozess entsprungen war. Und schließlich, dass hier eine große Schlacht des politischen Katholizismus zugunsten der CDU gegen die SPD und gegen eine offene Gesellschaft geführt werde.

Wenn man die Artikel von Maria Meyer-Sevenich aus diesen Jahren in *Geist und Tat* heute liest, dann kann man ihre große polemische Kraft nachvollziehen. Sie schrieb so, wie sie auf Parteiversammlungen geredet haben dürfte, um ihre Zuhörer in einen Kampfmodus zu bringen. Sie legte aber auch bildungspolitisch klare Ausführungen vor, etwa ihre Broschüre *Elternrecht und Kindesrecht*. Diese hatte sie 1954 herausgebracht mit Tagungsberichten eine Zusammenkunft sozialdemokratischer Schulpolitiker mit Bildungsexperten im Januar 1953. Die Broschüre enthielt gut gelungene Darlegungen der katholischen und der evangelischen Positionen zum Schulwesen sowie zu den verfassungsrechtlichen und politischen Überlegungen in der ersten Hälfte der 1950er-Jahre. Besonders hervorgehoben werden soll hier die abschließend abgedruckte Landtagsrede von Heinz Kühn, dem späteren NRW-Ministerpräsidenten. Sein Plädoyer für eine christliche Gemeinschaftsschule, die sittliche Werte zur Grundlage hat und diese in Toleranz und gegenseitigem Respekt vermittelt, wurde für die Sozialdemokratie richtungweisend.

Maria Meyer-Sevenich war als Rednerin und Publizistin auch in Sachen Schulpolitik in Niedersachsen sehr bekannt. Allerdings kam sie in der katholischen Presse nicht vor, weil sie als praktizierende katholische Sozialdemokratin nicht in das Schema der Bolschewisierungsvorwürfe an die SPD aus dem Katholizismus passte. Eine - typische - Ausnahme war allerdings am 21.2.1954 in der katholischen Wochenzeitung *Das Wort* aus Hannover - sie erschien zwischen 1949 und 1969 – zu lesen. Meyer-Sevenich wurde als Kronzeugin für den Elternwillen auf eine katholische Schule zitiert. 1947 hatte sie noch für die CDU das Fehlen eines Schulgesetzes in Niedersachsen kritisiert. Die Einführung einer Schulverwaltungsordnung ohne Schulgesetz sei ein «Ermächtigungsgesetz für den Kultusminister», schrieb sie damals. *Das Wort* kommentierte:

> Sie könnte dasselbe heute schreiben, wenn sie inzwischen nicht zur SPD übergetreten wäre und das Gegenteil von dem schrieb und redete, was sie damals geschrieben und geredet hat.

Es ist nicht erkennbar, dass Maria Meyer-Sevenich in die Theoriedebatte der SPD auf das Godesberger Programm hin einbezogen war. Ihre Bekanntschaft mit Willi Eichler, dem Spiritus Rector der Programmarbeit, schlug sich zwar nieder in ihrer Autorentätigkeit für *Geist und Tat* sowie in ihrem gelegentlichen Rückgriff auf Eichlers ethische Begründung des Sozialismus, führte aber wohl auf keiner Parteiebene darüber hinaus. Zu Beginn der Programmdiskussion 1953/54 plädierte sie allerdings im SPD-Bezirk Hannover gegen die Aufgabe des Marxismus als Grundlage der Partei, weil das eine Anpassung an die kleinbürgerliche Mentalität sei und zur Entpolitisierung der Arbeiter beitrage. Marx habe die Sichtweise der Arbeiter eingenommen. Interessant ist, dass Maria Meyer-Sevenich noch in ihren Briefen an Ernst Schumacher wenige Jahre zuvor sowie in ihren Reden und Schriften während ihrer CDU-Zeit gegen den Marxismus votiert hatte.

Die führenden SPD-Theoretiker versuchten – und das scheint mit eine Erklärung für die Nichteinbeziehung von Meyer-Sevenich beim Thema «Kirche und Religion» zu sein – nicht die Kirche von innen her zu kritisieren, wie sie es als Katholik tat. Sie neigte zur Polemik gegen die kirchliche Hierarchie in politischen Dingen. Ihre Beiträge waren meinungsstark, aber nicht immer logisch konsistent auf das Thema ausgerichtet. In den Gesprächszirkeln mit Kirchenvertretern wollte man Meyer-Sevenich als kritisch-engagierte Insiderin wohl nicht dabeihaben.

Neben der Sozial- und Bildungspolitik interessierte sich Maria Meyer-Sevenich vor allem für die Flüchtlings- und Vertriebenenpolitik. Am 10.4.1948 veranstaltete die CDU in Hannover eine Großkundgebung mit ihr als Hauptrednerin. Das war nur wenige Wochen vor ihrem Parteiaustritt. Die CDU versuchte sich als Interessenvertretung der Flüchtlinge und Vertriebenen zu inszenieren. Meyer-Sevenich war allerdings mit dem zuständigen Minister Heinrich Albertz der Meinung, dass die Vertriebenen nicht unter einer nationalistischen Flagge gesammelt und mit Rückkehrforderungen in die alte Heimat hingehalten werden sollten, sondern dass nur eine aktive Integrationspolitik hilfreich sei.

In den Jahren 1965 bis 1967 war Maria Meyer-Sevenich Ministerin für Vertriebene und Flüchtlinge in Hannover. Unter dem Titel *Impressionen und Gedanken* fasste sie ihre Erkenntnisse in einem Buch zusammen. Darin sprach sie sich eindeutig gegen eine Anerkennung der Oder-Neiße-Linie aus. Das sei eine einseitige deutsche Vorleistung gegen das sowjetische System und würde dessen Bestrebungen der Okkupation sanktionieren. Man könnte das als Ausdruck einer revanchistischen Position verstehen, also als das Gegenteil von dem, was sie noch Ende der 1940er vertreten hatte. Aber bei genauerem Lesen erkennt man dann ihre alte weltanschauliche Frontstellung: Dem Kommunismus darf man nicht nachgeben, weil er die freie Persönlichkeit des Menschen missachtet. Auch in diesem Buch zeigte sich durchgehend – wie bereits in ihren Reden und Artikeln in den 1940er- und 1950er-Jahren –, dass Meyer-Sevenich nicht beim Thema der Überschrift blieb, sondern mehrfach in Assoziationen abschweifte.

Immer wieder legt sie Bekenntnisse über ihren Gottesglauben ab, ohne ihn inhaltlich reflektiert vorzutragen. So etwa zeigte sie sich davon überzeugt, dass die Wahrheitssuche aller Menschen schließlich in die Unendlichkeit Gottes münde. Wenn sie diesen Glauben an die Gegenwart Gottes nicht hätte, stellte sie fest, könnte sie nicht mithelfen, Ordnung in die Welt zu bringen. Oft argumentierte sie nicht analytisch, dafür aber emphatisch. Die Ausführungen über «politischen Radikalismus» in ihrem Buch waren assoziativ und sprunghaft. Sie nannte als Kriterium allein die Verantwortung für die Freiheit des Menschen. Man sucht Rückbezüge auf Programmatik, Geschichte und Politik der Sozialdemokratie vergeblich. Und was politischen Radikalismus von rechts und von links unterscheidet, lässt sich in ihren Ausführungen auch nicht erkennen.

Maria Meyer-Sevenich stellte als Ministerin an die neue Ostpolitik, die von Willy Brandt als Außenminister betrieben wurde, Forderungen. Darunter nannte sie die Bereitschaft des Ostblocks seine Welteroberungsideologie abzulegen und die Selbstverpflichtung des Westens seine Werte nicht aufzugeben. Zudem forderte sie, die Ostpolitik nicht über die Köpfe der Flüchtlinge und Vertriebenen hinweg zu betreiben. Man müsse ihre Erfahrungen und Erwartungen einbeziehen.

Sie beendete ihre *Impressionen und Gedanken* mit den folgenden Worten:

Als Letztes sei mir erlaubt zu sagen, daß es meine tiefste Angst ist, einmal zu den Lauen gezählt zu werden, während es mir gar nichts ausmachen wird, Zeit meines Lebens unbequem gewesen zu sein.

Mitte Februar 1970 trat sie aus Partei und Fraktion der SPD aus. Als Grund gab sie die Ostpolitik der SPD geführten Bundesregierung an. Der Austritt von Meyer-Sevenich trug bei zum Bruch der SPD-CDU-Koalition in Niedersachsen, weil dadurch die SPD ihren Status als stärkste Partei im Landtag verlor. Maria Meyer-Sevenich soll den Wiedereintritt in die CDU beantragt haben, verstarb aber am 3. März 1970.

Lokale Spuren

Etwa eine Handvoll Bücher mit dem Vermerk «Provinienz Meyer-Sevenich» befinden sich im Besitz der Dombibliothek in Hildesheim. Wie diese Schriften ihren Weg dorthin gefunden haben, wird nicht ersichtlich. Auch sonst gibt es keinerlei Spuren von Maria Meyer-Sevenich vor Ort. Wenn man auf die Gremien der Partei blickt, wird man zunächst erst einmal feststellen können, dass es auch da nur wenige Wirkungszeichen von ihr gibt und wenn man solche findet, sind sie ausgesprochen kritisch belastet. Meyer-Sevenich war Beisitzerin im Bezirksvorstand der SPD. Dort kam es 1959 zu heftigen Diskussionen um ihre Nominierung als Landtagskandidatin. Auslöser dafür waren wohl ihre Vorwürfe an den niedersächsischen Verfassungsschutz ehemalige Nazis zu beschäftigen. Schließlich fand sie sich auf einen aussichtslosen Listenplatz wieder. Aber Meyer-Sevenich errang ihr Landtagsmandat direkt. Zeitweise war sie auch Mitglied im Vorstand der Landtagsfraktion. Auch dort entwickelten sich Aversionen gegen sie, sodass sie erst gegen heftigen Widerstand von Teilen der SPD-Fraktion 1965 ihr Amt als Ministerin antreten konnte. Immerhin aber war Maria Meyer-Sevenich von 1947 bis 1970 Abgeordnete im Niedersächsischen Landtag, davon ab 1949 für die SPD direkt gewählt im Wahlkreis 21.

Im Unterbezirk war sie qua Amt Beisitzerin im Vorstand. Ihr Mann Werner Meyer wurde erstmals 1957 in den Vorstand gewählt. Zu Maria Meyer-Sevenich finden wir in den Protokollen des Unterbezirks überwiegend positive Einträge. Erstmals können wir von ihr am 13. November 1949 lesen:

Am 15.und 16.7. ds. Jrs. wurden in Duinigen, Elze und Lamspringe sowie Alfeld je eine überparteiliche Flüchtlingsversammlung mit der damaligen unabhängigen Landtagsabgeordneten und heutigen Genossin, Frau Maria Meyer-Sevenich, durchgeführt.

Die Versammlungen seien sehr gut besucht und «durch heftige Diskussionen gekennzeichnet gewesen». Am 6. Mai 1951 hält das Protokoll über den Landtagswahlkampf fest:

In diesem Kreis setzte sich das Ehepaar Meyer-Sevenich unermüdlich ein. Wie schon oben ausgeführt, auch mit der eigenen Lautsprecheranlage. Den öffentlichen Versammlungen ging eine ganze Anzahl von Mitgliederversammlungen mit Gästen voraus. Alle wiesen einen überdurchschnittlichen Besuch auf.

Weiter heißt es dann aber auch:

Anfangs des Wahlkampfes wurde versucht gegen die Genossin Sevenich besonders mit persönlichen Diffamierungen zu arbeiten. Es gelang uns schwer dem zu begegnen. Die katholische Kirche hat sich bemerkenswerter Weise zurückgehalten.

Vermutlich war Maria Meyer-Sevenich dem Vorwurf ausgesetzt worden, als Katholikin nicht für die katholische Bekenntnisschule einzutreten, so wie es die Kirche forderte.

Bei den Landtagswahlen waren die Ergebnisse für die SPD im Wahlkreis zunächst rückläufig: 1947: 43,6 %, 1951: 39,7 %, 1955: 37,7 %. Aber Maria Meyer-Sevenich gewann den Wahlkreis stets direkt und ihre Ergebnisse lagen zudem über den Landesdurchschnitt. Sie war offensichtlich eine famose Wahlkämpferin, die zudem von ihrem Ehemann mit modernster Technik – Lautsprecherwagen, farbige Tonfilme- unterstützt wurde. Ihre weiteren Wahlergebnisse dokumentieren ihre Erfolge: 1959: 41,8 %, 1963: 47,5 %, 1967: 48,1 %.

Aus dem Jahr 1956 sind zwei Briefe an die Parteimitglieder in ihrem Wahlkreis erhalten geblieben. Anfang des Jahres teilte sie mit, sie wolle sich jetzt in Hildesheim niederlassen und in der Silberfinderstraße ein Haus bauen, um den Menschen in ihrem Wahlkreis näher zu sein und ihre Anliegen und Sorgen besser verstehen zu können. Im Sommer des Jahres zog sie mit ihrem Mann dann nach Himmelsthür, sicherlich auch um weiterem Gerede vorzubeugen und kritische Nachfragen zu ihrer Kandidatur zu verhindern. Am 2.10.1956 musste sich Meyer-Sevenich dann erneut an die Mitglieder des Unterbezirks wenden. Sie melde sich mit einem persönlichen Anliegen, das politische Auswirkun-

Benno Haunhorst

gen nach sich zöge. Maria Meyer-Sevenich berichtete in dem Brief von ihren gesundheitlichen Problemen, die sie nach siebenjähriger Haft unter den Nazis erlitten habe: Herzschäden, Erkrankung der Gallenwege, Magenschleimhautentzündung. Mehrmals sei sie in diesem Jahr bereits im Krankenhaus gewesen, schrieb sie. Jetzt sei auch noch eine Zuckererkrankung hinzugekommen. Auf ärztlichen Rat hin müsse sie sich schonen. Deshalb könne sie die Partei und ihre Kandidaten im bevorstehenden Kommunalwahlkampf nicht unterstützen. Sie bat um Verständnis.

Ihr letzter Brief datiert vom 20.12.1969. Maria Meyer-Sevenich schrieb an den Vorstand des SPD-Unterbezirks Hildesheim:

Vor mehr als 10 Monaten habe ich dem Genossen Striefler mitgeteilt, daß ich mit der auslaufenden Legislaturperiode aus dem Niedersächsischen Landtag ausscheiden werde. Anlässlich der Bonner Regierungsbildung habe ich dem Genossen Egon Franke diese Absicht bestätigt und ihm mitgeteilt, dass meinem Entschluß politische Gründe zugrunde liegen, die ich zu gegebener Zeit in mir geeignet erscheinender Weise verdeutlichen werde.

In der *Hildesheimer Zeitung* vom 18.2.1970 konnte man dann später lesen: Am 11.2. habe sie der CDU mitgeteilt, sie sei jetzt aus der SPD ausgetreten. Seit dem Nürnberger Parteitag Anfang 1969 habe sie gewusst, dass sie mit der Politik der SPD nicht mehr übereinstimme und nach der Bundestagswahl 1969 sei ihr klar geworden, dass die Deutschland- und Ostpolitik der SPD den klaren antikommunistischen Kurs von Schumacher verlassen habe. Sie sprach von einem «bedingungslosen deutschen Ausverkauf».

Maria Meyer-Sevenich war eine katholische Sozialdemokratin. Als Katholikin versuchte sie, eine Synthese herzustellen aus dem naturrechtlichen Ordnungsdenken der traditionellen Soziallehre der Kirche und dem Freiheitsbekenntnis einer modernen humanistisch-christlichen Weltanschauung. Als Sozialdemokratin votierte sie gegen jede ideologische Festlegung und gegen die Mächtigen in Gesellschaft, Wirtschaft und Kirche. Maria Meyer-Sevenich war eine Suchende und eine Kämpferin. Sie sollte nicht vergessen werden.

Literatur

Maria Meyer-Sevenich: *Unser Gesicht. Politik aus christlicher Verantwortung*. 1. Heft, Recklinghausen 1946.
- *Um Schuld und Not unserer Zeit. Realpolitische Erwägungen über Kollektiv- und Individualschuld und das christliche Menschenbild. Politik aus christlicher Verantwortung*. 2. Heft, Recklinghausen 1946.
- *Gebt dem Kaiser, was des Kaisers ist. Ein Beitrag zur Geschichte des politischen Katholizismus*, Hamburg 1949.
- «Soziale Neuordnung in Theorie und Praxis. Betrachtungen zur katholischen Sozialpolitik», in: *Geist und Tat* 7 (1952), S. 5–9.
- «Das katholische Elternrecht», in: *Geist und Tat* 8 (1953), S. 70–78.
- «Der ‹politische Katholizismus› als Ziel und Wirklichkeit», in: *Die Neue Gesellschaft* (1/1954), S. 30–38.
- «Unbegrenztes Elternrecht?», in: *Geist und Tat* 9 (1954), S. 107–110.
- *Elternrecht und Kindesrecht*, Frankfurt a.M. 1954
- «Schulfrage und Beichtmaterie», in: *Geist und Tat* 10 (1955), S. 110–111.
- «Haben wir noch eine freie Wahl? Die niedersächsische Landtagswahl vom 24.April 1955 als Modellfall», in: *Geist und Tat* 10 (1955), S. 167–172.

- «Christentum und Sozialismus. Tagung des ‹Internationalen Bundes 'Religiöser Sozialisten'»», in: *Geist und Tat* 10 (1955), S. 283-284.
- «Katholische Diskussion über der ‹gerechten Krieg»», in: *Geist und Tat* 10 (1955), S. 329-335.
- «Pater Murray SJ, und der Syllabus Papst Pius IX.», in: *Geist und Tat* 11 (1956), S. 178-179.
- «Vatikan und Mitbestimmung», in: *Geist und Tat* 11.1956), S. 218.
- «Die ‹christliche› Front gerät in Bewegung», in: *Geist und Tat* 11 (1956), S. 335-342.
- «Salz und Sauerteig. Papst Pius XII. an die katholischen Intellektuellen», in: Geist und Tat 12 (1957), S. 199-202.
- «Mißdeutung der päpstlichen Toleranzlehre», in: *Geist und Tat* 13 (1958), S. 109-110.
- *Impressionen und Gedanken. Aus dem Alltag eines Vertriebenenministers,* Leer 1967.
- Akten des SPD-Unterbezirks Hildesheim

Helmut Beyer / Klaus Müller: *Der Niedersächsische Landtag in den jüngeren Jahren,* Düsseldorf 1988.

Das Wort. Katholische Wochenzeitung für Nordwestdeutschland.

Franz Focke: *Sozialismus aus christlicher Verantwortung,* Wuppertal 1978.

Konrad Franke: *Die niedersächsische SPD-Führung im Wandel der Partei nach 1945,* Hildesheim 1980.

Helga Grebing: «Auch eine Entscheidung für die SPD: Maria Meyer-Sevenich 1948/49», in: *IWK* 24(1988), S. 43-54.

Jacques Maritain: *Christlicher Humanismus,* Heidelberg 1950.

Orientierung Nr. 18/1947, S. 165-167 und Nr. 19/1947, S. 173-176: «Christlicher Sozialismus in Deutschland».

Rudolf Uetz: *Christentum und Sozialismus in der frühen CDU,* Stuttgart 1981.

Bernd Uhl: *Die Idee des christlichen Sozialismus in Deutschland,* Mainz 1975.

Lars Castellucci

Den irregeleiteten Massen ein positives Ziel zur Orientierung geben
Julius Leber zum 80. Todestag

Am 5. Januar 1945, vor nunmehr 80 Jahren, wurde das Todesurteil gegen Julius Leber, den sozialdemokratischen Reichstagsabgeordneten und Kämpfer im Widerstand gegen Adolf Hitler, in Berlin-Plötzensee vollstreckt. Julius Leber hat Reden hinterlassen, die der des Fraktionsvorsitzenden Otto Wels gegen das Ermächtigungsgesetz («Freiheit und Leben») in nichts nachstehen. Von Mitgliedern des Kreisauer Kreises wurde er als möglicher Kanzler nach Kriegsende gehandelt. Sein Weg in Partei und Parlamenten, zuletzt in der Verteidigungspolitik, zeigt aber auch exemplarisch Haltung und Entwicklung der SPD in Fragen von Krieg und Frieden. Sie hallen bis heute nach. Und er hinterlässt eine Botschaft zum Kampf gegen

Rechts, die für uns heute leider wieder in erschreckendem Maße an Aktualität gewonnen hat.

Julius Leber wurde am 16. November 1891 im elsässischen Biesheim geboren. Er stammte aus proletarisch-kleinbäuerlichen Verhältnissen. Der Stiefvater war Maurer, die Familie der Mutter besaß ein wenig Land. Die Erfahrung, in einem Grenzland aufzuwachsen, dort Staatsbürger zweiter Klasse zu sein, förderten neben einem ausgeprägten sozialen Bewusstsein auch die Einsicht, dass nicht den nationalstaatlichen Gegensätzen die Zukunft gehören dürfe, sondern dass das Elsass als Brücke für eine deutsch-französische Freundschaft dienen müsse. Die schulische Ausbildung musste Leber sich zum größten Teil selbst und über Stipendien finanzieren. Nicht zuletzt die Fürsprache des Ortsgeistlichen ermöglichte dann aber im Anschluss an die Mittlere Reife und eine kaufmännische Ausbildung schließlich doch noch den Besuch einer weiterführenden Schule, sodass Leber 1913 mit dem Abitur auch die Möglichkeit zum Studium hatte. Er entschied sich für das Fachgebiet Nationalökonomie an der Universität Straßburg und wechselte später nach Freiburg.

1914 meldete er sich als Kriegsfreiwilliger. Schon 1915 wurde er zum Leutnant befördert und blieb dann, mehrfach ausgezeichnet, nach Kriegsende Soldat. Als er sich trotz seines republiktreuen Vorgehens beim Kapp-Putsch wegen Ungehorsams gegen seine Vorgesetzten, die den Putsch unterstützten, verantworten sollte, verließ er die Armee und kehrte nach Freiburg zurück. Dort beendete er sein Studium mit der Promotion.

Das Parteibuch Lebers ist in Belgard am 1. Januar 1920 ausgestellt, er behauptet aber, schon als Schüler Sozialdemokrat gewesen zu sein. Nach dem erfolgreichen Abschluss seines Studiums im Dezember 1920 bewarb er sich um die ausgeschriebene Stelle eines politischen Redakteurs bei der sozialdemokratischen Zeitung *Lübecker Volksbote*. Am 15. März 1921 konnte er seine Tätigkeit dort aufnehmen. Er entwickelte sich zu einem kämpferischen Leitartikler. Seine mit «Dr. L.» gezeichneten Beiträge wurden bald zum Aushängeschild der Zeitung. Nachdem er während des Kapp-Putsches mit Waffen für die Republik gekämpft hatte, kämpfte er nun mit Worten für die junge Demokratie.

Parallel zu seiner journalistischen Tätigkeit engagierte er sich auch innerhalb der Parteiorganisation. Seit dem 1. März 1920 gehörte er dem Sozialdemokratischen Verein Lübecks an, mehrfach war er Vorsitzender, aber vielmehr entwickelte er sich zu einem «wirkliche(n) Arbeiterführer», er wusste als Redner zu überzeugen und bald sprach man in Lübeck statt von der SPD von der «Leber-Partei».

Nach nur halbjähriger Tätigkeit in Lübeck war das Vertrauen in Leber schon so weit gefestigt, dass die SPD ihn auf einen sicheren Listenplatz zur Bürgerschaftswahl platzierte. Als Abgeordneter suchte er dann konsequent das umzusetzen, was er zuvor in seinen Leitartikeln gefordert hatte. So brachte er in der ersten Sitzung der Bürgerschaft einen Antrag ein, alle kaiserzeitlichen Symbole aus öffentlichen Gebäuden zu entfernen und Schulbücher einzuführen, die den Geist der Republik befördern sollten.

Als Redakteur hatte Leber seit 1921 die Politik im Reich kommentiert und nicht zuletzt seine Partei heftiger Kritik unterzogen. Ziel müsse die «Befreiung des arbeitenden Volkes aus den Fesseln des Kapitalismus durch den Sozialismus» bleiben.

Am 14. Januar 1924 wurde er nach einer mit Bravorufen bedachten Rede, in der er Mut zu konsequenter Oppositionspolitik angemahnt hatte, auf den zweiten Platz der Liste für die Reichstagswahlen gewählt. Die Maiwahlen brachten Julius Leber dann in den Reichstag. Dort widmete er sich vor allem der Wehrpolitik, zu der er durch seine Soldatenzeit einen besonderen Bezug hatte. Er trat für eine Versöhnung der Armee mit der Republik und nicht zuletzt der SPD ein. Der Probleme war er sich bewusst: Mehr als einmal habe die Reichswehr dazu beigetragen, die Not und die Unsicherheit in der Republik nicht zu verkleinern, sondern zu vergrößern, äußerte er 1929 in einer Rede im Reichstag. Die große Aufgabe sei es deswegen, «die Armee zu republikanischem Denken (zu) erziehen». Er forderte Demokratisierung, sah die Armee aber als legitimes Machtinstrument der Republik an. Damit brachte er sich in eine Minderheitenrolle. Die vorherrschende Meinung in der Fraktion war, dass die Reichswehr ein den Klasseninteressen der Bourgeoisie dienendes Machtinstrument sei, wohingegen Leber sich den Staatsbürger in Uniform wünschte: «Als Republikaner können wir uns nur wünschen, dass die Republik eine zuverlässige Macht hat», äußerte Leber 1928 auf einer Parteiversammlung, während die SPD den Wahlkampf mit der Parole «Panzerkreuzer oder Kinderspeisung» führte.

Im Januar 1933 rief Leber auf der letzten Lübecker Massenkundgebung vor Hitlers Machtantritt den Arbeitern zu:

Ob Sieg oder nicht, wenn es gilt um die Freiheit zu kämpfen, fragt man nicht, was morgen kommt [...]. Wir werden diesen Kampf bis zum letzten Atemzug durchfechten unter unserem siegesgewissen Ruf: Freiheit, Freiheit, Freiheit!

In der Nacht vom 31. Januar wurde er in Lübeck von SA-Angehörigen überfallen und dann verhaftet. Die Lübecker Arbeiterschaft reagierte mit Demonstrationen und Arbeitsniederlegung. Am 16. Februar folgte die Freilassung auf Kaution. Als er aber am 23. März 1933 mit seiner Fraktion gegen das Ermächtigungsgesetz stimmen wollte, wurde er beim Betreten der Kroll-Oper erneut festgenommen. Bis 1937 sollte er in Gefängnissen und Konzentrationslagern gefangen gehalten werden.

Nach seiner Entlassung aus dem Konzentrationslager stand Leber mit allen wichtigen Persönlichkeiten des deutschen Widerstandes in Kontakt. Seit Ende 1943 war er zu einer zentralen Position aufgestiegen, was unter anderem seine konstante Erwähnung als möglicher Innenminister nach einem Umsturz dokumentiert. 1944 gehörte er zum engsten Kreis der Verschwörergruppe um Stauffenberg, die das Attentat vom 20. Juli vorbereiteten.

Um den Umsturz zu erreichen, sah er auch die Notwendigkeit ein, mit Teilen des Widerstandes zusammenzuarbeiten, mit denen ihn inhaltlich wenig mehr als das gemeinsame Ziel, Hitler zu beseitigen, verband, mit Nationalkonservativen, Angehörigen des militärischen Widerstandes und sogar Kommunisten: Er «würde [...] mit dem Teufel paktieren, um zum Umsturz zu kommen.»

Mit Claus Graf Schenk von Stauffenberg, dem Attentäter des 20. Juli, verband ihn eine engere Freundschaft. Stauffenberg wiederum sah in Leber die richtige Persönlichkeit «von Können und Charakter», um die Aufgabe der Kanzlerschaft zu übernehmen.

Womöglich um ein Gegengewicht zum konservativen und militärischen Flügel des Widerstandes zu schaffen, oder einfach um die Bereitschaft zur Unterstützung des Umsturzes auszuloten, war es im Juni 1944 zur Kontaktaufnahme mit Vertretern der Kommunisten gekommen. Leber äußerte, er habe «mit Kommunisten 5 Jahre im KZ gelegen», seine Widerstände seien überwunden. Am 22. Juni kam es zu einem ersten Treffen. Es ist wahrscheinlich, dass sich unter den Kommunisten ein Spitzel der Gestapo befand. Nach einem zweiten Treffen am 4. Juli, an dem Leber selbst nicht teilnahm, wurde er am 5. Juli verhaftet.

Julius Leber hat die Gefahr von rechts seit ihrem ersten Auftreten in den frühen 1920er-Jahren konsequent bekämpft. Nicht erst die militärische Katastrophe und die drohende Gefahr des Untergangs haben ihn aufgerüttelt. Er widersprach dem Nationalsozialismus in seiner Gesamtkonzeption als totalitäres, antisemitisches, unmenschliches System. Dabei war ihm aber immer klar, dass es mit Warnungen vor dem politischen Gegner nicht getan ist. Er sah vielmehr die Notwendigkeit, den «irregeleiteten Massen [...] ein positives Ziel» zur Orientierung zu geben, wenn man mehr erreichen wolle, «als nur den Zusammenbruch oder den Sturz der Nazis.» Es gelte «dem arbeitenden Menschen eine bessere Zukunft zu bauen auf den festen Fundamenten von Gerechtigkeit und Freiheit.»

Diese Erneuerung eines Versprechens einer besseren Zukunft ist auch heute die entscheidende Größe im Kampf gegen Extremisten und Populisten jeglicher Couleur.

Für Leber folgten Folter und Verhöre im Zuchthaus Brandenburg und ab dem 5. August im KZ Ravensbrück. Erst als die Familie in Sippenhaft genommen wurde, war Leber zu wenigen Aussagen bereit. Die Anklageschrift wirft ihm Landesverrat, Feindbegünstigung, Hochverrat und Nichtanzeige eines hochverräterischen Unternehmens vor.

Den Prozess ließ er ruhig und beherrscht über sich ergehen. Das Todesurteil stand von vornherein fest. Es hat die Karriere Lebers früh beendet und der deutschen Sozialdemokratie und der jungen Bundesrepublik ein großes politisches Talent geraubt. Die Worte, die kurz vor der Hinrichtung aus dem KZ von ihm überliefert sind, geben ein Bild von der Größe Julius Lebers wieder: «Für eine so gute und gerechte Sache ist der Einsatz des eigenen Lebens der angemessene Preis. Wir haben getan, was in unserer Macht gestanden hat. Es ist nicht unser Verschulden, dass alles so und nicht anders gekommen ist.» Am 5. Januar 1945 wurde Leber in Berlin-Plötzensee hingerichtet. Sein Grab befindet sich auf dem Waldfriedhof Berlin-Zehlendorf. ◼

Siegfried Heimann

Überzeugter Unterstützer der SED

Stephan Klecha: *Der treue Funktionär Otto Buchwitz.*
Vom traditionellen Sozialdemokraten zum überzeugten Unterstützer der SED
Bonn: J. H. W. Dietz Nachf. 2023, 264 S., € 29,90

Der Göttinger Politikwissenschaftler Klecha weist mit dem Untertitel seines Buches auf den Widerspruch hin, der das politische Leben von Otto Buchwitz charakterisiert. Allerdings musste Klecha bei seiner Arbeit an der Biografie von Buchwitz bald feststellen, dass viele Quellen sehr sorgsam geprüft werden mussten. Das galt vor allem für die Lektüre der umfänglichen zweibändigen Autobiografie, sie dürfte - wie Klecha schreibt - «kaum zur Gänze seiner Feder entsprungen sein». Der erste Band - 1950 erschienen - enthält aber immerhin noch viel «Material, das gut verwertbar ist». Der zweite Band hingegen ist eher - 1956 erschienen - eine mit vielen «Stalinzitaten» geschmückte «Propagandaschrift», deren Informationswert gering ist. Klecha suchte und fand auch andere Quellen. Viele Briefe von und an Buchwitz und zahlreiche Zeitungsartikel des Vielschreibers Buchwitz halfen, das Leben des 1879 in Breslau geborenen (und 1964 in Dresden gestorbenen) «Metalldrückers» besser kennenzulernen.

Seit 1898 Mitglied der SPD, 1919 stellvertretender Landrat in Görlitz, Mitglied des Preußischen Landtages von 1921 bis 1924 und von 1924 bis 1933 Mitglied des Reichstages. Er stimmte 1933 auch gegen das Ermächtigungsgesetz, ging nach Dänemark ins Exil, wurde dort 1940 von den Nazis verhaftet und in Deutschland 1941 zu acht Jahren Zuchthaus verurteilt. Nach der Befreiung 1945 wieder Mitglied der SPD, trat er sofort für die Vereinigung mit der KPD ein und wurde ab 1946 Landesvorsitzender der SED Sachsen (bis 1952) und danach Mitglied der Volkskammer.

Die verschiedenen Phasen des Lebens von Buchwitz werden von Klecha ausführlich und kritisch beschrieben. Besonders das Kapitel über Buchwitz während des 17. Juni 1953 liest sich besonders eindrucksvoll: Es erklärt die vorangegangene «Stalinisierung» der SED und von Buchwitz. Klecha macht sehr überzeugend deutlich, wie Buchwitz sich immer mehr in der Rolle des «Arbeiterveteranen» gefällt, der in den Schulen über sein Leben erzählen darf. Klecha verschweigt nicht, dass Buchwitz sich auch gern «korrumpieren» ließ: auf die «Dienstvilla in Dresden, das Wochenendhaus im Elbsandsteingebirge, den Dienstwagen» und auf noch einiges mehr wollte Buchwitz nicht verzichten. Er hat aber auch nicht, wie Klecha beschreibt, darauf verzichtet, die SPD, deren Mitglied Buchwitz solange gewesen war, immer wieder in Reden, Zeitungsartikeln und in Zeitschriftenaufsätzen zu diffamieren. Im *Neuen Deutschland* vom März 1954 wird eine Rede des «Arbeiterveteranen» Otto Buchwitz, veröffentlicht: «Der Sozialdemokratismus ist ein Feind der Arbeiterklasse»: Die SPD habe schon in der Weimarer Republik und nun erneut in der Bundesrepublik den «Klassenfeind» unterstützt. Es gelte, die

Klaus Wettig

SPD-Genossen von «dieser politischen Krebskrankheit» zu heilen. Der Artikel schließt: «Die Delegierten bereiten stehend dem Genossen Buchwitz eine begeisterte Ovation.»

Ein «Fazit» nennt Klecha die beschämende Rolle, die Buchwitz seit den 1950er-Jahre zu spielen bereit war: «Er sollte und wollte die Parteieinheit repräsentieren, als von ehemaligen Sozialdemokraten kaum noch etwas in der SED übrig war.»

Das Buch von Klecha beschreibt sehr überzeugend, wie Buchwitz seine Rolle des «überzeugten Unterstützers der SED» fand und sich darin wohlfühlen konnte.　■

Klaus Wettig

In Memoriam Egon Franke
Karin Grajetzki: *«Kanalarbeiter» und Bundesminister. Der Sozialdemokrat Egon Franke (1913–1995).* Politik- und Gesellschaftsgeschichte, Band 107 Bonn: J. H. W. Dietz Nachf. 2020, 256 S., € 32,00

Heute ist Egon Franke vergessen, obwohl er über Jahrzehnte zu den einflussreichsten Politikern der SPD gehörte: in Niedersachsen und in der Bundespolitik. Auch in seiner Geburtsstadt Hannover, die sein gesamtes politisches Leben seine Heimatstadt blieb, fehlt es bisher an einer angemessenen Würdigung seiner politischen Arbeit. Dabei war Egon Franke Hannover mehr als jeder andere SPD-Politiker verbunden. Seinen Wahlkreis gewann er von 1951 – damals gab es noch Nachwahlen – bis 1987 fast immer direkt, nur 1957 verlor er ihn an den CDU-Bewerber. Über die Landesliste zog er jedoch in den Bundestag ein. Zuvor hatte er dem ernannten Niedersächsischen Landtag angehört, ab 1947 gewählt.

Schon als Tischlerlehrling wuchs er in die sozialdemokratische Organisationswelt hinein, die in Hannover schon vor 1914 eine SPD-Dominanz herausbildete. Nach dem Lehrabschluss folgte bald die hauptamtliche Beschäftigung in der Sozialistischen Arbeiterjugend. In der Verbotszeit ab 1933 arbeitete er in der besonders aktiven Widerstandsorganisation «Sozialistische Front», wird verhaftet, zu Haft verurteilt, durch die Haft wehrunwürdig geworden, durfte er im erlernten Beruf arbeiten. Schließlich wurde der «wehrunwürdige» junge Sozialist in das Bewährungsbataillon 999 gepresst.

Schwer verwundet überlebte er einen Einsatz in der Ägäis. Aus dem Lazarett konnte er sich nach Bayern durchschlagen, wo er in amerikanische Gefangenschaft geriet. Sein antifaschistischer Lebenslauf schien die Amerikaner überzeugt zu haben, sodass sie ihn bald entließen. Schon Ende Mai 1945 traf er in Hannover ein, wo er sofort die Mitarbeit im neu eingerichteten «Büro Schumacher» aufnahm. Hier begann die Nachkriegskarriere des Egon Franke.

Über den Lebensweg Egon Frankes bis 1945 kann die Autorin Karin Grajetzki wenig berichten, denn Franke war schweigsam. Frankes Lebensweg muss die Autorin aus Berichten Dritter zusammenfügen und mit Sekundärquellen ergänzen. Zeitzeugen, die sie hätte befragen können, fehlten durch Tod zu Beginn ihrer Arbeit nach 2010. So begegnet uns Egon Franke in dieser Skizze seiner ersten Lebensjahrzehnte als aktiver Sozialist, der in der hannoverschen Solidargemeinschaft der Sozialdemokraten aufwächst, härteste Verfolgungen und Schicksalsschläge überstanden hat und nach dem Ende des Nationalsozialismus, ohne zu zögern, an der Wiedergründung der SPD mitarbeitet.

Im unmittelbaren Umfeld des ehemaligen Reichstagsabgeordneten *Kurt Schumacher*, des Kopfes der «Wiedergründung», wurde der «junge Genosse» zu einer zentralen Figur. Schumacher benötigte für seine Strategie des Wiederaufbaus kenntnisreiche Mitarbeiter, die umfassend mit der Organisationswelt der SPD vor 1933 vertraut waren, da ihm als bis 1933 in Württemberg tätigen SPD-Politiker die SPD in ihren historischen Hochburgen und ihr Personal wenig vertraut war. Neben *Erich Ollenhauer*, der seit 1922 im Parteivorstand gearbeitet hatte, waren dies die ehemaligen PV-Volontäre Fritz Heine und Alfred Nau, sowie als kenntnisreicher Hannoveraner Egon Franke, der die Hannoveraner Ressourcen mobilisieren konnte, auf die das «Büro Schumacher» in der personellen Mangelsituation der ersten Nachkriegsjahre dringend angewiesen war. Die Britische Militärregierung, obwohl von der neuen Labour-Regierung politisch gesteuert, gewährte nur langsam Hilfen beim Parteiaufbau.

Es verstand sich von selbst, dass Egon Franke 1946 auf dem Parteitag der Wiedergründung in Hannover in die engere Führung der SPD gewählt wurde: dem besoldeten Parteivorstand, der bis zur Parteireform 1958 bestand. Seitdem gibt es das unbesoldete Präsidium.

Zuständig wurde Franke für Organisation. Mit harter Hand steuerte er den Wiederaufbau der 1933 zerschlagenen SPD, vor allem verpflichtete er sie auf den durchaus nicht unumstrittenen Schumacher-Kurs. Egon Franke war *his masters voice* und der Exekutor, wenn eine widerstrebende Parteigliederung auf Linie zu bringen war. Es war keine einfache Zeit für die wieder gegründete SPD, die wichtige Politiker durch die Nazi-Verfolgungen verloren hatte, deren Nachwuchs im Krieg gefallen war und deren Emigranten von den Besatzungsmächten an der schnellen Rückkehr gehindert wurden. Die Militärregierungen behandelten die Neugründungen nicht gerade freundlich. Dass die Wiedergründung trotzdem voranschritt und bei den ersten demokratischen Wahlen 1946/47 Flagge zeigen konnte, verdankte sie auch dem energischen Zugriff von Egon Franke.

Als Egon Franke 1951 bei einer Nachwahl in den Bundestag wechseln konnte, verzichtete er auf die weitere Kandidatur zum Organisationssekretär des SPD-Parteivorstandes, bei der Kandidatur unter den weiteren Mitgliedern des Parteivorstandes scheiterte er jedoch. Hier wirkte sich wohl sein harter Kurs aus der Vergangenheit aus. Die Rückkehr in den Parteivorstand gelang ihm erst 1958. In die durch die Organisationsreform 1958 engere Parteiführung – das Präsidium – zog er 1962 ein.

Die 1950er-Jahre dürften ein Zeitraum des Einflussgewinns für Egon Franke gewesen sein. In der Bundestagsfraktion gewann seine Alterskohorte an Stärke: die Soldatenjahrgänge von 1910–1925, auch wegen anwachsender Mandate für die SPD. Noch wichtiger wurde für Franke jedoch seine Position in Niedersachsen, wo er als Vorsitzender des mitgliederstarken Bezirks Hannover auch automatisch Vorsitzender des zwischen den niedersächsischen SPD-Bezirken koordinierenden Landesausschusses wurde. Besondere landespolitische Interessen verfolgte er nicht, die überließ er der Landtagsfraktion und den SPD-Ministern um den Ministerpräsidenten Hinrich-Wilhelm Kopf, doch die Landes-SPD spürte seinen Einfluss bei personalpolitischen Entscheidungen und bei Koalitionsfragen. Gegen Franke konnte sich niemand durchsetzen. Als es um schwierige Koalitionen mit der FDP und dem BHE ging (1959 und 1963) oder die Große Koalition mit der CDU (1965 und 1967) hielt er die SPD in der Regierung. Freilich zahlte er dafür einen Preis, als er überraschend 1967 bei seinem Weg in die Landesregierung von der Mehrheit der SPD-Landtagsfraktion gestoppt wurde. Eine spätere Nachfolge auf den amtierenden SPD-Ministerpräsidenten Dr. Georg Diederich nach der nächsten Landtagswahl schloss sich damit ebenfalls aus. Die Niederlage Frankes 1967 leitete seinen Abstieg in der niedersächsischen SPD ein, die mit seiner Abwahl als Bezirksvorsitzender Hannover 1970 einen scharfen Schnitt erhielt. Auch bei einem Versuch der Rückkehr scheiterte er 1972. Dass plötzliche Ende Frankes in der Führung der niedersächsischen SPD sollte jedoch seine strategischen Verdienste um den Machterhalt der SPD in Niedersachsen nicht übersehen.

In der Biografie von Katrin Grajetzki kommt der niedersächsische Egon Franke zu kurz. Ein intensiver Einstieg in die Nachkriegspolitik des Patchworklandes Niedersachsen wäre hier angebracht gewesen, zumal zum Zeitpunkt des Entstehens ihrer

Arbeit noch hinreichend Zeitzeugen zur Verfügung standen, die Aktenlage über den Bezirk Hannover im AdsD perfekt ist und erste Sekundärliteratur Übersicht über die Landesgeschichte verschaffen. Der Verfasserin unterlaufen auch Ungenauigkeiten, zumal in der Organisationsgeschichte der niedersächsischen SPD.

Frankes Abstieg in Niedersachsen leitete nicht seinen Abstieg in der Bundes-SPD ein, hier blieb er Strippenzieher und Mehrheitsbeschaffer, obwohl er 1973 auf dem Parteitag in Hannover mit anderen Altvorderen seinen Sitz im Parteivorstand verlor. Eine Mitte-Links-Koalition unter den Delegierten drängte den starken rechten Flügel im Parteivorstand zurück, ohne dass dieser seine Mehrheit verlor. Nur die jahrzehntelange Dominanz endete, das politische Spektrum in der SPD-Führung verbreiterte sich.

Die «Kanalarbeiter» in der SPD-Bundestagsfraktion sicherten Frankes Einfluss auf Personalentscheidungen in der Fraktion und bei Regierungsentscheidungen der Großen Koalition 1966 sowie in der späteren Sozialliberalen Koalition. Nicht jede Entscheidung musste die SPD-Führung mit ihm abstimmen, nur die Tendenz und die Interessen seiner «Freunde» waren zu beachten. Auch bei zentralen politischen Entscheidungen, wie der Zustimmung zur Notstandsgesetzgebung blieb die SPD-Führung auf den Stimmenblock der «Kanalarbeiter» angewiesen. Da zahlreiche Bundestagsabgeordnete ein Votum als Parteitagsdelegierte gewinnen konnten, galten die «Kanalarbeiter» auch auf Parteitagen als politische Größe, die aber seit dem Parteitag 1968 in Nürnberg an Einfluss verlor.

Dabei hatte es in den 1950er-Jahren bei der Bildung des Freundeskreises um Egon Franke nicht nach einer Fraktionsbildung in der SPD-Bundestagsfraktion ausgesehen.

Es waren Gründe der sozialen Integration im unwirtlichen, anonymen Bonn des ersten Bundestagsjahrzehnts gewesen, die für ein regelmäßiges Treffen in den Sitzungswochen sprachen. Auch ein Element der sozialen Fürsorge spielte hinein, wie es ein Mitstreiter Frankes ausdrückte: «Niemand sollte in Bonn unter die Räder kommen.»

Frankes Organisationstalent, seine Kenntnis des Personals, schon aus der Sozialistischen Arbeiterjugend der Weimarer Jahre und aus seiner Zeit als Organisationssekretär der Nachkriegs-SPD, schuf diesen Bonner Treffpunkt, in dem sich alte und neue Bundestagsabgeordnete versammeln konnten. In ihrem Versammlungslokal «Rheinlust» gab es gutbürgerliche Küche, es wurde über Politik geredet, aber nicht zu viel, und man konnte Skat spielen. Selbstverständlich gab es auch Schachspieler. Der soziale Hintergrund der «Kanalarbeiter» war einfach: Volks- und Realschule, Facharbeiterbrief; politische Sozialisation in der SAJ. Akademiker fanden selten zur Mitgliedschaft. Auffällig war der Umgangston, der Anklänge an die Wehrmachtszeit der meisten «Kanalarbeiter» hatte, so nannten sie das für den Schriftverkehr zuständige Mitglied «Kompanieschreiber».

Verstanden sich die «Kanalarbeiter» bis in die 1960er-Jahre mehr als soziale Organisation, so schälte sich mit Bildung der Großen Koalition 1966 deutlicher ihr politischer Charakter heraus. Es gab mit Bildung der Großen Koalition etwas zu verteilen und die SPD-Führung benötigte stabile Mehrheiten in der Fraktion. Die «Freunde der sauberen Verhältnisse» verstanden als «Kanalarbeiter»; Sauberkeit als Zustimmung zum Kurs der SPD-Führung.

Da diese Zustimmung zunehmend als kritikfreie Billigung des Regierungshandelns der Regierungen Willy Brandt und Helmut Schmidt angegriffen wurde, bewirkten die Kanalarbeiter bald eine Gegenbewegung, in der sich die SPD-Linke organisierte, zunächst in der Partei (Frankfurter Kreis), ab 1972 auch in der Bundestagsfraktion (Leverkusener Kreis). Die fortdauernde Fraktionierung in der SPD-Bundestagsfraktion, die durchaus an die Weimarer Reichstagsfraktion erinnert, starteten die «Kanalarbeiter» mit ihrer lockeren Organisation in den 1950er-Jahren.

Es verstand sich von selbst, dass Egon Franke nach Bildung der Großen Koalition in die engere Fraktionsführung aufrückte, nachdem die bisherige Führung zu einem Teil Bundesministerien übernahm. Da der Eintritt in die Große Koalition in der SPD umstritten blieb, war sein Einfluss in der Fraktion von Bedeutung. Deshalb war es keine Überraschung, dass Franke 1969 Bundesminister wurde. Das war der Lohn für jahrzehntelange Kärrnerarbeit.

Als «Minister für innerdeutsche Beziehungen», der von 1969 bis 1982 allen Kabinetten Willy Brandts und Hellmut Schmidts angehörte, blieb er jedoch eine Randfigur. Er blieb der Sicherer von Mehrheiten als Organisator der Kanalarbeiter. Obwohl Karin Grajetzki fast die Hälfte ihrer Biografie der Ministerzeit Frankes widmet, kann sie die Ministertätigkeit nicht aus dem Schatten der Regierungspolitik lösen. Egon Franke war nicht der Architekt der Deutschland- und Ostpolitik, allenfalls protokollarisch nahm er an ihr teil. Beim Ministerium blieben nur noch humanitäre Aufgaben und die Förderung der politischen Bildung.

Trotz dieser Unwucht gelingt der Biografin eine weitgehend zutreffende Schilderung eines SPD-Politikers der ersten Nachkriegsjahrzehnte, ohne dessen unerschütterbare Treue zum Kurs der Parteiführung der SPD-Wandel und ihr Aufstieg zur Regierungspartei misslungen wäre. In seinem Organisationsverständnis war Egon Franke ein Traditionalist, doch sein Verständnis der gesellschaftlichen Realität der Bundesrepublik machte ihn zum Unterstützer der SPD-Reformer. Selbst hätte er diese Reformen nie angestoßen. Diese Haltung erklärt auch, warum er keine Antwort auf den sozialen Wandel der SPD fand, den die neuen Mitglieder nach der Öffnung der SPD durch das «Godesberger Programm» auslösten. Diesen Konflikt konnte er nicht ausgleichen; in Niedersachsen kostete er ihm Ämter und Einfluss. In der SPD-Bundestagsfraktion bewirkt er Spannungen bis zum heutigen Tage. ∎

Ulrich Schöler

Zwei engagierte linke Sozialdemokraten – Georg Ledebour und Arthur Stadthagen

Der Autor Holger Czitrich-Stahl hat im Abstand von 13 Jahren zwei voluminöse Biografien[1] zweier in Vergessenheit geratenen bedeutenden linken Sozialdemokraten vorgelegt. Die Erste über den 1857 geborenen Berliner «Anwalt der Armen» Arthur Stadthagen erschien 2011, die Zweite über den 1850 in Hannover gebürtigen Georg Ledebour 2024. Beide Biografien in einem Text zu würdigen ist nicht den bloß äußeren Umständen geschuldet, dass sie vom selben Autor stammen und die beiden Protagonisten miteinander befreundet waren. Der Grund liegt vielmehr vorrangig darin, dass beide Lebenswege – trotz vielfältiger Differenzen – doch auch eine beachtliche Menge an Gemeinsamkeiten aufzuweisen haben.

Der Anwalt der Armen

Beginnen wir also mit Arthur Stadthagen. Der Autor beleuchtet breit den familiären Hintergrund Stadthagens im Berliner jüdisch bildungsbürgerlichen Milieu. Diese Herkunft ermöglichte ihm ein Studium der Rechte an der Berliner Friedrich-Wilhelms-Universität und seit 1884 den Start in eine Rechtsanwaltslaufbahn. Sicherlich ungewöhnlich dürfte die Tatsache sein, dass er fünf Fremdsprachen beherrschte. Der junge Anwalt machte sich schnell einen Namen als rechtlicher Vertreter der ärmeren Bevölkerungsschichten Berlins, brachte es in den acht Jahren seines anwaltlichen Wirkens auf sage und schreibe mehr als 1.000 Prozessvertretungen für die sogenannten «kleinen Leute.» Schon dies, aber auch sein

---

1 Holger Czitrich-Stahl: *Arthur Stadthagen. Anwalt der Armen und Rechtslehrer der Arbeiterbewegung. Biographische Annäherungen an einen beinahe vergessenen sozialdemokratischen Juristen,* Verlag Peter Lang, Frankfurt a.M. u.a. 2011, 679 S.; Ders.: *Der Oppositionelle. Georg Ledebour 1850–1947: Linksliberaler, Sozialdemokrat, Linkssozialist,* Metropol-Verlag, Berlin 2024, 484 S.

forsches und unerschrockenes Auftreten vor den Schranken des Gerichts, trug ihm nicht gerade Sympathien bei den Kollegen seiner Zunft ein. Früh häuften sich die Anzeigen gegen ihn selbst, insbesondere basierend auf Beleidigungsvorwürfen vonseiten der ihm gegenübertretenden Staatsanwälte und Richter, die ihm immer wieder Verurteilungen zu teilweise hohen Geldstrafen einbrachten. Auf mehrere solcher Verurteilungen wegen Beleidigung folgte schließlich ein 1892 mit seinem Ausschluss aus der Rechtsanwaltskammer endender Ehrengerichtsprozess, für Stadthagen das Berufsverbot in seinem erlernten Beruf.

Dass er damit nicht vor dem existenziellen Nichts stand, hatte er vor allem der Tatsache zu verdanken, dass er wenige Jahre zuvor begonnen hatte, sich auch politisch zu betätigen. 1889 errang er für die sozialdemokratische Partei zum ersten Mal ein Mandat als Berliner Stadtverordneter, 1890 sogar das Reichstagsmandat im Wahlkreis Niederbarnim, das er bis zu seinem allzu frühen Tod 1917 mit stetig wachsenden Wählerstimmen immer wieder verteidigte. Bis 1897 fungierte er zudem als einziger Jurist seiner Fraktion im Reichstag, wurde damit zu deren zentraler Figur in allen Rechtsfragen. Das Ende seiner Anwaltskarriere konnte er dadurch kompensieren, dass ihm seine Partei ab 1893 eine Mitarbeiterstelle bei der Parteizeitung *Vorwärts* einräumte, auf der er zunächst vor allem zu Rechtsfragen Position bezog. Gleichzeitig übernahm er eine Aufgabe als einer der Lehrenden in der neu eingerichteten Parteischule bzw. der Berliner Arbeiterbildungsschule. Wirklich finanziell abgesichert war er allerdings erst, als der Reichstag 1906 eine Diätenregelung für seine Abgeordneten einführte.

Auch nach 1897 blieb die Konzentration auf rechtliche Fragen der Schwerpunkt von Stadthagens Tätigkeit als Abgeordneter im Reichstag. Von beachtlicher Wirkung war dabei das von ihm 1895 verfasste Werk *Das Arbeitsrecht*, in dem (als praktische Hilfe für rechtliche Auseinandersetzungen) ein ganzes Set von Musterformularen als Anhang beigefügt war. Das Werk erlebte mit seinen jeweiligen Aktualisierungen bis 1904 immerhin vier Auflagen. 1900 folgte ein *Führer durch das Bürgerliche Gesetzbuch*, in dem Stadthagen seine Erfahrungen aus den parlamentarischen Beratungen bei der Einführung dieses Mammutwerks in den deutschen Rechtskanon einbringen konnte. Auch dieses Werk erlebte bis 1904 drei weitere Auflagen.

Ein «Linkszentrist» und «praktischer Revisionist»

Inzwischen war Stadthagen innerhalb der Berliner Sozialdemokratie zu einer einflussreichen Persönlichkeit herangereift. Als regelmäßiger Delegierter zu den Reichsparteitagen hatte er sich auch im politischen Spektrum seiner Partei zu positionieren. Czitrich-Stahl beschreibt seine inhaltliche Position als die eines «Linkszentristen», der sich überwiegend an den Einschätzungen August Bebels und Karl Kautskys orientierte, dessen Denken aber zugleich an manchen Punkten Übergänge zu den radikaleren Positionen etwa Rosa Luxemburgs oder Karl Liebknechts aufwies. Diese genauere Verortung auch begrifflich auf den Punkt zu bringen, gelingt dem Verfasser nicht immer. Zutreffend beschreibt er seinen Protagonisten als jemanden, dem das Primat des Erhalts der Einheit der Partei ein hohes Gut war. Zudem stand für Stadthagen fest: «Das Wahlrecht ist also unser wichtigstes Recht und die Ausübung desselben unsere größte Pflicht.»

Radikaler Antiparlamentarismus war also mit ihm nicht zu machen. Davon zeugt auch seine intensive Mitarbeit an den Beratungen komplexer Gesetzgebungsverfahren. Czitrich-Stahl nennt ihn deshalb – keineswegs falsch – einen «praktischen Revisionisten». Zugleich ist Stadthagen jedoch in der Vorkriegssozialdemokratie ein innerparteilicher Gegner der theoretischen Revisionisten, was ihn für Czitrich-Stahl zu einem Vertreter eines «prinzipiellen marxistischen Standpunkts» macht. Der Autor findet Bezüge für diese Kennzeichnung vor allem in der – gelegentlich marxistisch-leninistisch beeinflussten – Überblicksliteratur der 1970er-Jahre. Diesen einordnenden Passagen hätte eine Berücksichtigung neuerer und differenzierterer Literatur über unterschiedliche Strömungen in der Sozialdemokratie wie im Marxismus dieser Periode sicherlich gutgetan.

Hinzu kommt: Die Stellung zu den Lebensfragen von Krieg und Frieden wirbelten die Zuordnungen der Vorkriegszeit sowieso dramatisch durcheinander. Der vermeintlich rechte «Revisionist» Eduard Bernstein fand sich mit dem «Zentristen» Karl Kautsky und der «aktivistischen Linken» Rosa Luxemburg in der gemeinsamen Front der Kritiker des Kriegskurses der sozialdemokratischen Mehrheit zusammen. Wie manch anderer benötigte auch Arthur Stadthagen Zeit, um sich in diesem Großkonflikt endgültig zu positionieren. Ähnliches galt für seinen Mitstreiter Georg Ledebour. Der argumentierte noch 1917 auf dem Gründungsparteitag der USPD rückblickend, dass für ihn die Ablehnung von Kriegskrediten keine prinzipielle Frage sei, sondern eine Frage der politischen Analyse. Ein wirklicher Verteidigungskrieg könne ein Grund sein, Kriegskredite auch durch Sozialisten zu bewilligen. Dem widersprach Arthur Stadthagen entschieden:

Ich bin mit Ledebours Ausführungen über die Berechtigung der Selbstverteidigung nicht einverstanden, insbesondere muß ich seiner Argumentation entgegentreten, daß die Selbstverteidigungspflicht schon aus unserer Forderung der Volkswehr und der Demokratisierung des Heeres hervorgehe [...] Kriegskredite dürfen wir niemals bewilligen.

Dabei hatte Stadthagen zunächst selbst aus Gründen des Fraktionszwangs – trotz starker innerer Vorbehalte – im Reichstagsplenum für die Bewilligung der Kriegskredite gestimmt. Bald sollte er jedoch zur Gruppe derjenigen gehören, die immer energischer forderte, dass auch die Kritiker die Möglichkeit zur Artikulation ihrer Position im Parlament bekämen. Von Abstimmung zu Abstimmung nahm innerhalb der Fraktion die Zahl derjenigen zu, die den mehrheitlich eingeschlagenen Kurs des Burgfriedens und der Kreditbewilligung ablehnten. Im Dezember 1915 war die Mehrheit bei einer erneuten Abstimmung auf ein Verhältnis von 66 zu 44 Stimmen geschrumpft. Dass der Autor gleichwohl zu der Schlussfolgerung kommt, dieses Ergebnis habe der Minderheit verdeutlicht, dass sie ohne Chancen auf eine künftige Mehrheit bleiben müsse, muss schon erstaunen. Sie ist wohl nur unter der – aus meiner Sicht zu hinterfragenden – Prämisse erklärlich, dass er die bevorstehende Spaltung in Mehrheits- und Unabhängige Sozialdemokratie für unausweichlich hielt. Für beide – Stadthagen wie Ledebour – stand jedenfalls im Frühjahr 1917 fest, dass ihr weiterer politischer Weg nur in der USPD seine Fortsetzung finden konnte. Während Georg Ledebour noch ein langer, von einer ganzen Reihe von Wendungen und Brüchen gezeichneter Weg bevorstand, verstarb der häufig kränkelnde Arthur Stadthagen im Dezember 1917 mit gerade einmal 60 Jahren im Gefolge der grassierenden Grippeepidemie.

Vom Sozialliberalen zum Sozialdemokraten

So bedauerlich kurz der Lebensweg Arthur Stadthagens also verlief, so bemerkenswert lange reichte die Lebensspanne Georg Ledebours. Sieben Jahre früher als sein späterer Kollege und Freund im Jahre 1850 geboren erreichte er das biblische Alter von 97 Jahren. Seine Geburtsstadt war Hannover, wo er eine kaufmännische Ausbildung abgeschlossen hatte. Auch er wäre wohl gerne Jurist geworden, ein derartiges kostspieliges Studium kam allerdings aufgrund seiner familiären Verhältnisse nicht infrage. Von sicherlich einschneidender Bedeutung für seinen weiteren Lebensweg geriet die Tatsache, dass er bereits im Alter von 10 Jahren zum Vollwaisen wurde. Er wuchs daher ohne Eltern im Haushalt seines älteren Bruders auf. Czitrich-Stahl beschreibt nachvollziehbar, dass sich diese frühen Schicksalsschläge prägend auf seinen weiteren Lebensweg auswirken sollten. Ledebour entwickelte ein Verhaltensmuster (im persönlichen wie im politischen Bereich), wonach er sich zunächst mit Hingabe einer Sache oder Person widmen konnte, nach scharfen Konflikten aber die Abwendung suchte, um schließlich an anderer Stelle wieder neu zu beginnen.

Wie Stadthagen hatte auch Ledebour eine starke Neigung zu Fremdsprachen, unterrichtete in Hannover lebende Engländer in deutscher Sprache, bevor er 1876 für sechs Jahre selbst nach England übersiedelte, wo er sich erste Sporen als Journalist verdiente. Hier liegen die Wurzeln für seine Hochachtung vor der besonderen Ausprägung des englischen Parlamentarismus, die in späteren Jahren immer wieder auch seine Reichstagsreden prägen sollte. Besonders schätzte er daran die Rechte des Parlaments im Staatsgefüge sowie die dortigen parlamentarischen Spielregeln und Gepflogenheiten. Nach der Rückkehr aus England wurde er in Berlin zunächst für die Hirsch-Dunckerschen Gewerkvereine tätig und schrieb für deren Verbandsorgan. In diese Zeit dürften auch die ersten Begegnungen mit Arthur Stadthagen fallen. Seit Mitte der 1880er-Jahre datiert wohl ihre Freundschaft. Aber noch betätigte sich Ledebour im liberalen Spektrum, schloss sich der liberalen Fortschrittspartei an. Sein politisches Konzept dieser Jahre war das einer Kombination von Sozialreform und Sozialpartnerschaft.

Mit der Fusion von Fortschrittspartei und Liberaler Vereinigung zur Deutschen Freisinnigen Partei wurden 1884 als neues politisch-publizistisches Forum einer kritischen Minderheit die *Demokratischen Blätter*, herausgegeben von Georg Ledebour, Franz Mehring und Hermann Trescher, gegründet. Dies mündete im September 1885 zudem in den Versuch der Schaffung einer neuen linksliberalen, der Demokratischen Partei. Ledebour wurde in ihren Parteivorstand gewählt. Auseinandersetzungen um den Kurs der *Berliner Volks-Zeitung*, in deren Redaktion Mehring und Ledebour ebenfalls zusammenwirkten, führten schließlich zum Abschied beider vom politischen Liberalismus. Auch Ledebour wurde 1891 Mitglied der sozialdemokratischen Partei. Seine spätere politische Weggefährtin und Reichstagskollegin Anna Siemsen urteilte dazu im Rückblick treffend: «Er war ein entschiedener Marxist geworden, ein radikaler Demokrat geblieben.»

Eine entscheidende Rolle für seine weitere Entwicklung spielte Wilhelm Liebknecht, der für Ledebour zu einer Art politischer Vaterfigur wurde. Zugleich entwickelte sich eine enge Freundschaft zu dessen zweitältestem Sohn Karl. Vater Wilhelm holte Ledebour in die Redaktion des Parteiorgans *Vorwärts* und verschaffte diesem eine Stellung in der von ihm ins Leben gerufenen Arbeiterbildungsschule. An beiden Stellen traf er (auch wenn ihre jeweiligen Tätigkeiten nicht zeitlich kongruent verliefen) mit Arthur Stadthagen zusammen. Auf eine Einladung Karl Kautskys an dessen Theorieorgan *Neue Zeit* mitzuarbeiten, reagierte Ledebour offenbar nicht, was Kautsky außerordentlich empörte. Sein Kommentar dazu trifft jedoch einen wichtigen Punkt: «Er hat das Bedürfnis selbständig zu sein um jeden Preis, eigene Wege zu gehen.» Als Wilhelm Liebknecht 1900 überraschend verstarb, trat Ledebour die Nachfolge in dessen Berliner Reichstagswahlkreis an. Er wurde einer der erfolgreichsten sozialdemokratischen Abgeordneten, holte seinen Wahlkreis 1912 mit einer unglaublichen Mehrheit von über 80 Prozent.

Noch ein «Linkszentrist»

Innerhalb seiner Partei positionierte er sich wie sein Freund und Kollege Stadthagen auf der Seite des marxistischen Zentrums, als «Linkszentrist». Auch ihm attestiert Czitrich-Stahl die Haltung eines «praktischen Revisionisten». Anders als in seiner Stadthagen-Biografie fällt hier jedoch die Einordnung in die zeitgenössischen Parteiströmungen differenzierter, nicht schablonenartig dichotomisch (marxistisch versus reformistisch) aus: Ledebours Haltung, so heißt es jetzt, fügte sich ein in ein Geflecht,

das am Ende eines Differenzierungs- und Transformationsprozesses aus Reformsozialisten, dem marxistischen Zentrum, Revisionisten, Radikalen und auch Sozialliberalen bestand, die nicht in streng geschiedenen Strömungen operierten, sondern von Fall zu Fall miteinander kooperierten, auch abhängig von persönlichen Faktoren und Netzwerken. In diesem Geflecht bildete Ledebour eine ganz eigenständige Haltung aus, die durchaus originell genannt werden kann. Czitrich-Stahl benennt deren Leitziele so: Nationalitätentoleranz, Selbstbestimmungsrecht, Schutz der sprachlich-kulturellen Eigenheiten bzw. der Kulturnation, Minderheitenschutz und Begegnung «auf Augenhöhe». Und er fügt hinzu:

Gemeinsam mit den in England ausgeprägten Leitzielen Verfassungsstaat, Parlamentarismus, Rechtsstaat und Durchsetzung der Menschenrechte bildeten diese Leitziele eine Art Konstante in Ledebours politischem Denken über die Jahrzehnte hinweg.

Dazu gehörte für ihn eine konsequent antikolonialistische Haltung, was ihn signifikant von anderen zeitgenössischen Sozialdemokraten unterschied. 1907 verfasste er im Auftrag des Parteivorstands eine Broschüre mit dem Titel *Die deutsche Kolonialpolitik* als Denkschrift anlässlich des Internationalen Sozialistenkongresses in Stuttgart.

Obwohl Ledebour – wie bereits gezeigt – anders als Stadthagen keine prinzipielle Absage an die Bewilligung von Kriegskrediten vertrat, gehörte er innerhalb der Reichstagsfraktion schon bald zu den entschiedenen Kritikern der Mehrheitsposition. Konsequent, wie er war, trat er deshalb bereits im Januar 1915 aus dem Fraktionsvorstand zurück, dem er bis dahin angehört hatte. Gemeinsam mit Haase, Stadthagen und anderen verfocht er nun vehement den Standpunkt der Minderheit mit dem Ziel, ihn innerhalb der Fraktion zur Mehrheitsauffassung werden zu lassen. Anders als in der Stadthagen-Biografie ist bei Czitrich-Stahl nun nicht mehr die Rede davon, dass dieser Kampf um die Mehrheit aussichtslos gewesen sei. Stattdessen:

> Jetzt konnte es nur noch heißen, die Mehrheit in der Partei zu erkämpfen, um die Spaltung der Gesamtpartei zu verhindern.

Mit dieser Grundhaltung beteiligte sich Ledebour auch an den internationalen Beratungen der Kriegsgegner in Zimmerwald im September 1915. Während er dort für eine Verständigung der verschiedenen oppositionellen Gruppen eintrat, verfocht Lenin einen strikten Kurs der Abgrenzung zu Positionen, die nicht auf seiner bzw. der Linie der russischen Bolschewiki lagen. Ledebour dürfte hier erste Vorbehalte gegenüber deren Politik entwickelt haben. Entsprechend widersetzten sich die von ihm und Stadthagen mitgetragenen zentristischen Kräfte einer auf Parteispaltung ausgerichteten Strategie und einer Orientierung am russischen Vorbild. Ihr Ziel blieb die Erhaltung der Parteieinheit und eines linken Pluralismus.

An der Spitze der USPD

Die Geschichte nahm einen anderen Verlauf. Gedrängt von der unduldsamen Mehrheit in Fraktion und Partei und der eigenen öffentlichen Artikulationsmöglichkeiten vor allem im Parlament weitgehend beraubt, sah sich die Minderheit gezwungen, sich in eigenen Strukturen neu zu organisieren.[2] So entstand die USPD. Neben Hugo Haase wurde Georg Ledebour zu einem der beiden Vorsitzenden gewählt. Wie viele andere in seiner Partei setzte er sich im Gefolge der Novemberrevolution 1918 für die Schaffung einer Räterepublik ein. Das Vorbild des britischen Parlamentarismus trat dabei auch bei ihm für einige Jahre eher in den Hintergrund. Innerparteilich gehörte er nun zu denen, die einer neuerlichen Kooperation mit der mehrheitssozialdemokratischen Partei und insbesondere ihrer Führung ablehnend gegenüberstanden. Er setzte stattdessen auf eine Kooperation der USPD-Linken mit dem Spartakusbund bzw. der sich gründenden KPD. An der Wende der Jahre 1918/19 verhandelte er mit Karl Liebknecht, Wilhelm Pieck und Ernst Meyer über eine mögliche neue Parteiformation. Da er dafür kein Mandat seiner Partei hatte, musste er vom Amt des Vorsitzenden zurücktreten. Das hielt ihn nicht davon ab, sich im Januar mit einigen wenigen anderen (u. a. aus den Reihen der Revolutionären Obleute) an die Spitze eines versuchten Aufstands gegen die mehrheitssozialdemokratische Reichsregierung zu stellen. Der brach allerdings schnell zusammen, und Ledebour konnte von Glück sagen, dass seine Inhaftierung nicht wie die manch anderer mit seiner Ermordung endete. Legendär geworden ist seine später breit vertriebene gedruckte Verteidigungsrede im folgenden Landesverratsprozess, in dem er erstaunlicher-

---

2 Vgl. zu den genaueren Hintergründen dieses Spaltungsprozesses jetzt Uli Schöler: «Die Spaltung der deutschen Sozialdemokratie im Ersten Weltkrieg. Der Beitrag des ‹Revisionisten› Eduard David (Teil 1)», in: *ZfG* 72 (2024), H. 7/8, S. 595–615; Teil 2 in: ebd. H. 9, S. 691–711; Teil 3 in: ebd. H. 10, S. 791–810.

weise freigesprochen wurde. So wurde er schon in dieser Zeit zu einer politischen Legende, zog auf Listenplatz 3 der Berliner USPD-Wahlliste in den Reichstag ein und wurde neben Fritz Geyer zum Fraktionsvorsitzenden gewählt.

Die USPD sollte allerdings nicht zur Ruhe kommen. Der ein reines Rätesystem in Anlehnung an das bolschewistische Konzept der «Diktatur des Proletariats» favorisierende linksradikale Flügel der Partei wurde angesichts der Enttäuschungen über die ausbleibenden positiven Veränderungen durch die Novemberrevolution immer stärker. Stetig wuchs zudem der Druck seitens der auf einen Anschluss an die inzwischen gegründete Kommunistische Internationale (KI) drängenden Kräfte. Seitens der russischen Kommunisten, die 1920 – verfasst von Lenin – 21 Bedingungen für den Beitritt zur KI formuliert hatten, wurde ultimativ die Entfernung aller «rechten» und Zentrumsleute verlangt. Von Lenin wurde auch Ledebour zu den «alten opportunistischen Führern» gezählt, die angesichts der Aufgabe, die Revolution zu leiten, ihre Unfähigkeit bewiesen hätten. Ledebour selbst wiederum ließ keinen Zweifel daran, dass für ihn eine Unterwerfung unter ein Moskauer Diktat nicht infrage kam, dass er dies als moralischen Selbstmord empfunden hätte.

Die Mehrheit seiner Partei entschied anders, vereinigte sich mit der KPD, wenngleich ein beachtlicher Teil der linken Führer schon binnen Jahresfrist reumütig zur Sozialdemokratie zurückkehrte. Ledebour wurde – neben Artur Crispien – erneut zum Vorsitzenden der USPD bestimmt. Ferner wählte ihn die linkssozialistische Wiener Internationale Arbeitsgemeinschaft Sozialistischer Parteien (IASP) in ihre Exekutive. Den bald folgenden Weg

zur Vereinigung mit der mehrheitssozialdemokratischen Partei 1922 ging er jedoch nicht mit. Letztlich wiederholte sich hier das, was ihn schon 1918 daran gehindert hatte, an einer mit den Mehrheitssozialdemokraten gebildeten gemeinsamen Reichsregierung teilzunehmen. Die «Kriegssozialisten» hatten für ihn allen Kredit verspielt, mit ihnen war für ihn ein Zusammengehen dauerhaft unerträglich geworden. In seinen Worten:

> Was uns jetzt [...] zugemutet wird, der Zusammenschluss mit der Sozialdemokratischen Partei, das ist der Bruch mit der revolutionären Vergangenheit unserer Partei, das ist die Verleugnung unserer Grundsätze, das ist der Selbstmord der USPD.

«Vom Massenführer zum Sektenführer»

An dieser historischen Nahtstelle beginnt das Kapitel, das der Autor treffend mit dem Titel «Vom Massenführer zum Sektenführer» überschrieben hat. Von den die Vereinigung nicht mitvollziehenden USPD-Funktionären trug neben Ledebour nur Karl Liebknechts älterer Bruder Theodor noch einen bekannten Namen. Beide wurden zu Vorsitzenden der Minipartei gewählt, die für die restlichen Jahre der Weimarer Republik ein Sektendasein fristete. Schnell auftretende innere Kontroversen führten schon im Januar 1924 zum Parteiausschluss Ledebours, der daraufhin eine neue Formation, den «Sozialistischen Bund» gründete. Bei den ersten und einzigen Reichstagswahlen, bei denen er antrat, erhielt er niederschmetternde 0,1 Prozent der Stimmen.

Ledebour blieb gleichwohl politisch aktiv, u. a. im Umfeld des kritischen KP-Funktionärs Willi Münzenberg. 1931 schloss er sich mit seinem Bund der sich von der SPD trennenden Sozialistischen Arbeiterpartei (SAPD) an, die jedoch auch kaum über ein Sektendasein hinauswuchs, erst in Exil und Widerstand an Bedeutung gewann. Denselben Schritt vollzogen Theodor Liebknechts Rest-USPD und andere Kleingruppen und -parteien.[3] Ledebour fand nach 1933 Schutz vor den Nazis im Schweizer Exil in Bern. Hochbetagt verstarb er dort 1947. Die Trauerreden hielten der bekannte Schweizer Sozialist Robert Grimm, sein vormaliger USPD-Genosse Wilhelm Dittmann und der Menschewist Alexander Stein. Czitrich-Stahl zieht ein gemischtes, aber durchaus nachvollziehbares, zutreffendes Resümee mit Blick auf seinen Protagonisten:

Sein Einsatz für die Emanzipation der Nichtbesitzenden, die genauso zum Genuss der politischen und sozialen Errungenschaften der Moderne berechtigt werden müssen, ist nach wie vor nicht überholt. Insofern war er im Kern ein radikaler Vorkämpfer einer sozialen Demokratie, die in einer Epoche der Gefährdung der Demokratie überhaupt auch eine Alternative zum Bestehenden sein kann. Um diese Alternative durchzusetzen, werden aber neben Ledebours Mut, seinen Leitprinzipien und seiner Redekunst weitere Charaktereigenschaften benötigt, die seine Stärke nicht waren, etwa Toleranz, Geduld und Empathie.»

Schlussbetrachtung

Holger Czitrich-Stahl sind zwei beeindruckende Biografien von in Vergessenheit geratenen sozialdemokratischen Politikern und Parlamentariern aus der Frühzeit der Arbeiterbewegung gelungen. Beide, unter ganz unterschiedlichen Verhältnissen aufgewachsen, stehen – trotz hier und da divergierender inhaltlicher Positionierungen – für eine lange Zeit wirkungsmächtige linkssozialdemokratische Strömung, vom Autor zutreffend als «Linkszentrismus» beschrieben. Sie verorteten sich innerhalb der Sozialdemokratie, der Erhalt einer geeinten Partei auf der Grundlage eines inneren Pluralismus war für sie ein hohes Gut. Das schützte sie nicht vor Ausgrenzung, die für beide – eher ungewollt – in eine neue linkssozialistische Formation, die USPD mündete. Unterschiedliche mentale Dispositionen führen auch zu unterschiedlichen politischen Laufbahnen. Dass Stadthagen seinem Freund Ledebour in das politische Abseits eines «Sektenführers» nach 1922 gefolgt wäre, ist kaum anzunehmen. Gleichwohl bietet Ledebours Lebensweg einen so spannenden wie spannungsreichen Anschauungsunterricht dafür, in welche Fallstricke man geraten kann, wenn man keine Balance zwischen dem Festhalten an eigener Grundsatztreue auf der einen und den notwendigen Kompromissen mit innerparteilichen Kontrahenten und deren mitunter schwer zu akzeptierten divergierenden Auffassungen auf der anderen Seite findet.

---

3 Hier ist eine kleine Korrektur erforderlich. Aufgrund der Schilderung in der einschlägigen Monografie über die SAP, dass die Vertreter dieser Kleingruppen dort auch auf Linkssozialdemokraten wie z. B. Fritz Sternberg sowie August und Anna Siemsen trafen (beide ehemalige SPD-Reichstagsabgeordnete), werden Letztere bei Czitrich-Stahl (S. 416) irrtümlich dem Internationalen Sozialistischen Kampfbund (ISK) zugeordnet, dem alle drei nie angehörten; vgl. die korrekte Darstellung bei Hanno Drechsler: *Die Sozialistische Arbeiterpartei Deutschlands (SAPD). Ein Beitrag zur Geschichte der deutschen Arbeiterbewegung am Ende der Weimarer Republik*, Meisenheim/Glan 1965, S. 140.

Ulrich Schöler

Beide hier vorgestellten Werke unterscheiden sich stark in der Art, wie sie sich präsentieren. Die Stadthagen-Biografie dokumentiert auf akribische Weise alle Spuren des Protagonisten, die der Autor mit beeindruckender Akribie zusammengetragen hat. Dabei wechselt die Form der Darstellung immer wieder zwischen den verschiedenen Ebenen des Persönlichen, des Lokalen, des Regionalen und der Ebene der nationalen Politik (darin eingeschlossen die politisch-theoretischen Positionsbestimmungen Stadthagens). Das macht die Lektüre gelegentlich zu einem mühsamen Unterfangen. Anders ist der Zugriff bei der – keineswegs weniger detailreichen – Ledebour-Biografie, die man ohne Übertreibung als eine politisch-historische Geschichte aus einem Guss bezeichnen kann. Für beide gilt, dass sie unsere Kenntnis über die Veränderungsprozesse in der Arbeiterbewegung seit den 1880er-Jahren bis in die Zeit des Zweiten Weltkriegs im folgenden 20. Jahrhundert intensiv zu bereichern vermögen. ∎

BEITRÄGE UND DISKUSSION

Konrad Lindner

Theorie des Himmels – Geniestreich des jungen Kant
Nach dem 300. Geburtstag des Königsberger Denkers

> Zwei Dinge erfüllen das Gemüth mit immer neuer und zunehmender Bewunderung und Ehrfurcht, je öfter und anhaltender sich das Nachdenken damit beschäftigt: Der bestirnte Himmel über mir und das moralische Gesetz in mir.
>
> *– Immanuel Kant im Jahr 1788*

0 Hypothese eines eleganten Magisters

Die Hypothese, dass unser heimisches Sonnensystem nicht ewig ist, sondern eine Geschichte mit einem Anfang und einem Ende hat, wurde bereits im 18. Jahrhundert formuliert. Der Philosoph und Naturforscher Immanuel Kant, der vor 300 Jahren am 22. April 1724 in Königsberg das Licht der Welt erblickt hat, brachte die neuzeitliche Auffassung von der Geschichte der Natur mit dem Grundsatz von der Zeitlichkeit unseres Sonnensystems auf den Weg. Als sich Kant in seinem akademischen Streben den Sternen zu widmen und nach der Entstehung unseres Sonnensystems zu fragen

begann, kursierte in seinem Bekanntenkreis an der Universität Königsberg «das Bild des *eleganten Magisters»*, wie Steffen Dietzsch in seiner Biografie anschaulich schreibt. (1; S. 69.) Der aufstrebende Philosoph in der ostpreußischen Hafenstadt war ein junger Mann mit kleiner Statur und großem Kopf, dessen hohe Stirn und «feine Nase» sowie dessen «helle klare Augen» sein Gesicht vorteilhaft auszeichneten. (1; S. 65.) Noch hatte er seine akademische Karriere vor sich, als er sich den Sternen zu widmen begann.

1 Königsberg war ein Denkort der Aufklärung

Im Alter von 30 Jahren trat Kant mit neuartigen Ideen über die Entstehung und Entwicklung des Sonnensystems sowie über die Verteilung der Sterne in unserer Milchstraße an die Öffentlichkeit. Seine Schrift *Allgemeine Naturgeschichte und Theorie des Himmels* (1755), die anonym in Königsberg und Leipzig erschien, widmete er am 14. März 1755 dem preußischen König Friedrich II. von Preußen (1712–1786). Im

Jahr 1770 erlangte Kant an der Universität Königsberg die ersehnte Professur der Logik und Metaphysik. In seiner späteren Schaffensphase erarbeitete der Philosoph durch ein ganzes Arsenal neuer Begriffe eine tiefgreifende Analyse des menschlichen Vermögens des Erkennens. In dem Jahrhundertwerk *Kritik der reinen Vernunft* (1781) räumte er im Prozess des Erkennens nicht dem Ding, sondern dem Begriff die Priorität ein. Das sprachlich verfasste Anschauungs- und Entwurfsvermögen der Menschen bildet die Voraussetzung jeglichen Wissens und ist den Dingen vorgelagert. In der Vorrede zur zweiten Ausgabe seiner *Kritik der reinen Vernunft* verglich Kant im Jahr 1887 seinen neuen Ansatz in der Auffassung vom menschlichen Wissen mit der *kopernikanischen* Revolution. Wie sich in der Astronomie herausgestellt hatte, dass sich nicht die Sonne um die Erde, sondern der irdische Zuschauer um die Sonne dreht, so formulierte Kant den Grundsatz: Unsere Anschauung richtet sich nicht nach der Beschaffenheit der Gegenstände, sondern der Gegenstand als Objekt der Sinne richtet sich «nach der Beschaffenheit unseres Anschauungsvermögens». (7; S. 23.) Damit wurde – so Ottfried Höffe – «die menschliche Vernunft aus der Befangenheit» des «erkenntnistheoretischen Realismus» befreit. (3; S. 53.) Durch die Lehre an der Universität und durch seine Bücher verwandelte Kant seine Heimatstadt in einen Schauplatz der kritischen Philosophie, die sich von der Philosophie der Natur bis zur Philosophie der Erkenntnis, der Moral, der Kunst und der Religion auf viele Bereiche der geistigen Praxis bezieht. Auch die *Kritik der Urteilskraft* (1790) hatte zu Lebzeiten des Philosophen an vielen deutschen Universitäten – wie in Tübingen, Jena, Göttingen und Leipzig – eine große Resonanz. Die Bücher Kants werden heute weltweit studiert. Durch das Interesse an der kritischen Philosophie wird das Königsberg Kants als ein Denkort der Aufklärung erinnert. Doch 300 Jahre nach der Geburt des Philosophen ist Kaliningrad nicht mehr nur eine Hafen- und Universitätsstadt, sondern auch ein nuklearer Außenposten Russlands. Die «wichtigsten europäischen Hauptstädte liegen in Reichweite der dort stationierten Raketen,» schreibt Octave Larmagnac-Matheron in einem Essay über *Kants Königsberg*. (9) Atomare Waffen aller Mächte sind dazu in der Lage, derart hohe Energien freizusetzen, die in der Natur nur von Sonnen erzeugt werden. Nukleare Sprengköpfe können Zerstörungen und Opferzahlen hervorrufen wie das Beben vom 1. November 1755 in Lissabon, das auch Kant und das ganze 18. Jahrhundert erschüttert hat. Die russische Führung unter Wladimir Putin will, dass ihre Atomraketen eine Bedrohung für die in Europa von Rom und Paris über London und Berlin sowie Budapest und Bukarest bis Stockholm und Helsinki gelebten Freiheits- und Bürgerrechte bilden. Der Westen wird in den russischen Staatsmedien als Ort des Bösen dargestellt. Dabei gibt es von Irkutsk und Nowosibirsk bis St. Petersburg und Moskau immer noch Menschen, denen die europäischen Demokratien in der Tradition der Revolution von 1789 keineswegs suspekt sind und die gerade auch in Kant einen Vordenker und Wegbereiter der neuzeitlichen Freiheits- und Bürgerrechte wissen und schätzen. Die vielen Blumen zu Ehren von Alexej Nawalny (1976–2024) machten nach seinem Tod auch in der russischen Bevölkerung einen kritischen Geist sichtbar. Russland ist ein europäisches Land, dass sich nicht auf Dauer den bürgerlichen Grund- und Freiheitswerten entziehen und der Rechtsstaatlichkeit verweigern kann. Bereits dem Königsberger Denker lag daran, wie er in der *Kritik der praktischen Vernunft* von 1788 formuliert, sowohl «das moralische Gesetz in mir» als auch den «bestirnte(n) Himmel über mir» einheitlich und vor allem freiheitlich auf den Begriff zu bringen. Als ostpreußischer Bürger rief Immanuel Kant, der im Jahr 1794 auch in die Petersburger Akademie der Wissenschaften gewählt worden ist, nicht zu einem blinden Führerkult und zum Schönreden von politischer Unterdrückung und von imperialer Aggression auf, sondern er riet den Menschen bereits im Jahrzehnt vor der Französischen Revolution zu dem Imperativ der Aufklärung: «Sapere aude! Habe Muth dich deines eigenen Verstandes zu bedienen!» (3; S. 11.)

2 Theorie des Himmels von 1755

Die größte Neuerung in dem Ansatz, den Kant in dem Buch zur *Theorie des Himmels* (1755) dargelegt hat, war die Überzeugung, dass sich unser Sonnensystem nicht durch eine fremde göttliche Macht, sondern im Verlauf großer Zeiträume durch die Selbstbewegung der Natur mit dem Gegensatz von Attraktion (Anziehung) und Repulsion (Abstoßung) herausgebildet hat. Kant rechnete beim Alter des Sonnensystems nicht mehr in Jahrtausenden, sondern in Jahrmillionen. Wir rechnen heute in Jahrmilliarden, wenn wir das Alter des Universums auf 13,8 Milliarden Jahre schätzen. Der Verfasser der *Theorie des Himmels* ging von einer Geschichte der Natur aus, in welcher der analytische Grundsatz gilt: «[...] die Natur ist sich selbst genugsam, die göttliche Regierung ist unnötig». (6; S. 40.) Beim Blick zum gestirnten Himmel eine analytische Haltung einzunehmen und auf die gewohnte Hypothese eines «göttlichen Urhebers» zu verzichten,

war eine Revolution in der Denkart vom Universum. Es war nicht so, dass der protestantisch aufgewachsene Kant die theologische und religiöse Perspektive der Weltdeutung mit der Rede von *Gott* und von der *Schöpfung* verwarf, aber er trennte sie von der Perspektive der beobachtenden und messenden Naturforschung. Von ihm wurde die Natur in ihren aktuellen Daseinsformen aus der Perspektive der analytischen Forschung als Ursache ihrer selbst aufgefasst und aus «der ihren allgemeinen Bewegungsgesetzen überlassenen Materie» hergeleitet. (6; S. 40.) Als Urzustand des Universums nahm Kant im Einklang mit dem französischen Naturforscher George Louis Leclerc de Buffon (1707–1788) zerstreute Materiewolken an, aus denen durch Verdichtung sowohl die fernen Sterne entstanden sind und sich ebenfalls unsere Sonne mit ihren Planeten herausgebildet hat. Kant ordnete die Sonne und die Sonnen (Fixsterne) den «flammenden Körpern» zu, während er die Planeten unseres Sonnensystems als «dunkle und kalte Weltkörper» auffasste, die den Zentralkörper umkreisen. (6; S. 161) Weiterhin sah er die Sonne als einen kosmischen Körper an, der im Verbund mit einem «Heer» von Sternen ein übergeordnetes System bildet. (6; S. 73.) Bereits Kant beschrieb das Großsystem der Milchstraße, wie Jürgen Hamel in seiner *Geschichte der Astronomie* (1998) herausarbeitet und würdigt, «als abgeplattete, linsenförmige Sternansammlung, deren Einzelsterne sich auf eine Ebene» konzentrieren. (2; S. 234.)

3 Leipziger Echo auf Kants Theorie der Erde

Die «brennende Sonne» beschrieb Kant im Vergleich zu unserer außen erkalteten Erde als ein «wunderseltsames Objekt». (6;

S. 166.) Die Erzeugung der Energie in der Sonne als ein «wunderseltsames» Geschehen anzusprechen, war im 18. Jahrhundert durchaus zutreffend. Erst im 20. Jahrhundert konnte die Verschmelzung von Wasserstoffatomen zu Helium – von Forschern wie Hans Bethe (1906–2005) und Carl Friedrich von Weizsäcker (1912–2007) – als die Quelle der gigantischen Energien der Sonne nachgewiesen werden. Aber auch dann, wenn die Erde an ihrer Oberfläche erkaltet und kein «flammender Körper» ist, trägt sie die heiße Vergangenheit des Sonnensystems in sich. In seiner *Theorie des Himmels* von 1755 führte Kant die Sonne und die Planeten zunächst auf einen ursprünglichen *dunstförmigen* Zustand der Materie zurück, aus dem durch Zusammenballung heiße Weltenkugeln entstanden sind. Bereits 1755 beschrieb der Königsberger Philosoph die Erde in ihren wichtigsten Entwicklungsstadien. Im Gegensatz zu ihrem heutigen Erscheinungsbild war die Erde seiner Ansicht nach ein ursprünglich durchgehend heißer Planet, der sich erst im Verlauf seiner Geschichte «aus einem flüssigen Zustande in den festen verändert» hat. (6; S. 167.) Mit der Formulierung des Gedankens, dass die Erde im Innern kein kalter Körper, sondern ein immer noch heißer Planet ist, der ihn als einen Mitspieler in der Entwicklung unseres Sonnensystems ausweist, verlieh Kant dem geologischen und geophysikalischen Denken im Verlauf des 18. Jahrhunderts einen wichtigen Impuls. In seinem Buch *Ideen zu einer Philosophie der Natur* (1797) griff der junge Friedrich Wilhelm Joseph Schelling (1775–1854) während seines Studiums in Leipzig die Hypothese der heißen Erde auf, indem auch er argumentierte: Die gegen den Äquator hin erhabene und gegen die Pole hin abgeplattete Gestalt der Erde lässt kaum zweifeln, dass die Erde in ihrer Geschichte allmählich aus «flüssigem Zustand» in den «festen» übergegangen ist. (11; S. 132.) Gestützt auf Kants Abhandlung *Über die Vulkane im Monde* in der *Berliner Monatsschrift* vom März 1785 erläuterte der junge Schelling die Ansicht, dass die Erde kein kalter Klumpen, sondern ein im Innern heißer Sonnenplanet ist. Bei der Darlegung der Erkenntnis, dass die Aktivität der Vulkane – wie der Ätna und der Vesuv in Italien – auf einem Tiefenphänomen der Erde beruht, fand Schelling fachkundige Unterstützung. Dem Philosophen half das Studium der Artikel *Erdkugel, Erde* sowie *Fixsterne* in dem soliden und informativen *Physikalischen Wörterbuch* des Leipziger Ratsherrn und Naturforschers Johann Samuel Traugott Gehler (1751–1796). (14) Im Supplementband von 1795 führte Gehler über die Erweiterungen des Wissens in der *Astronomie* seit 1789 aus: «Es ist die Topographie der Mondfläche weit vollkommner gemacht, es sind die Scheiben der Planeten genauer beobachtet, und ihre Gestalten und Umdrehungen zuverlässiger bestimmt worden, man hat den Saturnsring gespalten gefunden, und eine Umdrehung desselben entdeckt, und die noch immer fortgesetzten Bemühungen, mit welchen die Herren Herschel, Schröter und Schrader die Vollkommenheit der Spiegelteleskope aufs höchste zu treiben suchen, läßt auch für die Zukunft mehrere überraschende Entdeckungen erwarten.» (15; S. 60.)

4 Sächsische Stadt mit Sternwarte

Wie in Berlin fiel Kants *Theorie des Himmels* in Leipzig sicher auch deshalb auf einen fruchtbaren Boden, weil die Stadt eine Sternwarte besaß. Auf der Pleißenburg entstand von 1787 bis 1791 durch den Umbau des Festungsturms unter der Leitung des Stadtbaudirektors Johann Friedrich Dauthe (1746–1816) eine Universitätssternwarte. Die Einweihung erfolgte «am 3. Februar 1794, die praktische Nutzung begann im Wintersemester 1794/95». (4; S. 6.) Der erste Observator wurde der Astronom Christian Friedrich Rüdiger (1760–1809). Der Leiter der Sternwarte war Ehrenmitglied der Ökonomischen Sozietät zu Leipzig. Die obere Plattform der Sternwarte befand sich in einer Höhe von 53 m, wodurch sie ein beliebter Aussichtspunkt auch für Gäste der Stadt wurde. Bereits Georg Claudius wies in seinem Stadtführer *Leipzig – Ein Handbuch für Reisende* (1792) auf «Die Sternwarte» hin und bewarb das Observatorium mit dem Hinweis: «Sowohl der Bau, als der Apparat der Instrumente ist sehenswürdig.» (13; S. 206.) Für die kulturelle wie wissenschaftliche Anziehungskraft der Sternwarte gibt es ein prominentes Beispiel. Als sich Goethe Ende 1796 und Anfang 1797 in Leipzig – in der Stadt seines Jurastudiums der Jahre 1765 bis 1768 – aufhielt, ließ er es sich nicht nehmen, das Observatorium in der Pleißenburg zu besuchen. Unter dem 7. Januar 1797 notierte Goethe in seinem Tagebuch: «Früh auf der Sternwarte mit Doctor Fischer, sodann im Beygangischen Museum.» (16; S. 52.) In den Briefen Schellings aus Leipzig findet sich keine Nachricht über einen Besuch der Sternwarte. Von einer Bekanntschaft mit Professor Rüdiger ist ebenfalls keine Rede. Dennoch geht aus der Publizistik Schellings hervor, dass er sein in Tübingen erworbenes astronomisches Grundwissen weiter zu vertiefen vermochte, wobei das Studium der naturphilosophischen Ideen Kants eine nicht unwichtige Motivation bildete. Wer sich wie der junge Schelling in der geistigen Tradition von Kants *Theorie des Himmels* für den heißen Ursprung der Erde interessierte, der schaute sich vielleicht auch durch ein Teleskop auf der Pleißenburg etwas genauer die Krater auf dem Mond an. Durch ein Fernrohr zum Erdbegleiter zu blicken, auf der Oberfläche der Sonne Flecken auszumachen oder den Ring des Saturns in Augenschein zu nehmen, alles das dürfte für Schelling ebenso selbstverständlich gewesen sein, wie sich in der Nikolaikirche und im Konzertsaal des Gewandhauses die Bilder von Adam Friedrich Oeser (1717–1799) anzuschauen.

5 Kant war eine Stimme der Freiheit

Im letzten Jahrzehnt des 18. Jahrhunderts erreichte die Resonanz der Werke Kants von der Naturphilosophie über die Erkenntnis- und Moralphilosophie und bis zur Ästhetik einen starken Schub und eine neue Qualität. «Es ist unbegreiflich, welche Achtung für die Menschheit, welche Kraft uns dieses System gibt,» schrieb Johann Gottlieb Fichte (1762–1814) im Sommer 1790 in Leipzig, als er sich in die Werke Kants einarbeitete. (5; S. 33.) Georg Wilhelm Friedrich Hegel (1770–1831) äußerte im April 1795 in Bern über die Theoriearbeit in der Philosophie: «Vom Kantischen System, u. dessen höchster Vollendung erwarte ich eine Revolution in Deutschland.» (10; S. 24.) Während seiner Schaffensphase in Würzburg widmete Schelling dem Denker, der am 12. Februar 1804 gegen 11.00 Uhr vormittags in Königsberg starb, den Nachruf *Immanuel Kant*. Er würdigte ihn als Streiter gegen Autokratie und Willkür sowie als einen Vordenker von Bürger- und Freiheitsrechten. Das Geheimnis des großen Erfolgs der Ideen von Kant lüftete Schelling mit dem Hinweis, dass «das große Ereignis der Französischen Revolution allein die allgemeine und öffentliche Wirkung» hervorgerufen habe, «welche ihm seine Philosophie an sich selbst nie verschafft haben würde». (12; S. 27.) In seiner aktuellen Biografie macht Manfred Kühn auf eine Episode aufmerksam. Er berichtet, dass sich einer der zeitgenössischen Widersacher Kants von der Universität Königsberg über den politischen Geist des Philosophen sehr empörte. «Kant habe die Kühnheit besessen,» so lautete der Vorwurf, «die Prinzipien der Französischen Revolution zu unterstützen und sie selbst in den vornehmsten Häusern bei Tisch zu verteidigen.» (8; S. 19/20.) Kant war ein kleiner Mann, aber einer, der keine Angst davor hatte, wie sein Biograf weiter berichtet, auf die «schwarze Liste» gesetzt zu werden, «wie das in Königsberg geschah». (8; S. 20.)

Literatur

Dietzsch, Steffen: *Immanuel Kant. Eine Biographie.* Reclam Verlag. Leipzig 2003.

Hamel, Jürgen: *Geschichte der Astronomie. Von den Anfängen bis zur Gegenwart.* Birkhäuser Verlag. Basel – Boston – Berlin 1998.

Höffe, Ottfried: *Immanuel Kant.* Verlag C.H. Beck. München 1988.

Ilgauds, Hans-Joachim / Münzel, Gisela: *Die Leipziger Universitätssternwarten auf der Pleißenburg und im Johannistal.* Sax-Verlag. Beucha 1995.

Jacobs, Wilhelm G.: *Johann Gottlieb Fichte. Eine Biographie.* Insel Verlag. Berlin 2012.

Kant, Immanuel: *Allgemeine Naturgeschichte und Theorie des Himmels.* Herausgegeben von Georg Klaus. Aufbau Verlag. Berlin 1955.

Kant, Immanuel: *Kritik der reinen Vernunft.* Heraus-gegeben von Raymund Schmidt. Nachwort von Helmut Seidel. Verlag Philipp Reclam jun., Leipzig 1979.

Kühn, Manfred: *Kant. Eine Biographie.* Beck Verlag. München 2004 und Neuausgabe 2024. Vgl. den Link: Kühn, Manfred | Kant | 1. Auflage | 2024 | beck-shop.de.

Larmagnac-Matheron, Octave: «Kants Königsberg». 30. Mai 2022. Vgl. den Link: https://www.philomag.de/artikel/kants-koenigsberg.

Schelling, Friedrich Wilhelm Joseph: *Briefe 1. Briefwechsel 1786–1799.* Herausgegeben von Irmgard Möller und Walter Schieche. Frommann-Holzboog. Stuttgart 2001.

Schelling, Friedrich Wilhelm Joseph: *Ideen zu einer Philosophie der Natur* (1797). Herausgegeben von Manfred Durner und Mitwirkung von Walter Schieche. Frommann-Holzboog. Stuttgart 1994.

Tilliette, Xavier: *Schelling. Biographie.* Klett-Cotta. Stuttgart 2004.

Historische Quellen

Claudius, Georg Carl: *Leipzig: Ein Handbuch für Reisende die ihren Aufenthalt daselbst sich angenehm und nützlich machen wollen.* Leipzig 1792. – Vgl. den Link: https://digitale.bibliothek.uni-halle.de/vd18/content/titleinfo/4014000?lang=de.

Gehler, Johann Samuel Traugott: *Physikalisches Wörterbuch oder Versuch einer Erklärung der vornehmsten Begriffe und Kunstwörter der Naturlehre: mit kurzen Nachrichten von der Geschichte der Erfindungen und Beschreibungen der Werkzeuge begleitet in alphabetischer Ordnung. 2: Von Erd bis Lin : mit sechs Kupfertafeln, Taf. VIII. bis XIII.* Leipzig 1789.

Gehler, Johann Samuel Traugott: *Physikalisches Wörterbuch. Fünfter Theil. Supplemente von A bis Z.* Leipzig 1795.

Goethe, Johann Wolfgang von: *Briefe – Tagebücher – Gespräche.* Band 10. Digitale Bibliothek. Berlin 1998. ∎

Peter Steinbach

Farce oder Tragödie?
Die gegenwärtige Asyldebatte als Wiedergänger

Im Blick auf die gegenwärtige Diskussion über eine weitere Modifikation oder gar Abschaffung des Asylrechts kann es hilfreich sein, die frühen Diskussionen über Probleme politischer Verfolgung, die in der Bundesrepublik 1948 bis 1950 geführt wurden, zur Kenntnis zu nehmen. Die Auseinandersetzungen spiegeln den Willen zur politischen Verantwortung und dokumentieren seit 1953 zunehmend auch das Selbstvertrauen von Parteien, Regierungen und Öffentlichkeit, die Integrationsfolgen politischer Massenflucht zu tragen. Niemals stand die Aufnahme von Flüchtlingen aus der DDR und aus den osteuropäischen Staaten ernsthaft in Frage. Die Diskussionen im Parlamentarischen Rat und die Bundestagsdebatte vom 18.1.1950 sind so nicht nur Beispiele für gehaltvolle parlamentarische Diskussionsprozesse, sondern sie spiegeln im Ergebnis eine beeindruckende politische Besonnenheit, welche die Substanz der Verfassung unangetastet lässt.

Weniger unter dem Eindruck der einzelnen Länderverfassungen, als vielmehr von den Vorschlägen über die Gestaltung des Grundrechts auf Asyl in der UN-Menschenrechtsdeklaration beeinflusst, beschäftigten sich die Mitglieder des Parlamentarischen Rates seit Herbst 1948 mit der Frage, ob eine vorläufige Verfassung der Bundesrepublik Deutschland ein weitgehendes, absolutes Asylrecht enthalten solle. Dies war vor allem deshalb bemerkenswert, weil die Verfassung der zweiten deutschen Demokratie sich mit der Asylrechtsbestimmung ausdrücklich nicht an die Angehörigen der eigenen Nation, sondern an alle Ausländer wandte, die im «Bundesgebiet» Asyl suchten. Erst in zweiter Linie flossen in dieses weitgehend neue und in ihrem Ausmaß gegenüber anderen Verfassungen jener Zeit unvergleichliche Asylrecht zeitgeschichtliche Erfahrungen ein. Vermutlich war die Absicht, sich durch die Übernahme von Vorstellungen der Vereinten Nationen gleichsam auszuzeichnen, im Hinblick auf das Asylrecht des Grundgesetzes entscheidender als die Erfahrungen deutscher Emigranten. Das Asylrecht bezeichnete die Maßstäbe des Völkerrechts, die der Verfassungsgeber des Grundgesetzes zur Richtschnur einer Ausgestaltung seiner neuen politischen Ordnung machen wollte. Noch der Chiemseer Entwurf hatte für die zu beratende Verfassung das Asylrecht nicht vorgesehen, dies im Unterschied zu den Bestimmungen der Länderverfassungen dieser Zeit.[1]

Erst Ende September 1948 schlug der Grundsatzausschuss des Parlamentarischen Rates[2] vor, politisch Verfolgten «im Rahmen des allgemeinen Völkerrechts»

---

1 Otto Kimminich: «Die Geschichte des Asylrechts», in: amnesty international (Hrsg.): *Bewährungsprobe für ein Grundrecht*. Baden-Baden 1978, S. 30.

2 Werner Sörgel: *Konsensus und Interessen: Eine Studie zur Entstehung des Grundgesetzes*. Opladen 1985, S. 236 ff.

den «Genuß des Asylrechts» einzuräumen. Carlo Schmid und Hans Zinn erklärten durch das Völkerrecht seien Voraussetzungen und Inhalte des Asylrechts weitgehend geklärt. Damit knüpften sie bewusst an die Diskussionen über das internationale Flüchtlingsrecht in der Zwischenkriegszeit an. Hermann von Mangoldt deutete den Hinweis auf das Völkerrecht hingegen restriktiver. Man solle nicht mehr vorsehen, als das Völkerrecht vorschreibe, forderte er, denn: «Wir sind eine schwache Nation, und ohne die Mittel, weitergehenden Schutz zu gewähren, können wir nicht etwas tun, wofür wir selbst nicht die entsprechenden Mittel zur Hand haben, um es zu gewährleisten.»[3]

Carlo Schmid und von Mangoldt stimmten in dem Ziel überein, politisch Verfolgten aus der Sowjetischen Besatzungszone (SBZ) Asyl zu gewähren. Sie wollten so verfolgten Parteifreunden, die sich dem Zusammenschluss von SPD und KPD zur SED widersetzten oder nicht in der politischen Einheitsfront der Parteien aufgehen wollten, eine sichere Zuflucht gewähren. Weil Carlo Schmid erklärte, die Bindung von Grundgesetz und Bundesrepublik an das Völkerrecht solle in einem anderen Zusammenhang bekräftigt werden, verabschiedete der Hauptausschuss bereits in seiner ersten Sitzung eine Formulierung, die später dann endgültig als Art. 16 Abs. 2 in das Grundgesetz aufgenommen wurde. Mitte November schlug allerdings der Redaktionsausschuss vor, in der Verfassung nur festzulegen, dass kein «politisch verfolgter Ausländer» ausgeliefert werden dürfe und das Asylrecht nur jenem Deutschen eingeräumt werde, der wegen seines Eintretens für Freiheit, Demokratie, soziale Gerechtigkeit oder Weltfrieden verfolgt werde.

Unter dem Eindruck eines Gutachtens des Verfassungsrechtlers Thoma wollte der Redaktionsausschuss das Asylrecht einengen und vor allem die Verpflichtung zur «Aufnahme und Versorgung» von Asylanten zurückweisen. Bereits drei Tage später bekräftigte der Grundsatzausschuss seine ursprüngliche Formulierung. Dabei erinnerte von Mangoldt an einen Vorschlag des kommunistischen Mitglieds des Parlamentarischen Rates, das Asylrecht nur solchen politisch Verfolgten zu gewährleisten, die ihr eigenes oder ein anderes Land wegen «antimilitaristischer und antifaschistischer Tätigkeit» hätten verlassen müssen. Von Mangoldt warnte davor, das Asylrecht den Grenzbeamten auszuliefern, die letztlich die inhaltlichen Voraussetzungen für das auf diese Weise eingeschränkte Asylrecht zu prüfen hätten. Asylrecht sei nur haltbar, wenn man die «bisherige schlichte Fassung» der Formulierung beibehielte.

Vierzehn Tage später warnte der christlich-demokratische Abgeordnete Fecht in der ersten Lesung des Artikels im Hauptausschuss, die Bundesrepublik sei wegen dieser Formulierung möglicherweise verpflichtet, sogar aus politischen Gründen verfolgte ehemalige Faschisten aufzunehmen.[4] Carlo Schmid und von Mangoldt entgegneten darauf, dass das Asylrecht nicht mit der vollen Gewährung der Freizügigkeit einhergehen müsse und sich trotz möglicher Einschränkungen in Einklang mit polizeilichen Auflagen bringen lasse. Gegen Fechts Befürchtung, man sei sogar «unter

---

3 Parlamentarischer Hauptausschuß. 18. Sitzung v. 4.12.1949, in: *Verhandlungen des Hauptausschusses des Parlamentarischen Rats.* Bonn 1949, S. 217.

4 Ebda.

Umständen genötigt, in Massen Leute aufzunehmen, die mit unserer Auffassung und mit unserem Gesetz vollständig in Widerspruch» stünden, entgegnete Schmid: «Das Asylrecht ist immer eine Frage der Generosität, und wenn man generös sein will, muss man riskieren, sich gegebenenfalls in der Person geirrt zu haben. Das ist die andere Seite davon, und darin liegt vielleicht auch die Würde eines solchen Aktes.»

Obwohl der Artikel in erster Lesung einstimmig angenommen worden war, empfahl der Redaktionsausschuss unter Hinweis auf Ausländer, die wegen aktiver Bekämpfung der Demokratie aus ihren Heimatländern geflüchtet seien, das Asylrecht nur Deutschen einzuräumen. In der zweiten Lesung des Hauptausschusses erläuterte das Mitglied des Redaktionsausschusses Heinrich von Brentano, es könne nicht der Sinn dieser Bestimmung sein, «generell politisch Verfolgten das absolute Asylrecht» zu gewähren. Er befürchtete, durch eine derartige Bestimmung die «Voraussetzung» dafür zu schaffen, dass «alle diejenigen, die sich wegen eines aktiven Einsatzes gegen die demokratische Grundordnung in ihrer eigenen Heimat nicht aufhalten können, in Deutschland ungestraft und unter Berufung auf dieses Asylrecht weiterleben und weiterarbeiten können.» Deshalb solle das «unbegrenzte Asylrecht» nur «Deutschen» gewährt werden, die sich wegen ihres Eintretens für die Demokratie auf dieses Asylrecht zurückzögen. Ausländern aber, die «wegen entgegengesetzter Bestrebungen nach Deutschland» kämen, sei es zu verweigern.[5]

Dieser Vorschlag von Brentanos fand den entschiedenen Widerspruch des sozialdemokratischen Abgeordneten Friedrich Wilhelm Wagner, der in seiner Entgegnung erstmals ausführlich auf eigene Erfahrungen als Emigrant hinwies und sich dabei auch mit den Vorschlägen des kommunistischen Mitglieds des Parlamentarischen Rats und ehemaligen Emigranten Renner auseinandersetzte. Renner hatte in der zweiten Lesung gefordert, Asylanten auch das Recht auf Arbeit einzuräumen. Er wollte auf diese Weise das engere Aufenthaltsrecht der Asylanten ausweiten. Wagner setzte sich vor allem mit Heinrich von Brentano auseinander und definierte das Asylrecht nicht als Grundrecht der Deutschen, sondern als Recht des Ausländers, «der in seinem eigenen Land nicht mehr leben kann, weil er durch das politische System seiner Freiheit, seines Lebens und seiner Güter beraubt würde.»

Weil Asyl «Schutz und Unterkunft» bedeute, solle man «vorsichtig sein mit dem Versuch, dieses Asylrecht einzuschränken und seine Gewährung von unserer eigenen Sympathie oder Antipathie und von der politischen Gesinnung dessen abhängig zu machen, der zu uns kommt.» Asylrecht könne so nur als «absolutes Asylrecht» gewährt werden und müsse deshalb von weiteren Festlegungen möglicher Voraussetzungen und Bedingungen seiner Gewährung unabhängig bleiben. Eine Festlegung von Voraussetzungen und Vorbehalten hingegen sei «der Beginn des Endes des Prinzips des Asylrechts überhaupt». Für Wagner war eine Zwischenregelung nicht denkbar: «Entweder wir gewähren Asylrecht, oder wir schaffen es ab.» Die Ausdehnung des Aufenthaltsrechts auf ein Arbeitsrecht wollte er hingegen dem Gesetzgeber überlassen. Unbestreitbar war, dass er jedem Asylanten die Möglichkeit einräumen

---

5 Parlamentarischer Hauptausschuß. 44. Sitzung v. 19.1.1949, in: *Verhandlungen* (wie Anm. 40), S. 582.

wollte, sein Leben zu fristen. Deshalb sei es nicht vorstellbar, ihnen das Recht auf Arbeit prinzipiell zu verweigern, nicht zuletzt, weil Unterstützung im Wege sozialer Hilfe demoralisierend wirke.

In der weiteren Debatte des Hauptausschusses wurde deutlich, dass sich bereits vier Jahre nach dem Ende des Zweiten Weltkriegs Konturen einer doppelten Zeitgeschichte bemerkbar machten, die Karl Dietrich Bracher später auf die Erfahrungen der Deutschen mit der Geschichte zweier Diktaturen bezog. Während Wagner und Renner vor allem auf eigene Lebenserfahrungen verwiesen, antizipierte Heinrich von Brentano die politischen Gegensätze innerhalb Deutschlands. Er wollte insbesondere politisch Verfolgten aus der SBZ das Recht auf Aufnahme gewähren und musste sich in der Diskussion deshalb sagen lassen, dass nach der neuen Verfassung gerade die Freizügigkeit für SBZ-Flüchtlinge als Deutsche im Sinne des Grundgesetzes ein bereits bestehendes unverbrüchliches Recht darstelle, das sich nicht mit dem Asylrecht vermengen lasse. Zugleich aber schien sich mit dem Schicksal der Flüchtlinge aus Mitteldeutschland die Möglichkeit anzudeuten, das geforderte «absolute Asylrecht» durch qualitative Voraussetzungen, vor allem durch den Bezug auf die freiheitliche und demokratische Grundordnung zu beschränken.

Brentano wollte nach eigenen Worten durch seinen Interventionsversuch «letzten Endes die ganze Tragik unserer staatsrechtlichen Situation widerspiegeln». Gegen die Kritiker wandte sich von Brentano mit der Frage, ob nicht die Teilung Deutschlands ganz neue Voraussetzungen für die Gestaltung und Durchsetzung des internationalen Asylrechts durch eine auf die deutschen Herausforderungen reagierende neue Asyl-

politik schaffen müsse. Mit Rücksicht auf die Zeitverhältnisse habe deshalb der Redaktionsausschuss vorgeschlagen, Deutschen innerhalb des Bundesgebiets Asylrecht zu gewähren und dies insbesondere auch den Deutschen einzuräumen, die aus der Ostzone in das Bundesgebiet kämen.

In dieser Hinsicht erhielt von Brentano auch die Unterstützung des Mitglieds der Deutschen Partei Seebohm, der unter Anknüpfung an den ersten Korrekturvorschlag des Redaktionsausschusses empfahl, das absolute Asylrecht zwar nicht einzuschränken, zugleich aber durch eine gesonderte Bestimmung zu bekräftigen, dass alle Deutschen, die «wegen ihres Eintretens für die freie Demokratie, die soziale Gerechtigkeit oder den Weltfrieden verfolgt würden, nicht aus dem Bundesgebiet ausgewiesen würden». Straftäter hingegen sollte man in die SBZ zurückschicken.

Die Debatte des Parlamentarischen Rates nahm Entwicklungen vorweg, die sich wenige Monate nach der Verkündigung des Grundgesetzes im Zusammenhang mit der ersten Massenflucht aus der DDR im Winter 1949/1950 in drängend und kaum lösbar erscheinender oder möglicher Weise stellten. In der zeitgeschichtlichen Forschung über die Bundesrepublik wird nicht bestritten, dass neben der Kriegsgefangenenfrage die Aufnahme und Integration Vertriebener aus den Ostgebieten und der Flüchtlinge aus der SBZ nicht nur eine der größten Herausforderungen für die Sozial- und Wirtschaftspolitik der entstehenden Bundesrepublik, sondern auch eine Gefahr für den inneren Frieden der zweiten Demokratie darstellte. Weil die Integration von mindestens 10 Millionen Vertriebenen und 3 Millionen Flüchtlingen aus der DDR in der neuen Geschichtsschreibung über die Bundesrepublik Deutschland als eine überraschend gut bewältigte und 1950 auch mit diesem Erfolg nicht zu bestehende Herausforderung gilt und in der Regel als Teil der bundesrepublikanischen Erfolgsgeschichte gedeutet wird, ist doch weitgehend aus dem Bewusstsein geschwunden, dass gerade die Aufnahme von Zonenflüchtlingen in den frühen Jahren der Bundesrepublik politisch und asylrechtlich höchst umstritten war.

Bereits im Parlamentarischen Rat hatte sich die Argumentation von Gegnern einer unbegrenzten Aufnahme angedeutet, als der kommunistische Abgeordnete Renner jedem Asylanten das Recht auf Arbeit einräumen wollte. Die politische Diskussion war im Winter 1949/50 durch die Vertreibung Deutschstämmiger aus Polen und der Tschechoslowakei, durch die Rückführung von Kriegsgefangenen aus Ostmitteleuropa und der Sowjetunion und durch die außerordentlich ansteigenden Zahlen von SBZ-Flüchtlingen geprägt. Innerhalb weniger Wochen kamen mehrere Zehntausende «Spätestheimkehrer», Hunderttausende von Vertriebenen und täglich zuweilen bis zu 3000 Flüchtlinge aus Mitteldeutschland in das Bundesgebiet. Weil die Vertriebenen und Spätestheimkehrer nach dem Potsdamer Abkommen weitgehend aufgenommen werden mussten, schlugen einzelne Politiker im Winter 1950 unabhängig von ihrer Parteibindung vor, die aus der SBZ einwandernden «Wirtschaftsflüchtlinge» nicht mehr ohne Überprüfung politischer Verfolgungsgründe aufzunehmen.

Die Nervosität wuchs unter dem Eindruck von Hochrechnungen und Falschmeldungen. So gingen viele Politiker der Bundesrepublik im Mai 1950 noch davon aus, es sei mit der Rückkehr von etwa 500.000 Kriegsgefangenen zu rechnen, während sich in dieser Zeit tatsächlich etwa 35.000 ehemalige

deutsche Soldaten in sowjetischen Straflagern befanden. Vor allem in den Medien rechnete man einzelne Fluchtzahlen hoch. So erwartete man allein 1950 aufgrund der Fluchtzahlen weit über 300.000 SBZ-Bewohner, und dies bei einer Arbeitslosenquote von über 11 Prozent, bei etwa 2 Millionen Unbeschäftigten und nur 100.000 offenen Stellen sowie bei weitverbreiteter Wohnungsnot und extremer Belastung kommunaler Sozialhilfeetats. Die sozialdemokratische Bundestagsfraktion beantragte deshalb wenige Tage nach dem Beginn der ersten Legislaturperiode des Bundestags, durch ein strikt festgelegtes Verteilungsverfahren Bayern, Niedersachsen und Schleswig-Holstein zu entlasten und die Heimatvertriebenen und Flüchtlinge gleichmäßig über das Bundesgebiet zu verteilen.

Die CDU forderte in einem weiteren Antrag, in Kasernen und Munitionsdepots Notquartiere einzurichten und zugleich die wirtschaftliche Integration durch die Ansiedlung von Flüchtlingsbetrieben zu unterstützen. Im Dezember 1949 legte die SPD-Fraktion schließlich den Entwurf eines Gesetzes über die Notaufnahme von Deutschen in das Bundesgebiet vor, anscheinend, um den Zuzug von SBZ-Flüchtlingen zu beschränken, in Wirklichkeit aber, um die Frage nach der politischen Verantwortung für die Aufnahme der Flüchtlinge öffentlich zur Diskussion zu stellen. Deutsche Staatsangehörige aus der SBZ und aus dem Sowjetsektor Berlins sollten künftig nur aufgrund einer «besonderen Erlaubnis» in das Bundesgebiet ziehen dürfen, nachdem ein Aufnahmeausschuss jeden Einzelfall überprüft hätte. Auf diese Weise wollte man ausschließen, dass Kriminelle und Agenten über die grüne Grenze kämen.

Bereits im Juli 1948 hatten die Landesflüchtlingsverwaltungen beschlossen, «illegale Grenzgänger» überprüfen zu lassen.[6] Die Richtlinien über einwandernde illegale Grenzgänger legten fest, Personen, die «aufgrund ihrer politischen Einstellung (Zugehörigkeit zu bestehenden Parteien) verfolgt würden» und in ihrer Zuverlässigkeit von den Parteien der Westzonen überprüft worden wären, sowie Menschen, «denen aus Gründen der Menschlichkeit ein Asylanspruch zuerkannt» werden sollte, monatlich bis zur Gesamtzahl von maximal 2840 Personen aufzunehmen und einem Quotenschlüssel zufolge auf die Länder der Westzonen zu verteilen. Nur Ehegatten, unversorgte Kinder und hilfsbedürftige Eltern sowie heimkehrende Kriegsgefangene sollten über die Quote hinausgehend aufgenommen werden. Alle anderen Personen sollten als nicht berechtigt gelten und mussten deshalb in ihr Herkunftsgebiet zurückgewiesen werden.

Nach der Verabschiedung des Grundgesetzes hatte überdies die Alliierte Hohe Kommission in einem prinzipiellen und fordernden Memorandum an die Bundesregierung erklärt, mit «Rücksicht auf die gegenwärtig bestehende Überbevölkerung und die großen Wohnraumschwierigkeiten in Westdeutschland» die Anzahl der Flüchtlinge aus der DDR drastisch zu begrenzen.[7] Dabei verwiesen die Hohen Kommissare der Westzone insbesondere auf die anspruchsvollen Maßstäbe, die nach Art. 16 Abs. 2 GG «angelegt werden müssten, damit die Aufrechterhaltung des Grundsatzes des Asylrechts für echte politische Flüchtlinge gewährleistet sei». Unter dem Eindruck dieser Erklärung fand am 18. Januar

1950 eine Debatte im Bundestag über den SPD-Antrag statt, SBZ-Flüchtlinge nach einem Schlüssel auf die Bundesländer zu verteilen.[8]

Mahnend kritisierte der Sprecher der SPD-Fraktion den Versuch der Regierung, durch Fortschreibung der Flüchtlingszahlen ein katastrophales Zukunftsbild für die Bundesrepublik zu zeichnen. Man ging nicht selten in den Diskussionen über die allgemein und amtlich verbreiteten Zahlen von etwa 350.000 Flüchtlingen allein im Jahr 1950 weit hinaus. Der Sprecher der SPD-Fraktion wies aber offensiv die Forderung zurück, alle die «Zuwanderer» abzuschieben, die nicht ausdrücklich als politische Flüchtlinge anerkannt worden seien, allerdings ohne auf das Recht auf Freizügigkeit aller Deutschen zu verweisen. Zugleich lehnte er die Behauptung ab, aus der SBZ wanderten vor allem «Kriminelle» und «Asoziale» ein. Diese Behauptung fand nicht nur bei den Kommunisten Widerspruch, denn in der deutschen Öffentlichkeit wurde zu dieser Zeit darüber diskutiert, ob die tausendfache Zuwanderung von SBZ-Bewohnern nicht der Versuch der sowjetischen Seite sei, die soziale Stabilität der jungen Bundesrepublik zu zerstören und den politischen Zusammenhalt durch Agenten zu gefährden.

Als Vertreter des damaligen Bundesvertriebenenministers Lukaschek erklärte Thomas Dehler, damals Bundesjustizminister, bei der Diskussion über die Bewältigung der Probleme sei neben politischen Verfolgungsgründen für viele Flüchtlinge aus der «Zone» der «Zug nach dem ‹goldenen Wes-

---

6 «Bericht des Ausschusses für gesamtdeutsche Fragen über den Entwurf eines Gesetzes über die Notaufnahme von Deutschen in das Bundesgebiet», in: ebd., Nr. 685 (3.3.1950), Anlage 2.

7 Ebda., Anlage 1

8 Stenographische Berichte des Deutschen Bundestages. 27. Sitzung vom 18.1.1950. Bd. 2, S. 842 ff.

ten"» in einem Maße bestimmend, dass vor allem die niedersächsische Regierung eine Regulierung des Zuflusses verlangt habe. Deshalb sehe eine geplante Rechtsverordnung der Bundesregierung vor, Zuzugsgenehmigungen nur im Fall akuter nachgewiesener politischer Verfolgung zu erteilen. Nur Personen, die «wegen einer drohenden Gefahr für Leib und Leben, wegen persönlicher Sicherheit, Freiheit oder aus sonstigen zwingenden Gründen» ihre Heimat hätten verlassen müssen, könnten sich auf Freizügigkeit und Asylrecht berufen. Dehler forderte weiterhin, die Regierung werde die Zuwanderung aus der SBZ aus nationalpolitischen Gründen erschweren müssen, denn wenn der Osten «von deutschen Menschen entleert» würde, ginge dieser «deutsche Boden verloren».

Der niedersächsische Minister für das Flüchtlingswesen Heinrich Albertz, später Nachfolger von Willy Brandt als Regierender Bürgermeister von Berlin, machte in seinem Beitrag zur wohl «schwersten Diskussion, die Deutsche führen könnten», deutlich, dass es im Hinblick auf die Aufnahme und das Asyl von SBZ-Bewohnern nur extreme Lösungsmöglichkeiten gäbe: Verpflichtung zur Aufnahme aller Deutschen oder Sperr- und Abschubmaßnahmen, um die politisch motivierte «Zuwanderung aus Mitteldeutschland» zu regulieren.

Jeder Kompromiss zwischen diesen beiden Lösungen bedeute, den Blick vor den Realitäten zu verschließen und den «Kopf in den Sand zu stecken». Albertz erklärte zwar, nur 5 bis 6 Prozent der Flüchtlinge verließen die SBZ aus «politischen Gründen» und wären deshalb als politische Flüchtlinge anzuerkennen. Sein eigenes Ziel schien jedoch darauf hinauszulaufen, die «politische Verantwortung» des Parlaments für die Aufnahme der «illega-

len Grenzgänger» einzufordern und auf diese Weise auch eine integrationspolitische Willensentscheidung herbeizuführen, die aus gesamtdeutscher Verantwortung nach einer praktikablen und von den Landesregierungen wie von der Bevölkerung gebilligten Lösung aller Folgeprobleme suchen sollte. Ihm kam es offensichtlich weniger auf die Durchführung einer Abschreckungsmaßnahme als auf eine bewusste und demonstrative Verteilung der Lasten auf alle Länder an, welche Flüchtlinge aus den völlig überbelegten Lagern Uelzen, Gießen, Hof und Berlin aufnehmen sollten.

Die weitere Debatte über die SBZ-Flüchtlinge zeigte, dass die Verordnung der Bundesregierung über Quotierung und Verteilung von SBZ-Flüchtlingen von den Bundestagsabgeordneten letztlich nicht restriktiv ausgelegt wurde. Vielmehr schien es, als ob die Abgeordneten im Zuge der Debatte bewusst eine wachsende Bereitschaft erkennen lassen wollten, sich der politischen Verantwortung für alle integrationspolitischen Folgen der zehntausendfachen Aufnahme von Flüchtlingen aus der SBZ zu stellen. Sie drängten die Regierung, alle Pläne aufzugeben, auf polizeirechtlichem Wege restriktive Voraussetzungen für die Nichtaufnahme oder gar die Abschiebung von SBZ-Flüchtlingen zu schaffen, die in verschiedenen Diskussionsbeiträgen immer wieder als «Asylanten» bezeichnet wurden.

Offensichtlich hatte die Mehrheit der Abgeordneten nicht das Grundprinzip des Asylrechts, nur Nichtdeutschen einen Rechtsanspruch zu gewähren, in Verbindung zu den Grundrechten gebracht, die allen Deutschen, selbstverständlich auch den Bewohnern der «SBZ» und später der DDR, zustanden. Die Billigung der von der Regierung geplanten Rechtsverordnung

und vor allem die Anwendung von Abschie-
bedrohungen bedeute letztlich die Spaltung Deutschlands, erklärte der Sprecher
der wirtschaftlichen Aufbauvereinigung.

Der CDU-Abgeordnete Kuntscher warnte in seiner Gegenrede dennoch davor, den
«Brüdern und Schwestern das unbedingte
Asylrecht» zuzubilligen, weil dies als Auffor-
derung zur «Abwanderung» begriffen werden müsste. Er forderte vielmehr dazu auf,
das «soziale Gefüge» des Westens durch
massenhafte Flucht aus der DDR nicht zu
erschüttern. Kuntschers Beitrag endete mit
dem Appell: «Wir wollen uns an einer Ent-
völkerung der Sowjetzone nicht mitschul-
dig machen. An die 1,7 Millionen Flüchtlinge aus der Ostzone sind bereits im Bundesgebiet. Wie würde bei einem freien und
uneingeschränkten Zuzug deren Zahl steigen! Welche wirtschaftlichen, sozialen und
politischen Gefahren würden wir heraufbe-
schwören!»

Die von Heinrich Albertz angedeutete
und sich an alle Parteien richtende Auf-
forderung, gemeinsam in Bund und Ländern politische Verantwortung für die Aufnahme der Flüchtlinge aus der SBZ zu übernehmen und gegenüber der Öffentlichkeit
auch unter Bekräftigung der Entscheidung
des Verfassungsgebers für die Gewährung des Asylrechts zu vertreten, wurde
von dem freidemokratischen Abgeordneten Stegner unterstützt, der sich damit in
Gegensatz zu seinem eigenen Parteifreund
Thomas Dehler begab. Er erklärte, die Aus-
schaltung «krimineller Elemente» könne
keine Möglichkeit zur Regulierung von
Flüchtlingsströmen darstellen. Stattdessen
rückte er Beschäftigungs- und Wohnungs-
probleme in den Vordergrund und traf sich
in seiner Zurückhaltung gegenüber einer
weitergehenden Aufnahme mit den Abgeordneten der Bayerischen Volkspartei.

Gerade die Verpflichtung, SBZ-Flüchtlinge unterzubringen und zu verpflegen, er-
weise die Notwendigkeit, nur unter größter
Zurückhaltung über Aufnahmeanträge zu
entscheiden. Der Abgeordnete Donhauser
warnte für die Bayerische Volkspartei davor, ein Tor aufzureißen, «durch das morgen sicherlich noch viele Hunderttausende
hereinströmen, sodass uns dann sicherlich,
sowohl den Einheimischen, den bereits
hier gelandeten Heimatvertriebenen und
Flüchtlingen wie den neu hinzukommen-
den Flüchtlingen Arbeitsbedingungen und
Lebensbedingungen beschert werden, die
niemand mehr meistern kann.»

Die Bundesrepublik stand so wenige
Monate nach ihrer Gründung bereits vor
einem integrations- und ordnungspoliti-
schen Dilemma, das nicht allein Folge der
deutschlandpolitischen Entscheidungen
der Alliierten in Potsdam, sondern nicht zuletzt auch die Konsequenz der Entscheidung ihres Verfassungsgebers für Freizügigkeit und Asylrecht war. Die Flüchtlinge
aus der DDR kamen zweifellos nicht nur
und schon gar nicht überwiegend als politisch Verfolgte, sondern sie folgten stets
auch ihren verständlichen wirtschaftlichen
Interessen. Deshalb galten sie manchem
Zeitgenossen der 1950er-Jahre als «Wirtschaftsflüchtlinge». Einzelne öffentliche
Stimmen schlugen vor, die Ursachen der
wirtschaftlichen Unzufriedenheit im Aus-
gangsgebiet zu verändern.

Auch nationalpolitische Gründe sollten die Regulierung der Flüchtlingsströme
rechtfertigen. So beschwor Jakob Kaiser,
damals Bundesminister für gesamtdeutsche Fragen, die Gefahr, eine Annahme des
Gesetzentwurfs der SPD werde die Gefahr
verstärken, «dass die Sowjetzone praktisch
von deutschen Menschen, die sie heute
noch bewohnen, entleert werden kann».

Eine Fortsetzung der Massenflucht aus der SBZ müsse deshalb «die Position unseres Volkes in der Sowjetzone» zahlenmäßig und qualitativ schwächen. Hinzu kam nach Kaiser die Gefahr einer sozialen Destabilisierung der Bundesrepublik. Weil seinen Angaben zufolge etwa 70 Prozent der Flüchtlinge aus wirtschaftlicher Unzufriedenheit zuwanderten oder «illegal» einreisten, müsse die Arbeitslosigkeit unter den Bundesdeutschen wachsen.

Nahezu 40 Prozent aller Vertriebenen und Flüchtlinge waren zu dieser Zeit seinen Angaben zufolge noch ohne Arbeit, ein noch größerer Teil sei in Notunterkünften, wie Kasernen, ehemaligen Kriegsgefangenen- oder sogar Konzentrationslagern und Erdhütten untergebracht und warte auf die Zuweisung menschenwürdiger Wohnungen. Grundsätzlich könnten angesichts dieser großen sozialen Schwierigkeiten nur «politische Flüchtlinge» aufgenommen werden, erklärte Kaiser und nahm damit bereits in der ersten Lesung der Gesetzgebungsanträge das Ergebnis des weiteren Gesetzgebungsverfahrens vorweg, das mit der Einführung des Notaufnahmeverfahrens und somit der Einführung einer generellen Überprüfung von Flüchtlingen aus der SBZ bzw. der DDR endete.

Das Ergebnis dieses Verfahrens lag allerdings nun nicht in der erstrebten Minderung von Flüchtlingszahlen, sondern in der Zunahme erklärter politischer Fluchtgründe, welche die «Zuwandernden» als Motivation für ihre «Flucht» angaben. Heute, nach der Integration von etwa 3 Millionen SBZ- bzw. DDR-Flüchtlingen, nach der Eingliederung von weit über 9 Millionen Vertriebenen und etwa 1 Million Kriegsgefangener, die erst nach 1948 oder sogar erst seit 1949 aus der Gefangenschaft zurückkehrten, ist auch die Debatte des Jahres 1950 weitgehend vergessen. Sie zeigt, dass in den 1950er-Jahren Flüchtlinge aus der DDR zwar mit Vorbehalten, aber keineswegs mit offener oder gar von Politikern verstärkter Ablehnung aufgenommen wurden.

Der ganze Ernst der Lage und der Gefährdung von «SBZ-Flüchtlingen» wird aber aus einer Meldung der *Zeit* vom 9. März 1950 deutlich, wonach die Hohe Kommission plante, jene Deutschen in die SBZ zurückzuschicken, die gemeinsam mit Vertriebenen in das Bundesgebiet gekommen seien, ohne auf entsprechenden Transportlisten der Vertriebenen aus den Ostgebieten zu stehen. Albertz erklärte: «Die Alliierten mögen über die Aufnahme dieser unglücklichen Vertriebenen entscheiden, wie sie wollen. Es ist unmöglich, dass wir als Deutsche irgendwelche Sperrmaßnahmen gegen sie ergreifen.» Ihm gelang es, einen Transport vor der Abschiebung zu bewahren. «Ein aufrechter Minister», kommentierte die *Zeit* und schloss: «Der Flüchtlingsminister kann gewiß sein, dass ganz Westdeutschland auf seiner Seite steht.»[9]

Die weiteren Jahre brachten nicht nur neue Wellen politischer Flüchtlinge in die Bundesrepublik – vor allem 1956 nach dem Ungarnaufstand und 1968 nach dem Einmarsch von Truppen des Warschauer Paktes in Prag –, sondern auch eine bemerkenswerte Festigung der grundsätzlichen Rechtsprechung des Bundesverfassungsgerichts und der hohen deutschen Gerichte zum Asylrecht des Grundgesetzes und vor allem zum Begriff der «politischen Verfolgung». Die Bundesrepublik Deutschland bekannte sich zunehmend zu den Verfol-

---

9 *Die Zeit* vom 9. 3. 1950.

gungsgründen der Menschenrechtscharta, der Genfer Flüchtlingskonvention und der europäischen Konvention zum Schutz der Menschenrechte.

Der Kerngehalt des Asylrechts stand seit der Gründung der Bundesrepublik niemals infrage, trotz der Erweiterung des Artikels 16 GG, der inzwischen schwer verständlich ist und weiterhin durch europäische Praktiken und Normen kompliziert wird. Die frühen 1950er-Jahre machten deutlich, dass die Erfahrungen mit den Flüchtlingen aus der DDR ein Gespür dafür hatten wachsen lassen, dass politisch definierten Verfolgungsgründe nie eng definiert werden durften, sondern in ihrer alltagsgeschichtlichen Komplexität zu begreifen sind und modifiziert wurden.

Die frühen Einengungsversuche des Begriffs politischer Verfolgung durch das Kriterium einer Zugehörigkeit zu den in der DDR verbotenen oder bedrängten Parteien wurde in den 1950er-Jahren zunehmend aufgebrochen, wobei sich gerade totalitarismustheoretische Deutungen der Lebensverhältnisse in zwei Diktaturen auf die Rechtsprechung zum Asylrecht auswirkten. Die doppelte zeitgeschichtliche Erfahrung schien gerade in der positiven Bewertung des Asylrechts zu verschmelzen und dessen Einbeziehung in das auf Verfassungs- und Grundrechtskerne zielende Veränderungsverbot nach Art. 79 (3) GG zu erklären. Deshalb konnte auch der Hinweis auf das Exil erst relativ spät zum wichtigen Rechtfertigungsgrund für das Asylrecht werden. Darüber hinaus wurde dieser in späterer Zeit vielfach zitierte Hinweis auf das Exil vor allem ein wichtiger Rechtfertigungsgrund gegenüber der deutschen Öffentlichkeit.

Ein weites Politikverständnis machte ferner zunehmend das Risiko der Verfolgung

nach der Ablehnung des Asylrechts zum ausschlaggebenden Kriterium für die Gewährung von Aufenthalt und Zuflucht. Obwohl die Flüchtlinge aus der SBZ bald völlig unbestritten den Schutz der Grundrechte, vor allem Freizügigkeit, als Deutsche für sich in Anspruch nehmen konnten, und damit im strengen Sinn aus dem Kreis von Asylbewerbern herausfielen, beeinflusste ihr Schicksal entscheidend die spätere Rechtsprechung des Bundesverfassungsgerichts zum Asylrecht. Dies war auch deshalb möglich, weil sich die Zahl der Asylbewerber in den folgenden Jahren in relativ engen Grenzen hielt und über viele Jahre hinweg in der Regel nicht einmal die Zahl von tausend Anträgen pro Jahr erreichte. Erst in den 1970er- und vor allem 1980er-Jahren vollzog sich ein Wandel, der hier nicht mehr beleuchtet werden soll, weil er in der asylrechtlichen und asylpolitischen Literatur ausführlich dargestellt und kritisch reflektiert wurde.

Die theoriegeschichtliche Konsequenz der allgemeinen Asyldiskussion bis zum Beginn des 19. Jahrhunderts liegt in der Erkenntnis, dass mit der Entscheidung eines Gemeinwesens für die Gewährung des Asylrechts unvermeidlich Folgeprobleme entstehen müssen, die dazu führen können, dass die Absolutheit der Schutzverpflichtung und Zufluchtsgewährung in den öffentlichen Diskussionen problematisiert oder sogar fraglich werden. Insofern befindet sich das Asylrecht seit seiner Entstehung wohl stets in der Defensive und damit in der Gefahr, aus aktuellen integrationspolitischen Gründen eingeschränkt oder sogar preisgegeben zu werden.

Der politische Charakter dieses Rechts resultiert aber gerade aus der bewussten Entscheidung des Verfassungsgebers und letztlich der Bürger, die Folgeprobleme des

Asylrechts zu tragen. Es ist in Territorialstaaten seit der frühen Neuzeit entstanden, die beanspruchten, die eigene Souveränität auszugestalten und gegenüber anderen Staaten zu festigen. Seit dem 19. Jahrhundert gehörte der Begriff der Menschenwürde unverbrüchlich zum Asylrecht, das in seiner Generosität den Kern liberaldemokratischen Selbstbewusstseins in einer politisch-bürgerlichen und freiheitlichen Welt spiegeln sollte und so stets eine antidespotische Stoßrichtung hatte.

Die Erfahrungen einer Flucht aus zwei Diktaturen auf deutschem Boden ermöglichten, das Asylrecht in Deutschland zugleich aus historischer Erfahrung und dem politischen Systemkonflikt zwischen dem westlich-freiheitlichen und dem sowjetisch geprägten Teilstaat zu rechtfertigen. Die Auseinandersetzungen über die Fluchtgründe von SBZ- und DDR-Bewohnern reicherten diese Erfahrungen fortdauernd und zugleich gegenwartsbezogen an und machten so in den 1950er- und 1960er-Jahren eine ständige und weitausgreifende Definition politischer Verfolgungsgründe durch die Verfassungsrechtsprechung möglich.

Ein Wandel des asylpolitischen Konsenses trat erst in den 1970er-Jahren ein, als die Mehrheit der Asylbewerber nicht mehr aus den europäischen Staaten stammte, arbeitsmarktpolitische Entscheidungen der Regierung unterlaufen wollte und schließlich auch die Gegensätze zwischen den industrialisierten Staaten und der «Dritten Welt» spiegelte. Von dieser Entwicklung des gegenwärtigen Asylantenproblems, das Teil des gesamten Weltflüchtlingsproblems, der Bürgerkriege im Mittleren Osten und des Nord-Süd-Gefälles ist, muss das Phänomen der Zuweisung von Kontingentflüchtlingen geschieden werden, die im Rahmen international koordinierter Bemühungen der internationalen Flüchtlingshilfe in die Bundesrepublik gekommen sind, weil die Folgen des Weltflüchtlingsproblems auf die leistungsfähigen Staaten der Erde zu verteilen waren. Die Zahl der Kontingentflüchtlinge, die als Asylanten anerkannt worden sind, ist jedoch im Vergleich zu den gesamten Asylantenzahlen nicht erheblich. Eines aber scheint mir sicher: Technische Regeln, die ohne historischen Rückblick verlangt werden, verletzten mit Maßstäben auch Grundsätze und Grundwerte. Eines ist sicher: Die Lösung der «Flüchtlingsfrage» für ein Grundproblem zu halten, verkennt die Bedeutung der Herausforderungen, vor der wir stehen. ■

Marlene M. Rytlewski

Berliner Flüchtlingspolitik

Historische Voraussetzungen

Im 19. Jahrhundert und bis zum Ende des Ersten Weltkriegs waren die Deutschen Staaten bzw. das Deutsche Reich Ausgangs- und nicht Zufluchtsort für politisch Verfolgte in Europa (das gilt ähnlich für die meisten europäischen Staaten). Die Zahl der Emigranten aus dem Deutschen Reich und Österreich während des Nationalsozialismus belief sich auf 500.000., nach dem Kriegsende gehen Historiker von schätzungsweise 14 Millionen Deutsche aus, die ihre Heimat verlassen mussten.

Es waren diese Erfahrungen, die Lehren aus dem Nationalsozialismus und der Shoah, die Einsichten dafür vermittelten, dass Menschen auf der Flucht vor ihrem Staat Hilfe gewährt werden musste. Vor allem die Konferenz von Evian 1938, an der 32 Länder sich beteiligten und sich nur EIN Land, nämlich Haiti, bereit erklärte, jüdische Flüchtlinge in großer Zahl aufzunehmen, hatte die Notwendigkeit einer Regelung verdeutlicht. Im Dezember 1948 wurde das Bekenntnis zu unteilbaren und unveräußerlichen Menschenrechten in der Allgemeinen Erklärung der Menschenrechte verabschiedet. Hier heißt es in Art. 14:

Jeder Mensch hat das Recht, in anderen Ländern vor Verfolgungen Asyl zu suchen und zu genießen.

Diese Internationale Magna Charta aller Menschen war der Grundstein für weitere international verbindliche Menschenrechtsabkommen, so auch für die Genfer Flüchtlingskonvention 1951 (nicht zu verwechseln mit anderen Genfer Konventionen, die seit Mitte des 19. Jahrhunderts kursierten). Ursprünglich befristet und regional begrenzt, wurde sie zunehmend zur Grundlage für den Flüchtlingsschutz weltweit. Zu den ersten sechs Unterzeichnern gehörte auch Deutschland. Die Flüchtlingskonvention, genauer, das «Abkommen über die Rechtsstellung der Flüchtlinge» definierte in 46 Artikeln und 16 Paragrafen auf weit über 30 Seiten sehr detailliert, wer ein Flüchtling ist und welche Rechte und Pflichten er gegenüber dem Aufnahmeland hat. Kernprinzip ist das Verbot, einen Flüchtling in ein Land zurückzuweisen, in dem der/die Geflüchtete Verfolgung fürchten muss.

Nun war Deutschland in diesen Jahren nicht frei in seinen Entscheidungen, Abkommen beizutreten oder nicht. 1950 hatte die Alliierte Hohe Kommission gefordert, «dass alle ausländischen Flüchtlinge in der Bundesrepublik aufzunehmen seien, die an deren Grenzen um Asyl baten». 1953 wurden die Verfahrensregeln für das bundesdeutsche Asylrecht mit der Asylverordnung vom Januar 1953 wirksam. Aber hier hatten wir sogleich zwei quasi konkurrierende Verfahrens- oder auch Verhaltensweisen in Anwendung. Denn die Ausländerpolizeiverordnung aus dem Jahr 1938 war auch noch nach 1953 in Kraft. Sie gab den zuständigen Behörden einen weitreichenden Entscheidungsspielraum bei der Gewährung einer Aufenthaltserlaubnis, der sich vornehmlich an inländischen Interessen orientierte. Im Wortlaut:

Der Aufenthalt wird Ausländern erlaubt, die nach ihrer Persönlichkeit und dem Zweck ihres Aufenthaltes im Reichsgebiet die Gewähr dafür bieten, dass sie der ihnen gewährten Gastfreundschaft würdig sind.

1955 befand das Bundesverwaltungsgericht, die APVO enthalte kein nationalsozialistisches Gedankengut und sei deshalb nicht durch den Alliierten Kontrollrat außer Kraft gesetzt. Die Generalklausel des § 1 APVO, die persönliche «Würdigkeit» als entscheidendes Kriterium der Aufenthaltsgewährung, blieb unter Berücksichtigung der durch das Grundgesetz erfolgten Änderungen bis 20 Jahre nach Kriegsende in Westdeutschland in Kraft. Diese Haltung finden wir ebenso wie den Wunsch, bedürftigen Ausländern Schutz und Hilfe zu gewähren, bis heute. Das bedeutet, die Asylpraxis war von Anbeginn sowohl auf Abwehr als auch auf Gewährung gerichtet.

Das drückt sich nicht nur in den Verfahren, sondern auch in der Sprache aus. Martin Wengeler (*Multikulturelle Gesellschaft oder Ausländer raus*? Der sprachliche Umgang mit der Einwanderung seit 1945, in: Stötzel, Wengeler, Sprache. Politik, Öffentlichkeit, Bd. 4., Kontroverse Begriffe, Berlin, New York 1995) hat den sprachlichen Umgang mit der Einwanderung seit 1945 untersucht und zeichnet die verschiedenen Wellen nach: Von den Displaced Persons, den Flüchtlingen über die Vertriebenen und Heimatvertriebenen, während der DDR-Flüchtling ein Flüchtling blieb. Dann die Fremdarbeiter, die zu Gastarbeitern werden, aus der Türkei, aus Spanien, aber auch aus dem Irak, Chile oder Vietnam. Die Kontingentflüchtlinge nach 1990, erst spät die Flüchtlinge aus dem Orient. Es überwiegt eine negative Wortwahl.

(1970 führt der WDR ein groß angelegtes Preisausschreiben durch auf der Suche nach einem besseren Wort als Gastarbeiter. Sieger ist «ausländischer Arbeitnehmer», trotz Vorschlägen wie «Kameltreiber, Gaukler, Arbeitsplatzräuber, Parasit».) Der Gastarbeiter wird in der politischen und Alltagssprache zum Gastarbeiterproblem, einem neuen sprachlichen Konstrukt, dem dann das Asylantenproblem, die Asylantenfrage, das Ausländerproblem, die Welle, der Strom, die Flut, die Invasion, die Zuzugswelle folgen, alles negativ konnotierte Begriffe.

Einwanderungsland Deutschland?

1974 heißt die neue Leitlinie der Bundesregierung: «Eingliederung ja – Einwanderung nein». Erneut verpassen wir die Chance, als Einwanderungsland zu agieren, zu steuern. 1977 hält die Bund-Länder-Kommission fest: «Die Bundesrepublik ist kein Einwanderungsland.»

Spätestens seit Anfang der 1980er-Jahre unterscheiden wir dann zwischen der de facto und der de jure Einwanderung, so Gerhart Baum oder auch Heinz Kühn. Heiner Geissler nennt zu Anfang der 1990er-Jahre die Bundesrepublik ein Einwanderungsland und entwickelt Zielvorstellungen der multikulturellen Gesellschaft, wenn er sagt, dass es längst nicht mehr die Frage sei,

ob wir ein Einwanderungsland sind (...), sondern nur noch die Frage, wie wir mit ihnen (den Ausländern) leben wollen.

(Wengeler 726)

Die christlichen Kirchen erklären schon 1980 das Zusammenleben verschiedener Kulturen in einer multikulturellen Gesellschaft als eine neue Chance für die Zukunft der Bundesrepublik und fordern in einem gemeinsamen Wort die Eingliederung der ausländischen Mitbürger. Hingegen erklären die REP 1989:

> Bürger und damit Mitbürger kann nur sein, wer die Bürgerrechte besitzt, wie sie dem Ausländer gerade fehlen. Die Republikaner nennen alle Nichteingebürgerten konsequent Gäste.

Das schließt in der Folge unbefristete Arbeitsverträge, Konzessionsvergaben, Daueraufenthalt, Familienzusammenführung und Sozialleistungsansprüche aus (ebda 729). Und Alfred Dregger konstatiert ebenfalls 1989:

> Ausländer sind Gäste, nicht Bürger und von daher auch nicht Mitbürger.   (ebda)

Deutschland tat und tut sich schwer mit Ausländern.

Bis heute unterscheiden wir den Flüchtling vom Asylanten, in der Sprache wie auch vor Gericht. Ute Gerhard:

> Flüchtlinge sind tatsächlich gefährdete Menschen, aber nur ganz wenige; Asylanten sind Massen, die das Asylrecht missbrauchen.   (ebda 736)

Wir haben also auf der einen Seite die politisch-moralischen Grundlagen der Gesellschaft, auf der anderen den Wunsch nach innerer Homogenität als völkisches Ideal, und zwar seit der Etablierung des deutschen Nationalstaats in der 2. Hälfte des 19. Jahrhunderts. Wie weit darf Beibehaltung der eigenen Kultur, wie weit muss Anpassung an die Normen und Regeln der Einwanderungsgesellschaft gehen? Bis heute ungeklärt und muss immer wieder neu erprobt werden.

Exkurs: Jugoslawien und die Folgen für die deutsche Migrationspolitik

In den Jahren 1991/92 zerfiel Jugoslawien in fünf, heute sechs selbstständige Staaten. Auch als 1991 die Kampfhandlungen zwischen serbischen Milizen und kroatischen Truppen sehr heftig wurden, konnten sich die Mitgliedsländer der EG nicht auf eine gemeinsame Handlungslinie einigen, ganz im Gegenteil spaltete die Frage der Anerkennungen die EG. Deutschland, ein Verfechter der Anerkennung, war weit vorgeprescht, stand allerdings ziemlich alleine da.

Im Mai 1992 brach der Krieg in Bosnien-Herzegowina aus. In der Folge kommen 48 % aller Kriegsflüchtlinge aus dem ehemaligen Jugoslawien nach Deutschland. Hier aber erhielten sie *kein* dauerhaftes Aufenthaltsrecht.

Das deutsche Grundgesetz gewährt ein Grundrecht auf Asyl. Sowohl das GG als auch die Genfer Flüchtlingskonvention verlangen den Nachweis einer individuellen Verfolgung aus politischen Gründen. Eine Flucht vor Krieg oder Bürgerkrieg zählt lt. diesen Regelungen nicht als Grund für die Zuerkennung von Flüchtlingsstatus oder Asylberechtigung. Die Situation im zerfallenden Ex-Jugoslawien galt als Bürgerkrieg, daraus ergab sich nur eine regionale Verfolgungssituation. Außerdem hatten Flüchtende ja sichere Drittstaaten wie Österreich passiert.

Warum Deutschland? Von rd. 600.000 Schutzsuchenden aus Bosnien-Herzegowina, die ein EU-Land erreichten, nahm Deutschland etwa 350.000 auf, da hier besonders viele Verwandte bzw. Bekannte lebten, die als Arbeitskräfte über das Anwerbeabkommen in den 1960er- und 1970er-Jahren eingewandert waren. Die Menschen stellten anfänglich sehr viele Asylanträge, aber mit sehr geringen Erfolgschancen, etwas mehr als 12 % bis 1995. Von Anbeginn an machten Bund und Länder deutlich, dass nur in Ausnahmefällen ein Flüchtlingsstatus und damit ein Daueraufenthalt in Deutschland möglich sei, da der Krieg ja voraussichtlich von begrenzter Dauer sei und also eine Rückkehr nach Friedensschluss möglich wäre.

Nun hätte Deutschland aufgrund des geänderten Asylgrundrechts helfen können, anders agieren können. Denn am 1. Juli 1993 war im Ausländergesetz (§ 92) ein Status für Kriegs- und Bürgerkriegsflüchtlinge jenseits des Asylrechts geschaffen worden. Ihnen konnte ohne asylrechtliche Prüfung eine Aufenthaltsbefugnis (subsidiärer Schutz) für zwei Jahre erteilt werden mit der Möglichkeit zur Verlängerung bei anhaltendem Konflikt. Außerdem wurde die Aufnahme einer Erwerbstätigkeit damit ermöglicht. Aber: Die Bundesrepublik wandte diese neuen Paragrafen nicht an, da sich Bund und Länder nicht über die Verteilung der Kosten einigen konnten. Als Folge blieben fast alle Schutzsuchenden ohne Aufenthaltsstatus, der Antrag wurde abgelehnt, 80 % verfügten nur über eine Duldung. Und Duldung bedeutet nur vorübergehendes Aussetzen einer Abschiebung. Für die Jugoslawien-Flüchtlinge wurde nach Beginn des Bosnien-Krieges ein Abschiebestopp zwischen den Innenministerien von Bund und Ländern vereinbart. Die Duldung war in der Regel für drei Monate gültig und wurde über knapp vier Jahre jeweils um drei Monate verlängert. Arbeitsaufnahme war möglich, musste

aber von den zuständigen Arbeitsämtern genehmigt werden, und es gab den Inländervorrang. Die Genehmigungen mussten ebenfalls alle drei Monate vom Arbeitgeber neu beantragt werden. Das stieß auf kein Interesse bei der Wirtschaft. Sprachkurse waren nicht vorgesehen, stattdessen lebten die meisten in jahrelanger Abhängigkeit von Gastgebern oder Sozialleistungen, in Untätigkeit und Perspektivlosigkeit.

Sogar diese Duldung bzw. der Abschiebstopp endete im März 1996, nach dem Friedensschluss von Dayton. In deutscher Gründlichkeit wurden zuerst Unverheiratete, dann kinderlose Ehepaare, dann solche mit Familie in Bosnien-Herzegowina abgeschoben. Ab März 1997 folgten Familien mit Kindern, dann Traumatisierte und Ältere. Von den bis Ende 1999 nach Bosnien-Herzegowina Zurückgekehrten kamen 80 % aus Deutschland. Denn nur Deutschland beschloss die Rückkehrpflicht und forcierte sie auch, andere Länder setzten sie nicht um.

Der Balkan hat uns diese entwürdigende Behandlung nicht vergessen. Deutschland gilt heute mancherorts als ein Land, das sehr gut den Schutz *vor* Flüchtlingen, nicht aber den Schutz *von* Flüchtlingen organisieren kann.

Dieses Schicksal wollte man 2022 den Ukrainern ersparen. Sie kamen nun sofort in Regelungen, die damals ausgesetzt waren, nämlich als anerkannte Bürgerkriegsflüchtlinge. Sie brauchen keinen Asylantrag zu stellen, haben keine Residenzpflicht, dürfen sofort Arbeit aufnehmen, müssen nicht in zentralen Aufnahmeeinrichtungen leben, auch nicht vorübergehend. Wenn sie Bürgergeld beantragen, müssen sie einen Integrationskurs absolvieren, andernfalls nicht. Aber die Jobcenter drängen eher auf Sprachkurse als auf

Arbeit. 90 Tage lang können sie sich unregistriert aufhalten, dann sollten sie einen Antrag auf Aufenthaltsstatus stellen. Der wird problemlos gewährt. Sie sind damit nicht Teil der Migrationspolitik, sondern haben einen Sonderstatus.

Juristische Voraussetzungen der Migrationspolitik

Galt von 1949 bis 1993 der Art. 16 Abs. 2 des Grundgesetzes: «Politisch Verfolgte genießen Asylrecht», so kommt es im Juni 1993 zu einer Grundgesetz-Änderung und einem neu formulierten Art. 16a, der große Einschränkungen beinhaltet: 1. Politisch Verfolgte genießen Asylrecht. 2. Das gilt nicht für Einreisende aus der EU oder Drittstaaten, in denen die Anwendung des Abkommens über die Rechtsstellung der Flüchtlinge und der Konvention zum Schutz der Menschenrechte und Grundfreiheiten sichergestellt ist. 3. Durch Gesetz, das der Zustimmung des Bundesrates bedarf, können Staaten bestimmt werden, bei denen aufgrund der Rechtslage, der Rechtsanwendung und der allgemeinen politischen Verhältnisse gewährleistet erscheint, dass dort weder politische Verfolgung noch unmenschliche oder erniedrigende Bestrafung oder Behandlung vorliegt. Es wird vermutet, dass ein Ausländer aus einem solchen Staat nicht verfolgt wird, solange er nicht Tatsachen vorträgt, die die Annahme begründen, dass er entgegen dieser Vermutung politisch verfolgt wird.
Diese Änderung basierte auf CDU/CSU/FDP/SPD-Beschlüssen und wird heute landläufig als Asylkompromiss bezeichnet (Es ist übrigens das einzige GG, das ausschließlich Ausländern zusteht.).

Dieser Kompromiss ist die Grundlage all der Unsicherheiten und einander diametral gegenüber stehenden Positionen, denn asylberechtigt sind jetzt allein

politisch Verfolgte, denen im Land ihrer Staatsangehörigkeit eine an asylerhebliche Merkmale anknüpfende staatliche – oder auch quasi-staatliche Verfolgung mit beachtlicher Wahrscheinlichkeit droht.

Diese sind nach Genfer Flüchtlingskonvention die Rasse, Religion, Nationalität, politische Überzeugung oder Zugehörigkeit zu einer bestimmten sozialen Gruppe.

Allgemeine Notsituationen – wie Armut, Bürgerkriege, Naturkatastrophen oder Arbeitslosigkeit – scheiden grundsätzlich als Gründe für eine Asylgewährung aus. In diesen Fällen wird geprüft, ob möglicherweise subsidiärer Schutz zu gewähren ist oder ein Abschiebungsverbot besteht.

Zwei Dinge sind hier wichtig: Die Unterscheidung in Asyl und subsidiären Schutz, vor allem aber die Einreisen aus Drittstaaten. Die Neuregelung des Asylverfahrens illegalisiert das Betreten des Bundesgebiets auf Land- und Luftweg ohne entsprechende Einreisevollmacht.

Dublin-Verfahren

Im Dublin-Verfahren (heute abgelöst durch das GEAS, das Gemeinsame Europäische Asylsystem) wird festgelegt, welcher europäische Staat für die Prüfung eines Antrags auf internationalen Schutz zuständig ist. Zum Dublin-Bereich zählen alle EU-Mitgliedstaaten plus Island, Liechtenstein, Norwegen und die Schweiz. Ziel des Verfahrens ist, dass jeder in diesem Gebiet ge- stellte Antrag auf internationalen Schutz nur einmal, durch *einen* Mitgliedstaat ge- prüft wird. Verhindert werden soll Sekun- däreinwanderung. Im Juli 2015 kam die EURODAC-Verordnung zum Tragen. Das ist ein System zur Identifizierung und Spei- cherung von Fingerabdrücken (das aus- drücklich nur europäische Länder, nicht die Herkunftsländer von Asylsuchenden ein- bezieht). Auch über das Visa-Informations- system findet ein Austausch von Daten über Visumsanträge und die jeweiligen Entscheidungen statt.

Da Deutschland in der Mitte Europas liegt, durfte es lange davon ausgehen, dass im Vergleich eher wenige Schutzsuchende seine Grenzen auf legalem Wege erreichen würden Das änderte sich schlagartig 2015.

2013 zeichnete sich ab, dass die Euro- päische Grenzsicherung die Abschirmung nicht mehr gewährleisten konnte, auch die internationalen Hilfsorganisationen, von Anbeginn an benötigter Partner wie auch Gegner offizieller Migrationspolitik, bewäl- tigten die Fluchtbewegungen nicht mehr. Hilfsgesuche der südlichen Grenzstaaten der EU waren von der Bundesrepublik sehr zurückhaltend zur Kenntnis genommen worden. Die Folge: Mitteleuropa wird zum Ziel einer Fluchtbewegung von außerhalb Europas in bisher unbekanntem Ausmaß.

Als Deutschland im September 2015 die Grenzen nach Österreich öffnet, war das der Erkenntnis geschuldet, dass die weni- ger belastbaren EU-Mitglieder in dieser Situation nicht länger sich selbst überlas- sen bleiben konnten, wollte man eine hu- manitäre Katastrophe verhindern. Über 800.000 Geflüchtete kommen in diesem Jahr nach Deutschland. Und erst jetzt kommt endlich der Satz, auf den viele Jahr- zehnte lang gewartet hatten: «Deutsch- land ist ein Einwanderungsland», so Frau Merkel 2015 vor 60 ausgewählten Bürgern während eines Bürgerdialogs. Das ist nicht einmal zehn Jahre her und blieb lange Zeit auf der politischen Ebene praktisch folgen- los. In der übergroßen Mehrheit der Verwal- tungsmitarbeiter ist dieser Satz noch nicht angekommen. Für sie gilt nach wie vor, Auf- enthalte in Deutschland zu verhindern, zu erschweren.

Zuständigkeiten von Bund und Ländern

Wer als Flüchtling bzw. Asylsuchender nach Deutschland kommt, muss sich zual- lererst beim BAMF, dem Bundesamt für Mi- gration und Flüchtlinge, registrieren lassen. Jedes Bundesland hat seine BAMF-Nieder- lassung, so natürlich auch Berlin. Die Auf- gaben des Bundesamts, einer nachgeord- neten Behörde des Innenministeriums, lau- ten wie folgt: Asyl- und Flüchtlingsschutz, Integration von Migrantinnen/Migran- ten, Unterstützung bei freiwilliger Rück- kehr (z. B. wenn der Krieg beendet ist), For- schungen zum Thema.

Das Ankunftszentrum für Asylsuchende besteht aus einer Übergangsunterkunft und dem Registrierbereich. Der Migrant wird medizinisch untersucht, bei Bedarf ge- impft, dann findet die Identitäts- und Si- cherheitsüberprüfung per digitalem Fin- gerabdruck statt, anschließend folgt die bundesweite Verteilung nach einem Quo- tensystem (dem sogenannten Königstei- ner Schlüssel), mittels des EASY-Programms (Erstverteilung der Asylbegehrenden). Die Behauptung, alle Geflüchteten zöge es nach Berlin, ist also ein Mythos. In Berlin lebt als legaler Flüchtling, wer vom Bundes- amt dem Land Berlin zugeteilt wurde. Das Bundesamt tritt dann wieder in Erscheinung, wenn über den Asylantrag befunden wird, denn das BAMF ist der Entscheider. Die Aufenthaltsregelung während und nach dem Abschluss des Asylverfahrens fällt in die Zuständigkeit der Ausländerbehörden der Bundesländer, dem Landesamt für Flüchtlingsangelegenheiten (LAF).

Wird also ein Migrant Berlin zugeteilt, erhält er einen Ankunftsnachweis, der den legalen Aufenthalt in Deutschland belegt. Damit hat der Asylbewerber Zugang zu folgenden Leistungen: Unterbringung, Verpflegung, medizinische Versorgung und Taschengeld (besonders Schutzbedürftige erhalten nach Sozialberatung besonderen Schutz und zusätzliche Unterstützung). Im Moment, in dem der Geflüchtete Berlin zugeteilt wird, übernimmt das LAF, also das Landesamt für Flüchtlingsangelegenheiten.

Bei denen, die in Deutschland um Schutz nachsuchen, wird in drei Gruppen unterschieden: Asylsuchenden, Asylberechtigten und Schutz- und Bleiberechtigte.

Asylberechtigte sind politisch Verfolgte, die im Falle einer Rückkehr in ihr Herkunftsland einer schweren Menschenrechtsverletzung ausgesetzt sein werden. Sie dürfen innerhalb ihres Heimatlandes keine Wohnalternative haben. Flüchtlingsschutz ist umfassender als Asylberechtigung. Er greift auch bei Verfolgung durch nichtstaatliche Akteure. Subsidiärer Schutz: Wenn weder Flüchtlingsschutz noch Asylberechtigung greifen.

Der Begriff Flüchtling wird zwar im Alltag vielfach als Synonym für geflüchtete Menschen genutzt, im Verständnis des Asylrechts umfasst er jedoch ausschließlich Personen, die nach dem Abschluss eines Asylverfahrens den Flüchtlingsstatus erhalten.

Zuerst kommt der Schutzsuchende (der im Folgenden Asylsuchender genannt wird) in ein Erstaufnahmelager. Hier werden ihm Sachleistungen gewährt, ein Bett, drei Mahlzeiten. Zur immer wieder auftauchenden Behauptung, Arzttermine seien für uns unerreichbar, weil Asylanten die Praxen verstopften und sich alle möglichen Behandlungen auf unsere Kosten angedeihen lassen: Während der ersten 18 Monate in Deutschland gibt es für Asylbewerber nur akute Schmerzbehandlung, evtl. Impfungen und Betreuung bei Schwangerschaft. Alles andere ist Erfindung. Eine Auswirkung davon ist, dass die Schulkinder von Asylanten mit der ganzen Klasse zwar den obligatorischen Zahnarztbesuch absolvieren, die Zahnärzte sie aber nicht behandeln dürfen, wenn die Kinder keine Schmerzen haben. Das ist für die Ärzte und für die Begleitpersonen immer ein Drama.

Da den Asylsuchenden im Erstaufnahmelager quasi Kost und Logis zur Verfügung gestellt wird, erhalten sie hier nur ein Taschengeld, das sind 204 € pro Monat für den persönlichen Bedarf wie Bustickets, Handy-Guthaben, Hygiene-Artikel usw. Alles liegt in der Zuständigkeit des LAF, bis der Asylbegehrende seinen Asylantrag stellt, was er wiederum vor einer Institution des BAMF tun muss. Während der Asylsuchende, ausgestattet mit einer Aufenthaltsgestattung für die Dauer des Verfahrens, also nun sein Leben in Berlin beginnt, beginnt vor Gericht sein Asylprozess.

Das Asylverfahren

Alle registrierten Asylbewerber müssen so schnell wie möglich einen Asylantrag stellen. 2015 betrug die Zahl der Asylanträge in Berlin 55.001, vier Jahre später waren es nur noch 6.316. (Zahlen sind hier mit großer Vorsicht zu betrachten, mal zählen Zweitanträge, mal werden Familien mitgezählt, da herrscht großes Durcheinander). Für das Asylverfahren ist wiederum das BAMF zuständig. In einem langen Gespräch, das von den Betroffenen Interview genannt wird, muss die Gefährdungslage usw. geklärt werden. Für den Abschluss eines Asylverfahrens gibt es folgende Formen: Anerkennung (Art. 16a GG); Anerkennung als Flüchtling nach § 3 Abs 1 AsylG; Gewährung von subsidiärem Schutz nach § 4 Abs 1 AsylG; Feststellung eines Abschiebungsverbots; Ablehnung; Formelle Entscheidung:

Die Bearbeitungsdauer bis zum Entscheid sank in der Bundesrepublik nach Auskunft des Justizministeriums von 35 Monaten im Jahr 2023 auf 24 Monate im ersten Quartal 2024. Hinzu kommen gegebenenfalls mehrere Monate für das Folgeverfahren, mit dem der abgelehnte Bewerber Widerspruch einlegen kann. In dieser Zeit werden Unternehmen wenig Interesse haben, Menschen mit unsicherer Perspektive anzustellen, Vermieter kein Interesse haben, ihnen eine Wohnung auf Risiko anzubieten. Die Integration bleibt Wunschdenken.

2024 führten in der Bundesrepublik 46,6 % aller Asylentscheidungen zu Schutzstatus (also einer Form der Anerkennung), 53,4 % wurden abgelehnt. Das Statistische Bundesamt geht von steigenden Anerkennungen bis auf 86 % aus. Von den Abgelehnten können die meisten aber nicht abgeschoben werden, weil Dokumente fehlen, wegen Krankheit, wegen unklarer Lage in den Herkunftsländern oder aus vielen anderen Gründen. Diese Personen erhalten eine Duldung. Da inzwischen weit mehr als die Hälfte der ehemaligen Asylbewerber einen positiven Bescheid erhielten, können wir, wenn wir diese Zahl mit der des IAB vergleichen, wonach die Erwerbstätigenquote der 2015 Zugezogenen sich auf zwei Drittel erhöht hat, davon

ausgehen, dass die anerkannten Schutzsuchenden in Deutschland sich in Deutschland integriert haben. Ich werde gleich beim Thema Arbeit noch einmal darauf zurückkommen. Anders sieht die Lage bei den nicht-anerkannten Geflüchteten aus und um die geht es meistens in den politischen Debatten.

Stand 31.12.2023 lebten in Berlin 12.812 Personen mit Duldung (in ganz Deutschland sind es ca. 200.000). Ihre faktische Präsenz wird akzeptiert, die staatlichen Leistungen reduziert. Diesen Menschen fehlt jede aufenthaltsrechtliche Sicherheit. Denn: Duldung ist eine vorübergehende Aussetzung der Abschiebung. Sie wird für einen, drei oder sechs Monate erteilt und kann über viele Jahre verlängert werden. Sie ermöglicht ein Leiharbeitsverhältnis, das 49 Monate lang die Zustimmung der Bundesagentur für Arbeit benötigt, danach braucht die Person nur noch die Zustimmung der Ausländerbehörde. Licht am Ende des Tunnels: Ende 2022 wurde das Chancen-Aufenthaltsrecht beschlossen. Wer hier fünf Jahre geduldet ist, bekommt das Recht zur Verstetigung des Titels. Voraussetzung ist das Bekenntnis zu den demokratisch-freiheitlichen Grundrechten. Während einer Aufenthaltserlaubnis von 18 Monaten müssen nun folgende Kriterien erfüllt werden: Erwerb von Sprachkenntnissen, Sicherung des Lebensunterhalts (also keine Transferleistungen), Klärung der Identität. Gelingt das, kann die Person ein Bleiberecht beantragen.

Wohnen in Berlin

Asylbewerber müssen in Berlin während der Dauer des Asylverfahrens in der Erstaufnahmeeinrichtung verbleiben, zumindest während der ersten sechs Monate, möglichst aber nicht länger als 18 Monate. Das mag in kleinen Städten sinnvoll sein, wo Prozesse nicht Jahre auf sich warten lassen, nicht aber in Berlin, wo einerseits die Asylbewerber in leicht kontrollierbaren Einrichtungen leben sollen, andererseits das Verbleiben dort nicht länger als 18 Monate dauern sollte, das Asylverfahren aber sehr viel mehr Zeit beansprucht. In dieser Zeit ist jede Art der Integration kaum möglich. Diejenigen, deren Antrag abgelehnt wird, weil sie aus einem sicheren Herkunftsland kommen (Marokko, Senegal, Nordmazedonien), müssen bis zur Rückführung im Erstaufnahmelager verbleiben. Der 2. Schritt für alle anderen ist die Unterbringung in einer Gemeinschaftsunterkunft. Hier werden Sachleistungen durch Geldleistungen ersetzt; die Geflüchteten werden quasi Selbstversorger. Das Asylbewerberleistungsgesetz galt bislang für 18 Monate; neuerlich ist es jedoch auf 36 Monate verlängert worden. Erst dann erhalten Geflüchtete, die sich nicht selbst finanzieren können, Leistungen analog dem Bürgergeld (das ist unser neues Rückführungsverbesserungsgesetz). Die Aufnahme einer Beschäftigung soll statt wie bislang nach neun nun nach sechs Monaten ermöglicht werden, auch wenn das Asylverfahren noch nicht unanfechtbar abgeschlossen ist. Mit einem Lager als Adresse und ungeklärtem Aufenthaltsrecht ist das illusorisch. Die Regel ist, ohne Wohnung keine Arbeit, ohne Arbeit keine Wohnung. Die Zahl derjenigen, die eine private Unterkunft gefunden haben, ist nicht bekannt. Bekannt aber ist, dass es verschwindend wenige sind, weil hier zwei sehr unterschiedliche Unterstützungssysteme greifen.

In Berlin lebten 2022 22.000 Menschen in Unterkünften, die das LAF verantwor-tet, heute sind es 45.000, davon 10.000 in Notunterkünften, vor allem Tegel. Bis Ende 2024 rechnet der neue Leiter des LAF, Mark Seibert, mit 50.000. Viele dieser Unterkünfte werden von privaten Unterkunftsbetreibern dem LAF angeboten. Hier leben zu müssen bedeutet Warten, auf das Asylverfahren, auf Hilfe, auf Sprachkurse, auf Einschulungen. Ich will nicht die sogenannten postmigrantischen Risikofaktoren wie psychische Erkrankungen und die extrem hohe Zahl der Depressionen und Angststörungen aufzählen, die die Heimbewohner trifft. Da aufgrund des Krieges gegen die Ukraine die Zahl derjenigen, die nach Deutschland strömen, ungeheuer steigt, ist die Situation inzwischen erdrückend, aber keine Änderung zum Guten absehbar. Der Senat antwortet auf den Unterbringungsnotstand mit einem Programm für 6.000 Plätze, dem WohnContainer-2.0-Programm, mitunter als WC-Programm bezeichnet. Sämtliche in Frage kommende großräumige Unterkünfte wie Hotels etc. wurden nach Einschätzung des LAF durch die EM quasi blockiert und konnten keine Kapazitäten anbieten. Da das Ausmaß der nach Deutschland Flüchtenden 2015 jede Fantasie überstieg, reagierte man damals panisch und kurzsichtig: Verzweifelt wurden private Betreiber gesucht und auch schnell gefunden. Es gab keine ordnungsgemäßen Ausschreibungen, man nahm, was man bekommen konnte, schloss Verträge ab und hatte keine Möglichkeit, sich um Näheres zu kümmern. Die Skandale um die Zustände in den Heimen sind bekannt. Der Regelfall heute ist die Belegung eines Zimmers mit 4 Personen, pro Person zahlt das Land pro Tag 25 €, also 100 € täglich, nicht selten auch deutlich höhere Summen. Dies hochgerechnet auf 30 oder 40 Zimmer würde jeden potenziellen Bauherrn jubeln lassen. Aus der damaligen Notsituation wurde inzwischen eine verfestigte Situation, aber an den Strukturen, den Gehältern usw. hat sich nichts geändert. Die Verträge mit privaten Betreibern wurden traditionell auf max. ein Jahr abgeschlossen. Die Wohnqualität war schlecht, die Mitarbeiter, das Niveau ebenso. Erst seit die Medien Bilder der unsäglichen Zustände in Tegel veröffentlichten, reagierte der Senat, verlangt jetzt Ausschreibungen und drängt auf 10-Jahres-Verträge (d. h., wir rechnen mit vielen weiteren Flüchtlingen während der nächsten zehn Jahre). Dennoch: Das LAF sucht verzweifelt Raum. Was ist der Plan: Das Landesamt für Flüchtlingsangelegenheiten setzt unter neuer Besetzung nun auf neue, auf mehr Bürgerbeteiligung, auf die Stärkung der Mitarbeit der Zivilgesellschaft. Man denkt nun über einen großen Aufruf an die Zivilgesellschaft nach. Das ist das Eingeständnis des Scheiterns des staatlichen «Wir schaffen das.»

Für diejenigen, die 2015 ff. nach Berlin vermittelt wurden und nun immer noch in den Gemeinschaftsunterkünften leben, ohne Aussicht auf Arbeiten oder privates Wohnen, hat man inzwischen das schöne Wort «Bestandsflüchtlinge» erfunden.

Wenn eine Privatperson in Berlin beschließt, einem Afghanen, der hier Transferleistungen bezieht, eine kleine Wohnung zu vermieten, wird sie Überraschungen erleben. Sie muss neben etlichen anderen Dokumenten per Grundbuchauszug belegen, tatsächlich Eigentümerin der Wohnung zu sein, auch sollte sie die gesamte beheizte Wohnfläche des Gebäudes in Quadratmetern kennen. Das Amt wird unerfreut über durchschnittliche Kautionsforderungen sein und den willigen Vermieter mit Pech in einen Briefwechsel verstricken, an dessen Ende er wünscht, nie diese Idee,

privat an Geflüchtete zu vermieten, gehabt zu haben. Für die Vermietung einer 50-qm-Wohnung an einen Alleinstehenden wird er 426 € Mietzins verlangen können, hinzu kommen noch ein paar Euro für Heizkosten unter Berücksichtigung des vollen Klimabonus. Vergleichen wir diese Zahlen einmal mit dem Geld, das private Betreiber von großräumigen Unterkünften erhalten, wird verständlich, warum das private Vermieten kaum gelingt. Was könnte man ändern? Erstens die Höhe der Zahlungen an großräumige Unterkünfte, zweitens Stärkung des privaten Wohnungsmarktes, drittens Bauen, Bauen, Bauen. Und dies unter Einbezug der umliegenden Bewohner.

Schon lange ist der Zusammenhang zwischen privatem Wohnen und der Arbeitsaufnahme klar: So zeigen alle Studien des IAB sehr niedrige Ziffern bei denjenigen, die langfristig in Gemeinschaftsunterkünften leben.

Arbeit

Integration als Ziel unserer Bemühungen bedeutet in erster Linie Arbeitsmarktintegration. Die ist nun am Beginn des Flüchtlingsdaseins in Deutschland kaum möglich, da Asylverfahren, Beschäftigungsverbote und Wohnsitzauflagen oder eben die Wohnsituation sie behindert oder verhindert. Aber eine positive Tendenz ist erkennbar: Die Erwerbstätigenquote der 2015 zugezogenen Geflüchteten stieg auf knapp zwei Drittel im Jahr 2022. (IAB. Arbeitsmarktintegration von Geflüchteten).

Eine andere Zahl des IAB Zuwanderungsmonitor vom April 2024 sieht die Beschäftigungsquote der Staatsangehörigen aus den Asylherkunftsländern bei 42,1 % mit steigender Tendenz.

Es stellt sich die Frage, warum die Quote nicht höher ist. Da möchte ich nun den Blick lenken auf die Voraussetzungen der Arbeitsaufnahme, das sind Sprachkenntnisse.

Sprache

Grundsätzlich müssen alle Geflüchteten, die Leistungen in Berlin/Deutschland beziehen, einen Sprachkurs absolvieren (außer, wenn sie über 60 Jahre, krank u. a. sind). Da die Sprache die wichtigste Grundlage der deutschen Alltagskultur ist, wird der Sprachunterricht vom BAMF gefördert. Aus den anfänglich so bezeichneten Sprachkursen sind nun Integrationskurse geworden. Sie umfassen 700 Unterrichtsstunden (davon sind 6 Module Sprachkurs und ein Modul ein Orientierungskurs zur Rechtsordnung, Kultur und Geschichte). Theoretisch kann jemand mit freiem Kopf, ein wenig Sprachentalent und viel Zeit fünf Tage pro Woche nach neun Monaten dieses Programm absolviert haben. Die Berliner Praxis ist eine andere. Schon 2019 betrug die Wartezeit etliche Monate, heute, aufgrund der Ukrainerinnen, die ebenfalls fast alle einen Integrationskurs besuchen wollen, kann die Wartezeit sich in die Länge ziehen. Neben Integrationskursen gibt es vom BAMF finanzierte Berufssprachkurse und Erstorientierungskurse. Alle haben starken Zulauf und also Wartezeiten. Damit nicht genug: Durften zu Beginn der Flüchtlingsbewegung in Berlin noch «einfache» Deutschlehrer diesen Unterricht erteilen, so geht das heute nur noch mit einer Zusatzausbildung, entweder Deutsch als Zweit- oder Deutsch als Fremdsprache. Andernfalls zahlt das BAMF nicht. Dabei herrscht ein eklatanter Mangel an diesen Deutschlehrkräften. Das Netto-Jahreseinkommen einer zusätzlich qualifizierten Lehrerin in Vollzeit-Stelle beträgt zwischen knapp 23.000 und 29.000 €. Man braucht keine Fantasie, um sich den Run der Germanisten auf diese Stelle vorzustellen!

Für Geflüchtete ist die Teilnahme verpflichtend, diese Verpflichtung wird von der Ausländerbehörde festgestellt. Bei Nichtbesuch kann die Ausländerbehörde beschließen, die Aufenthaltserlaubnis nicht zu verlängern. Abendkurse dauern 18 Monate, Kurse für Mütter mit Kleinkindern dann eben noch einmal viel länger. Private Dienstleister müssen privat bezahlt werden und kommen für die meisten der mittellos Schutzsuchenden nicht infrage.

Hier tritt erneut die Zivilgesellschaft auf den Plan. In Berlin werden ungezählte Geflüchtete von Privatpersonen, den Kirchen, NGOs und anderen Organisationen erst einmal während der Wartezeit auf den Kurs schon vorbereitet, dann aber auch während des Kurses mit Lernhilfen begleitet. Dieses zivilgesellschaftliche Engagement ist absolut notwendig, um weitere aberwitzige Wartezeiten zu verhindern.

Persönlicher Erfahrungsbericht

Ein Blick zurück auf die Gruppe, mit der ich am meisten zu tun hatte, unbegleitete minderjährige Flüchtlinge. Ich habe im Auftrag des Senats 2015 kurz in einem Projekt am Görlitzer Park mit jungen Menschen aus Schwarzafrika gearbeitet, dann von März 2016 bis Herbst 2017 für die AWO als Lehrerin in einer Willkommensklasse, von 2017 bis 2018 als Lehrerin für ein Senatsprojekt, das sich ausschließlich mit solchen Jugendlichen befasste, die größere Integrationsprobleme hatten, habe parallel all die Jahre ehrenamtlich nicht nur Deutschunterricht gegeben und arbeite jetzt seit zwei Jahren ehrenamtlich für die evangelische Lindenkirchengemeinde. Hier gebe ich sowohl weiter Sprachunterricht als ich auch ein Sprachcafé mit organisiert habe, in dem seit über einem Jahr allen Fremden in dieser Stadt Hilfe angeboten wird bei allen möglichen Problemen. Hierher kommen von uns eingeladene Gäste, die Berufsberatung machen, die Wege aufzeigen zur Anerkennung von Diplomen, auch Ärzte oder Psychologinnen, die bereit sind, schnell zu helfen. In erster Linie aber ist es ein Ort zum Treffen, Austausch, eine Auszeit vom Alltag.

Mit diesem persönlich gehaltenen Bericht komme ich zugleich zur Rolle der Zivilgesellschaft.

2016 war die Not groß und auch ich durfte trotz fehlender Zusatzqualifikation unterrichten, musste mich aber einer Prüfung durch den Senat unterziehen, da universitäre Lehrerfahrungen nicht anerkannt wurde. Die Einstufung war schlecht, bei mir wie auch meinen Kolleginnen war dennoch das Engagement groß. Wir haben mit viel Begeisterung junge Menschen aus vielen Ländern in Deutsch, Sport, Englisch, Mathematik, Sozialkunde unterrichtet, sind mit ihnen Eis essen oder Tischtennisspielen im Gleisdreieck gegangen, haben sie manchmal auf eine Pizza eingeladen, haben sie ins Gespräch mit Vertretern der christlichen Kirchen, mit Musikschulen, mit politischen Stiftungen oder dem Willy-Brandt-Haus gebracht, viele Museumsbesuche absolviert, denn Museen zählten immer zu den Unterstützern von Integrationsbemühungen, sie zu privaten Festen eingeladen – bei uns natürlich immer zum Sommerfest mit Grillen und Flammkuchen in unseren Garten im Brandenburgischen – und

sie sogar für kulturelle Ereignisse zu interessieren versucht. Diese Menschen waren sehr jung, 15, 16, 17, sehr alleine, orientierungslos und absolut abhängig von unserer Zuwendung. Nachts schickten sie uns kleine Whatsapp-Nachrichten mit «Gute Nacht, Lehrerin» oder wollten bei allzu großem Heimweh auch mal getröstet werden. Unhöflichkeit, maskulines Macho-Auftreten oder Ähnliches haben wir nie erlebt. Dennoch: Private Kontakte waren von der Schulleitung nicht gerne gesehen, schlimmer noch: Auch Besuche bei Fortbildungen über Flüchtlingsrechte o.Ä. sollten wir unterlassen. Nun war das Schuljahr praktisch zu Ende, unsere Schutzbefohlenen würden die Willkommensklassen bald zugunsten von Regelschulen verlassen, auf die sie nach Bestehen der Prüfungen von der AWO angemeldet wurden, und drei von uns vier Lehrerinnen haben gekündigt. Natürlich haben wir unsere Kids nicht allein gelassen, sondern von nun an regelmäßig jede Woche Freitagnachmittag einen Jour fixe veranstaltet, bei dem wir sämtliche Fächer, die in den Regelschulen gefragt waren, mit ihnen wiederholt haben. Die Aufnahme in den Schulen war unterschiedlich, in einer Klasse wurde unseren Afghanen, Jesiden, Syrern und Iranern am ersten Tag mitgeteilt, sie würden das Klassenziel ohnehin nicht erreichen, da mussten wir heftig gegensteuern. Von sieben unserer Schüler, die sich zum MSA, dem mittleren Schulabschluss angemeldet hatten, bestanden dann auch sechs, andere waren schon in Ausbildungen übergegangen, manche jobbten. Ich kann heute mit voller Überzeugung sagen, dass keiner von ihnen seinen guten Weg ohne Hilfe der Zivilgesellschaft geschafft hätte. Da gab es zum Beispiel eine junge Afghanin, der von einer engagierten Deutschen Schwimmunterricht angeboten wurde. Für Afghaninnen ist die Entdeckung, dass der eigene Körper tatsächlich ihnen gehört, von immenser Bedeutung. Sie können ein ganz anderes Selbstbewusstsein entwickeln und sich von alten Bildern/Rollen lösen. Aber eine Burkina kostet 90 €. Wir bettelten Freundinnen an, immer mit Erfolg. Eine Freundin, damals schon eine ältere Dame, gab einem afghanischen Mädchen lange Zeit privat Französisch-Unterricht und hat ihr sogar den *Petit Prince* geschenkt. Dieses Mädchen hat das Abitur an einer deutschen Schule bestanden und studiert heute als einzige Frau ihres Jahrgangs Elektrotechnik an der Technischen Universität. Ich könnte Beispiele ohne Ende aufzählen. Aber die Message ist klar: Der Staat schafft die Rahmenbedingungen, stellt die notwendigen Institutionen zur Verfügung. Doch heil dadurch kommen ausnahmslos alle nur mithilfe von Lotsen, von Menschen, die sie zu den Ämtern begleiten, zu den Ärzten, zu ihren Prozessen, zum Arbeitsamt, durch die Berufsschulen. Menschen, die dann eben die erforderliche Praktikumsbekleidung aus eigener Tasche zahlen, z. B. Sicherheitsschuhe für ein Praktikum auf dem Bau oder weiße Hose und T-Shirt für die Arztpraxis. Und apropos Schulen: Inzwischen kann die Wartezeit auf einen normalen Schulplatz in Berlin 5 Monate betragen. Ich hab das Schulamt ganz ungläubig angerufen und gefragt, was denn mit der Schulpflicht sei. Tatsächlich gibt es inzwischen wieder NGOs, Privatpersonen, die sich und Räume organisieren und die Wartezeit für Schulkinder mit Unterricht überbrücken. Das Schulamt weist inzwischen auf diese NGOs als Möglichkeit zur Überbrückung hin. Solche Zustände sind unhaltbar. Und sie tauchen natürlich in Berlin häufiger auf als in Flächenstaaten, wo sich vieles schneller regeln lässt.

Ein anderes trauriges Kapitel ist die Tatsache, dass junge Geflüchtete nach Ablehnung ihres Antrags aus der Schule abgeschoben werden können. Ursprünglich war das auch in Ausbildungen der Fall, bis die Unternehmer es nicht länger hinnahmen, Geld und Zeit in Auszubildende investiert zu haben, die dann in einer Nacht- und Nebelaktion abgeschoben wurden. Auf Druck der IHKs kam es zu einer 3+2 Regelung: Drei Jahre Ausbildung plus zwei Jahre Arbeit schützen vor Abschiebung. Wirtschaft spielt eine große und gute Rolle bei allen Integrationsbemühungen.

Ausbildung in der Pflege

In Ausbildung zu sein bedeutet zwar nun Schutz vor Abschiebung, aber nicht zwingend eine gute Integrationsperspektive. Ich möchte dies am Berliner Gesundheitswesen ausführen. 21,2 % aller in der Berliner Pflege Tätigen sind Menschen mit Migrationserfahrung. Die Zahl der ausländischen Ärzte liegt sogar noch ein paar Prozente höher, bei 27,3 %. In Berlin gibt es 40 Pflegeschulen mit einem überdurchschnittlich hohen Anteil an Nicht-Deutschen. Die Abbrecherquote liegt bei manchen von ihnen bei über 40 %. Hinzu kommt eine hohe Durchfallerquote in den Prüfungen. Und: In einem Gespräch mit der Leitung eines Gesundheitscampus erfuhr ich, dass es zu einer sehr hohen Abbrecherquote nach einem Jahr Ausbildung kommt, weil die lange Dauer den jungen Menschen unverständlich ist. Unsere Ausbildungen wurden für Jugendliche, die zu Hause leben, konzipiert. Sie wurden für Muttersprachler konzipiert. Für Nicht-Deutsche sind sie ohne begleitende Hilfen kaum zu bewältigen. Nun hat der Senat die hohe

Abbrecherquote als Problem erkannt. Als Folge bekommen jetzt alle öffentlichen Pflegeschulen das Recht, Förderstunden für Deutsch und Berufssprache anzubieten. Diese Förderstunden werden wiederum vom BAMF finanziert. Erneut gilt: Berufssprache darf nur mit Zusatzqualifikation unterrichtet werden. Wieder springen die Ehrenamtlichen ein, verrentete Krankenschwestern, Deutschlehrerinnen, auch Ärzte in ihrer Freizeit. Diese Ausbildungen müssen dringend überarbeitet werden, wenn der Pflegenotstand nicht noch größer werden soll. Immerhin beginnt nun im Gesundheitsministerium ein Umdenken: Bislang konnte man in einer einjährigen Ausbildung Pflegehelfer werden, musste aber drei weitere Jahre in die Ausbildung zur Pflegefachkraft investieren. Diese einjährige Ausbildung plus Berufserfahrung wird jetzt nach langen, langen Kämpfen auf die dreijährige Ausbildung zur Pflegefachkraft angerechnet. Module werden diskutiert.

Einbürgerung

Alle Hürden sind genommen, der Asylbewerber lebt seit Jahren in Deutschland, spricht gut Deutsch, ist sozialpflichtig erwerbstätig. Als Krönung sollte nun die Einbürgerung stehen. Die Voraussetzungen: Hauptwohnsitz in Berlin / Ununterbrochener rechtmäßiger Aufenthalt seit mindestens acht Jahren (7 Jahren mit abgeschlossenem Integrationskurs oder 6 Jahren mit Sprachkenntnissen B2), neuerlich schon nach fünfjährigem Aufenthalt, so zumindest die Theorie / Gültige ID-Karte, also geklärte Identität / Bekenntnis zum Grundgesetz / Keinerlei Bezug von Transferleistungen / Aufgabe der bisherigen Staatsangehörigkeit / Keinerlei Vorstrafen, auch nicht geringe / Deutsch mindestens auf B1-Niveau / Bestandener Einbürgerungstest oder das Zertifikat «Leben in Deutschland» / Deutscher Schulabschluss oder In Deutschland abgeschlossenes Studium der Rechts-, Gesellschafts-, Sozial-, Politik- oder Verwaltungswissenschaften (welches Studium anerkannt wird, entscheidet die Staatsangehörigkeitsbehörde) / Einordnung in deutsche Lebensverhältnisse muss gegeben sein. Vorzulegen sind: ID-Karte, Personenstandsurkunde, Nachweise über die wirtschaftliche Situation, Arbeitsvertrag mit Gehaltsnachweisen der letzten drei Monate, Bescheinigung des Arbeitgebers über die Dauer des ungekündigten Arbeitsverhältnisses – so viel zur «Verramschung» der deutschen Staatsangehörigkeit.

Bislang war der erste Schritt ein obligatorischer Beratungstermin im Wohnbezirk. Beim Termin selbst durften keinesfalls die verlangten Papiere (die jeder kennt, weil sie im Netz veröffentlicht werden) übergeben werden. Dafür brauchte es einen gesonderten Termin. Beide Termine zusammen machten z. B. in Reinickendorf 23 Monate Wartezeit aus. Dann durfte der Antrag abgegeben werden und wurde im Detail geprüft. In der Wartezeit sollte es keinerlei Veränderungen geben, v. a. keine Wohnsitzveränderung, keine Arbeitsverhältnisveränderung, keine Personenstandsveränderung usw.

Seit Januar 2024 entscheidet das LEA, unser neues Landesamt für Einwanderung in Berlin, über Einbürgerung. Das LEA hat aus den Bezirken 40.000 Anträge, überwiegend nicht digitalisiert, übernommen. Das hochgesteckte Ziel ist, 9.000 Anträge jährlich zu bearbeiten. Für jemanden, der Anfang 2022 in Reinickendorf um einen

Beratungstermin nachgesucht hat, bedeutet das zwei Jahre Wartezeit bis zur Abgabe, dann weitere mindestens viereinhalb Jahre auf den Bescheid. Das ist kein Integrationsversuch, das ist Verhinderung. Das Versprechen auf Einbürgerung nach fünf Jahren ist in Ansehung des Staus in den Ämtern haltlos.

Fazit

Und so bleibt am Schluss mein Fazit: Berlin ist in fast allem gebunden an Bundes- wie internationale Regelungen. Dabei hat Berlin es natürlich aufgrund ohnehin schon angespannter Lage auf dem Wohnungsmarkt wie in den Schulen deutlich schwerer als Flächenstaaten. Das fehlende Personal in allen Sektoren verstärkt die negativen Trends.

Nicht genutzte Spielräume gibt es bei den Themen Wohnen, bei Schule, Bildung/Ausbildung. Hier müssen Veränderungen greifen. Haupthürde ist Verwaltungshandeln in der Stadt. Da muss Umdenken her. Auch die bundespolitische Ebene trägt – und dies seit der Nachkriegszeit – zur allgemeinen öffentlichen Verwirrung darüber bei, wie Geflüchteten, wie Fremden in Deutschland zu begegnen sei. In der schillernden Praxis, unterschiedliche, ja gegensätzliche Strategien gleichzeitig zu verfolgen, Ziele der Hinnahme und der Ausladung, der Förderung und der Verweigerung, der Isolation und der Integration,

der Karriereangebote und der Abschiebung, sind migrationspolitische Erfolge nicht erwartbar. Hier müssen öffentlich getragene Rahmenbedingungen her, die der Lage Deutschlands seit der Nachkriegszeit nicht ausweichen. Die Zivilgesellschaft ist ansprechbar – das zeigt ihr Engagement in Berliner Migrationspolitik.

Literatur

Klaus J. Bade: *Ausländer. Aussiedler. Asyl*, München 1994.

Hein de Haas: *Migration. 22 populäre Mythen und was wirklich hinter ihnen steckt*, Frankfurt a.M. 2024 (2. Aufl.).

Patrice G. Poutrus: *Umkämpftes Asyl. Vom Nachkriegsdeutschland bis in die Gegenwart*, Zentralen für politische Bildung, 2019.

Harald Roth (Hrsg.): *Kein Land, nirgends*, Zentralen für politische Bildung, 2022.

Martin Wengeler: «Multikulturelle Gesellschaft oder Ausländer raus? Der sprachliche Umgang mit der Einwanderung seit 1945», in: Georg Stötzel, Martin Wengeler: *Sprache. Politik. Öffentlichkeit*, Bd. 4., Kontroverse Begriffe, Berlin / New York 1995.

Broschüren

Das Bundesamt in Zahlen 2023 (Bundesamt für Migration und Flüchtlinge)

IAB, diverse Berichte

Informationen Grundrechte Komitee

Jahresgutachten des Sachverständigenrats 2024

Statista

Willkommensbündnis Steglitz-Zehlendorf ■

Kira Ludwig / Ralf Ludwig

Leitfäden des Forschungsdatenmanagements: Transparenz, Vertrauen, Demokratie

Der Aufbau der Nationalen Forschungsdateninfrastruktur (NFDI) schreitet weiter voran. Die ersten NFDI-Konsortien sind auf dem Weg in die zweite Förderphase. Forschungsdaten sollen nach den FAIR-Prinzipien auffindbar, zugänglich, interoperabel und nachnutzbar gemacht werden. Obwohl sich Tausende von Wissenschaftlerinnen mit Enthusiasmus und Kreativität für ein nachhaltiges Forschungsdatenmanagement einsetzen, wird das Thema häufig als technisch und trocken wahrgenommen: Mögen die Wissenschaftlerinnen doch ihre Daten sammeln und kuratieren. Dabei gehört dieses Thema in einen größeren Kontext. Es geht um nichts weniger als echte Teilhabe, mehr Transparenz, die Schaffung von Vertrauen und die Stärkung der Demokratie. Diderot und d'Alembert reloaded.

Die Gemeinsame Wissenschaftskonferenz (GWK) hatte Ende 2018 den Aufbau und die Förderung einer Nationalen Forschungsdateninfrastruktur (NFDI) beschlossen. Für neue wissenschaftliche Erkenntnisse und Innovationen in Forschung und Gesellschaft sei der systematische, nachhaltige Zugang zu digitalisierten Datenbeständen unverzichtbar. Die Forschungsdaten sollten nach den sogenannten FAIR-Prinzipien Findable, Accessible, Interoperable und Reusable, also auffindbar, zugänglich, interoperabel und nachnutzbar sein.

Seitdem wurden in drei Runden 26 Fach und Methodenkonsortien aus allen vier großen Wissenschaftsbereichen sowie eine Initiative für NFDI-weite Basisdienste ins Leben gerufen. Sie bilden einen wesentlichen Teil der nationalen Forschungs- und Infrastrukturlandschaft. Die Konsortien sind über die Geistes- und Gesellschaftswissenschaften, Ingenieurwissenschaften, Lebenswissenschaften und Naturwissenschaften gleichmäßig verteilt. Das ist kein politischer Proporz, sondern Ergebnis des Begutachtungsprozesses. Vereinbart wurde nämlich, dass die GWK nur die von der NFDI-Expertenkommission empfohlenen Konsortien gefördert.

Nach Abschluss der drei Ausschreibungsrunden wird es in den kommenden Jahren darum gehen, die NFDI zum Nutzen von Forschung und Wissenschaft gemeinsam mit allen Beteiligten zu konsolidieren, weiterzuentwickeln und systematisch mit weiteren, auch europäischen Strukturen des Forschungsdatenmanagements zu vernetzen.

Am 21.08.2023 wurden die Eckpunkte für die ab 2025 beginnende zweite Förderphase der NFDI veröffentlicht, die die Konsolidierung der Konsortien zum übergreifenden Ziel erklären. Für neun Konsortien der ersten Förderrunde steht deshalb eine Zwischenevaluation an. Dazu gehören die Konsortien NFDI4Biodiversity, NFDI4Cat, NFDI4Health usw.

Aufgaben der Konsortien in der NFDI-Fortsetzungsphase

- Gewünscht ist die Weiterentwicklung des Forschungsdatenmanagements der adressierten Bedarfsgruppe(n) und, davon abgeleitet, die Identifikation der Kernaufgaben, für die eine langfristige Finanzierung auch über den Zeitraum der Projektförderung vonnöten ist.
- Die Ziel-Communitys sollen stärker eingebunden und die Rückkopplung mit ihnen intensiviert werden, Angebote sollen über den Kreis der Konsortialpartner genutzt und somit neue (Teil-) Communitys gewonnen werden.
- Die Strukturen sollen gefestigt und ausgebaut werden, um für die Anforderungen der Bedarfsgruppen und die vernetzte NFDI-Infrastruktur gut aufgestellt zu sein.
- Die qualitätsgesicherten Dienste-Portfolios sollen stabilisiert und weiterentwickelt werden, um so neue Communitys anzusprechen.
- Für wichtig erachtet wird auch ein gezielter Ausbau von einschlägigen Informations-, Fortbildungs- und Schulungsangeboten.
- Ein tragfähigen Organisationsmodell

soll die Handlungsfähigkeit eines Konsortiums und den nachhaltigen Umgang mit Personalressourcen sicherstellen.
- Dies gilt insgesamt für den kontinuierlichen Betrieb und die fortlaufende Finanzierung der relevanten Dienste und der NFDI-weiten Aktivitäten, die langfristig gesichert werden müssen.

Was ist anders bei der NFDI?

NFDI und Forschungsdatenmanagement (FDM) allgemein bedeuten einen kulturellen Wandel in der Forschungsförderung. FDM ist weniger kompetitiv, sondern viel mehr kooperativ. Der Grund dafür ist ganz einfach: Wissenschaftlerinnen und Wissenschaftler haben ein gemeinsames Interesse an einem guten funktionierenden FDM. Daran wird sich auch die Zwischenevaluierung der Konsortien der 1. Runde orientieren.

Die NFDI-Initiativen sollten sich nicht untereinander vergleichen. Sie sollten vielmehr ihre eigene Entwicklung aufzeigen und dabei eine ehrliche Bilanz ziehen. Wo sind sie gestartet? Was ist gelungen? Wo gab und gibt es Probleme? Können die ausgeräumt werden?

Die bewilligten Konsortien sind fachlich entlang von Disziplinen aufgestellt. Ein nächster Schritt sollte also sein, Schnittstellen zu suchen. Können die Konsortien zusammenarbeiten, können sie etwas voneinander lernen?

Natürlich dürfen wir nicht vergessen, dass vor dem Hintergrund schwieriger Haushaltslagen im Bund und in den Ländern immer wieder um die Finanzierung der NFDI gekämpft werden muss. In der Bund-Länder-Vereinbarung zu Aufbau und Förderung einer NFDI heißt es: Unter Berücksichtigung der Ergebnisse der Strukturevaluation durch den Wissenschaftsrat gemäß § 13 entscheidet die GWK im Jahr 2026 über die weitere Ausgestaltung der NFDI und über die Einzelheiten der weiteren Förderung ab dem Jahr 2029. Daran dürfen wir immer wieder gerne erinnern. Dies ist in der Regel auch nötig, denn Politik hat ein kurzes Gedächtnis, auf jeden Fall unterschreitet es zehn Jahre.

Politik überzeugen

Um Entscheidungsträger in der Politik von der Notwendigkeit dieser Investition zu überzeugen, braucht es Zahlen und Beispiele. Gesellschaftlich relevante Fortschritte in Gesundheit, Umwelt, Klima und Energie können nur auf Grundlage verlässlicher, zugänglicher und nutzbarer Forschungsdaten erzielt werden. Auch die Qualität künstlicher Intelligenz beruht wesentlich auf der Bereitstellung zugänglicher und belastbarer Forschungsdaten.

Nachhaltige Konzepte zum FDM werden benötigt, damit sich Hochschulen, Universitäten und Forschungseinrichtungen weiterhin erfolgreich um nationale und europäische Forschungsprojekte bewerben können. Sonst besteht die Gefahr, dass Deutschland den Anschluss verliert. Der Politik muss klar sein, dass die Bedeutung eines funktionierenden FDM weit über die Hochschulen und Forschungseinrichtungen hinausreicht. Auch die Gesellschaft und die Wirtschaft profitieren stark durch belastbare Forschungsergebnisse sowie FAIRe und damit wiederverwendbare Daten.

Die Anwendbarkeit und Qualität der KI beruht wesentlich auf der Bereitstellung zugänglicher und belastbarer Daten. Die kann die Forschung in großem Umfang und von besonders hoher Qualität nur mit einem guten FDM liefern. Interessiert sollte Politik außerdem an dem Argument sein, dass Forschungsmittel durch die FAIRe Bereitstellung von Daten effektiver genutzt und nachgenutzt werden können.

In diesem Zusammenhang spielen die Landesinitiativen eine zentrale Rolle. Sie übernehmen eine wichtige Scharnierfunktion zu den NFDIs und koordinieren die Entwicklung des FDM zwischen den Hochschulen, Universitäten und Forschungseinrichtungen in den Bundesländern.

FAIR contra Herrschaftswissen

Wir beten es ständig herunter: Die Forschungsdaten sollten nach den sogenannten FAIR-Prinzipien auffindbar (findable), zugänglich (accessible), interoperabel und nachnutzbar (reusable) sein. Im Kern richten sich die Prinzipien gegen Herrschaftswissen. Sie bedeuten echte Teilhabe, vermitteln Werte, schaffen Vertrauen und stärken die Demokratie. Ein Lebenszyklus von Forschungsdaten für Mensch und Umwelt.

Die Werte der Wissenschaft spiegeln sich in den FAIR-Prinzipien wider: Eindeutigkeit, Transparenz, Objektivität, Überprüfbarkeit, Verlässlichkeit, Offenheit und Redlichkeit und nicht zuletzt die Neuigkeit. Diese Werte sind der Schlüssel für das Vertrauen in Wissenschaft und Forschung. Wissenschaft erläutert die Motive und Ziele ihrer Arbeit. Akademische Kontroversen und die Grenzen der Fächer werden ständig diskutiert. Die Kommunikation ist ehrlich und authentisch. Wissenschaftler gestehen Sackgassen ein, diskutieren auch Negativergebnisse. Vorrang hat die wissenschaftliche Exzellenz. Der Ökonomisierung der Wissenschaft stellen wir uns entgegen.

Vertrauen schaffen, Demokratie leben

Letztendlich leistet eine so aufgestellte Wissenschaft einen wesentlichen Beitrag zur Erhaltung der Demokratie. Denn die Probleme dieser Welt, der Überfall Putins auf die Ukraine, der Klimawandel, die Pandemie, unsichere Energieversorgung legen sich wie ein grauer Schleier über unser Leben, auch über Wissenschaft und Forschung. Dafür gibt es einige Anhaltspunkte:

Das Vertrauen in die Wissenschaft nimmt ab. Das jährliche Wissenschaftsbarometer zeigt, dass gerade einmal 56 Prozent der Menschen in Deutschland der Wissenschaft vertrauen. Bei Menschen mit mittlerer und geringerer Bildung sind es sogar nur 52 Prozent. Vor einem Jahr waren es bei der Umfrage von Wissenschaft im Dialog noch 68 Prozent. Ein enormer Vertrauensverlust, der uns wachrütteln sollte. Das Vertrauen in die Wissenschaft hängt entscheidend davon ab, wie wir mit Forschungsergebnissen umgehen, wie wir sie kommunizieren und sie zum Nutzen von Mensch und Umwelt einsetzen.

Wissenschaft und Forschung werden auch in der Politik nicht mehr so wichtig genommen. Ein Paradebeispiel dafür ist der bayrische Wirtschaftsminister Hubert Aiwanger, der es geschafft hat, sich auf den 14 Sitzungen des Senats der Max-Planck-Gesellschaft in den letzten fünf Jahren nicht einmal blicken zu lassen. Das ist keine besondere Wertschätzung für eine der weltbesten Forschungsinstitutionen mit einem Etat von zwei Milliarden Euro und 24.000 Mitarbeitern, auch wenn manche ihn vielleicht nicht vermisst haben. Weitere Fragen stellen sich: Warum ist diese Aufgabe im Wirtschaftsministerium angesiedelt und nicht im Wissenschaftsministerium? Warum fällt die Ignoranz dem gesamten bayrischen Kabinett erst nach fünf Jahren auf, als die Konferenz der Kultusminister Herrn Aiwanger nicht mehr wiederwählen wollte? Übrigens: Zwischen den Jahren 2016 und 2020 hat auch die Bundesforschungsministerin nur an zwei von 14 Sitzungen teilgenommen.

Eine höhere Wertschätzung durch die Politik werden wir nur durch die Adressierung gesellschaftlich relevanter Themen erreichen, wie sich bei der Pandemie oder der Klimakrise gezeigt hat. Wissenschaft kann hier fundierte Erkenntnisse und Forschungsdaten bereitstellen, Politik müssen dann die dafür gewählten Vertreterinnen machen.

Auch in anderer Hinsicht kann man die Vertrauens-Erosion wahrnehmen: Politik zeigt zunehmendes Misstrauen gegenüber internationalen Forschungskooperationen. Die ehemalige Bundesforschungsministerin Bettina Stark-Watzinger spekulierte, dass «hinter jedem chinesischen Forscher sich die kommunistische Partei verbergen könne». Die Sorge über den Wissensabfluss bei Dual-Use-Technologien und solchen, die zu Überwachung und Repression eingesetzt werden könnten, ist berechtigt. Dennoch stört dieses übergriffige und zugleich sprunghafte Verhalten. Gestern waren Kooperationen mit anderen Ländern hoch erwünscht, heute sind sie des Teufels. Gestern wurden Bekenntnisse für «eine vernetzte, offene und globale Wissensgesellschaft» abgegeben, heute sollen Forschungspartnerschaften eingefroren oder gekündigt werden. Als wüssten die Akademikerinnen und Akademiker nicht selbst, welche Forschungskooperationen verantwortbar sind und welche nicht. Selbst im Kalten Krieg wurde die internationale Kooperation hochgehalten. Denn wer um die

Brückenfunktion der Wissenschaft weiß, sollte persönliche Kontakte zu befreundeten Wissenschaftlern unbedingt aufrechterhalten. Wissenschaft und Forschung sollten nicht zum Spielball temporärer Außenpolitik werden.

Diese von der Politik eingeforderten Wechsel von Themen und Kooperationspartnern in kurzer Zeit sind Gift für die Forschung. So funktioniert Forschung nicht und so kann kein Forschungsdatenmanagement gelingen. Beides braucht Zeit, wenn es gut werden soll.

Forschungsförderung im Umbruch

Das Vertrauen in die bewährte Forschungsförderung schwindet. Zunehmend fordern Wissenschaftler und Wissenschaftsmanager die Einführung der Lotterie in den Förderprozess. Der Griff in die Lostrommel soll für mehr Objektivität sorgen, wachsende Diversität bewirken und weniger Kosten verursachen. Nebenher sorge die Lotterie für mehr Qualität und bahnbrechende Forschung.

Jetzt gibt es Pläne, die Lotterie sogar an den Anfang des Förderverfahrens zu stellen. Losgewinner sollen mit finanziellen Mitteln ausgestattet werde, um sich überhaupt einer mühsamen Antragstellung widmen zu können. Aus einem solchen Prozess sollen bahnbrechende Forschung hervorgehen? Gedankenspiele sind immer erlaubt, aber eine gut funktionierende Forschungsförderung, um die uns die Welt beneidet, gegen das Losglück auszutauschen, wäre hanebüchen und unverantwortlich.

Die von der DFG durchgeführten Auswahlprozesse von Exzellenzclustern hat sich auch bei der Auswahl der NFDI-Konsortien bewährt. Getragen werden diese

Auswahlverfahren von gewählten Wissenschaftlerinnen der Fachkollegien. Der Austausch zwischen Antragstellern, Gutachtern und Expertenkommission im NFDI-Prozess war beispielhaft. Bei welch größeren Verbundvorhaben sonst können Antragstellerinnen zu Gutachten Stellung nehmen und so Ihre Chancen auf eine Bewilligung verbessern?

Zuversicht schwindet

Gleichzeitig schwinden Vertrauen und Zuversicht in uns selbst. Eine Umfrage des Zentrums für Evaluation und Methoden (ZEM) der Universität Bonn unter den Mitgliedern des Deutschen Hochschulverbandes (DHV) ergab, dass etwa 73 Prozent mit Sorge in das neue Jahr 2024 blicken und nur 27 Prozent zuversichtlich sind. Im Vorjahr 2022 waren nur 56 % besorgt und 44 % zuversichtlich. Vertrauen und Zuversicht können nicht verordnet werden, sie müssen wachsen. Wenn wir uns die Entwicklung der NFDI-Konsortien und Landesinitiativen sowie die Begeisterung der Akteure auf der CoRDI (1st Conference on Research Data Infrastructure) ansehen, braucht uns nicht bange zu werden.

Aber warum sind wir so durcheinander und warum lassen wir uns immer weiter zurückdrängen? Die häufigste Diagnose der Psychotherapeuten lautet Müdigkeit, Erschöpfung und Antriebslosigkeit. 53 % der Deutschen fühlen sich erschöpft, 40 % glauben, dass die Erschöpfung weiter zunehmen wird. Nach Meinung des Soziologen Alain Ehrenberg resultiert diese Erschöpfung aus einem Paradox: Die Menschen seien nicht deshalb erschöpft, weil sie sich fortwährend in Konflikten aufreiben, sondern im Gegenteil, weil sie zwanghaft vor den Konflikten davonliefen. Der Philosoph Armen Avanessian macht einen praktischen Vorschlag. Wir sollten mehr Dinge machen, die wir steuern können, von denen wir etwas verstehen. Da sind Wissenschaft und Forschung genau das Richtige, einschließlich des Forschungsdatenmanagements.

Zuversicht ist gefragt

Wir brauchen wieder mehr Vertrauen und Zuversicht. Sie sind das Lebenselixier von Forschung und Lehre. Ohne Vertrauen gibt es keine Zusammenarbeit, ohne Zuversicht keine Zukunft. Vielleicht liegt ein Schlüssel darin, dass Wissenschaft offener und mutiger werden könnte, mehr Verantwortung übernehmen könnte, auch weit über Forschung und Lehre hinaus. Für eine offene Gesellschaft, für die Demokratie, für eine lebenswerte Zukunft. Dieses Vertrauen rechtfertigen Tausende Wissenschaftlerinnen und Wissenschaftler durch ihre Arbeit jeden Tag. Verbesserungswürdig dagegen ist es, diese Arbeit zu propagieren und zu präsentieren.

Der Schlüssel für das Vertrauen in die Wissenschaft sind ihre Prinzipien und Werte: FAIRe Daten sowie Eindeutigkeit, Transparenz, Objektivität, Überprüfbarkeit, Verlässlichkeit, Offenheit und Redlichkeit und Neuigkeit. Das rechtfertigt es, wenn sich Wissenschaft weiter in den politisch-gesellschaftlichen Raum vorwagt, vor allem dort deutlich und laut spricht, wo Fakten geleugnet werden oder falsch aufbereitet werden. Wissenschaft soll nicht selbst Politik machen, aber sie sollte ihre Ideen und Erkenntnisse dorthin tragen, wo gesellschaftlich debattiert wird und wo politische Entscheidungen getroffen werden.

Über die Grenze zwischen Ergebnisdarstellung und Einflussnahme muss ständig und öffentlich reflektiert werden. Das entfaltet praktisch eine doppelte Wirksamkeit gegen ›fake news‹: Sie tritt den falschen Inhalten entgegen und durchkreuzt die simple Rechnung, eine wissenschaftliche Erkenntnis X müsse zu einer definitiven politischen Entscheidung Y führen. Politik ist dazu da, um verschiedene gesellschaftliche Interessen und Sachverhalte in Einklang zu bringen. Bei der Priorisierung und Abwägung kann Wissenschaft sehr gut helfen und sie sollte das auch stärker tun, zum Beispiel beim Thema Klimawandel. Ein gutes Forschungsdatenmanagement ist dafür eine gute Voraussetzung. Nicht mehr, aber auch nicht weniger.

Bürger, kein Idiot

Wissenschaftlerinnen und Wissenschaftler sind auch Bürgerinnen und Bürger und dürfen sich selbst in den demokratischen Prozess einbringen. Im antiken Griechenland hatte man ein Wort für die, die sich nicht am politischen (gesellschaftlichen) Leben beteiligten, sondern in erster Linie für sich selbst lebten und wirtschafteten, man nannte sie Idioten. Wissenschaftlerinnen und Wissenschaftler sollten keine Idioten sein.

Denn was es zu verteidigen gilt, das ist nichts weniger als die Freiheit von Forschung und Lehrer. Die Freiheit der Forschung ist durch Artikel 5 Absatz 3 des Grundgesetzes geschützt. Freie Forschung leistet einen wichtigen Beitrag für Gesundheit, Wohlstand und Sicherheit der Menschen sowie den Schutz der Umwelt. Erfolgreiche Wissenschaft erfordert außerdem Transparenz, ungehinderten

Austausch von Informationen sowie die Veröffentlichung und Diskussion von Forschungsergebnissen. Wissenschaft lebt von der Freiheit von Lehre und Forschung. Aber die Freiheit ist nicht nur ein zu schützendes Privileg, sie beinhaltet wie jede Freiheit, den Auftrag, sie in ganz besonderer Weise zu nutzen. Letztlich dienen freie Wissenschaft und Forschung der Gemeinschaft und dem Wohl aller Menschen. Damit ist sie eine wichtige Säule einer wehrhaften Demokratie.

Im Umgang mit Wissenschaftlerinnen und Wissenschaftlern aus anderen Herkunftsländern und bei internationalen Kooperationen entfaltet sich diese Funktion in besonderer Weise. Der eine wichtige Aspekt ist die Weltoffenheit. Wissenschaft ist sehr divers aufgestellt: An den Instituten und Einrichtungen lehren und forschen viele verschiedene Kolleginnen und Kollegen, die Studierendenschaft ist bunt und man hat sie verantwortungsvoll zu betreuen. Durch Migration hat auch die Wissenschaft enorm profitiert und viele neue Herausforderungen bewältigt. Das hält die Universität jung und damit am Leben.

Der zweite Aspekt ist die Internationalität. Für die Spitzenforschung brauchen wir die besten Forscherinnen, also muss Internationalität insgesamt großgeschrieben werden. Die Wissenschaft schlägt, wie auch die Kultur, Brücken zwischen Nationen. Forschende aus vielen Nationen arbeiten und leben zusammen und erreichen gemeinsam ihre hochgesteckten Forschungsziele. Sie lernen ihre kulturellen Eigenarten kennen, respektieren und schätzen. Später tragen sie diese Erfahrung zurück in ihre Heimatländer. Forscherinnen und Forscher werden so zu Botschafterinnen und Botschaftern für das konstruktive Miteinander der Nationen.

Stärkung der Demokratie

Eine positive Erzählung der Demokratie und der Wissenschaft braucht viele, die die Geschichte weitertragen. Raus aus dem Elfenbeinturm heißt nicht nur, Wissenschaft verständlich zu erklären, sondern auch für Bildung, Wissenschaft und Forschung zu kämpfen. Sie bilden das Fundament für gesellschaftliche Transformation, Fortschritt und Innovation. Ohne sie gäbe es keine Fachkräfte, Forschung, keine Technologien, keinen sozialen Frieden, keine Teilhabe, keine Resilienz, kein wachsendes Wissen. Darum sollten auch aus der Wissenschaft mehr Einsprüche gegen Ideologien, politischen Chauvinismus, religiösen Eifer, Esoterik und gegen die Wissenschaftsfeindlichkeit erhoben werden. Schweigen ist hier keine Option.

Das Forschungsdatenmanagement stärkt das Rückgrat und den Kern der Wissenschaft, ihre *facts and findings* und schafft damit Vertrauen, macht zugänglich, schafft Transparenz und echte Teilhabe.

Im 18. Jahrhundert galten die unter Zensur-Bedingungen entstandenen Enzyklopädien als «Schmuckstücke der Aufklärung». Daran erinnert die Entwicklung einer umfassenden Forschungsdateninfrastruktur nach den FAIR-Prinzipien. Eine Grundlehre aller Wissenschaften und Künste sollte die universale Bildung vorantreiben. Eine Enzyklopädie sollte die Gesamtheit menschlichen Wissens im gewandelten Weltbild widerspiegeln. Die Vorreiter einer systematischen Enzyklopädie waren Diderot und d'Alembert. Schließlich wurde ihre Enzyklopädie zum Standardwerk der Französischen Revolution. In Zusammenarbeit mit Handwerkern und Technikern entstand zudem ein Lexikon der Technik. Vielleicht schaffen wir eine Enzyklopädie der Forschung im modernen Gewand. ■

JUNGE PERSPEKTIVEN

Lina-Marie Eilers / Hendrik Küpper / Laura Clarissa Loew / Carl Julius Reim / Lukas Thum

Einleitung
Wenn das Alte stirbt und das Neue noch nicht zur Welt gekommen ist: Über linke Hegemonie

Vielen aktuellen Ereignissen könnte man derzeit eine ganze Ausgabe widmen: dem Scheitern der Ampelkoalition, den bevorstehenden Neuwahlen oder auch neuen Regierungskonstellationen auf Landesebene und damit einhergehenden Herausforderungen für die Demokratie. Auch zu den Auswirkungen der zweiten Amtszeit von Donald Trump auf Europa und die Weltpolitik, zum Nahostkonflikt und Antisemitismus, zur Realität einer inhumanen Asylpolitik und zum fortwährenden Krieg in der Ukraine ließe sich gut begründet eine Ausgabe gestalten. In anderen Worten: An der multiplen Krisenkonstellation, an der man sich analytisch umfangreich abarbeiten könnte, hat sich auch im Jahr 2024 nichts geändert.

Die Endlos-Schleife aus immer neuen Krisen, die sich oft gegenseitig bedingen, und damit verbundenen schlechten Nachrichten ruft jedoch in immer mehr Menschen auch ein Gefühl der Hilflosigkeit hervor. Im schlimmsten Fall entfremden sich Menschen von der Politik, mindestens aber führt der Dauerkrisenmodus dazu, dass das Sehen neuer Perspektiven und das Denken in Alternativen erschwert werden. Die Neurowissenschaftlerin Maren Urner warnt im Format «Unboxing News» von *Deutschlandfunk Nova* daher auf individueller Ebene vor der Anfälligkeit für Populismus und Extremismus in Krisenzeiten, «[w]eil der Körper im Ausnahmezustand nicht in der Lage ist abzuwägen, Grautöne zu sehen und sich mit neuen oder anderen Perspektiven auseinanderzusetzen.»[1]

Auch aus diesem Grund haben wir uns dafür entschieden, dass wir mit dieser Ausgabe die Hektik in Krisenzeiten nicht weiter anheizen möchten. Vor allem aber sind wir überzeugt, dass die politische Linke und insbesondere die Sozialdemokratie in ihrem aktuellen Modus des Machterhalts,

---

1   DLF Nova: *Klima, Krieg, Politik in der Krise. Wie wir bei den aktuellen News nicht durchdrehen*, deutschlandfunknova.de: https://is.gd/fUwwt3.

der Problemverwaltung und Spiegelstrich-politik irrt und ihr die Lage entgleitet. Für uns steht fest, dass die existenzielle Krise der politischen Linken kein bloßes Kommunikationsproblem ist, sondern dass es ihr vor kommunikativen Nebenschauplätzen derzeit an erster Stelle nicht gelingt, eine Kritik an den bestehenden Verhältnissen zu formulieren und aus dieser das glaubhafte Versprechen einer gerechten Zukunft mit strukturellen und überzeugenden Lösungsvorschlägen zu entfalten. Politik muss dafür wieder in langen Linien gedacht werden.

Für den marxistischen Denker Antonio Gramsci zeichnete eine Krise aus, was er in seinen *Gefängnisheften* verschriftlichte: dass das Alte zwar stirbt, das Neue aber noch nicht zur Welt gekommen ist und innerhalb dieses Interregnums verschiedene Krisensymptome auftreten. In Krisenzeiten helfen kann auch sein Hegemonieverständnis, das paradoxerweise und erschreckenderweise von der Neuen Rechten verstanden wurde, während es von der politischen Linken vernachlässigt oder fehlinterpretiert wird.

Wir wollen mit dieser Ausgabe daher einen Beitrag dazu leisten, dass Hegemonie von linken Akteur:innen – wenn überhaupt ideell präsent – nicht weiter als marktkonformes Kommunizieren missverstanden wird. Denn wenn Julia Reuschenbach und Korbinian Frenzel in ihrem gemeinsam verfassten Buch über «defekte Debatten» schreiben und sich der Philosoph Jürgen Habermas mit über 90 Jahren noch einmal mit einem neuen Strukturwandel beschäftigt, dann scheinen die Probleme tiefer zu liegen.[2]

Eine Auseinandersetzung mit dem Hegemoniebegriff Gramscis wird gewiss nicht alle Probleme lösen. Sie kann aber dabei helfen, die Probleme der politischen Linken in ihrer Tiefe besser zu verstehen. Daher liegen dieser Ausgabe die folgenden Leitfragen zugrunde: Was ist und wie funktioniert Hegemonie? Wie lassen sich Hegemonien inhaltlich füllen? Welche Ideen sollten hegemonial werden? Und wie lässt sich der rechten Hegemonie effektiv von links begegnen?

Um Antworten auf diese Leitfragen zu finden, entfaltet Johannes Bellermann zu Beginn dieser Ausgabe der *jungen perspektiven* lektürenah den Hegemoniebegriff von Gramsci und führt in dessen politisches Denken ein. Lukas Thum knüpft daran an und fächert die Entstehung von Hegemonie laut Gramsci analytisch auf, um anschließend der Frage nachzugehen, was gewährleistet sein müsste, damit die Sozialdemokratie die Hegemonie gegenüber Konservativen und Rechtsextremen erringen kann. Der darauf folgende Artikel von Emilia Henkel analysiert Diskursverschiebungen nach rechts und fragt kritisch danach, warum sich eine Regierung, die aus liberalen und sich links der Mitte verorteten Parteien besteht, mit der Abwehr von Schutzsuchenden brüstet. Anschließend richtet Roman Behrends den Fokus auf die Jugend und beschäftigt sich in seinem Artikel damit, wie die Rechte die Jugendkultur einnimmt und was die politische Linke dagegen machen kann. Louisa Anna Süß reflektiert die Rolle der Kommunikation und Hegemonie in der Kommunalpolitik, ehe Emma Würffel rechte Hegemonie im ländlichen Raum, besonders

---

2 Vgl. Julia Reuschenbach / Korbinian Frenzel: *Defekte Debatten. Warum wir als Gesellschaft besser streiten müssen*. Berlin 2024 sowie Jürgen Habermas: *Ein neuer Strukturwandel der Öffentlichkeit und die deliberative Politik*. Berlin 2022.

Johannes Bellermann

in Ostdeutschland, thematisiert. Johanna Liebe fragt, wer derzeit eigentlich noch ein glaubwürdiges linkes Zuhause anbietet und nimmt dabei auch die Jugendorganisationen in den Blick. Abgeschlossen wird diese Ausgabe mit zwei Beiträgen zum feministischen Diskurs: Lina-Marie Eilers und Laura Clarissa Loew arbeiten sich an *Feministisch Streiten 2* von Koschka Linkerhand ab

und verbinden eine Besprechung des Bandes mit einer Reflexion des feministischen Selbstverständnisses der Juso-Hochschulgruppen, aber auch der *jungen perspektiven*. Die Rezension von Clara Schüssler, die sich mit dem Sammelband *Materialistischer Queerfeminismus* von Friederike Beier beschäftigt, steht am Schluss dieser Ausgabe der *jungen perspektiven*. ◼

Johannes Bellermann

Von Gramsci zum Wiedererstarken der politischen Linken
Was ist und wie funktioniert Hegemonie?

Über Gramsci und sein Werk

Antonio Gramsci ist einer der bedeutendsten marxistischen Denker des 20. Jahrhunderts und seine Überlegungen zu Hegemonie gelten als Schlüssel zur Analyse von Machtstrukturen und gesellschaftlicher Herrschaft. Seine Ideen werden bis heute ausgesprochen breit rezipiert.[1] In Gramscis Hauptwerk, den *Gefängnisheften*, entwickelt er Aspekte und Facetten von Hegemonie, die weit über die alltagssprachliche Verwendung als Vorherrschaft oder als Macht über etwas hinausgehen. So unterscheidet sich Hegemonie bei Gramsci grundlegend von rein repressiven Formen der Herrschaft, stattdessen hebt er die Rolle von Kultur, Ideologie und Konsens hervor.

Antonio Gramsci lebte in einer Zeit tiefgreifender gesellschaftlicher Umbrüche und politischer Krisen. Geboren 1891 in Sardinien, engagierte er sich früh in der italienischen Arbeiterbewegung. Dabei war er insbesondere in Turin aktiv, wo er ab 1911 u. a. Philologie studierte, und wurde später ein führendes Mitglied der Kommunistischen Partei Italiens. Gramsci arbeitet als Journalist und schrieb unter anderem für *Il Grido del Popolo*, *L'Avanti* und die von ihm 1919 mitgegründete *L'Ordine Nuovo*. Mit der Abspaltung der Partito Communista d'Italia (PCdI) von der Partito Socialista Italiana im Jahre 1921 wurde Gramsci Mitglied der PCdI, für die er u. a. nach Wien und Moskau reiste. In Moskau lernte er seine spätere Frau Julia Schucht kennen, mit der er zwei Söhne, De-

---

1 Für eine umfassende Einführung in Gramscis Werk, sowie insbesondere zu dessen Rezeption, siehe auch Johannes Bellermann (2021) *Gramscis politisches Denken*.

lio und Giuliano, hatte. 1924 wurde er für die Region Venetien Abgeordneter im italienischen Parlament und er war ab 1925, u. a. aufgrund der gewaltsamen Verfolgung der Parteispitze der PCI durch die Faschisten, Vorsitzender der PCdI. Nach der Machtergreifung Mussolinis wurde Gramsci 1926 verhaftet und verbrachte viele Jahre seines Lebens in faschistischer Gefangenschaft. Während dieser Zeit und bis zu seinem Tod 1935 schrieb er zwischen 1929 und 1945 die berühmten *Gefängnishefte*, die sein theoretisches Vermächtnis bilden.[2]

Gramscis «Philosophie der Praxis», wie er sie selber nannte, baut auf der marxistischen Theorie auf, erweitert diese jedoch entscheidend. Klassische marxistische Theorien betonten vor allem die ökonomische Basis von Herrschaft, die aus den Produktionsverhältnissen resultiert. Mit Gramscis Historischem Materialismus lässt sich sagen, dass der Mensch auch seine materiellen Bedingungen selber hervorbringt und dass diese (politisch) änderbar sind:

> Bei diesem Ausdruck ‹historischer Materialismus› hat man das Hauptgewicht auf das zweite Glied gelegt, während es dem ersten gegeben werden müßte: Marx ist wesentlich ‹Historizist› usw.[3]

Gramsci rückt die Rolle von Ideologie und Kultur ins Zentrum seiner Analyse. Dabei griff er auf das Werk von Marx, Lenin sowie auf die Ideen des italienischen Philosophen Benedetto Croce zurück und verband diese mit seiner eigenen kritischen Pers-

pektive auf die Bedingungen und Formen politischer Macht:

> Nicht das ‹Denken› sondern das, was wirklich gedacht wird, vereint oder unterscheidet die Menschen. Daß das ‹menschliche Wesen› das ‹Ensemble der gesellschaftlichen Verhältnisse› sei, ist die befriedigenste Antwort, weil sie die Idee des Werdens einschließt [...].[4]

Hegemonie(n)

Wie erwähnt taucht der Hegemoniebegriff in den Gefängnisheften in verschiedenen Bedeutungen und Kontexten auf. *Hegemonie* war als politisch-theoretischer Begriff in der radikalen russischen Sozialdemokratie geläufig und wurde bereits 1905 von Lenin benutzt, indem er ein strategisches Bündnis mit der Kleinbourgeoisie und Bäuer:innen unter Führung der Arbeiter:innenschaft vorschlägt. In dieser Bedeutung, Hegemonie als Verhältnis von Führung zwischen der Arbeiter:innenklasse über die Bäuer:innen des italienischen Südens, verwendet Gramsci 1926 den Begriff auch in seinem Aufsatz «Einige Gesichtspunkte der Frage des Südens».[5] In den *Gefängnisheften* stellt sich Gramsci die Frage, weshalb es mit der Oktoberrevolution 1917 im Osten zu einer Revolution gekommen war, während die Umsturzversuche in Westeuropa während und nach dem Ersten Weltkrieg erfolglos blieben. Eine Antwort auf diese Frage liegt für Gramsci in der unterschiedlichen Geschichte der

---

2 Zur Biografie Gramscis siehe insbesondere Giuseppe Fiori (1979): *Das Leben des Antonio Gramsci*, Berlin.
3 Antonio Gramsci 1991 ff., Bd. 3, H4, § 11, S. 471.
4 Ebd., Bd. 4, H7, § 35, S. 891.
5 Antonio Gramsci (1986): *Zu Politik, Geschichte und Kultur*, S. 191.

westlichen Staaten im Vergleich zum zaristischen Russland. So beschäftigt er sich mit der Französischen Revolution und dem italienischen Risorgimento und kommt zu dem Schluss:

> Es kann und es muss eine ‹politische Hegemonie› auch vor Regierungsantritt geben, und man darf nicht nur auf die durch ihn verliehene Macht und die materielle Stärke zählen, um die politische Führung oder Hegemonie auszuüben.[6]

Historisch war die bürgerliche Klasse also in der Lage, den Staat gemäß den eigenen Vorstellungen umzugestalten, ökonomische Rechte und demokratische Verfahren institutionell zu verankern und einen neuen «historischen Block» zu bilden, sodass das Bürgertum, wie Gramsci es nennt, zum «Staat wird».[7] Durch die bürgerlichen Revolutionen haben sich in Europa so ein Staatswesen und eine Öffentlichkeit herausgebildet, die nach Gramsci für das Verständnis von Macht und Herrschaft essenziell sind:

> Die «normale» Ausübung der Hegemonie auf dem klassisch gewordenen Feld des parlamentarischen Regimes zeichnet sich durch die Kombination von Zwang und Konsens aus, die sich die Waage halten, ohne daß der Zwang den Konsens zu sehr überwiegt, sondern im Gegenteil vom Konsens der Mehrheit, wie er in den sogenannten Organen der öffentlichen Meinung (die daher in gewissen Situationen) künstlich vermehrt werden.[8]

Gramsci definiert Hegemonie hier als eine Form der Herrschaft, die nicht allein auf Zwang und Gewalt beruht, sondern primär durch Konsens und die Zustimmung der Beherrschten gesichert wird. Sie ist ein komplexer Prozess, in dem eine herrschende Klasse oder Gruppe ihre Vorstellungen, Werte und Normen so durchsetzt, dass diese von der breiten Gesellschaft als natürlich, universell und alternativlos wahrgenommen werden. Damit unterscheidet sich Hegemonie von rein repressiver Herrschaft, die auf Gewalt und Zwang basiert. Gramsci betont, dass Hegemonie kein statischer Zustand sei, sondern ein dynamischer Prozess, der fortlaufend erneuert, angepasst und verteidigt werden müsse, da er stets von alternativen Weltanschauungen und Ordnungen herausgefordert werden könne. Ein zentraler Aspekt von Gramscis Hegemoniebegriff ist dabei die Unterscheidung zwischen «Zivilgesellschaft» und «politischer Gesellschaft»:

> [...] Gleichsetzung von Staat und Regierung, einer Gleichsetzung die gerade ein Wiederauftauchen der korporativ-ökonomischen Form ist, das heißt der Verwechslung von Zivilgesellschaft und politischer Gesellschaft, denn es ist festzuhalten, daß in den allgemeinen Staatsbegriff Elemente eingehen, die dem Begriff der Zivilgesellschaft zuzuschreiben sind (in dem Sinne, könnte man sagen, daß Staat = politische Gesellschaft + Zivilgesellschaft, das heißt Hegemonie gepanzert mit Zwang).[9]

Auch hier erweitert Gramsci, indem er die politische Bedeutung des vermeintlich Pri-

---

6 Antonio Gramsci 1991 ff., H1, § 44, S. 102.
7 Vgl. Bellermann 2021: 86 f.
8 Ebd., Bd. 1, H1, § 48, S. 120.
9 Ebd., Bd. 4, H6, § 88, S. 783.

vaten hervorhebt, die gängigen Vorstellungen von der Funktionsweise des Staates, bzw. davon, was Regierung bedeutet und wie Macht ausgeübt wird. Zivilgesellschaft umfasst jene Bereiche, in denen kulturelle und ideologische Prozesse ablaufen – wie Familie, Kirchen, Bildungssysteme, Medien und Kunst. Sie ist der Ort, an dem Konsens geschaffen wird. Die politische Gesellschaft hingegen umfasst den Staat und seine Institutionen wie Regierung, Polizei und Militär, die Zwangsmittel einsetzen, um Herrschaft durchzusetzen.

Eine zentrale Rolle bei der Herstellung von Konsens nehmen die Intellektuellen ein. Für Gramsci sind Intellektuelle keine isolierten Denker oder zufällig prominente Personen, sondern aktive Akteure, die in den Dienst einer Klasse treten und deren Weltanschauung verbreiten. Er unterscheidet dabei organische und traditionelle Intellektuelle. Während organische Intellektuelle zu einer Klasse gehören bzw. mit ihr zusammen entstehen, bezeichnet Gramsci Intellektuelle, die zu einer vergangenen Epoche bzw. Herrschaft gehören – wie zum Beispiel der Klerus – als traditionelle Intellektuelle. Organischen Intellektuellen kommt im Kampf um Hegemonie eine besondere Bedeutung zu, denn sie befördern die intellektuelle und moralische Führung einer Klasse oder Gruppe in Gesellschaften. In Heft 19 der GH erklärt Gramsci,

> dass sich die Suprematie einer gesellschaftlichen Gruppe auf zweierlei Weise äußert, als «Herrschaft» und als «intellektuelle und moralische Führung». Eine gesellschaftliche Gruppe kann und muss sogar führend sein, bevor sie die Regierungsmacht

erobert (das ist eine der Hauptbedingungen für die Eroberung der Macht); danach, wenn sie die Macht ausübt und auch fest in Händen hält, wird sie herrschend, muss aber weiterhin auch «führend» sein.[10]

Gramsci, politische Krisen und die Linke

Um Hegemonie zu erlangen, muss eine Klasse eine kohärente Weltanschauung entwickeln und verbreiten, die breite Teile der Gesellschaft anspricht. Gramsci spricht daher auch von Hegemonie als pädagogischem Verhältnis, das zwischen allen Teilen in einer Gesellschaft und zwischen Gesellschaften und Staaten existiert:

> Dieses Verhältnis existiert in der ganzen Gesellschaft in ihrer Gesamtheit und für jedes Individuum in Bezug auf andere Individuen, zwischen intellektuellen und nicht-intellektuellen Schichten, zwischen Regierenden und Regierten, zwischen Eliten und Anhängern, zwischen Führenden und Geführten, zwischen Avantgarden und dem Gros der Truppen. Jedes Verhältnis von «Hegemonie» ist notwendigerweise ein pädagogisches Verhältnis und ergibt sich nicht nur im Innern einer Nation, zwischen verschiedenen Kräften, aus denen sie sich zusammensetzt, sondern auf der gesamten internationalen und globalen Ebenen, zwischen nationalen und kontinentalen Zivilisationskomplexen.[11]

Gramsci betont, dass Hegemonie kein endgültiger Zustand ist, sondern Hegemonie immer wieder herausgefordert werden kann. Dieser Prozess der Herausforderung

---

10 Ebd., Bd. 8, H19, § 24, S. 1847.
11 Ebd., Bd. 7, H10 II, § 44, S. 1334.

wird besonders dann deutlich, und wird zu einer Krise von Hegemonie, wenn subalterne Klassen, also die untergeordneten und marginalisierten Gruppen einer Gesellschaft, ihre eigene Weltanschauung entwickeln und versuchen, diese gegen die bestehende hegemoniale Ordnung durchzusetzen. In ökonomischen Systemen, die wie der (globale) Kapitalismus auf Ungleichheiten und Hierarchien gegründet sind, und politischen Systemen, wie den aktuellen westlichen parlamentarischen Demokratien, die politische Teilhabe vor allem institutionell organisieren, kommt es häufig zu Unzufriedenheiten und Krisen. Diese Krisen können sowohl als Krisen der Verteilungsgerechtigkeit als auch als Krisen politischer Repräsentation in Erscheinung treten. Historisch beschreibt Gramsci die Ursachen dieser politischen Krisen in den Gefängnisheften so:

> In jedem Land ist der Prozeß ein anderer, obwohl der Inhalt der gleiche ist. Und der Inhalt ist die Hegemoniekrise der führenden Klasse, die entweder eintritt, weil die führende Klasse in irgendeiner großen politischen Unternehmung gescheitert ist, für die sie den Konsens der großen Massen mit Gewalt gefordert oder durchgesetzt hat (wie der Krieg), oder weil breite Massen (besonders von Bauern und intellektuellen Kleinbürgern) urplötzlich von der politischen Passivität zu einer gewissen Aktivität übergegangen sind und Forderungen stellen, die in ihrer unorganischen

Komplexität eine Revolution darstellen. Man spricht von ‹Autoritätskrise›, und das eben ist die Hegemoniekrise oder Krise des Staates in seiner Gesamtheit.[12]

In den letzten Jahrzehnten ist im Westen sowohl in Bezug auf die gemäßigte Linke, die den Parlamentarismus und zu weiten Teilen die kapitalistische Wirtschaftsordnung bejaht, als auch auf die radikale Linke, die eine andere Ordnung anstrebt, klar zu beobachten, dass Konzepte und Alternativen fehlen und somit eine intellektuelle und politische Führung schwindet und Perspektiven fehlen, die über den Status quo hinausdeuten. Währenddessen ist die autoritäre und totalitäre Rechte in vielen europäischen und nicht-europäischen Ländern stark geworden und fordert in der Abwesenheit von politischen Programmen und Visionen für die Zukunft und den ökonomischen Versprechungen des Kapitalismus die bestehende Ordnung und Hegemonie erfolgreich heraus. Dabei kommt es nicht von ungefähr, dass sich die Neue Rechte Gramsci angeeignet hat.[13] Bei Gramsci wird deutlich, wie sehr politische und gesellschaftliche Akteur:innen in der Lage sein müssen, Lösungen zu formulieren und diese populär zu machen. In dieser Situation sind für eine Stabilisierung der liberalen Demokratie neue Formen von ökonomischer und politischer Teilhabe notwendig, um entweder den Konsens zur bürgerlichen Herrschaft zu aktualisieren oder ein demokratischeres System zu entwickeln. ■

---

12 Ebd., Bd. 7, H13, § 23, S. 1577 f.
13 Für einen kurzen Überblick zur Rezeption von Gramsci durch die Neuen Rechten seit den 1980er-Jahren siehe Bellermann 2021: 195 ff.

Lukas Thum

Das Morgen neu Beginnen
Wie wir Gegen-Hegemonien denken sollten

Narrative, Framing, Diskursverschiebung – diese Vokabeln werden rund um den Bundestagswahlkampf im Polit-Journalismus immer wieder fallen. Unter anderem sind es diese Vokabeln, die auch in den Parteizentralen das Nachdenken über Wahlkampfstrategien bestimmen. Dabei soll die typisierte Bevölkerung mit bestimmten Narrativen konfrontiert werden, um in einem Diskursraum eine bestimmte Dominanz einzunehmen, möglichst bei einer Mehrheit der Bevölkerung. Kurz gesagt geht es vermeintlich um eine (Diskurs-)Hegemonie.

Im August 2023 wurde dem Team um Olaf Scholz genau diese Strategie in der *FAZ* unterstellt.[1] Dabei ginge es dem Team Scholz «um die Produktion zustimmungsfähiger Ideen.»[2] Ob mit dieser zustimmungsfähigen Idee der Begriff *Respekt* gemeint war, mit dem Olaf Scholz den Wahlkampf 2021 nicht verloren hatte, wird in der *FAZ* nicht genau benannt. Was auch immer jedoch Inhalt der vom Team Scholz angestrebten Hegemonie sein sollte, die Vorstellung von Hegemonie als Produktion zustimmungsfähiger Ideen um in einem Diskurs dominant zu werden – wie es der *FAZ*-Artikel wiedergibt – hat grundlegende Probleme.

Um das erste Problem zu erkennen, sei auf den Text von Johannes Bellermann in dieser Ausgabe verwiesen. Hier wird schnell klar, dass – zumindest wenn der kritische Impetus des Begriffs erhalten bleiben soll – Antonio Gramscis Hegemonie-Begriff anders funktioniert. Nicht die Produktion zustimmungsfähiger Ideen steht bei Gramsci im Vordergrund, sondern ein «pädagogisches Verhältnis»[3], in welchem Zustimmung produziert wird. Hegemonie ist nicht das Anpassen der Idee an den Konsens, sondern die Erziehung zum Konsens.

Der Fokus auf die Diskursdimension von Hegemonie hat ein zweites Problem: Dieser Zugang verschleiert häufig die Frage danach, *was* eigentlich hegemonial wird. Basiert eine Hegemonie schlicht auf einem Narrativ, welches dominant ist und eine bestimmte Sichtweise auf die Welt den Menschen einschreibt? Oder braucht es mehr, um eine Hegemonie zu begründen? Je nachdem, wie die Antwort auf diese Frage lautet, müssen auch die Strategien für Gegen-Hegemonien verändert werden. Um diese Fragen zu beantworten, lohnt sich ein Blick auf den Ursprung von Hegemonien bei Gramsci.

1   Mona Jaeger: «Was Scholz, Merkel und Schröder gemeinsam haben», *Frankfurter Allgemeine Zeitung*, 3. August 2023, faz.net: https://is.gd/jXU7O2 (zul. 28.11.2024).

2   Ebd.

3   GH 10.II § 44, 1335 zitiert nach Antonio Gramsci: *Gramsci Gefängnishefte Gesamtausgabe in 10 Bänden*, hg. von Klaus Bochmann, 1. Aufl. (Hamburg: Argument Verlag, 2012).

Lukas Thum

Der Ursprung der Gegen-Hegemonie und die Temporalitäten des Alltagsdenkens

> Die eigene Weltauffassung antwortet auf bestimmte von der Wirklichkeit gestellte Probleme, die in ihrer Aktualität ganz bestimmt und «originell» sind.[4]

Alles beginnt für Gramsci mit einem Problem. Um einen Begriff aus der feministischen Epistemologie zu borgen, könnte es als standpunktbezogenes Problem bezeichnet werden: Ein Problem, welches für eine bestimmte Gruppe von Menschen einzigartig ist.

Als Antwort auf diese Problemstellungen, mit denen sich die Einzelnen und bestimmte Gruppen konfrontiert sehen, entsteht ein erster Lösungsimpuls. Dieser erste Impuls wird von Gramsci als Ideologie bezeichnet:[5]

> Ideologie ist jede partikuläre Auffassung der inneren Gruppe der Klasse, die sich vornehmen, die Lösung unmittelbar und umgrenzter Probleme zu unterstützen.[6]

Der Ursprung jeder Hegemonie liegt in diesem ideologischen Impuls, der auf ein partikulares Problem einer bestimmten Gruppe innerhalb einer Gesellschaft antwortet. Doch braucht eine Hegemonie – als komplementärer Begriff zur (repressiven) Autorität des Staates – nach Gramsci ein Moment der *Universalität*.[7]

Bevor darauf eingegangen wird, wie diese Universalität hergestellt wird und was dies eigentlich bedeutet, müssen zu-

erst die Begriffe Ideologie, Philosophie, Folklore und Alltagsverstand und ihr Verhältnis zueinander erläutert werden.

Das Wissen von Menschen, ihre Weltanschauung, ist fragmentarisch und widersprüchlich. In die Welt geworfen werden Menschen beispielsweise christlich erzogen, bekommen in der Schule und Uni neoliberale Werte beigebracht, sie glauben vielleicht an Astrologie oder Geistergeschichten und versuchen, sich dennoch bewusst eine kritische Sichtweise auf die Welt anzueignen. All dies, vom bewussten Lernen über unbewusste Lernprozesse bis zu Relikten einer vormodernen Zeit, hallen im Denken der Menschen wider:

> [D]ie eigene Persönlichkeit ist auf bizarre Weise zusammengesetzt: es finden sich in ihr Elemente der Höhlenmenschen und Prinzipien der modernsten und fortgeschrittensten Wissenschaft, Vorurteile aller vergangenen, lokal borniertengesellschaftlichen Phasen und Intuitionen einer künftigen Philosophie [...].[8]

Diese unterschiedlichen Inhalte der Weltanschauung der Menschen spiegeln unterschiedliche Temporalitäten wider. Nicht nur lebt die Vergangenheit weiter, zugleich kann auch die Zukunft entstehen. Hier kommen Gramscis Begriffe von Folklore, Alltagsverstand und Philosophie ins Spiel.

Folklore ist für Gramsci der fragmentarischste Teil einer Weltanschauung. Sie ist ein «System von Glaubensinhalten, [bestehend aus] Aberglauben, Meinungen,

---

4   GH 11 § 12, 1376.
5   Es ist wichtig, Gramscis Ideologie-Begriff von Ideologie als *falsches* Bewusstsein zu unterscheiden. Zu Gramscis Ideologie-Begriff vgl. bspw. Michele Filippini: *Using Gramsci: A new approach* (Pluto Press, 2016), 4–24.
6   GH 10.I § 10, 1246.
7   Vgl., GH 13, § 5, 1543.
8   GH 11, § 12, 1376.

Sicht- und Handlungsweisen»[9] und hat das «Wunderbare und Unwahrscheinliche»[10] zum Gegenstand. In der Folklore überdauert Vergangenes als Sediment der Weltanschauung der Menschen. Sie ist dabei jedoch starr, im Gegensatz zum Alltagsverstand.

Der *Alltagsverstand* zeichnet sich durch eine passive Rezeption aus.[11] Anders als die Folklore, die rigide in die Weltauffassung der Menschen eingegangen ist, versteht Gramsci den Alltagsverstand als veränderlich, als reflexiv zur Welt. Er

> verändert sich fortwährend, indem er sich mit in das Alltagsleben übergegangenen wissenschaftlichen Begriffen und philosophischen Meinungen anreichert.[12]

Gramsci betont, dass der Alltagsverstand für jede soziale Schicht oder Klasse anders sein kann.[13] Es ist der Alltagsverstand, in den sich Hegemonien einschreiben. Gleichzeitig ist es aber auch die Veränderlichkeit des Alltagsverstands und die Abhängigkeit von der sozialen Stellung, die ihn reflexiv zu den schon erwähnten ideologischen Impulsen als Reaktion auf einen bestimmten Problemhorizont macht. Diese Impulse, die über die hegemoniale Weltanschauung hinausgehen, bilden den Ausgangspunkt für die Reflexion über den All-

tagsverstand und den Kern des *gesunden Menschenverstandes*.[14] Aber auch hier im Alltagsverstand sind verschiedene Temporalitäten am Werk. Dem gesunden Menschenverstand gehört die Zukunft, der Hegemonie und den in ihr wirksamen Begriffen gehört die Gegenwart und gleichzeitig enthält der Alltagsverstand auch weiterhin Elemente der Vergangenheit.

An den gesunden Menschenverstand schließt nun für Gramsci die *Philosophie* an. Bilden die ideologischen Impulse den Kern des gesunden Menschenverstandes, dann unterscheidet sich die Philosophie in drei Weisen von diesem: in ihrer Kohärenz,[15] ihrer Universalität[16] und ihrer Temporalität. Denn schafft es eine Philosophie, sich durch Kritik zu universalisieren und sich als «ursprünglicher Ausdruck»[17] der Wirklichkeit darzustellen, dann beginnt damit eine neue Epoche, eine neue Zeit. Diese neue Zeit ist für Gramsci nicht einfach eine Fortsetzung der bisherigen, sondern die neue hegemoniale Weltanschauung komprimiert die vorher diversen Temporalitäten in eine singuläre Zeit und startet diese neu. Vor dem Hintergrund dieser neuen singulären Zeit, dieser neuen Epoche, spielt sich das Spiel der bis hierhin beschriebenen pluralen Zeiten in Folklore und Alltagsverstand wieder von Neuem ab.[18]

---

9 Ebd., 1375.
10 GH 6, § 153, 823.
11 Vgl. Guido Liguori: «Common Sense / Senso Comune: Gramsci Dictionary», Nr. 14 (2021): 126.
12 GH 1, § 65, 137.
13 Vgl., ebd., 136.
14 GH 11, § 12, 1379.
15 Vgl., ebd., 1376.
16 Vgl., GH 9, § 63, 1120.
17 Ebd.
18 Zu Gramscis Temporalität und zum Epochen-Begriff vgl. Michele Filippini: «On Gramscian Temporality», in: *A missed encounter: Walter Benjamin and Antonio Gramsci*, hg. von Dario Gentili / Elettra Stimilli, und Ga-

Die Kritik der alten als Geburt der neuen Zeit

Hier kann die Frage der Universalität wieder aufgenommen werden. Hegemonie stützt sich auf die Universalisierung einer Ideologie. Das Produkt dieser Universalisierung nennt Gramsci schlicht die *Philosophie* einer Klasse. Daran schließen sich zwei Fragen an: Wie läuft diese Universalisierung ab? Und welche partikularen Impulse eignen sich dafür?

Im Zentrum des Übergangs von der Ideologie einer Gruppe zur Philosophie einer Gruppe und dann zur Hegemonie steht bei Gramsci die *Kritik*. Dabei ist die Kritik des eigenen Alltagsverständnisses bzw. des Alltagsverstandes der eigenen Gruppe oder Klasse nicht etwas der gegen-hegemonialen Bewegung Vorgelagertes. Die Kritik ist Teil des Kampfes um die Hegemonie, indem sie über die Ethik und die Politik hinausgeht und zu «einer höheren Ausarbeitung der eigenen Auffassung des Wirklichen [...]»[19] gelangt.

Die Kritik, die Universalisierung und damit der Kampf um Hegemonie spielt sich für Gramsci also nicht bloß in der Sphäre der (institutionalisierten) Politik ab. Vielmehr enthält der Kampf um eine Gegen-Hegemonie grundlegend ein epistemisches Moment: Es geht nicht darum, nur die Macht zu erlangen, sondern einer neuen Wahrheit über die Welt zur Macht zu verhelfen. Kritik soll den «alten Kollektivwille[n] [...] in seine widersprüchlichen Elemente»[20] zerschlagen und so zur «Aufhebung der vorhergehenden Denkweisen»[21] beitragen, um das, «was zweitrangig und untergeordnet oder auch beiläufig war, [...] als hauptsächlich»[22] aufzunehmen. Um eine neue Hegemonie zu erlangen, muss das, was bisher für wahr gehalten wurde, hinterfragt werden. Nur so können die zur gegenwärtigen Hegemonie widersprüchlichen Elemente der Subalternen, der Unterdrückten, zur Geltung gebracht werden.

Doch bedeutet dies für Gramsci nicht die unreflektierte Übernahme einer subalternen Erfahrungswelt. Wie schon angedeutet würde dies bedeuten, die partikularen Lösungen, die im ersten ideologischen Impuls enthalten sind, schlicht als neue Wahrheit zu setzen. Doch wie schon im vorherigen Teil gesehen, sind diese ideologischen Impulse ebenfalls divers und konkurrieren im Alltagsverstand der subalternen Gruppen mit unterschiedlichen anderen Weltanschauungen. Um hegemonial werden zu können, muss aus den Ideologien eine kohärente Philosophie werden, die am Beginn einer neuen Zeit stehen kann.

Um diese Bewegung von Partikularen zum Universellen zu beschreiben, verwendet Gramsci folgendes Bild:

Derselbe Lichtstrahl geht durch verschiedene Prismen hindurch und ergibt verschiedene Brechungen des Lichts: wenn man dieselbe Brechung erhalten will, ist

---

briele Guerra: «Marx and Marxisms» (New York, NY: Routledge, 2024), 65–82 und Frank Engster: «Benjamin's Break With Newtonian Time and the Introduction of Relativist Space-Time Into Critique», in: *A missed encounter: Walter Benjamin and Antonio Gramsci*, hg. von Dario Gentili / Elettra Stimilli / Gabriele Guerra, Marx and Marxisms (New York, NY: Routledge, 2024).

19 GH 11, § 12, 1384.
20 GH 8, § 195, 1051.
21 GH 11, § 12, 1382.
22 GH 8, § 195, 1051.

eine ganze Serie von Korrekturen der einzelnen Prismen erforderlich.[23]

Dieses Bild ließe sich wie folgt übersetzen: Die materiellen Probleme, denen sich die Menschen einer Gruppe oder einer Klasse gegenübersehen, hinterlassen zwar ähnliche, jedoch nicht identische Muster in den Weltanschauungen der Menschen. Daher schreibt Gramsci weiter:

> Die reale Identität unter der scheinbaren Differenzierung und Widersprüchlichkeit und die substantielle Verschiedenheit unter der scheinbaren Identität zu finden, das ist die heikelste, am wenigsten verstandene, dennoch wesentlichste Gabe des Kritikers der Ideen und des Historikers der geschichtlichen Entwicklung.[24]

Wird diese *reale Identität* gefunden, wird aus der Ideologie einer Gruppe durch Selbstkritik innerhalb dieser Gruppe eine Philosophie, dann kann aus ihr eine neue Hegemonie werden. Indem eine neue Philosophie aus ihrer Subalternität befreit wird und zur Geltung kommt, übersteigt sie ihren partikularen Problembereich. Als Wahrheit über die Welt schreibt sie sich der «Wirklichkeit selbst ein, als ob sie deren ursprünglicher Ausdruck wäre. In diesem Sich-Einfügen liegt ihre konkrete Universalität.»[25]

Neu und *von Unten*

Der Übergang von der partikularen Ideologie zur universellen Philosophie ist das Produkt einer Kritik, die zwei Seiten hat: Zum einen hebt sie die Wahrheiten der bestehenden Welt auf. Sie historisiert sie und entlarvt ihre Zeitlichkeit. Zum anderen kritisiert sie die partikulare Ideologie der subalternen Gruppe, die hegemonial werden will, und versucht so, die *reale Identität* dieser Ideologien und ihrer Begriffe kohärent in eine Philosophie zu überführen. Dadurch verschwinden die im Alltagsverstand der Gruppe enthaltenen verschiedenen Temporalitäten. Die neue Philosophie, die neue Weltanschauung, setzt sich wiederum selbst als überzeitliche Wahrheit, die schon immer Ausdruck der Welt war. Sie schafft damit eine *neue* Welt.

So ist nun auch klar, wo eine gegen-hegemoniale Bewegung ansetzen muss: Die neue Welt kann nur von unten gedacht werden, jedoch nicht simpel in einem Übernehmen subalterner Partikularitäten, sondern durch den Prozess der Kritik. Dies bedeutet jedoch, dass gegen-hegemoniale Bewegungen immer außerhalb der bestehenden Verhältnisse bzw. an deren Rändern beginnen müssen.

Nach dem Gesagten ist verständlich, wieso der Versuch der SPD, mit *Respekt* eine Hegemonie zu begründen, unsinnig war. Ohne hier eine ausführliche Analyse zu formulieren, blieb der Begriff *Respekt* unkritisch. Respekt wurde für die Arbeit im System gezollt. So fehlte diesem Ansatz die Kritik des Bestehenden und des Denkens *von Unten*. Auch die Hegemonie der Rechten ist eigentlich keine neue Hegemonie. Wie Horkheimer und Adorno in der *Dialektik der Aufklärung* herausgearbeitet haben, ist der Faschismus nicht eine vom liberalen Kapitalismus grundverschiedene Gesellschaftsform. Beide bauen auf dem glei-

---

23 GH 24, § 3, 2177.
24 Ebd.
25 GH 9, § 63, 1120.

chen falschen Weltverhältnis auf, die sich im Antisemitismus bemerkbar macht.[1]

Will die Sozialdemokratie also tatsächlich eine Hegemonie gegen Konservative und Rechtsextreme erringen, dann würde dies Folgendes bedeuten: 1) Sie müsste wieder *von Unten* denken lernen. Das bedeutet aber auch, gegen den Staat und das System zu denken,[2] das Aktuelle infrage zu stellen. 2) Sie müsste mehr Energie in eine kritische Bildung und Wissenschaft stecken, sowohl nach innen als auch nach außen in jene Gruppen, für die die Sozialdemokratie Partei ergreifen will. Mit der aktuellen Kampagne für die Bundestagswahl im Februar 2025 scheint sich die SPD jedoch endgültig im falschen Weltverhältnis – welches Adorno und Horkheimer beschreiben – einzurichten und öffnet damit unabsichtlich dem Faschismus Tür und Tor, statt sich auf die Seite subalterner Gruppen zu stellen und für eine neue Zeit zu streiten. ∎

---

1 Vgl. Max Horkheimer / Theodor W. Adorno: *Dialektik der Aufklärung: philosophische Fragmente*, 26. Auflage, ungekürzte Ausgabe, Fischer-Taschenbücher Fischer Wissenschaft 7404 (Frankfurt a. M.: Fischer Taschenbuch Verlag, 1988), vor allem Element I und VI.

2 Was nicht gleichbedeutend ist mit der Ablehnung jeglicher Staatlichkeit und auch keine fundamentale Negation des Bestehenden zur Folge haben muss.

Emilia Henkel

Nach rechts gerückt?
Rassismus, rechte Gewalt und der ‹Abschiebe-Kanzler›

Als Bundeskanzler Scholz am Abend des Ampel-Bruchs in einer bitteren Rede mit dem «völlig unverständlichen Egoismus» seines ehemaligen Finanzministers abrechnete, hob er auch hervor, «was diese Regierung gemeinsam vorangebracht hat»: «Beim Thema irreguläre Migration kommen wir voran. Gegenüber dem Vorjahr konnten wir sie um 50 % verringern.»[1] Dass Scholz die regressive Migrationspolitik seiner einst als «Fortschrittskoalition» angetretenen Ampel an erster Stelle der Erfolge nannte, ist bemerkenswert. Wieso brüstet sich eine Regierung, die aus liberalen und sich links der Mitte verorteten Parteien besteht, zuallererst mit der Abwehr von Schutzsuchenden?

«Radikalität der Mitte»

Die Rede von Scholz liest sich wie eine Bestätigung dessen, was Journalist:innen und Sozialforscher:innen spätestens seit dem Sommer 2024 beobachten: Deutschland

---

1 o. A.: «Scholz zu Ampel-Aus: ‹Mein Vertrauen gebrochen›», in: Phoenix vor Ort, 6.11.2024. ardmediathel.de: https://is.gd/lO95fJ (16.11.2024).

sei gesamtgesellschaftlich nach rechts gerückt. Als Beleg werden einerseits die Wahlergebnisse und Meinungsumfragen angeführt, in denen die AfD so viel Zustimmung wie nie zuvor verzeichnet.[2] Andererseits wird darauf verwiesen, dass extrem rechte Positionen, insbesondere zum Thema Migration, Einzug in die Wahlprogramme, Reden und Gesetzesvorhaben von selbst ernannten «Parteien der Mitte» gehalten hätten.[3] So stellt etwa der Soziologe Stefan Lessenich der These einer zunehmend gespaltenen Gesellschaft die Beobachtung einer «Radikalität der Mitte» entgegen, die sich menschenverachtende Positionen längst angeeignet habe.[4] Ein Anschauungsbeispiel liefert erneut Olaf Scholz. Im Oktober 2023 ließ er sich auf dem *Spiegel*-Cover vor stahlgrauem Hintergrund als eisiger Macher mit dem Zitat «Wir müssen endlich im großen Stil abschieben» abbilden.[5] Diese Aussage war Mitte der 2000er-Jahre noch ganz ähnlich auf NPD-Wahlplakaten zu lesen gewesen.[6]

Eine Fülle neuer Beispiele für die Übernahme rechter Forderungen durch andere Parteien entstand nach dem islamistischen Attentat in Mannheim kurz vor der Europa- und Kommunalwahl im Mai 2024 und besonders nach dem Angriff in Solingen, bei dem kurz vor den ostdeutschen Landtagswahlen drei Menschen von einem abge-

lehnten Asylbewerber getötet wurden. Politiker:innen von Grünen bis BSW überboten sich in Aussagen, die alle Asylsuchenden pauschal als Sicherheitsgefahr markierten. Entgegen der Kritik zahlreicher Expert:innen aus der Wissenschaft wurde nicht Islamismus, sondern die Aufnahme von Asylsuchenden als Ursache der höheren Terrorgefahr ausgemacht.[7] Und der Rechtsruck blieb nicht bei Worten stehen. Innerhalb kürzester Zeit gossen die Ampel-Parteien diese fehlgeleitete, rechter Rhetorik nacheifernde Schein-Analyse in ein zu großem Teil aus migrationspolitischen Maßnahmen bestehendes, aber als «Sicherheitspaket» bezeichnetes Maßnahmenbündel. Mit der Begründung einer Ausnahmesituation, die angesichts der stark gesunkenen Zahl von Asylanträgen absurd erscheint, wurden zudem Grenzkontrollen ausgeweitet, obwohl selbst konservative Migrationsforscher:innen warnten, dass die kostenintensiven Maßnahmen keine effektive Lösung darstellten und die europäische Zusammenarbeit im Bereich Asyl weiter schwächen würden.[8]

Drei Jahre Ampel-Regierung – eine Bilanz

Nach drei Jahren Ampel-Regierung muss bilanziert werden: Die SPD, die das Innen-

2   Vgl. z. B. Marcel Fratzscher: «Das AfD-Paradox bei der Europawahl: Ein Rechtsruck schadet vor allem den AfD-Wähler*innen und der jungen Generation», in: *DIW aktuell* 93, 2024.

3   Vgl. z. B. Dinah Riese: «Kein Mittel gegen Rechtsruck», in: *die tageszeitung*, 04.09.2024. taz.de: https://is.gd/hsUsIN (16.11.2024).

4   Stefan Lessenich: «Gesellschaftstragende Soziologie», in: *Köln Z Soziol* 76, 2024. S. 187–192.

5   *Der Spiegel* 43, 2023.

6   o. A.: «Bundeskanzler Scholz: ‹Im großen Stil abschieben›», in: *Arbeit-Zukunft*, 25.10.2023. arbeit-zukunft.de: https://is.gd/ZkISK2 (16.11.2024).

7   Vgl. z. B. Naika Fourutan: «Die geschürte Migrationspanik». In: *Blätter für neue deutsche und internationale Politik* 10, 2024.

8   Bettina Klein: «Migrationsforscher warnt ‹vor zu hohen Erwartungen›. Interview mit Gerald Knaus», in: *Deutschlandfunk*, 14.09.2024. deutschlandfunk.de: https://is.gd/NzEUWc (16.11.2024).

ressort verantwortete, verwirklichte die menschenverachtendste Migrationspolitik seit den Regierungen von Helmut Kohl Anfang der 1990er-Jahre. Neben dem «Sicherheitspaket» und den verschärften Grenzkontrollen setzte Innenministerin Nancy Faeser auf europäischer Ebene die Reform des gemeinsamen europäischen Asylsystems (GEAS) durch. Damit ermöglichte sie, dass in Zukunft Menschen in gefängnisähnlichen Lagern an EU-Außengrenzen festgehalten werden können, um von dort «im großen Stil» abgeschoben zu werden. Ähnlich große Würfe waren ihrem Vorgänger Horst Seehofer nie gelungen, obwohl er durch sein öffentliches Auftreten wie zum Beispiel mantrahaften Obergrenzenforderungen oder seine unverhohlene Freude über 69 Abschiebungen zu seinem 69. Geburtstag demonstrativ das Image des rassistischen alten Mannes pflegte.

Sowohl im Hinblick auf die Debatte rund um Zuwanderung als auch in Hinblick auf die in Gesetze gegossene Migrationspolitik scheint die Analyse einer aktuellen Dominanz rechter Positionen also plausibel. Das Besondere an der Vokabel des Rechtsrucks ist allerdings, dass sie diese rechte Vormachtstellung in Migrationsfragen als neue, plötzlich eingetretene Entwicklung markiert. Dahinter steht auch die Vorstellung, dass es vor einiger Zeit noch ganz anders gewesen sei – dass Politik und öffentliche Debatte in Deutschland tatsächlich offen für Zuwanderung, bemüht um Integration und dem Grundrecht auf Asyl verpflichtet gewesen seien.

Lange Linien und historische Kontinuitäten

Dieses Bild zeichnet unter anderem der Historiker Klaus Neumann in der Einleitung zu seinem im Juni erschienenen Buch *Blumen und Brandsätze*, einer Geschichte der Aufnahme und Ablehnung Geflüchteter in Deutschland von 1989 bis 2023. Den Rechtsruck beschreibt er als Kontrast zwischen dem Sommer 2018, als er die Arbeit an seinem Buch begann, und 2023, als er die letzten Zeilen schrieb. 2018 habe er ein entspanntes, offenes Land erlebt, in dem man für Seenotrettung demonstrierte und stolz auf die Integrationsleistungen der 2015 angekommenen Menschen geblickt habe. 2023 dagegen habe sich kaum noch jemand über die Kriminalisierung der Seenotretter beschwert, dafür aber über die Unterbringung von Geflüchteten in der eigenen Gemeinde.[9]

Folgt man den Arbeiten der rassismuskritischen Historiker:innen Maria Alexopoulou und Patrice Poutrus, die sich schon vor Neumann mit der Geschichte von Asyl und Zuwanderung nach Deutschland beschäftigten, scheint diese Wahrnehmung einer plötzlichen Verschiebung von einem humanitären, liberalen Asyldiskurs zu einer Hegemonie rechter, migrationskritischer Positionen fragwürdig.

Poutrus sieht diese beiden von Neumann als zeitliche Abfolge beschriebenen Positionen eher als Pole einer seit Jahrzehnten geführten Auseinandersetzung um die «politisch-moralischen Grundlagen der deutschen Gesellschaft». Den sogenannten «Asylkompromiss» von 1993, also die starke Einschränkung von Asylmigration bei gleichzeitiger Beibehaltung des Grundrechts auf Asyl, versteht er sogar als wei-

---

9 Klaus Neumann: *Blumen und Brandsätze. Eine deutsche Geschichte 1989–2023.* Hamburg 2024, S. 8–10.

teren «Gründungsakt der Berliner Republik».[10] Rechte, migrationskritische Positionen sind dieser Lesart nach schon lange Teil des gesellschaftlichen Konsenses in Deutschland, auch wenn sie aktuell steigende Zustimmung und Normalisierung erfahren.

Auch Alexopoulou dringt darauf, Rassismus als Strukturmerkmal und nicht als Besonderheit bestimmter Abschnitte der deutschen Migrationsgeschichte zu begreifen und deswegen die Zeit vor und nach 1945 zusammenzudenken. Ihr ist wichtig, diesen systemischen Rassismus als «einen alle Lebensbereiche umfassenden, historisch gewachsenen Komplex» zu untersuchen und dabei zu zeigen, «inwiefern rassistische Denk- und Handlungspraktiken die vermeintliche Zeitbarriere 1945 übersprungen, sich weiterentwickelt, transformiert und adaptiert haben».[11] Mit ihrem Plädoyer für lange Linien ließe sich die aktuelle Entwicklung eher als ungeschminktere Formulierung eines rassistischen Grundkonsenses verstehen, der auch in den scheinbar gegenteiligen Bewegungen, wie der von Neumann noch 2018 erspürten Willkommenskultur mitschwingt.

Aus meiner Sicht lohnt es sich für ein Verständnis der aktuellen Entwicklungen in Migrationsdebatte und -politik mehr, Alexopoulou und Poutrus folgend lange Linien und historischer Kontinuitäten nachzuverfolgen als das Bild eines plötzlichen «Rucks» zu bemühen. Verbringt man (wie ich im Rahmen meines Promotionsprojekts) viel Zeit mit dem Lesen von Zeitungsartikeln und Akten des Bundesinnenministeriums zu «irregulärer Migration» aus den frühen 1990er-Jahren, wirkt die restriktive sozialdemokratische Migrationspolitik einer Nancy Faeser und die offen asylfeindliche Rhetorik in Teilen ihrer Partei wenig neu und überraschend.

Damals erklärte die Mehrheit der Deutschen – auch im Osten, wo zu dieser Zeit Massenentlassungen stattfanden – nicht den vereinigungsbedingten Einbruch der Wirtschaft, sondern Zuwanderung zum dringlichsten Problem.[12] Asylanträge wurden nicht nur von der CDU, die seit dem Wahlkampf 1990 eine schrille Anti-Asyl-kampagne verfolgte, sondern auch von SPD-Politiker:innen pauschal als missbräuchlich und als untragbare Belastung für Deutschland dargestellt. Mit diesem Problem-Framing der größten Volksparteien gingen ein Anstieg der rassistischen Ressentiments in der Bevölkerung und neue Rekordzahlen rassistischer Gewalt einher. Die massive Einschränkung des Grundrechts auf Asyl im sogenannten «Asylkompromiss» 1993, die ohne Zustimmung der oppositionellen SPD nicht möglich gewesen wäre, schien die rechte Gewalt von Hoyerswerda, Rostock-Lichtenhagen, Solingen, Mölln und unzähligen weiteren Orten nachträglich zu legitimieren. Bekämpft wurde nicht der Rassismus der deutschen Bevölkerung, sondern die Zuwanderung Asyl suchender Menschen nach Deutschland.

Nicht nur ich, sondern auch andere Historiker:innen wie Neumann[13] sehen Paral-

---

10 Patrice G. Poutrus: *Umkämpftes Asyl. Vom Nachkriegsdeutschland bis in die Gegenwart.* Berlin 2019, S. 12–13.

11 Maria Alexopoulou: «Rassismus als Leerstelle der deutschen Zeitgeschichte», in: *Rassismusforschung I*, Bd. 73, Bielefeld 2023, S. 23–56, hier S. 25.

12 Maren Möhring: «Mobilität und Migration in und zwischen Ost und West», in: Frank Bösch (Hrsg.), *Geteilte Geschichte. Ost- und Westdeutschland 1970-2000.* Göttingen 2015. S. 369–410, hier S. 401.

13 Vgl. z. B. Neumann, S. 10.

lelen zur Gegenwart: Trotz großer anderer gesellschaftlicher Herausforderung dominiert das Thema Migration die Debatten. Parteien wie die SPD, die sich selbst nicht als rechts, sondern als Repräsentanten der «Mitte» verstehen, stellen asylfeindliche Forderungen. Nicht Rassismus, sondern die Anwesenheit der von Rassismus Betroffenen in Deutschland wird als Problem adressiert.

Möglicherweise sind diese Kontinuitäten das Resultat des Anfang der 1990er-Jahre im «Asylkompromiss» formulierten Konsenses: Das Grundrecht auf Asyl gilt, aber nicht unbedingt, sondern nur, solange es Deutschland als tragbar empfindet. In (vermeintlichen) Krisenzeiten kann damit die Aufnahme von Asylsuchenden immer weiter eingeschränkt werden, ohne das eigene Selbstbild als offenes Land infrage zu stellen. Im September 2024 forderte CDU-Politiker Jens Spahn in diesem Sinne die vollständige Aussetzung des bisherigen Asylrechts: «Wenn wir wirklich helfen wollen, denen die es wirklich brauchen, Frauen, Kindern […], dann müssen wir irreguläre Migration, vor allem von jungen Männern [verhindern].»[14] Das darin erkennbare Credo «Wir helfen, aber nicht allen» hat die Sozialwissenschaftlerin Nadine Sylla in ihrer Diskursanalyse als leitendes Motiv medialer Debatten über Asyl zwischen 1977 und 1999 herausgearbeitet.[15] Es zeigt, dass auch radikal gegen die Aufnahme von Schutzsuchenden gerichtete Forderungen sich auf humanitäre Diskurse beziehen können.

Das mag erklären, warum SPD und Grüne in den letzten Monaten Gesetze verabschiedeten, die stark an die 1990er-Jahre erinnern. Das offensichtlichste Beispiel ist die erneute Forderung nach geringeren Sozialleistungen für Schutzsuchende. Als Teil des sogenannten «Asylkompromisses» wurde 1993 eine gesonderte Unterstützung für Menschen im Asylverfahren eingeführt, die deutlich niedriger lag als die Sozialleistungen für Deutsche. Im Jahr 2012 beurteilte das Bundesverfassungsgericht diese Schlechterstellung als Verletzung der Menschenwürde – Asylsuchenden werde das gesetzlich definierte Existenzminimum verwehrt. Doch 2024 war dieses Urteil kein Hindernis für die Ampel, für ausreisepflichtige abgelehnte Asylbewerber wieder Sozialleistungen unterhalb des Existenzminimums einzuführen und wortgewaltig menschenunwürdige Lebensbedingungen zu fordern – nichts anderes versteckt sich hinter dem Slogan «Bett-Seife-Brot». Auch die Aufrüstung der Grenzen, die Einführung der Bezahlkarte als moderner Version des Gutscheins und die Infragestellung der Finanzierung von Sprachkursen verweisen auf migrationspolitische Maßnahmen der 1990er-Jahre, die Asylsuchende abschrecken sollten, dieses Ziel aber nachweislich verfehlten.[16] Stattdessen verursachten sie höhere Kosten und Verwaltungsaufwand. Im Ergebnis werden Kommunen, die hauptsächlich für die Versorgung von Menschen im Asylverfahren verantwortlich sind, nicht weniger, sondern mehr belastet.

14 Hamberger, Katharina: «CDU-Politiker Spahn sieht Anknüpfungspunkte mit dem BSW», in: *Deutschlandfunk,* 08.09.2024. deutschlandfunk.de: https://is.gd/Usj9Gh (16.11.2024).

15 Nadine Sylla: D*ie Konstruktion des Eigenen im Verhältnis zum Anderen. Mediale Diskurse über Asyl in der Bundesrepublik 1977–1999.* Bielefeld 2023, S. 337.

16 Vgl. z. B. Klein.

Schlussbetrachtung

Ob man die aktuelle Debatte um Migration als einen neuen «Rechtsruck» identifiziert, kommt auch auf den Ort an, von dem aus man den Diskurs überblickt. Viel spricht dafür, dass eine signifikante Zunahme rechter Positionen im letzten Jahr vor allem im Westen Deutschlands stattgefunden hat. Die Leipziger Autoritarismus-Studie hat 2024 in den alten Bundesländern einen deutlichen Anstieg manifester «ausländerfeindlicher» Einstellungen von 12,6 % im Jahr 2022 auf 19,3 % gemessen. Im Osten dagegen sei dieser Anteil bei etwas über 30 % stabil geblieben.[17] An Deutschland im Jahr 2018 kann sich der Hamburger Klaus Neumann nur als offenes Land erinnern, weil er ausblendet, dass in jenem August in Chem-nitz Rechtsradikale Migrant:innen und politische Gegner jagten und Seite an Seite mit AfD-Politikern zu rassistischen Slogans durch die Straßen marschierten.

Auch eigene Privilegien und ein auf die Bundespolitik fokussierter Blick befördern die Wahrnehmung eines plötzlichen «Rechtsrucks» im letzten Jahr. Fragt man von Rassismus betroffene Personen, selbstorganisierte Geflüchtete oder Menschen, die sich für deren Rechte in Deutschland einsetzen, gab es zu jeder Zeit seit 1989 eigene Kämpfe gegen Rassismus und rechte Gewalt.[18] Rassistische Positionen sind einigen von uns in den letzten Monaten verstärkt in der *Tagesschau* und in Interviews im *Deutschlandfunk* begegnet. Für viele Menschen prägen sie aber schon lange den Alltag. ■

17 Oliver Decker et al. (Hrsg.): *Vereint im Ressentiment. Autoritäre Dynamiken und rechtsextreme Einstellungen. Leipziger Autoritarismus Studie 2024*. Gießen 2024. S. 48, vgl. auch Amelie Sittenauer: «Ausländerfeindlichkeit als Einstiegsdroge», in: *die tageszeitung*, 13.11.2024. taz.de: https://is.gd/rxHKbF (16.11.2024).
18 Vgl. z. B. Lydia Lierke / Massimo Perinelli (Hrsg.): *Erinnern stören. Der Mauerfall aus migrantischer und jüdischer Perspektive*. Berlin 2020; Christian Jakob: *Die Bleibenden. Wie Flüchtlinge Deutschland seit 20 Jahren verändern*, Berlin 2016.

Roman Behrends

Rückkehr der Baseballschlägerjahre?
Wie die Rechte die Jugendkultur (wieder) einnimmt

In den letzten Monaten erinnerten gewalttätige Übergriffe im Leipziger Lene-Voigt-Park an die einstige Präsenz rechter Gruppen.[1] Jugendliche griffen Gruppen mit menschenverachtenden Beleidigungen und körperlicher Gewalt gezielt an. Dabei werden beunruhigende Erinnerungen an die sogenannten «Baseballschlägerjahre» der 1990er- und frühen 2000er-Jahre wach, als in Stadtteilen wie Reudnitz – damals auch bekannt als «Nazi-Kiez» – rechte Gruppen versuchten, durch Gewalt die Oberhand zu gewinnen.

Diese Vorkommnisse reihen sich ein in die Versuche der Rechten, die Hegemonie in der Gesellschaft zu erlangen. Zur Erlangung dieser in der Gesellschaft – und damit auch in der Jugendkultur – bedienen sich die Rechten paradoxerweise bei Gramscis Ideen zur Erlangung der kulturellen Hegemonie, die er in seinen Gefängnisheften beschrieb. Gramsci erklärte, dass die herrschende gesellschaftliche Gruppe, um die Zustimmung der Beherrschten zu sichern, die Fähigkeit beherrschen muss, ihre Weltanschauung als allgemeingültig darzustellen. In dieser Weise versuchen Rechtspopulist:innen durch das Präsentieren vermeintlich einfacher Lösungen und mit einer klaren Abgrenzung von progressiven Ideen ihre Sichtweisen als alternativlos darzustellen.[2] Dazu instrumentalisieren sie gezielt Identitätspolitik. Durch eine Versteifung der rechten Identitätspolitik auf feste Identitäten wird das Gefühl eines unveränderlichen «Wir» erzeugt, dass es gegen die «Anderen» zu beschützen gilt. Damit propagieren die Rechten ihre Werte als schützenswert und delegitimieren andere Perspektiven.

Ein Blick in die Geschichte

Bis zur Wende zeigt die Geschichte der Jugendkultur in der BRD, dass linke Ideen vor allem in den 1960er- und 1970er-Jahren eine prägende Rolle spielten, insbesondere durch den Einfluss der kulturellen und politischen Bewegungen in dieser Zeit. Die 68er-Bewegung war hierbei zentral. Studierende und junge Aktivist:innen fanden sich zusammen, die sich gegen die als konservativ und autoritär empfundene Elterngeneration stellten. Dabei machten sie auch auf Missstände wie den Vietnamkrieg oder den autoritären Universitätsbetrieb aufmerksam. Folge dieser Proteste waren umfassende gesellschaftliche Veränderungen und der Fokus einiger Themen wie Antiautoritarismus, Feminismus und Umweltbewusstsein in der öffentlichen Debatte.[3]

---

1 Ebneth, V. (2024, 16. November): «Leipzig: Rechte Gewalt im Lene-Voigt-Park – Jugendlicher schildert brutalen Angriff», in: *LVZ – Leipziger Volkszeitung*. lvz.de: https://is.gd/9HYtxS.

2 Lars Hendrik Beger: «Kampf um kulturelle Hegemonie: Wie die Neue Rechte sich der Popkultur bedient», in: deutschlandfunkkultur.de: https://is.gd/HTLbFi (Zugriff: 26.10.2024).

3 Bildung, B. F. P. (2021, 26. November): *Einführung*. bpb.de: https://is.gd/SaFZ4T.

Dieser politische Trend setzte sich auch in den 1970er-Jahre fort, die geprägt waren von neuen sozialen Bewegungen, die auch in der Jugendkultur Fuß fassten.[4]

Nach der Wende lässt sich durch zunehmende Globalisierung, neoliberale Politik und Migration ein Umschwung beobachten. Das Nichtvorhandensein von Antworten auf die soziale Frage der regierenden Parteien in der Nachwendezeit verunsicherte zahlreiche Menschen. Eine drastische Lage, die sich insbesondere dadurch intensivierte, dass die ostdeutschen Bundesländer durch die schonungslose Angliederung an den kapitalistischen Markt der BRD Unternehmen schließen mussten, der Wohnungsmarkt kollabierte und breite Teile der Bevölkerung in Arbeitslosigkeit und Perspektivlosigkeit gerieten. Durch die neoliberale Politik in dieser Zeit entstand bei vielen Menschen der Eindruck, von den demokratischen Parteien nicht wahrgenommen zu werden. Diese Stimmung dominiert bis heute und es liegt nahe, dass das gute Wahlergebnis der AfD dieses Gefühl der Überlegenheit begründet und verstärkt hat.

Über 30 Jahre nach den «Baseballschlägerjahren» haben sich rechtsradikale Ideen wieder ausgebreitet. Für uns als demokratische Sozialist:innen geht es darum, diesem Trend etwas entgegenzusetzen. Dabei ist es besonders wichtig, darauf zu schauen, auf welchen Schlachtfeldern linke Politik ihre Hegemonie verloren hat und Strategien zu entwickeln, wie sie die Hegemonie in der Jugendkultur zurückgewinnen kann.

Die Identitätspolitik der rechten Szene

Die rechte Szene, insbesondere die AfD und ihre Jugendorganisation «Junge Alternative», hat sich in den letzten Jahren gezielt Identitätspolitik zu eigen gemacht, um junge Menschen für sich zu gewinnen. Diese Akteure schufen mit vereinfachten, emotionalisierten Botschaften und in klarer Abgrenzung zu dem, was sie als «woke» verunglimpfen, ein Zugehörigkeitsgefühl für jene, die sich von den etablierten Parteien nicht gehört fühlten. Identifikationsfiguren spielen hierbei eine zentrale Rolle: Junge Menschen in authentisch wirkenden Rollen verkörpern die vermeintlich «richtige» Lebensweise und grenzen diese scharf von allen anderen ab. Aussagen wie solche, dass echte Ostdeutsche kein Lastenrad, sondern *Simson* fahren würden, erzeugen eine starke emotionale Bindung und knüpfen an Themen an, mit denen Jugendliche auch ohne Politikbezug Tag für Tag in Berührung kommen.[5] Dies wird durch weitere Mittel wie umgedichtete oder selbst geschriebene Songs auf die Spitze getrieben, die gezielt zur Normalisierung rechter Narrative genutzt werden. Besonders berühmt war die Umdichtung des Liedes «Toujours l'amour» mit der Zeile «Ausländer raus», die bundesweit für Aufsehen sorgte. Solche simplifizierenden, emotionalen Inhalte treffen besonders junge Menschen, die Angst vor einer ungewissen Zukunft haben oder nach klaren Orientierungspunkten suchen, welche die rechte Szene als Vehikel für ihre radikalen Einstellungen zu nutzen weiß.

In der Diskussion darüber, wodurch die Jugend im 21. Jahrhundert politisch ge-

---

4 Bildung, B. F. P. (2021b, Dezember 3): *Die 1970er.* bpb.de: https://is.gd/QG6oRM.
5 Diese Parole nutzte der Thüringer JA-Vorsitzende, Eric Engelhardt, in einem mittlerweile von allen Plattformen gelöschten Video.

prägt wird, führt kein Weg an Social Media vorbei. Denn die sozialen Netzwerke wie Instagram und TikTok haben sich in den vergangenen Jahren zu einem der größten Faktoren bei der Politisierung der Jugend entwickelt. Dies ergibt sich schon aus der schieren Verbreitung der Nutzung dieser Dienste in den entsprechenden Altersgruppen. Laut den Ergebnissen der ARD/ZDF-Medienstudie nutzen 82 % der 14- bis 29-Jährigen Instagram sowie 52 % TikTok in dieser Altersklasse.[6]

Besonders fatal ist dabei, dass die AfD und die rechte Szene allgemein als Erste und wie keine andere politische Kraft die Chancen von Sozialen Medien begriffen haben. Diese Chance ordnete Erik Ahrens, Social-Media-Stratege der AfD, als ein Fenster ein, das man habe und in welches man täglich hineinsenden könne.[7] Rechtspopulist:innen haben darüber hinaus einen entscheidenden Vorteil auf den sozialen Netzwerken: Ihr politischer Auftritt basiert auf emotionalisierenden Inhalten und einer fehlenden Verantwortung, politische Inhalte umsetzen zu müssen. Damit ist es für sie ein Leichtes, hohe Reichweite zu erreichen. Viele Menschen werden eher unter einem Video zur Interaktion gedrängt, in dem auf Politiker:innen geschimpft wird, als beim Auspacken einer Aktentasche durch den Bundeskanzler.[8] Die Rechten machen sich hier auch ganz bewusst der Technik des sogenannten «Ragebaitings» zunutze. Dabei setzen sie auf polarisierende Inhalte, die nicht nur Interaktion im eigenen politischen Umfeld provozieren, sondern auch im gegnerischen – denn der Algorithmus unterscheidet nicht zwischen kritisierenden Kommentaren und unterstützenden.

Gleichzeitig wird die Polarisierung durch Filterblasen verstärkt. Die Algorithmen der Social-Media-Plattformen sind darauf ausgelegt, eine maximale Verweilzeit der Nutzer:innen zu erwirken. Möglich wird das, indem die Algorithmen möglichst schnell lernen, welche Arten von Beiträgen den Nutzenden gefällt und dementsprechend zu diesen ähnliche ausgespielt werden. Junge Personen mit wenig politischer Prägung die neu auf diesen Social-Media-Plattformen sind und sich zunächst vielleicht von Videos der rechten Szene angesprochen fühlen, bekommen diese immer weiter ausgespielt und integrieren sie aufgrund ihrer vermeintlichen Authentizität stark in ihr politisches Weltbild.

Es ist essenziell, dass wir uns als progressive Kräfte dem Kampf auf den sozialen Netzwerken stellen. Dabei geht es insbesondere darum, unsere Visionen einer besseren Welt klar und deutlich zu artikulieren. Gleichzeitig muss vermehrt auf authentische junge Personen gesetzt werden statt auf Menschen außerhalb der Realitätswelt der Nutzer:innen oder einen durchprofessionalisierten «Corporate»-Stil. «ReclaimTikTok», eine Initiative, die aus der Fridays-for-Future-Bewegung heraus entstand, hat Anfang dieses Jahres einen wichtigen Schritt gemacht. Die Idee war, durch eine große Community und mög-

---

6 Ergebnisse der ARD/ZDF-Medienstudie 2024. (2024). In *Media Perspektiven* (Bd. 28, S. 1–2). ard-media.de: https://is.gd/SeQk3y.

7 Von Boeselager, M. (2024, 8. Juni): «Digitale Propaganda», in: *Der Spiegel, Hamburg, Germany.* spiegel.de: https://is.gd/dvoXGy.

8 Gemeint ist ein auf TikTok veröffentlichtes Video, in welchem Bundeskanzler Olaf Scholz Gegenstände aus seiner Aktentasche auspackt.

lichst viele progressive Inhalte der Flut an rechten Videos auf TikTok etwas entgegenzusetzen.[9] Mittlerweile muss nüchtern konstatiert werden, dass die Bewegung leider eingeschlafen ist. Hier braucht es auch die Ausdauer von linken Akteuren. Denn wenn wir den Rechten die Hegemonie auf Social-Media-Plattformen überlassen, könnten wir den Großteil einer ganzen Generation verlieren.

In der DJI-Studie zur *Regionale[n] Bewältigung demografischer Entwicklungen* wurde festgehalten, dass sich Jugendliche häufig in ihren politischen Bedürfnissen nicht wahrgenommen fühlen. Dieser Trend, nach welchem demokratische und linke Parteien die Hegemonie im alltäglichen Leben der jungen Menschen verlieren, ist schon länger zu beobachten. Insbesondere im ländlichen Raum, wo in der Vergangenheit mit Jugendzentren eine Politisierung zu den demokratischen Grundwerten erreicht wurde, fühlen sich viele Menschen nicht mehr von der Politik repräsentiert. Aus Frust über diese politischen Zustände wenden sich diese Jugendlichen vermehrt den rechten Parteien zu.[10]

Gramscis Konzept der kulturellen Hegemonie verdeutlicht, wie entscheidend es für eine gesellschaftliche Gruppe ist, ihre Werte und Weltanschauungen als allgemeingültig zu etablieren, um Zustimmung und Akzeptanz zu gewinnen. In der beschriebenen Lücke, die das Fehlen demokratischer Institutionen hinterlassen ha-

ben, zeigt sich, wie rechte Organisationen wie die AfD, die Junge Alternative oder die «III.-Weg-Jugend» vordringen. Durch Aktivitäten wie Volleyballspiele, Jugendtreffs und Freizeiten schaffen sie hegemoniale Räume. Indem sie Jugendkultur mit klaren, identitätsstiftenden Botschaften wie «Heimat» und «Tradition» besetzen, etablieren sie ihre Werte nicht nur politisch, sondern auch kulturell als Norm. In den ostdeutschen Bundesländern wird der Heimat-Patriotismus als prägender Kernwert besonders in den Vordergrund gestellt. Dies illustriert Höckes sogenannte «Simson-Fahrt» eindrücklich: Durch die gemeinsame Fahrt mit über 100 Jugendlichen wird nicht nur ein Freizeitangebot geschaffen, sondern ein symbolischer Raum für die Verankerung rechter Ideologien in der Alltagskultur der Jugend.

Besonders tragisch an dieser Situation ist, dass die kulturelle Hegemonie demokratischer Kräfte sehenden Auges durch mangelnde Finanzierung aufgegeben wurde. Durch die Austeritätspolitik der letzten Jahre wurde wissentlich immer weiter an den Haushaltsausgaben für Demokratieförderprojekten gekürzt. Selbst die Ampelregierung sah Kürzungen bei der politischen Bildung in einer Zeit, in der eine rechte Partei hohen Zuspruch in der Bevölkerung erhält, in ihren Haushaltsentwürfen vor.[11]

Die rechte Szene hat durch strategisches und koordiniertes Vorgehen eine erschreckende Hegemonie über Teile der Jugend-

9   Huesmann, F. (2024, 14. Mai): «#reclaimtiktok: Fridays for Future will TikTok von Rechtsextremen ‹zurückerobern›». in: rnd.de: https://is.gd/XtxauZ.

10 Beierle, S. / Tillmann, F. / Reißig, B. / Deutsches Jugendinstitut e. V. (2016): «Jugend im Blick – Regionale Bewältigung demografischer Entwicklungen», in: *Abschlussbericht* (Überarbeitete Fassung vom 10.05.2016) [Report]. Deutsches Jugendinstitut e. V. dji.de: https://is.gd/NzeIQO.

11 tagesschau.de. (2023b, September 5): «Bundeszentrale für politische Bildung – Kritik an Etatkürzung», in: tagesschau.de: https://is.gd/jwnd02.

kultur erlangt. Doch das ist kein Grund zur Resignation. Nicht ohne Grund hat Antonio Gramsci seine Theorie der kulturellen Hegemonie eng an marxistische Ideen wie die der «passiven Revolution» und einer konsequenten Analyse der kapitalistischen Klassengesellschaft angelehnt, wie der Politikwissenschaftler Frank Deppe festhielt.[12]

Tatsächlich haben die Reaktionären es geschafft, sich auf Dauer erfolgreich insbesondere in der Jugendkultur zu platzieren. Dies liegt auch daran, dass sie die materielle Situation der Jugendlichen vor Ort anerkennen und thematisieren. Statt aber tatsächlich die materielle Lage der Menschen zu verbessern, positionieren sie Fremdenfeindlichkeit und einen Kampf gegen das erdachte politische Establishment trügerisch als Heilsbringer. Als Linke müssen wir hier ansetzen und unsere materialistische Analyse wieder mehr von der Theorie in die Praxis bringen. Durch konkrete Lösungsvorschläge, die soziale Themen wie Miete, Preissteigerungen und demokratische Partizipation in den Fokus rücken, sowie durch vorzeigbare Erfolge auf diesen Feldern können wir die Hegemonie in der Jugend zurückerobern.

Die Notwendigkeit einer schonungslosen Kritik von Ökonomie, Staat und Gesellschaft

Als demokratische Sozialist:innen haben wir die Chance, mit einer schonungslosen Kritik von Ökonomie, Staat und Gesellschaft die Hegemonie in der Jugendkultur zurückzuerlangen und zu verteidigen. Dabei besitzen wir entscheidende Vorteile: Unsere sozialistische Vision einer solidarischen, gerechten Gesellschaft bietet starke positive Anknüpfungspunkte. Anstatt uns in reaktionäre Debatten ziehen zu lassen, sollten wir unsere eigenen politischen Projekte klar herausstellen und konsequent für eine Politik eintreten, die jene erreicht, die von den demokratischen Prozessen bisher enttäuscht oder ausgeschlossen wurden. Ein inspirierendes Beispiel dafür ist die Strategie der KPÖ, die mit politischen Themen wie Mietensenkungen Nichtwähler:innen gewonnen hat und auch bei jungen Menschen Erfolge erzielen konnte.[13]

Dazu gehören auch konkrete Investitionen: Die Ausfinanzierung von Jugendräumen und eine umfassende Förderung von Demokratiebildung sind essenziell. Nur so können wir eine aktive, aufgeklärte Jugendkultur schaffen, die eine demokratische, solidarische Zukunft mitgestaltet. ∎

---

12 *Antonio Gramsci – eine Einführung – Rosa-Luxemburg-Stiftung.* (o. D.). th.rosalux.de: https://is.gd/KrTIF1.

13 *Das beste Mittel gegen Rechts: Warum die KPÖ alles ganz anders macht – Rosa-Luxemburg-Stiftung* (o. D.). rosalux.de: https://is.gd/3Bbd5s.

Louisa Anna Süß

Communication is key?
Zur Rolle von Kommunikation und Hegemonie in der Kommunalpolitik am Beispiel des *Haus des Wissens* in Bochum

Folgt man Antonio Gramsci, ist Hegemonie eine spezifische Art der gesellschaftlichen Ausübung von Macht. In seinen berühmten Gefängnisheften (1929–1935) erweitert er das Verständnis von Hegemonie, dass ein Akteur (sei es Person oder Staat) über andere Herrschaft ausübt, indem er einen weiteren Begriff ansetzt und den Ort der Auseinandersetzung in der Zivilgesellschaft begreift. Dort fände diskursiv der Kampf um kulturelle Hegemonie statt, die alle betreffe: von Berufspolitiker:innen, Verwaltungsangestellten, Vereinsvorsitzenden bis zum Nachbarn. Dieser Begriff ist in seinen Facetten und seiner Wirkung natürlich noch deutlich komplexer und kann in diesem Rahmen nur angerissen werden, jedoch weist er auf einen der wichtigsten Aspekte von Politik hin: Macht. Macht über politische Entscheidungsprozesse, die Themenwahl und verwendete Argumente in Debatten sowie Verteilung von Ressourcen. Aber vor allem auch die an den Diskursen beteiligten Akteure sind wichtig für die Verhandlung von kultureller Hegemonie. In der Zivilgesellschaft sind zwar idealtypisch alle vertreten, jedoch nicht gleich einflussreich. Manchen wird mehr Gehör geschenkt als anderen. Dies beeinflusst die Art und Weise, wie Diskurse geführt werden und welches Ergebnis am Ende steht. Die Aushandlungsprozesse von Hegemonie sind vielfältig und finden zu großen Teilen in Form von Kommunikation statt.

«Communication is key» scheint ein geflügelter Ausdruck geworden zu sein, der von kriselnden Paarbeziehungen bis zur dysfunktionalen Arbeitsumgebung gerne als Ratschlag gegeben wird. Seit einigen Jahren scheint dieser nun in der Politik angekommen zu sein, denn der Aufruf, der Wählerschaft die eigenen Ideen und Personal nur besser kommunizieren zu müssen, ertönt aus verschiedenen sich gegenwärtig in Krisen befindlichen Parteien. Doch wird dabei die Komplexität von Kommunikation unterschätzt: Die Idee von einer sendenden und einer empfangenden Person, die im Sinne der *rational choice* einen Vorschlag erst anhört, dann abwägt und am Ende eine bewusste Entscheidung fällt, trifft die Realität nicht. Kommunikation findet auf verschiedenen Ebenen und oft stark emotionalisiert statt. Sie ist sowohl Mittel in und als auch Raum für politische Debatten. Wer in diesen Räumen partizipiert, ist unterschiedlich, denn nicht alle möchten oder können: Weil der Zugang nicht für alle offen steht, Informationen nicht umfassend genug vermittelt werden oder der Mehrwert der Beteiligung nicht klar ist. Somit findet Kommunikation nicht in einer Öffentlichkeit statt, sondern eher in einer Vielzahl an Öffentlichkeiten, da diese mehrfach segmentiert ist.[1] Kommunikation findet nicht in einem homogenen

---

1   Vgl. Andreas Hepp / Brüggemann, Michael / Kleinen-von Königslöw, Katharina / Lingenberg, Swantje / Möller, Johanna (Hrsg.): *Politische Diskurskulturen in Europa. Die Mehrfachsegmentierung europäischer Öffentlichkeit*, Wiesbaden 2012.

Raum statt, sondern in verschiedenen Segmenten, welche unterschiedlich adressiert werden müssen – je nach Beteiligten und deren Interessen sowie dem zu verhandelnden Thema. Besonders in politischen Diskussionen ist dieses Grundverständnis zentral, denn es hilft politischen Akteuren – oder macht es ihnen vielmehr überhaupt erst möglich – zu überzeugen und im Idealfall Unterstützung an der Wahlurne zu erhalten. Doch dies gelingt nicht durch Kommunikation allein. Es braucht gute Vorhaben, die sichtbar und positiv assoziiert sind durch einen Mehrwert für das eigene Leben. Mit dem Blick auf die kommunale Ebene zeigen sich etliche Beispiele, wie das *Haus des Wissens* in Bochum.

Dieser Beitrag befasst sich nicht mit Hegemonie aus einer theoretischen Perspektive. Er nimmt sie vielmehr als Anlass, auf eine Spurensuche zu gehen, wo trotz kriseninduzierter, polarisierter und politisierter Zeiten, die das Individuum scheinbar atomisiert zurückließen, reale Orte sind, wo Hegemonie reflektiert, kritisiert und vielleicht sogar dekonstruiert werden kann. Angelehnt an das Verständnis Antonio Gramscis der kulturellen Hegemonie wird ein Blick auf die Zivilgesellschaft gelegt.

Hegemonie auf der kommunalen Ebene

Stellt man sich nun die Frage, was Hegemonie auf der kommunalen Ebene bedeute, wird klar, dass diese Ebene des politisch-administrativen Systems der Bundesrepublik einzigartig ist und somit auch Hegemonie mit speziellen Mechanismen verhandelt wird. Besonders die Responsivität zwischen Bürger:innen und kommunalpolitischen Entscheidungsträger:innen ist hoch, was den Austausch von Informationen und Ideen erleichtert. Daher haben Bürger:innen ein hohes Vertrauen in Kommunalpolitiker:innen.[2] Zusätzlich zeichnet sich Kommunalpolitik in Deutschland durch das Ehrenamtsprinzip aus, da Entscheidungen nicht von Berufspolitiker:innen getroffen werden, sondern von Menschen, die sich ehrenamtlich neben ihrer sonstigen Tätigkeit im Gemeinde- oder Stadtrat engagieren.

Des Weiteren verhandelt Kommunalpolitik wichtige Themen, die Menschen vor Ort betreffen. Entscheidungsfindung und deren Realisierung finden also innerhalb eines begrenzten örtlichen Raums statt. Bürger:innen können aufgrund der hohen Responsivität leicht partizipieren, indem sie ihre Ideen in den (kommunal-)politischen Diskurs eingeben oder auch gegen geplante Vorhaben mobilisieren. Häufig sind Verfahren zur Bürgerbeteiligung in verschiedenen Formen und mit unterschiedlichem Bindungsgrad möglich, die kommunalpolitische Entscheidungsprozesse beeinflussen können.

Der Hegemon in einer Stadt hat eine andere Position als der Hegemon in einem Staat. Durch relativ geringe Hierarchien zwischen am Diskurs beteiligten Akteuren, ist der Hegemon auf kommunaler Ebene in einer anderen Sprecherposition als in der Bundespolitik. Das Interesse an kommunalpolitischen Entscheidungsprozessen ist geringer, die Medienaufmerksamkeit durch ökonomisch und qualitativ schwächelnde Lokalzeitungen mit begrenzter Reichweite

---

2   David Gehne / Wolfgang Wähnke / Kerstin Witte: *Gute Beteiligung stärkt die lokale Demokratie. Kommunalpolitik aus Sicht der Bevölkerung.* Gütersloh 2019, verfügbar unter: bertelsmann-stiftung.de: https://is.gd/0cmmM8 (letzter Zugriff 10.11.24).

kaum vergleichbar. Kommunikation findet mehr über den direkten Austausch statt. Damit einher geht ein Informationsgefälle, da Kommunalpolitiker:innen – sei es der Oberbürgermeister oder ein Mitglied des Gemeinderats – aus ihrer Tätigkeit deutlich besser über das Vorhaben Bescheid wissen. Dies inkludiert nicht nur konkrete Baupläne, sondern auch institutionelles und prozessuales Wissen, welches besonders in Hinblick auf bürokratische Anforderungen an Planung und Umsetzung zentral ist. Bürger:innen haben dieses Wissen oft nicht.

Hegemonie auf der kommunalen Ebene zeigt sich also anders als auf Bundesebene. Die Kommunikation ist direkt und findet häufig ohne Medien als Mittler statt, was jedoch auch viele Bürger:innen mit weniger umfangreichen Netzwerken über Vorhaben nicht informiert. Es bestehen jedoch verschiedene Maßnahmen, um diese Informationshierarchien zu dekonstruieren und verschiedene Bevölkerungsgruppen zu einer besseren Teilhabe zu mobilisieren. Eine davon ist das Haus des Wissens in Bochum.

Das *Haus des Wissens* in Bochum

Im Herzen Bochums entsteht gerade vis-à-vis dem Rathaus ein Ort mit viel Potenzial. Nach turbulenten Jahrzehnten verschiedener Transformationsprozesse, induziert vor allem durch den Strukturwandel nach dem Ende der Kohleförderung im Ruhrgebiet

und Sorge um Massenarbeitslosigkeit nach den Werksschließungen von Nokia (2008) und Opel (2014), soll nun eine neue politische Strategie zur Bildung einer Wissensgesellschaft wie in vielen anderen Ruhrgebietsstädten auf den Weg gebracht werden.[3] In diesem von sozialer Segregation geprägten Ballungsraum[4] findet das soziale Leben häufig innerhalb des eigenen Integrationsradius statt. Die A40, welche das Ruhrgebiet als «Ruhrschnellweg» zwischen Ost und West verbindet, wird häufig als «Sozialäquator»[5] zwischen dem reicheren Süden und dem ärmeren Norden der Metropolregion bezeichnet. So ist auch die Stadtgesellschaft in Bochum segregiert – wenn auch nicht so stark wie beispielsweise in Essen.

In diesem Kontext entsteht gegenwärtig das *Haus des Wissens*, welches auf 11.000 Quadratmetern in einem alten Backsteinbauwerk Orte der Bildung wie Volkshochschule und Stadtbücherei mit Einkaufsmöglichkeiten wie einer Markthalle, aber vor allem auch konsumfreien Aufenthaltsmöglichkeiten wie zum Beispiel auf der begrünten barrierefreien Dachterrasse vereint.[6] Es wurde von einer breiten Mehrheit im Stadtrat beschlossen, wenn auch mittlerweile Kritik an den gestiegenen Kosten vonseiten einiger Oppositionsfraktionen aufkommt. Als Teil der Bochum-Strategie wird das Projekt auch vonseiten der Kommunalverwaltung priorisiert, sicherlich auch aufgrund des starken Engagements

3 Vgl. Jörg Bogumil / Rolf G. Heinze / Franz Lehner / Klaus Peter Strohmeier: *Viel erreicht – wenig gewonnen. Ein realistischer Blick auf das Ruhrgebiet.* Essen 2012; sowie Jörg Bogumil / Rolf G. Heinze (Hrsg.): *Auf dem Weg zur Wissenschaftsregion Ruhr. Regionale Kooperationen als Strategie.* Essen 2015.

4 Vgl. Aladin El-Mafaalani / Sebastian Kurtenbach / Klaus Peter Strohmeier (Hrsg.): *Auf die Adresse kommt es an. Segregierte Stadtteile als Problem- und Möglichkeitsräume begreifen.* Weinheim Basel 2015.

5 Z. B. Jörg-Peter Schräpler / Sebastian Jeworutzki / Bernhard Butzin / Tobias Terpoorten / Jan Goebel / Gert G. Wagner: *Wege zur Metropole Ruhr.* Bochum 2017.

6 Vgl. bochum.de: https://is.gd/RI3NqP (letzter Zugriff 10.11.24).

des SPD-Oberbürgermeisters Thomas Eiskirch, der die Relevanz des Projektes für die Innenstadtentwicklung und auch die gesamte Stadtgesellschaft betont. Politische Entscheidungsträger im Haupt- und Ehrenamt sowie die exekutive Kommunalverwaltung haben viele Ressourcen in dieses Projekt investiert.

Die Hoffnung der beteiligten Akteure ist, dass dort ein Ort der Begegnung für verschiedene Gruppen der segregierten Stadt entsteht. Vor allem der Zugang zu Bildungsinstitutionen soll niedrigschwellig sein und verschiedenste Zielgruppen ansprechen. Darüber hinaus entsteht mit dem *Haus des Wissens* aber auch ein Aushandlungsraum, der durch seine vielfältigen Nutzungsmöglichkeiten auch unterschiedliche Personengruppen anzieht. Dort soll Begegnung stattfinden und ein Raum für Debatten über (Kommunal-)Politik entstehen. Denn Kommunikation braucht Räume, in denen Menschen sich begegnen – real begegnen und nicht nur online. Das *Haus des Wissens* birgt genau dieses Potenzial, um Hegemonien zu kritisieren und vielleicht sogar zu dekonstruieren. Im Ruhrgebiet, das in Wohnvierteln wie Kindergärten und Schulen sozial segregiert ist, sind diese Orte selten geworden und werden vielleicht gerade deshalb so hoffnungsvoll erwartet.

Fazit

In Conclusio zeigt das Haus des Wissens in Bochum die Relevanz guter kommunalpolitischer Vorhaben, die Begegnungsräume

schaffen. Sie bringen verschiedene Bevölkerungsgruppen zusammen und haben das Momentum – vor allem während Entscheidungsprozessen – Hegemonien zu dekonstruieren. Erfolgreiche Projekte sind sichtbar. Nach seiner Fertigstellung soll das *Haus des Wissens* Orte der Bildung wie Begegnung beherbergen und durch die Vielfalt der Angebote unterschiedliche Gruppen anziehen. Dort sollen sich – bewusst plakativ gesprochen – alle begegnen. Von dem pensionierten Lehrer, der in der Markthalle regional biologisch angebautes Gemüse kaufen möchte, bis zu Jugendlichen, die einen Ort zum konsumfreien Zeitvertreib suchen. Idealerweise funktioniert der Zugang zu den Bildungsangeboten im Haus barrierefrei und spricht sozialstrukturelle Gruppen an, die bislang solche Angebot nicht nutzten.

Wie das *Haus des Wissens* in Bochum realisiert und genutzt wird, wird die Zeit zeigen. Es bleibt fraglich, wie andere Kommunen in Zeiten der Haushaltskonsolidierung und steigenden Kosten sich an solchen Projekten ein Beispiel nehmen können. Trotzdem kann an diesem Beispiel illustriert werden, dass für Hegemonien eben nicht nur Kommunikation wichtig ist, sondern reale Räume, wo diese stattfinden kann. Sind diese für möglichst viele Gruppen attraktiv, können sie sich beteiligen und gegenwärtige Repräsentationslücken zumindest minimiert werden. Daher sollte es statt «communication is key» doch vielmehr «visibility is key» heißen. Denn das *Haus des Wissens* im Herzen der Bochumer Innenstadt übersieht man *so* schnell nicht. ∎

Emma Würffel

Von Nachbarschaftsfest zu Springerstiefeln
Rechte Hegemonie im ländlichen Raum

Junge Männer, die in Springerstiefeln an der Bushaltestelle vorbeilaufen oder Rechtsrock grölend am Bahnhof stehen. Hakenkreuze zwischen «Fck Antifa»-Graffiti, ab und zu auch mal an Schulwänden. AfD-Plakate an jeder dritten Laterne, die der Freien Sachsen an jeder zweiten. Und schaut man genauer hin: Hier ein Sticker «Umweltschutz aus Heimatliebe» und dort einer: «Es ist okay weiss [sic] zu sein.»

Das ist Alltag auf dem Land. Alltag für die Menschen, die in 400-Einwohner:innen-Dörfern aufwachsen oder ihr gesamtes Leben in einer Gemeinde verbringen, von der in der nächsten Großstadt niemand weiß, dass sie überhaupt existiert. Und auch wenn man nicht pauschal von ‹dem ländlichen Raum› sprechen kann: Es ist schon fast Tradition, dass das ‹Hinterland› - gerade in den ostdeutschen Ländern - immer wieder die höchsten Wahlergebnisse rechtsextremer Parteien aufweist. Rechte Graffiti, nationalistische Musik und rassistische Äußerungen beim Nachbarschaftsplausch sind dabei nur die Spitze des Eisberges. Dahinter steht mehr.

Rechte und rechtsextreme Akteure verfolgen seit Jahren eine langfristige Strategie: Durch die ideologische Prägung von Kunst, Kultur, Sport, Freizeit und Bildung - dem sogenannten *vorpolitischen Raum* - versuchen sie, kulturelle Hegemonie zu erreichen.[1] Erklärtes Ziel ist es, durch kulturelle Prägung und Themensetzung im zivilgesellschaftlichen Bereich an die Macht zu kommen. Diese metapolitische Ausrichtung der Rechten geht ironischerweise ausgerechnet auf den marxistischen Theoretiker Antonio Gramsci und seine Theorie der Kulturellen Hegemonie zurück.[2]

In der modernen Gesellschaft gehen Macht und Hegemonie Hand in Hand. Macht ausüben kann nur, wer auch über Hegemonie verfügt. Und diese Hegemonie beruht - anders als physische Zwangsgewalt - auf Überzeugung. Nur wenn eine revolutionäre Klasse schon vor Erlangung der Regierungsmacht in der Gesellschaft führend ist - also die Mehrheit der Menschen von sich überzeugen konnte - hat sie wirklich eine Chance an die Macht zu kommen und diese auch zu erhalten.[3]

Mit dem Begriff der kulturellen Hegemonie überträgt Gramsci dieses Konzept auf die Zivilgesellschaft: In zahlreichen gesellschaftlichen Institutionen, ob in Vereinen, Kirchen oder den Medien, wird um die Zustimmung der Mehrheit zu einer bestimmten Lebensweise gekämpft. Wer es schafft, möglichst viele Menschen für sich zu vereinnahmen, trägt die Hegemonie und hat damit die breite Unterstützung «von

---

1   Lars Hendrik Beger: «Kampf um kulturelle Hegemonie: Wie die Neue Rechte sich der Popkultur bedient», in: deutschlandfunkkultur.de: https://is.gd/HTLbFi (Zugriff: 26.10.2024).
2   Claus Leggewie: «Kulturelle Hegemonie — Gramsci und die Folgen», in: *Leviathan* (Düsseldorf) 2/1987, S. 285–304.
3   Ebd.

unten».[4] Unter dem Namen ‹Gramsci-Taktik› wurde diese Idee nach 1968 von den ‹Neurechten› mit dem Ziel aufgegriffen, die ideologische Vormachtstellung im vorpolitischen Raum zu erlangen und so die Grundlage für die Übernahme von Macht in der politischen Sphäre zu legen.[5]

Rechte im Dorf. Rechte im Rathaus. Rechte überall.

Aber wie sieht diese rechte Hegemonie konkret aus? Eben nicht wie das Offensichtliche – rechte Hegemonie braucht keine Springerstiefel oder rechtsextreme Inszenierungsformen. Viel eher findet sie Ausdruck im Nachbarschaftsfest mit Hüpfburg, wo man sich beim gemeinsamen Bier über ‹die Ausländer› aufregen kann. Im NPD-Parteibüro (heute: ‹Die Heimat›), das neben einer Bibliothek auch eine kostenlose Rechtsberatung anbietet.[6] Oder im einzigen Fußballverein im Umkreis, wo man nach dem Spiel gemeinsam mit dem Trainer die im (neu)rechten Milieu beliebten «Dorfrocker» hört. Rechtsextreme Organisationen versuchen, sich als sympathische ‹Kümmerer› in die Dorfgemeinschaft zu integrieren und so eine Normalisierung ihrer Ideologie in der Mitte der Gesellschaft zu erreichen.[7]

An genau diesem Punkt muss man ansetzen, möchte man die Frage beantworten, warum der Rechtsruck gerade auf dem Land stattfindet. Nicht nur hier finden sich Strukturen rechter Hegemonie. Und doch herrscht in Dorf- und Kleinstadtgemeinschaften eine Umwelt vor, die die Verbreitung rechtsextremer Einstellungen begünstigt.

Viele ländliche Räume sind durch Abwanderung, Überalterung und eine schrumpfende soziale Infrastruktur geprägt.[8] Gut ausgebildete junge Menschen, vor allem Frauen, verlassen die Region. Dieses Problem tritt nicht ausschließlich, aber gerade in Ostdeutschland auf und sorgt für enorme Frustration. Durch die Umstellung auf ein neues Wirtschaftssystem nach der Wiedervereinigung und die daraus resultierende Arbeitslosigkeit, haben ostdeutsche Dörfer ihre Rolle als Integrationsmotor und Lebensmittelpunkt verloren. Borstel spricht dabei von einer «doppelten Revolution», die bis heute nicht kompensiert werden konnte. Generell sind ökonomische Unsicherheiten auf dem Land stets eng verknüpft mit der Frage der Demokratiezufriedenheit und so schwappen verbreitete Existenzängste und wirtschaftliche Sorgen schnell in Demokratieenttäuschung über.[9]

Fehlende Infrastruktur, mangelnde Kulturangebote und ein Gefühl des ‹abge-

4   Ines Langemeyer: «Antonio Gramsci: Hegemonie, Politik des Kulturellen, geschichtlicher Block», in: *Schlüsselwerke der Cultural Studies*, S. 72–82, Wiesbaden, S. 72–82; Nikodem Skrobisz, Kulturelle Hegemonie, freiheitslexikon.de: https://is.gd/5JstQ7 (Zugriff: 26.10.2024).

5   «Kampf um die kulturelle Hegemonie: Die extrem rechte Organisation Ein Prozent und die AfD», in: *Indes* 3/2019, S. 101; Leggewie (Anm. 2).

6   Dierk Borstel: «Rechtsextremismus und Demokratieentwicklung im ländlichen Raum – ein Update am Beispiel Vorpommern», in: *Demokratie gegen Menschenfeindlichkeit* 1/2018, S. 113–125.

7   Thomas Stimpel / Thomas Olk: «Zivilgesellschaft gegen Rechtsextremismus in ländlichen Räumen. Probleme und Handlungsstrategien», in: *Gesellschaft Wirtschaft Politik* 1/2012, S. 35–44.

8   Titus Simon: «Was begründet rechtspopulistische Wahlerfolge in ländlichen Räumen?», in: *Ländlicher Raum* 02/2017, S. 32–35.

9   Borstel (Anm. 6).

hängt Seins› und ‹Vergessenwerdens› sorgen schließlich dafür, dass es auf dem Land eine Lücke gibt, die lange Zeit niemand füllen wollte – außer den Rechten. Diese gerieren sich als die Einzigen, die noch Interesse an der Region zeigen. Gepaart mit vermeintlich einfachen Erklärungen für prekäre Lebenssituationen, Einbringung in Nachbarschaftsaktionen und zivilgesellschaftlichem Engagement schaffen sie es, eine große Zahl an Menschen für sich zu begeistern.[10] Sie sind auf dem besten Weg, kulturelle Hegemonie zu erreichen, haben es in einigen Regionen schon geschafft.

Ganz dem Klischeebild alter Serien und Filme entsprechend, sind Dorfgemeinschaften eine Welt für sich. Innerhalb dieser läuft vieles nach ungeschriebenen Regeln ab: Da gibt es Menschen, die jeder kennt, wie etwa den örtlichen Hausarzt, mit dem man sich gut stellen sollte. Und wenn man dazugehören will, sollte man mindestens beim jährlichen Silvestergrillen vorbeischauen. Offene Einflussversuche von außen durch ‹Fremde› – in Ostdeutschland im schlimmsten Fall auch noch ‹Wessis› – werden oft vehement abgewehrt.[11] Gelingt es rechtsextremen Gruppen aber, sich als Teil der Gemeinschaft zu etablieren, eben durch ehrenamtliches Engagement oder einfaches Hineingeborensein, richtet sich die Ausgrenzung nicht gegen sie. Manch einer mag ihre rassistischen und antisemitischen Äußerungen dann doch etwas übertrieben finden – darüber wird aber hinweggeschaut, wenn es sich bei dem Äußerer um den netten Hausarzt, die Mutter der Kindergartenfreundin der Tochter oder den

jungen Mann von der Freiwilligen Feuerwehr handelt. Der Rechtsextreme ist eben immer auch Nachbar. Und so weiß man ihn viel eher zu schätzen, weil er einem jeden Sonntag Brötchen mitbringt. Die politische Einstellung wird da eher hingenommen, im schlimmsten Fall auch übernommen.

Kommt es zu einem Skandal, beispielsweise wenn ein Ort als ‹Nazidorf› Schlagzeilen macht, führt das meist dazu, dass diese Gemeinschaft noch näher zusammenrückt. Demokratieförderungsmaßnahmen werden dann als Eingriffe von außen wahrgenommen. Sie widersprechen einer Kultur des ‹unter sich Ausmachens›, die in Regionen, wo jeder jeden kennt, noch immer dazugehört.[12]

Eben diese Kultur führt auch dazu, dass Wahlerfolge rechtsextremer Parteien wie der AfD nicht diskutiert werden. Statt sich innerhalb der Gemeinschaft mit diesen auseinanderzusetzen, werden sie mit einem schulterzuckenden «Ist halt so» einfach hingenommen. Gerade in dieser Situation sind auch die demokratischen Kräfte in der Verantwortung.[13] Regionen wie der Saale-Orla-Kreis, wo die AfD bei den Landtagswahlen in Thüringen ihr bestes Ergebnis einfuhr, oder die Oberlausitz, die vor allem wegen Reichsbürgerdörfern oder rechtsextremen Festivals in den Schlagzeilen landet, werden oft als längst verloren angesehen. Ein Umgang, der den Rechten vor Ort in die Hände spielt und die wenigen demokratischen Stimmen, die es gibt, auf sich allein gestellt zurücklässt.

Menschen, die innerhalb ihrer Dorf- oder Kleinstadtgemeinschaft für Demokratie

---

10 Stimpel/Olk (Anm. 7).
11 Simon (Anm. 8).
12 Ebd.
13 Borstel (Anm. 6).

und gegen rechts einstehen, laufen Gefahr, sozial isoliert zu werden. Die Bezeichnung ‹Nestbeschmutzer› geht rasant durch die Münder und aus Sorge davor, im eigenen Zuhause ausgegrenzt zu werden, überlegt man lieber zweimal, ob man der fremdenfeindlichen Hetze des Nachbarn wirklich etwas entgegnen sollte.[14]

Etablieren sich die Rechten schließlich in der Gemeinschaft, werden ihre Positionen als selbstverständlich angesehen und traut sich niemand mehr, öffentlich etwas dagegen zu sagen, dauert es nicht mehr lange, bis auch Springerstiefel, SS-Tattoos und Hakenkreuze an den Wänden Alltag sind.

Ist das ‹Hinterland› verloren? Nicht ganz.

Die wachsende rechte Hegemonie stellt eine der größten Bedrohungen für unsere Gesellschaft dar, denn sie geschieht direkt vor unseren Augen, ohne dass ihr in den letzten Jahren wirklich etwas entgegengesetzt werden konnte. Nichtsdestotrotz gibt es auch immer wieder Regionen, in denen demokratische Kräfte die Deutungsmacht zurückgewinnen konnten, nicht zuletzt durch das unermüdliche Engagement der Menschen vor Ort. Dass dies möglich ist, zeigten beispielsweise die zahlreichen Anti-AfD-Demos Anfang des Jahres, die auch in Kleinstädten und Dörfern großen Zuspruch fanden.

Um der bewussten Strategie der Rechten etwas entgegensetzen zu können, braucht es eine starke Zivilgesellschaft vor Ort: Demokratisches Engagement muss aktiv gefördert werden. Gerade die Jugendarbeit ist in diesem Zusammenhang von zentraler Bedeutung.[15] Jugendzentren, die wie in Leisnig Kinder und Jugendliche zusammenbringen[16] oder das Jugendfestival in Sandförstgen, das, trotz rechter Angriffe, einen diskriminierungsfreien Raum bietet[17], sind da nur einige Beispiele.

Weite Wege und die schlechte Anbindung von Ortschaften stellen auf dem Land eine zusätzliche Herausforderung dar, denn sie sorgen dafür, dass außerschulische Aktivitäten – selbst wenn vorhanden – schwierig zu erreichen sind. Eine Lösung dafür könnte die stärkere Einbindung politischer Bildung in den Schulen und Kooperationen dieser mit zivilgesellschaftlichen Initiativen sein. Oder aber man packt das Problem direkt an der Wurzel durch die Schaffung von Begegnungs- und Bildungsstätten auch in kleinen Orten oder den Ausbau von Bus- und Zuganbindungen. Dafür sind Investitionen in den ländlichen Raum, wie sie in den vergangenen Jahren immer weiter zurückgefahren wurden, dringend notwendig.

Auch außerhalb der Jugendarbeit kann das zivilgesellschaftliche Engagement gefördert werden, indem man Menschen, die sich für Demokratie einsetzen wollen, unterstützt – etwa durch Beratungen zum Ausschluss von Mitgliedern mit rechtsextremistischen Einstellungen aus Vereinen oder durch die gemeinsame Erarbeitung kommunaler Aktionspläne gegen rechts.[18]

---

14 Stimpel/Olk (Anm. 7).

15 Ebd.

16 Henrike Freytag / Lucas Schwarz: «Du musst nicht bis Leipzig oder Dresden ziehen, um eine coole Jugend zu haben», in: mdr.de: https://is.gd/e7nuCg (Zugriff: 10.11.2024).

17 Charlotte Sauerland: «Ein Schutzraum und Freiraum für Jugendliche in Ostsachsen», in: Amadeu Antonio Stiftung, amadeu-antonio-stiftung.de: https://is.gd/vOc305 (Zugriff: 10.11.2024).

18 Stimpel/Olk (Anm. 7).

Die Schaffung von Diskursräumen und das Ausprobieren neuer Formen politischer Mitbestimmung, beispielsweise durch Bürgerforen und Zukunftswerkstätten, können dafür sorgen, dass die Menschen sich wieder für die Demokratie begeistern. Denn wo sonst ist es so einfach mitzureden wie in der eigenen Kommune?[1]

Es gibt also durchaus noch Hoffnung für den ländlichen Raum. Und schaut man etwas genauer hin, dann hört man ab und zu auch gute Nachrichten. Wie aus Ostritz, wo sich seit mehreren Jahren erfolgreich gegen ein rechtsextremes Musikfestival gewehrt wird (und ja, auch den Nazis das Bier wegzukaufen kann helfen).[2] Oder aus dem Saale-Holzland-Kreis, wo eine antifaschistische Initiative versucht, durch Diskussionsrunden und Spieleabende mit den Menschen ins Gespräch zu kommen.[3] Wichtig bleibt nur: das ‹Hinterland› und die Menschen, die sich dort engagieren, dürfen nicht vergessen werden. ◼

1 Ebd.
2 Lea Wolters: «Ostritz: Eine Stadt wehrt sich erfolgreich gegen Nazis», in: Amadeu Antonio Stiftung, amadeu-antonio-stiftung.de: https://is.gd/rfcut2 (Zugriff: 10.11.2024).
3 Sebastian Haak: «Thüringen: Mit Kaffee und Kuchen gegen rechts», in: nd-aktuell.de: https://is.gd/rmdTfC (Zugriff: 10.11.2024).

Johanna Liebe

Bitte wenden!
Auf der Suche nach einem neuen, linken Zuhause

Der News-Ticker am eigenen Smartphone blinkt im Minutentakt auf. Nach drei Jahren einer umstrittenen Ampel-Regierung mit wachsender Unzufriedenheit, Inflation und geopolitischen Spannungen stehen nun vorgezogene Bundestagswahlen an.

Bei Betrachtung aller Krisen der letzten Jahre scheint es ganz so, als habe sich der politische Kurs Deutschlands im Stillstand festgefahren. Alle progressiven Ansätze aus dem Werkzeugkasten der Parteien sind verschwunden, während rechte Narrative den öffentlichen Diskurs weitestgehend dominieren. Auf den Sommer der schmerzhaften Landtagswahlen und den hitzigen Haushaltsherbst folgt nun ein Wahlwinter.

Was bedeutet das für linke Hoffnungen in Deutschland? Wo können linke Stimmen in unserer Gesellschaft ein neues Zuhause finden? Braucht es einen radikalen Bruch mit bestehenden Parteistrukturen oder reicht es, weiterhin auf den innerparteilichen Reformweg zu setzen?

Die endgültige Erosion linker Politik?

Blaue Herzen in den Kommentarspalten, mittelalte Männer in TikTok-Videos, die ein stolzes Deutschsein predigen, und gruselige Talkshow-Runden sind mittlerweile aus dem politischen Alltag nicht mehr wegzudenken. Es wird gehetzt, gehasst und immer weiter nach unten getreten. All das wäre jedoch halb so überraschend, wenngleich nicht weniger dramatisch, wenn dieser populistische Dreiklang Menschen rechts der Mitte vorbehalten wäre. Aber nein: Nicht nur Politiker:innen (rechts-)populistischer Parteien tragen zur gesellschaftlichen Diskursverschiebung bei – auch vermeintlich linke Parteifunktionär:innen machen mit bei der Verbreitung von Hass und Hetze.

Es bleibt nichts anderes zu sagen als:

Die deutsche Parteienlandschaft hat das linke Lager verloren!

Im Mittelpunkt der Debatte steht die Asyl- und Migrationspolitik. Denn Migrant:innen sind bekanntlich die besten Sündenböcke. Reflexartig werden täglich einstige rote Linien überschritten. Jeden Tag wirft irgendjemand aufs Neue seine bisherigen Überzeugungen über Bord – alles in der leisen Hoffnung, Wähler:innenstimmen wieder zurückzugewinnen.

So feiert das Magazin *Focus* den Grünen-Politiker sowie Bundeslandwirtschaftsminister Cem Özdemir dafür, keine Furcht mehr davor zu haben, die vermeintlichen Tabus seiner Partei anzusprechen – oder besser gesagt, die «grünen Lebenslügen» zu enttarnen[1]. Es ist sogar von einem «Ausbruch von Vernunft» die Rede, wenn Özdemir sich gegen die Positionen seiner Parteikolleg:innen stellt. Ihm zufolge solle jetzt endlich mit dem positiven Framing von Migration gebrochen werden: Özdemir macht ein für alle Mal klar, Menschen in Deutsch-

land aufzunehmen sei keine nationale Bringschuld. Es scheint ganz so, als wirke es auf den *Focus* vernünftig, jeden konstruktiven Vorschlag abzuschmettern.

Auch Außenministerin Annalena Baerbock und Wirtschaftsminister Robert Habeck profilierten sich in den letzten Monaten zunehmend als Realist:innen, indem sie immer wieder versucht haben, die Asylpolitik der Ampelkoalition gegenüber der grünen Parteibasis zu verteidigen. Offensichtlich wurde das Ziel, die Grünen nicht länger als Bremse innerhalb der Ampelkoalition wahrzunehmen, höher gewichtet als die Verteidigung der parteiinternen Prinzipien.

Bei der SPD sieht es nicht besser aus. Noch vor drei Jahren herrschte die Hoffnung, dass die Bundespolitik mit einem sozialdemokratischen Kanzler im Vergleich zu 16 Jahren CDU-Kanzlerin nur linker werden könne. Doch diese Hoffnung verflog schnell. In den letzten Jahren entwickelte sich das Gefühl der Ernüchterung bei vielen zu Frustration und Fassungslosigkeit.

Es ist schwer zu sagen, ob der Kurs der SPD von purem Opportunismus oder einer strategischen Rechtswende geprägt ist – wahrscheinlich von beidem etwas. Innenministerin Nancy Faeser etwa, die sich noch im letzten Jahr klar gegen Grenzkontrollen aussprach, hat inzwischen offenbar keinerlei Bedenken mehr, genau diese einzuführen. Und Kanzler Olaf Scholz erwog zwischenzeitlich, das mühsam errungene Lieferkettengesetz zu kippen, um Spitzenvertreter:innen aus der Wirtschaft für sich zu gewinnen. Die Profillosigkeit, die man lange der Union, allen voran Markus Söder, vorgeworfen hat, lässt sich inzwischen eins zu eins auf vermeintlich linke Parteien übertragen.

---

1 focus.de: https://is.gd/rmdTfC.

Im jetzt anlaufenden Wahlkampf scheint sich der Patriotismus der SPD weiter zuzuspitzen. Die Kampagne inszeniert SPD-Männer wie Olaf Scholz, Boris Pistorius und Lars Klingbeil als staatsmännische Figuren, die für angebliche Stabilität und Verlässlichkeit stehen sollen. Damit soll diese Kampagne offenbar nicht nur die Mitte, sondern auch rechts der Mitte Wähler:innen ansprechen. Dass aber genau diese Strategie zum Bumerang werden können, wird von der sozialdemokratischen Parteispitze erfolgreich ignoriert. Anstatt mit progressiven Visionen aufzutreten, reiht sich die SPD zunehmend in eine politische Erzählung ein, die auf nationale Identität und stumpfen Schwarz-Rot-Gold-Patriotismus setzt.

Dass man mit dieser Kampagne weitere linke Wähler:innen verliert, seine eigenen Werte verrät und den Rechtsruck im Land weiter verstärken wird, scheint eher nebensächlich. Die SPD schaut also gerade so zu, wie progressive Stimmen zunehmend heimatlos werden.

Gefangen im Teufelskreis – Das Liebäugeln mit der rechtspopulistischen Erzählung

Es ist doch kein Geheimnis, dass die Übernahme rechter Agenden nicht etwa Stimmen sichert, sondern den Diskurs nur weiter nach rechts verschiebt und letztlich rechte Parteien, die diesen Diskurs ursprünglich geprägt haben, enorm gestärkt werden. Zusammenfassend lässt sich also sagen: In den letzten Monaten lieferten sich Politiker:innen unterschiedlicher Parteien in Talkshows, Zeitungen und Sozialen Medien einen Überbietungswettbewerb an rechtspopulistischen Ideen, die mehr einer verzweifelten Symptombekämpfung als konstruktiven Lösungsvorschlägen gleichen.

Dabei zeigt die Realität, dass eine linke Politik bitternotwendig ist. Laut einer Analyse der Hans-Böckler-Stiftung[2] gehören materielle Sorgen wie Unsicherheit im Arbeitsleben, steigende Lebenshaltungskosten und ungleiche Einkommensverteilung zu den zentralen Treibern rechter Ideologie. Denn diese Ängste werden von rechtspopulistischen Akteur:innen gezielt instrumentalisiert, um antidemokratische Ressentiments und einfache Sündenbock-Narrative zu befeuern.

Dabei spielen insbesondere Abstiegsängste eine entscheidende Rolle. Viele Menschen, die sich von rechtspopulistischen Ideen angesprochen fühlen, empfinden ihre Situation als sozial absteigend – unabhängig von ihrer tatsächlichen Einkommenssituation. Diese subjektive Wahrnehmung von Kontrollverlust wird durch unsichere Arbeitsbedingungen und stagnierende Löhne verstärkt. So zeigt die Studie eindeutig, dass schlechte Arbeitsbedingungen und mangelnde soziale Sicherheit nicht nur das Vertrauen in Institutionen untergraben, sondern auch eine höhere Anfälligkeit für rechtspopulistische und antidemokratische Einstellungen fördern.

Demgegenüber steht eine Politik, die auf eine soziale und positive Erzählung setzt – eine Erzählung, die die Ärmsten unserer Gesellschaft nicht gegeneinander ausspielt, die sich für eine inklusive Sozialpolitik einsetzt und die den Krisen unserer Zeit mit progressiven Maßnahmen begegnet. Denn genau diese Faktoren schaffen nicht nur soziale Integration, sondern stärken auch das Vertrauen in politische Insti-

---

2   boeckler.de: https://is.gd/IJbpku.

tutionen und verringern die Anfälligkeit für populistische Vereinfachungen. Aber eben diese Vernachlässigung sozialer Maßnahmen sind fatal. Der Fokus auf kurzfristige, symbolpolitische Aktionen wie verschärfte Grenzkontrollen oder Sparmaßnahmen bei sozialstaatlichen Leistungen verschärft hingegen die gesellschaftliche Polarisierung und lässt echte Lösungen für die Sorgen vieler Menschen missen.

Zwischen Symptombekämpfung und Symbolpolitik

Anstatt auf die materiellen Probleme großer Bevölkerungsgruppen einzugehen und progressive Lösungen zu erarbeiten, wurde sich also in den letzten Monaten vielmehr damit zufriedengegeben, den Status quo zu verwalten und sich vom rechten Sog mittragen zu lassen:

- Die Menschen leiden unter der Inflation[3] – das Bundeslandwirtschaftsministerium beschwerte sich darüber, dass die Lebensmittelpreise hierzulande zu niedrig seien, und zeitgleich plante das Bundesfinanzministerium eine Steuerreform, von der vor allem Singles und Gutverdiener:innen profitieren[4]. Hinzu kommt: Während ärmere Haushalte weiterhin überdurchschnittlich unter der Inflation leiden, schütten DAX-Konzerne ihren Anteilseigner:innen Rekordsummen aus[5]. Politische Antworten, die genau diese ungleiche Gewinnverteilung adressieren und verändern wollen, bleiben jedoch aus.

- Die Menschen stehen vor einem steigenden Armutsrisiko[6] und sorgen sich um potenzielle Arbeitslosigkeit[7] – das Bundesarbeitsministerium kündigte sowohl eine Nullrunde beim Bürgergeld für 2025 als auch die Streichung des Bürgergeldanspruchs für Jobverweigerer:innen an. Gleichzeitig fallen wichtige Koalitionsziele wie die Kindergrundsicherung und die Rentenreform hintenüber, während notwendige Investitionen in die Infrastruktur des Landes durch das verzweifelte Festhalten an der Schuldenbremse blockiert wurden.

- Die Menschen sorgen sich um Krieg in Europa[8] – doch anstatt diesen Sorgen mit einer langfristigen Strategie zu begegnen, lassen sich auch Politiker:innen aus vermeintlich linken Parteien von populistischen Narrativen treiben.

- In einem *FAZ*-Gastbeitrag legten die ostdeutschen Spitzenpolitiker Woidke, Vogt und Kretschmar eine «ostdeutsche Initiative zur Friedensdiplomatie»[9] dar, die jedoch mehr von naivem Optimismus als von realpolitischer Analyse geprägt ist. Der grundlegende Trugschluss solcher Ansätze liegt darin, dass sie den Wunsch nach Frieden mit der Illusion verwechseln, Diplomatie sei mit einem Diktator wie Putin möglich. Dabei wird die eigentliche Ursache des Konflikts ignoriert: Putins grundlegender Expansio-

---

3 tagesschau.de: https://is.gd/2xkwSn.
4 sueddeutsche.de: https://is.gd/OBW1XK.
5 tagesschau.de: https://is.gd/q3esIT.
6 dw.com: https://is.gd/rIpKNl.
7 dw.com: https://is.gd/rIpKNl.
8 dw.com: https://is.gd/rIpKNl.
9 mdr.de: https://is.gd/a98KMw.

nismus. Das Ziel Putins hat sich längst nicht mehr auf die Annexion der gesamten Ukraine beschränkt, sondern zielt darauf ab, die europäische Sicherheitsordnung zu destabilisieren und Russlands Einflusszone auszubauen.

- Das grundlegende Problem dabei: Auch Parteien links der Mitte schaffen es nicht zu kommunizieren, dass eine souveräne Ukraine langfristig mehr Stabilität und Sicherheit für ganz Europa bedeuten würde. Statt eine konsequente Außenpolitik basierend auf dieser Erkenntnis zu machen, wird wahlkampftaktisch nach dem Bruch der Ampel-Koalition mit Putin höchstpersönlich telefoniert.
- Die Menschen sorgen sich um Fremdenfeindlichkeit und Rechtsruck[10] – das Bundesinnenministerium brachte stattdessen ein Sicherheitspaket auf den Weg, dass die AfD nicht besser ermutigen könnte, sich die nächsten rassistischer Pläne zu überlegen.
- Die Menschen sorgen sich um Einwanderung[11] – statt einer konstruktiven Debatte über migrationspolitische Herausforderungen wie Integration und die Überbelastung von Kommunen zu führen, häuften sich destruktive Vorschläge, das Asylrecht einfach per se infrage zu stellen, Grenzkontrollen zu verschärfen und vor allem «im großen Stil abzuschieben».

Unsere Politik ist demnach von kurzfristiger Symptombekämpfung und symbolischen Maßnahmen geprägt. Diese gehen aber weder die strukturellen Ursachen der Probleme an noch bieten sie nachhaltige Lösungen. Statt grundlegende Reformen voranzutreiben, die soziale Gerechtigkeit, wirtschaftliche Sicherheit und demokratische Stabilität stärken, werden Maßnahmen ergriffen, die vor allem auf Schlagzeilen und Wählerstimmen abzielen. Dies verstärkt jedoch nicht nur das Gefühl vieler Menschen, von der Politik im Stich gelassen zu werden, sondern spielt auch rechtspopulistischen Kräften in die Hände, die genau diese Enttäuschung weiter instrumentalisieren. Dabei ist eine progressive Politik, die echte Antworten liefert, notwendiger denn je – doch sie scheitert bislang an dem Glauben daran, dass stumpfer Patriotismus es im Zweifel schon regeln wird.

Neues linkes Zuhause gesucht!

Der eingeschlagene Kurswechsel geht jedoch nicht spurlos an den eigenen Parteistrukturen vorbei. Vor allem in den Reihen der Parteijugenden rumort es. Wachsende Unzufriedenheit über die anhaltende Kursverschiebung bringt sowohl Jusos als auch Grüne Jugend-Mitglieder zunehmend in Konflikt mit ihren Mutterparteien. Zwar haben die jungen Parteimitglieder in der Vergangenheit immer wieder an den linken Kern ihrer Parteien erinnert, aber auch ihnen geht irgendwann die Puste aus.

Denn wie lange wird der Geduldsfaden halten, wenn jenes linke Gewissen - trotz Regierungsbeteiligung der Partei - keinerlei Einfluss auf politische Ergebnisse nehmen kann? Da ist die Verbindung zur Mutterpartei schnell mal mehr kritisch als solidarisch.

So beklagen die Jusos offen den Verlust sozialdemokratischer Werte und rufen

10 kas.de: https://is.gd/R5yrfB.
11 dw.com: https://is.gd/rIpKNI.

unter ihren SPD-Bundestagsabgeordneten dazu auf, gegen das Sicherheitspaket von Kanzler Olaf Scholz zu stimmen.[12] Aber das ist nicht die radikalste Form, wie eine Jugendorganisation Kritik gegenüber dem Kurs der eigenen Partei äußern kann. Der ehemalige Bundesvorstand der Grünen Jugend ging einen Schritt weiter: Enttäuscht über die Kompromisse in der Ampel-Koalition, haben einstige grüne Nachwuchspolitiker:innen die Partei geschlossen verlassen und eine neue Bewegung gegründet – «Zeit für was Neues 2024».

Es wird deutlich: Die sozialdemokratische und grüne Jugendorganisation sind sich jeweils in der großen Unzufriedenheit mit ihrer jeweiligen Mutterpartei einig. Nur die politische Konsequenz, die aus dieser Unzufriedenheit resultiert, unterscheidet sich.

Um diesem jugendlichen Unmut in verschiedenster Form auf die Spur zu gehen, wurden Vertreter:innen der Jusos, der Grünen Jugend und von «Zeit für was Neues 2024» um eine Stellungnahme gebeten. Auf Nachfrage der *jungen perspektiven* hat sich der Bundesvorstand der Grünen Jugend dagegen entschieden, auf die gestellten Fragen zu antworten, wohingegen es «Zeit für was Neues 2024» aufgrund von Kapazitätsgründen nicht geschafft hat, die Fragen bis zum Redaktionsschluss zu beantworten. Für die Jusos hat der Bundesvorsitzende Philipp Türmer hingegen Stellung bezogen.

«Zeit für was Neues 2024» ist laut eigenen Aussagen nicht mehr bereit dazu, ihren Kopf für eine «falsche Politik»[13] hinzuhalten. Die Jusos und die Grüne Jugend hingegen schon?

Zwar sind die Jusos weiterhin entschlossen, den Reformweg innerhalb der SPD zu beschreiten, dennoch kann Philipp Türmer die Frustration der jungen Generation nachvollziehen: «Bezahlbare WG-Zimmer, moderne Schulen, eine nachhaltige Wirtschaft und sichere Jobs. Die Ansprüche junger Menschen sind nicht hoch. Doch nicht einmal diese werden ansatzweise erfüllt. Und das Frustrierende: Selbst bei einer SPD-geführten Regierung ist das der Fall. Statt die Zukunft zu gestalten, geht es meist nur darum, die Gegenwart zu verwalten – und auch das gelingt mehr schlecht als recht.»

Im Gegensatz dazu haben sich die Mitglieder von «Zeit für was Neues 2024», darunter die ehemaligen Grüne-Jugend-Vorsitzenden Svenja Appuhn, Katharina Stolla und Sarah-Lee Heinrich gegen den Weg der innerparteilichen Reform entschieden. Sie schreiben auf ihrer Webseite, dass «die Grünen zunehmend [...] den Status quo verwalten» und «immer mehr zu einer Partei werden wie alle anderen.»[14] Zudem glaubten sie nicht mehr daran, dass innerhalb der Grünen ein Kurswechsel möglich sei, und argumentieren, dass für wirkliche Veränderungen ein radikaler Bruch notwendig sei.

Hingegen sehen die Jusos trotz der frustrierenden Regierungspolitik weiterhin Hoffnung im innerparteilichen Diskurs: «Ich bin der Meinung, dass man zwischen der aktuellen SPD-Regierungspolitik und den Beschlüssen, die auf Bundesparteitagen gefasst werden, unterscheiden muss. Denn

---

12 tagesschau.de: https://is.gd/FEb2uO.

13 https://zeitfuerwasneues2024.de.

14 https://zeitfuerwasneues2024.de.

in der Partei gibt es immer wieder ein Aufflammen der richtigen Debatten. Nicht umsonst wurden zum Beispiel mit der Vermögensabgabe auf dem letzten Bundesparteitag auch tiefgreifendere Beschlüsse gefasst, als das, was wir sonst im täglichen politischen Alltag sehen. Für diese Umsetzung müssen wir nun kämpfen», so Türmer.

Ebenso setzt die neue Führung der Grünen Jugend, bestehend aus Jakob Blasel und Jette Nietzard, auf eine Strategie der innerparteilichen Veränderung. Blasel kritisierte in einem Interview mit dem *Spiegel* die Politik der Grünen scharf und machte klar, dass sie unter anderem die geplanten Abschwächungen des Lieferkettengesetzes nicht unterstützen[15]. Ebenso verdeutlicht Nietzard, dass die Grüne Jugend ihre Mutterpartei dazu drängen werde, stärker auf die Jugend zu hören und weniger rechte Narrative zu übernehmen, besonders in der Asylpolitik.

Auf die Frage hin, ob die Jusos jemals über einen radikalen Schnitt, wie eine Neugründung, nachdenken würden, bleibt Türmer diplomatisch, betont aber den Anspruch der Jusos, innerhalb der SPD für eine progressive Politik zu kämpfen: «Ich glaube an linke Sammlungsbewegungen. Das bedeutet auch, dass ich mich nicht einfach zurückziehen werde, wenn der Gegenwind zunimmt. Ich glaube, der Anspruch innerhalb der SPD für linke und progressive Politik zu kämpfen, eint viele in unserem Verband. Mit all diesen Menschen werden wir gemeinsam immer und immer wieder laut sein.»

Im Gegensatz dazu war der Abgang des ehemaligen Grünen Jugend-Bundesvorstands weniger diplomatisch. Die aktuelle Grüne Jugend-Bundesvorstand beschreibt den Parteiaustritt als «undemokratisch» und warf dem alten Vorstand vor, in aller Stille aus der Partei ausgetreten zu sein, ohne eine gemeinsame Abstimmung auf dem Bundeskongress ermöglicht zu haben. Auf dem Bundeskongress der Grünen Jugend im Oktober wurde dieser Abgang ebenfalls bemängelt: So warfen Verbandsmitglieder den «Abtrünnigen» vor, dass es ihnen «nur um sich selbst, aber nicht um das Wohl der Grünen Jugend gegangen sei»[16] – da nicht einmal die eigenen Landesvorstände über den geschlossenen Parteiaustritt vorab in Kenntnis gesetzt worden seien.

Am Scheideweg

Die Suche nach Antworten auf die großen politischen Herausforderungen unserer Zeit führt unweigerlich zu einer entscheidenden Frage: Können vermeintlich linke Parteien wie SPD und Grüne noch eine Heimat für progressive Ideen sein, oder braucht es einen radikalen Bruch, um ein neues politisches Zuhause zu schaffen? Der Weg dorthin gleicht einer Zerreißprobe – für manche Parteimitglieder, für ihre Jugendorganisationen und für all jene Wähler:innen, die mit ihrer Stimme bei der kommenden Bundestagswahl eine solidarische und zukunftsfähige Politik wählen wollen.

Klar ist: Symptombekämpfung und Symbolpolitik werden daran scheitern, echte Antworten auf die Herausforderungen unserer Zeit zu liefern. Vielmehr sind die Maßnahmen, die als Reaktion auf aktuelle Krisen präsentiert werden, eher Teil des

15 spiegel.de: https://is.gd/WPZYqp.
16 spiegel.de: https://is.gd/WPZYqp.

Problems als Teil der Lösung und spielen Rechten in die Karte.

So oder so: Die Suche nach einem neuen linken Zuhause geht weiter – für manche innerhalb bestehender Strukturen, für andere durch neue Formierungen. Entschei-dend dabei wird sein, ob es gelingt, die Gesellschaft wieder für eine linke Erzählung und progressive Politik begeistern zu können. Diese ist nämlich dringend notwendig – zum Wohle der Menschen und zum Wohle einer lebenswerten Zukunft. ■

....

Lina-Marie Eilers / Laura Clarissa Loew

Koschka Linkerhands *Feministisch Streiten 2*
Mehr als eine Rezension
Koschka Linkerhand: *Feministisch Streiten 2. Texte zu Bewegung und transnationalen Kämpfen*, Berlin: 2024. Querverlag 2024, 240 S., € 20,00

Vorbemerkung

Die Theoriearbeit von Koschka Linkerhand begleitet die beiden Autorinnen dieses Textes schon viele Jahre. Als mit dem Sammelband *Feministisch Streiten* im Jahr 2018[1] ihr erster großer, öffentlichkeitswirksamer Beitrag zur feministischen Debatte erschien, waren beide Studienanfängerinnen und, wenn auch seit einigen Jahren feministisch interessiert, so doch auch Anfängerinnen in feministischen Theoriediskussionen. Vorgeprägt – manche würden sagen vorgeschädigt – durch die Diskussionen rund um #MeToo, das Wiederauftauchen feministischer Themen im öffentlichen Raum, häufig in der Form des «Popfeminismus», sowie der auf theoretischer Ebene dominanten Strömung des Queerfeminismus, schlug

Feministisch Streiten ein wie eine Bombe. Es stellte bisherige Überzeugungen infrage und forderte intellektuell heraus. Der Band bot für die beiden Autorinnen, wie für so viele andere, den ersten theoretischen Zugang zum materialistischen Feminismus. Er wurde nicht nur zu einem prägenden Werk der feministischen Sozialisation, sondern bot auch den Nährboden für die feministische Arbeit, welche die beiden in den kommenden Jahren im Bundesvorstand der Juso-Hochschulgruppen als Zuständige für feministische Arbeit leisten sollten (Laura 2019–2021, Lina 2021–2023).

Der in diesem Jahr erschienene Nachfolgeband, *Feministisch Streiten 2*, beschreibt und reflektiert genau die Phase kritisch, in der die Autorinnen dieses Artikels selbst am engagiertesten in, an und mit der feminis-

....

1 Linkerhand, Koschka (Hg.): *Feministisch Streiten. Texte zu Vernunft und Leidenschaft unter Frauen*, Berlin 2018.

tischen Bewegung gedacht und gehandelt haben. Exemplarisch dafür ist nicht nur die – etwas ironische – Bezeichnung von *Feministisch Streiten* als die «Bibel» der Juso-Hochschulgruppen, sondern auch die vielen Einladungen von Koschka Linkerhand zu Veranstaltungen bei den HSGn und in deren Umfeld. Nicht zuletzt erschien in der Ausgabe 01/2023 der «Jungen Perspektiven» bzw. der *perspektivends – Zeitschrift für Gesellschaftsanalyse und Reformpolitik* auch der Artikel «Gegen das Beharren auf Binarität – Warum Materialismus nicht Transfeindlichkeit bedeutet», der die Grundlage für einen der Beiträge in *Feministisch Streiten 2* darstellt.[2]

Aufgrund dieser engen persönlichen Verwebungen ist dieser Artikel mehr als eine Rezension: Die beiden Autorinnen besprechen den neuen Beitrag zur feministischen Debatte einerseits, nutzen ihn aber auch als Diskussions- und Reflexionsgrundlage über die vergangenen sechs Jahre feministischen Streitens – bei den Juso-Hochschulgruppen und darüber hinaus.

Mehr als nur eine Fortsetzung – *Feministisch Streiten 2*

In der Einleitung von *Feministisch Streiten 2* reflektiert Koschka Linkerhand den Kontext und Inhalt ihrer Analysen aus dem ersten Band. Sie bezeichnet ihn aufgrund der teils heftigen Kritik des (damals) dominanten Queerfeminismus als «Skandalnudelsuppe» (S. 9). Wenige Seiten später folgt ein Abschnitt zur inhaltlichen Reflexion und Kritik einiger Annahmen des ersten Bandes. So mag anfangs der Eindruck entstehen, dass der zweite Band die Schärfe des ersten Bandes entkräften und die theoretischen Pfeiler, die er eingeschlagen hat, relativieren wolle. Angesichts der innen- wie außenpolitischen, regionalen wie globalen Bedrohungen durch revisionistische, faschistische und antifeministische Kräfte, angesichts einer verhärteten Polarisierung innerhalb der feministischen Bewegung selbst, stellt die Autorin die Frage, ob das «Beharren auf einem materialistischen Feminismus» (S. 31) überhaupt (noch) gerechtfertigt sei. Doch dieser erste Eindruck täuscht und wird dem Band nicht gerecht. Anstatt sich am ersten Band abzuarbeiten (oder aber, wie im ersten Band, an den «Queerfeminist:innen»), entwirft Koschka in *Feministisch Streiten 2* eine präzise feministische Methode, die sie in den einzelnen Aufsätzen auf aktuell relevante feministische Gegenstände konsequent anwendet. Hier liegt die große Stärke des Buches, die uns so anregt: Im Entstehungsprozess ihres theoretischen Entwurfs wendet sie die darin entwickelten Gedanken bereits an.

Das Buch ermöglicht einen Einblick in den Denkprozess der Autorin. Sie hinterfragt gerade vorgebrachte Argumente, schiebt plastische Beispiele ein oder macht kleine Ausflüge in ihr persönliches Leben – zum Beispiel in die diversen Leipziger Stadtparks, die sie während der Corona-Pandemie erkundet hat. Aber trotzdem – oder gerade deswegen – sind die Texte gut lesbar. Sie sind zwar in ihrer Einfachheit und Plastizität für ein theoretisches Werk ungewöhnlich und machen deshalb vielleicht auf den ersten Blick den Anschein, *zu* simpel zu sein, aber auch das ist ein Trugschluss. Hinter den knappen Sätzen und den lebens-

---

2 Linkerhand, Koschka: «Gegen das Beharren auf Binarität – Warum Materialismus nicht Transfeindlichkeit bedeutet», in: *perspektivends* 01/23, S. 65–80.

wirklichen Beispielen, die in der Regel auch ohne großes Vorwissen zu verstehen sind – damit löst die Autorin eine ihrer Ankündigungen aus der Einleitung ein – steckt eine präzise theoretische Argumentation.

Koschka Linkerhand macht sich selbst als Autorin in den Texten immer wieder sichtbar. Sie setzt sich mit dem beschriebenen Gegenstand *in Beziehung,* um eines ihrer theoretischen Kernkonzepte aufzugreifen (dazu weiter unten mehr). Dies geschieht durch die Einflechtung von Anekdoten aus dem persönlichen Erleben, der Reflexion des eigenen feministischen Sozialisationsprozesses und indem sie das Beschriebene stets auf ihre eigene Lebenssituation und theoretische Situierung bezieht und es aus dieser Warte kritisch kommentiert oder Zweifel äußert. Was diese Schreibstrategie besonders sympathisch macht – abgesehen davon, dass es den Texten eine persönliche Ebene verleiht – ist, dass sie die Autorin als aktives, denkendes Subjekt mit klarer Position einbezieht, sich allerdings nicht auf eine als absolut gesetzte eigene Identität bezieht. Koschka Linkerhand macht ihre Erfahrungen und Einstellungen als in der antideutschen Nachwendeantifa der 1990er-Jahre sozialisierte, lesbische, weiße, cis-weibliche Feministin mit ihren Lese- und Lernerfahrungen stets sichtbar. Sie *entschuldigt* ihre Argumentation damit aber weder nach gängiger intersektionaler Lesart als *privilegiert* und deshalb nicht berechtigt dazu, Position zu beziehen, noch imprägniert sie ihre Argumentation mit dem Argument der Betroffenheit als unfehl- und hinterfragbar. Stattdessen legt sie die Genese ihrer Überlegungen offen. Besonders in Fällen, in denen sie zu anderen Urteilen kommt als von ihr herangezogene Theoretikerinnen oder in denen sie sich in kontroversen Streitfragen positio-

niert, gibt sie mit dieser Strategie zwar allen Positionen eine Stimme, verfällt dabei aber weder in Beliebigkeit noch in einen Relativismus. Denn am Ende der Kapitel ist in den meisten Fällen trotzdem klar, zu welcher Analyse Koschka Linkerhand tendiert.

Feministisch streiten – aber mit wem?

Insgesamt besteht der Band *Feministisch Streiten 2* aus zehn inhaltlichen Kapiteln, die – teilweise als eigenständige Essays verfasst – diverse aktuelle Fragen des feministischen Diskurses behandeln – von postkolonialen Ausbeutungsverhältnissen über die Politisierung von Morden an Frauen bis zur Aushandlung des feministischen Subjekts. Ergänzt werden sie durch 14 Exkurse, die von eher persönlichen *Rants* über digitale Reproduktionsarbeit oder die Vereinsamung in der Pandemie bis hin zu langen Fußnoten über theoretische Sonderfragen reichen.

Feministisch Streiten 2 ist einerseits eine Fortsetzung des Bandes von 2018: Die behandelten Themenfelder, die essayistische Form und nicht zuletzt die Herausgeberin bleiben die gleiche. Trotzdem unterscheidet sich die aktuelle Publikation von ihrer Vorgängerin in einigen entscheidenden Punkten. Koschka Linkerhand – die diesmal nicht nur als Herausgeberin, sondern auch als alleinige Autorin aller Texte auftritt – reflektiert darin über gesellschaftliche und globale Veränderungen der sechs Jahre seit der Publikation des ersten Bandes. Pandemie, Kriege, faschistische und islamistische Bedrohungen haben die Ausgangslage für die feministische Bewegung zu einer anderen gemacht, neue Themen auf die Agenda gesetzt. Gleichzeitig beschreibt sie aber auch innerfeministische Entwicklungen dieser Jahre, die teilweise auch durch *Feministisch Streiten* angestoßen wurden, und geht durchaus hart mit ihnen ins Gericht. Sie kritisiert die Verhärtung der innerfeministischen Streitlinien, besonders um die Positionen des Queer- und Radikalfeminismus. Letzterem wirft sie vor, eine vulgarisierte, essenzialisierende, letztendlich missverstandene Variante der materialistischen Kritik zu sein, die sie mit ihrer Publikation vor sechs Jahren so prominent gesetzt hatte. Radikalfeministinnen hätten sich in ihrer Abwehr des Querfeminismus allzu oft mit Konservativen gemein gemacht – ob in der «Verteidigung» des politischen Subjekts Frau oder dem Einsatz gegen Prostitution – und ihren Forderungen damit die Progressivität genommen. Angesichts der Abwehrkämpfe, welche die feministische Bewegung global zu kämpfen habe, hat sich Koschka Linkerhand offensichtlich erneut die Frage gestellt: «Feministisch streiten ja, aber mit wem eigentlich?» und ist zu dem Schluss gekommen: «Streiten ja, aber mit Genossinnen, nicht gegen sie.» Dass dies in der feministischen Praxis nicht immer einfach ist, und ob ihre vorgeschlagenen Konzepte zur Zusammenarbeit innerhalb der diversen feministischen Szene in der politischen Realität auch tragfähig sind, soll an späterer Stelle erläutert werden.

Koschka Linkerhands Auseinandersetzung mit und die Kritik an aktuellen feministischen Entwicklungen nehmen wir allerdings umso ernster, da wir uns und unsere ehemaligen und gegenwärtigen Wirkungsfelder als Teil derselben sehen. Sowohl die Juso-Hochschulgruppen als auch die «Jungen Perspektiven» sind Teil der feministischen Bewegung. Als Feminist:innen verfolgen wir feministische Debatte und haben sie theoretisch wie praktisch bearbeitet, leidenschaftlich haben wir mit Genoss:innen an deutschen Universitäten gestritten und

Positionen erarbeitet, die in den letzten Jahren auf materialistischer Kritik basierten. Genau deswegen – weil wir uns, *unsere* Organisationen, in der Entwicklung der letzten sechs Jahre verorten, fühlen wir uns mit diesem Buch so verbunden. Deshalb ist aber auch die geäußerte Kritik, besonders die zutreffende, umso schmerzhafter – *it hits close to home*. Waren wir manchmal apodiktisch mit der Verurteilung queer- bzw. populärfeministischer Positionen – auch in der Ablehnung der eigenen jugendlichen Sozialisation? Haben wir Debatten zu ergebnisorientiert geführt, den Schwerpunkt nicht auf die Diskussion, sondern auf die Vermittlung der «richtigen» Positionen gelegt? Wurden die Debatten – ob in Seminaren oder in der Kneipe – zu binär geführt? Vieles davon mag auch der Dynamik politischer Jugendverbände geschuldet sein, die eben (trotz unserer stetigen – manchmal vielleicht übertriebenen Bemühungen) keine Orte der akademischen Theorieproduktion sind, sondern dazu dienen, junge Menschen zu politisieren, zugespitzte Forderungen zu formulieren und in die öffentliche Debatte einzubringen. Trotzdem oder gerade deswegen kommt *Feministisch Streiten 2* zur richtigen Zeit und bringt mit seiner Kritik und seinen Debattenvorschlägen Punkte in die feministische Bewegung ein, die den Band zum neuen Theorieklassiker nicht nur der Juso-Hochschulgruppen machen können.

«Verrückt werden an den Widersprüchen» — der Versuch einer materialistisch-feministischen Methode

Nach dem Aufleben in Form einer «4. Welle» in den 2010er-Jahren sieht sich die feministische Bewegung in den vergangenen sechs Jahren durch die multiplen Krisen, die sich inzwischen scheinbar zu einer Dauerkrise verflochten haben, in die Ecke gedrängt. Ökonomische Missstände, Krieg und Flucht verstärken die gewaltvollen und prekären Lebensrealitäten von Frauen. Die Pandemie kettete sie wieder stärker an die gesellschaftliche Reproduktionssphäre: Sie waren es, die das System aufrechterhielten – ob durch Kinderbetreuung oder als un(ter)bezahlte Pflegekraft. Gleichzeitig gewinnen rechte Kräfte auch in Deutschland immer mehr an Boden, rechte Diskurse werden gesamtgesellschaftlich dominant, die AfD gewinnt in allen Bundesländern massiv an Stimmen und auch die anderen größeren Parteien Deutschlands, inklusive der SPD, übernehmen rassistische und sozialchauvinistische Narrative. Antifeministische Haltungen sind auf dem Vormarsch, hinter ihnen vereinigt sich das rechte, bürgerliche und konservative Spektrum. In *Feministisch Streiten 2* begründet diese reale und globale Bedrohung von Rechten und anderen regressiv-totalitären Kräften Koschka Linkerhands Plädoyer zur Vereinigung der feministischen Bewegung. Diese Vereinigung soll aber nicht als Vereinheitlichung missverstanden werden – auch in *Feministisch Streiten 2* liegt die Betonung auf einer feministischen *Streit*bewegung. Jedoch werden Feminist:innen mit anderem theoretischem Hintergrund und zum materialistischen Feminismus divergenten Positionen (anders als in einigen Texten des ersten Teils) als feministische Genoss:innen im Kampf gegen das kapitalistische Patriarchat und seinen politischen Unterstützer:innen verstanden. Diese (Selbst-)Kritik und Reflexion in und an der feministischen Bewegung stellt jedoch nur den Ausgangspunkt der theoretischen Herangehensweise in *Feministisch Streiten 2* dar, keineswegs deren Fazit.

Vor dem Hintergrund dieser Neubestimmung der Aufgabe ihrer feministischen Kritik und auch ihrer Position in der feministischen Bewegung entwirft Koschka Linkerhand in *Feministisch Streiten 2* eine materialistisch-feministische Methode, mit deren Hilfe sie feministischen Gegenständen begegnet und differenzierte feministische Positionen erarbeitet. Ihr Materialismusverständnis entwickelt sie dabei nicht durch die Abgrenzung zum Queerfeminismus, sondern greift zurück auf das Ursprungskonzept des *historischen* Materialismus, der seine Analysen stets auf den materiellen und gesellschaftlichen Bedingungen der jeweiligen Epoche basiert. Koschka Linkerhands materialistisch-feministisch Methode besteht außerdem aus Elementen verschiedener theoretischer Zugänge, beinahe ließe sie sich als intersektional bezeichnen (im Sinne von Intersektionalität als Ineinandergreifen verschiedener theoretischer Überlegungen). In ihrer dialektischen Argumentationsweise und ihren Ausführungen zu Subjekttheorie und Nichtidentität wird die starke Prägung der Autorin durch die Kritische Theorie offensichtlich. Diese verknüpft sie klug mit moderneren feministischen Psychoanalytikerinnen wie beispielsweise Jessica Benjamin. Einen weiteren theoretischen Grundpfeiler in *Feministisch Streiten 2* bildet Rosa Luxemburgs Konzept der «Revolutionären Realpolitik». Klassische marxistische und kapitalismuskritische Argumentationen erweitert sie außerdem global durch dekoloniale Ansätze, wie die Extraktivismuskritik von Eva Vázquez oder Nancy Piñeiro Moreno. Deren Konzepte macht sie in ihrer Argumentation fruchtbar, ohne ihre Leerstellen in Bezug auf Antisemitismus oder gewisse essenzialisierende Tendenzen zu ignorieren.

Aus dieser sozusagen *intersektionalen* materialistischen Methode ergeben sich theoretische Kernkonzepte, die sich durch die einzelnen Texte ziehen. Dazu gehört beispielsweise das von der Autorin immer wieder in unterschiedlichen Kontexten betonte *sich in Beziehung Setzen*. Dadurch sollen Differenzen zwischen Frauen (beispielsweise unterschiedliche Positionierungen im globalen kapitalistischen Ausbeutungszusammenhang) sichtbar gemacht, aber nicht – wie dies häufig in intersektionalen oder dekolonialen Ansätzen geschieht – gegeneinander ausgespielt oder hierarchisiert werden. Das *Andere*, seien es Frauen in anderen Lebenssituationen, andere theoretische Zugänge oder auch das, was das Subjekt im Zuge seiner Konstitution von sich selbst abspaltet, soll weder dämonisiert noch überhöht und exotisiert werden. Die Autorin plädiert hingegen dafür, die eigene Situation zu derjenigen anderer Frauen in unterschiedlichen globalen und sozialen Kontexten *in Beziehung* zu setzen und sie – in ihren unterschiedlichen Ausprägungen – als Konsequenz des gleichen globalen Wirkungszusammenhangs, des kapitalistischen Patriarchats, zu verstehen. Koschka Linkerhand fordert dazu auf, «Eigenes im Anderen zu suchen und [es] darüber in ein neues Licht zu setzen, ohne die Differenzen zu vernachlässigen» (S. 129).

Neue Bündnisse schmieden, trotz wechselseitiger Verletzungen?

Die Strategie des *in Beziehung Setzens* schlägt Koschka Linkerhand auch als Leitfaden für die feministische Praxis vor. In dem für das Buch typischen, persönlich-reflektierenden Stil positioniert sie sich selbst als Autorin und Theoretikerin in eben dieser Praxis

und denkt über ihre Rolle innerhalb der feministischen Bewegung nach. Ihre Rolle versteht sie dabei darin, sich als Einzelne durch Vorträge und Texte *in* die Bewegung zu begeben und sich darüber mit anderen Feministinnen *in Beziehung zu setzen*. Feministische Theoretikerinnen seien dabei aber weder als Sprachrohre der feministischen Bewegung zu verstehen, noch als Außenstehende, für die die feministische Bewegung sich nur auf ein Forschungsobjekt reduziere. Ganz im Sinne des *feministischen Streitens* sollten sie «Teil einer Bewegung und zugleich Kritikerin der Bewegung» (S. 172) sein.

Doch was bedeutet die Verortung und die Arbeit in einer solchen Bewegung in der Praxis? Laut Koschka Linkerhand solle sich die feministische Bewegung als *Streitbewegung* über Gemeinsamkeiten anstatt Differenzen konstituieren. Übersetzt in feministische Praxis heißt dies, situations- und inhaltsbezogene Bündnisse zu schmieden. Zu einer Demonstration für legale Abtreibung könnten unterschiedliche Gruppen sich unter dieser Forderung zusammenschließen. Andere Differenzen, wie beispielsweise die Frage nach dem feministischen Subjekt, gelte es dann auszuhalten. Für eine schlagfertige feministische Bewegung ist dieser (vielleicht unrealistische?) Ansatz der anlassbezogenen Bündnisse durchaus produktiv. Aber wie könnte er in der feministischen Praxis funktionieren?

Wer sich in den vergangenen Jahren in und mit der feministischen Bewegung auseinandergesetzt hat, weiß, dass es manchmal fast unmöglich scheint, breite Bündnisse zu formen. Zu dieser Spaltungsdynamik haben alle beteiligten Akteur:innen beigetragen und auch wir wollen uns aus dieser Kritik nicht herausnehmen. Auch wir haben unsere, wenn auch kleineren, «Skandalnudelsüppchen» gekocht – oder die von anderen zumindest gesalzen. Auch wir haben manchmal über Formulierungsfragen oder die «richtigen» diskursiven Positionierungen aus den Augen verloren, dass *mit* Genossinnen gestritten und *gegen* politische Gegner gekämpft wird und nicht andersherum. Vor diesem Hintergrund möchten wir reflektieren, wie die Idee der punktuellen, inhaltsbezogenen Bündnisse in der feministischen Bewegung in die Praxis umgesetzt werden kann. Wir wollen aber auch die Frage aufwerfen, wie realitätsnah diese Idee ist – und wann wir sie vielleicht auch verwerfen müssen.

Materialistisch argumentierende Feministinnen sind in feministischen Kontexten zwar nicht ganz alleine, doch sehen sie sich aufgrund einer gewissen Hegemonie der identitäts- und queerfeministischen Deutungen häufig nicht nur mit Widerspruch, sondern auch mit Vorwürfen konfrontiert. Wenn Fragen wie beispielsweise der religiösen Unterdrückung, der sexuellen[3] Ausbeutung oder der zwar nicht naturgegebenen, aber doch strukturell gesellschaftsprägenden Dominanz des binären Geschlechtersystems diskutiert werden, stoßen individualistische Analysen häufig an Grenzen. Materialistische Perspektiven werden von dieser Warte aus schnell als Einschränkungen der individuellen Freiheit abgetan: Aus Kritik an der sexuellen Ausbeutung von Frauen in der Prostitution wird dann schnell «Sexworkfeindlichkeit», feministische Kritik an religiösen Dogmen und

Symbolen wird als Feindlichkeit gegenüber einer bestimmten Religion bzw. ihren Träger:innen verstanden. Solche diffamierenden Urteile *vermuteter* Feindlichkeiten führten in der Vergangenheit teilweise zu Ausschlüssen und Ausladungen.[4] Koschka Linkerhand geht in der Einleitung zu *Feministisch Streiten 2* hart ins Gericht mit materialistischen/radikalen Feministinnen, die aufgrund dieser Zurückweisung – ob aus Trotz oder aus strategischen Überlegungen – *inhaltliche Bündnisse* dann eben mit Konservativen eingehen oder sich in einen essenzialistischen Radikalfeminismus zurückziehen. Beide Strategien bedeuten letztendlich, eine emanzipatorische Gesellschaftskritik und auch das Streiten (mit Genossinnen) aufzugeben. Gleichzeitig kann aber auch beobachtet werden, dass diese Strategien häufig Rückzüge aus einer feministischen Bewegung darstellen, in der die Deutungshoheit darüber, ob und wie Debatten geführt werden, eher selten bei den materialistischen Feministinnen liegt und diese häufig den gemeinsamen Diskursraum gar nicht erst mitgestalten können.

Wo hört das Genossin-Sein auf?

Die Frage der Grenzen von Bündnissen verhandelt Koschka Linkerhand auch anhand des «üblichen blinden Fleck[s]» (S. 279) des Feminismus – dem Antisemitismus. Sie kri-

---

3 Entgegen gegenwärtigen Trends plädiert Koschka Linkerhand dafür, den Begriff «sexuelle» anstatt «sexualisierte» Gewalt zu benutzen. Sie argumentiert, dass die Variante «sexuelle» Gewalt stärker mit einbeziehe, dass Sexualität unter den gewaltvollen kapitalistisch-patriarchalen Bedingungen produziert worden sei und Gewalt ihr so strukturell inhärent sei. Dies würde durch das Attribut «sexualisiert» jedoch verschleiert werden (vgl. «Exkurs 10. Sexuelle oder sexualisierte Gewalt», S. 202–207).

4 Beispielsweise bezeichnen die NRW-Jusos Koschka Linkerhand als Feministin, die sich antimuslimisch rassistisch äußere und plädieren daher für eine Inhaltswarnung: wiki.nrwjusos.de: https://is.gd/PaD9bO (zul. 26.11.2024). Auf Reaktion eines Vortrags von Koschka Linkerhand, in dem sie sich zu feministischer Kritik am Islam referierte, veröffentlichte das queerfeministische Kollektiv *gegengrau* eine ähnliche Kritik: queerfems.blackblogs.org: https://is.gd/UpYmMt (zul. 26.11.2024).

tisiert diese Leerstelle bei den postkolonialen Theoretikerinnen, auf die sie sich in ihrer Analyse des globalen kapitalistischen Patriarchats kritisch-affirmativ bezieht. Deren teils binäre Aufteilung der Welt in «Ausbeuter» und «Ausgebeutete» und die Externalisierung jeglicher eigener *Implizität* an der (Re-)Produktion des kapitalistischen Patriarchats simplifizierten kapitalistische Ausbeutungsstrukturen. Sie seien dadurch nicht in der Lage, Antisemitismus als Ideologie analytisch zu fassen. Dies identifiziert Koschka Linkerhand zwar als Leerstelle der postkolonialen Theorie, plädiert jedoch dafür, dem «alte[n] antideutsche[n] Impuls,» die Vertreter:innen eines postkolonialen Feminismus «wegen ihres Antisemitismus in die Ecke zu pfeffern» (S. 293) und dem Bedürfnis nach einer «fleckenlosen Theorie» (ebd.) zu widerstehen, um auf den zweifellos großen Erkenntnisgewinn dieser Theoretikerinnen zurückzugreifen.

Während man aber einen Text von Silvia Federici, Rita Segato oder auch Judith Butler mal getrost in die Ecke pfeffern kann, um ihn danach wieder aufzuheben und damit und daran weiter zu arbeiten, gestaltet sich eine solche Auseinandersetzung in der feministischen Praxis häufig umso komplizierter. Koschka Linkerhand öffnet zwar die Möglichkeitsräume für punktuelle Kooperationen und liefert hier auch Praxisbeispiele. Doch an anderer Stelle bleibt auch bei ihr eine gewisse Fassungslosigkeit zurück, ob der terrorverherrlichenden, autoritären Tendenzen, die gewisse «feministische» Gruppierungen auch in ihrem eigenen Umfeld und unserem eigenen Wirkungskreis an den Tag legen.

Die Frage, wie mit solchen Gruppierungen umzugehen ist, stellt sich umso dringlicher seit dem 7. Oktober 2023 – nicht nur, aber auch in der feministischen Bewegung. Au-

toritär-stalinistische K-Gruppen und andere selbst ernannte «antiimperialistische» Gruppierungen setzen alles daran, «Palästina» als Hauptwiderspruch innerhalb der Linken, und somit auch innerhalb der feministischen Bewegung, zu etablieren. Dabei sind sie an keiner tatsächlichen Debatte oder gar der Verbesserung der politischen Lage in Israel und den palästinensischen Autonomiegebieten interessiert. Unter #MeTooUnlessYouAreAJew wird die Leerstelle, wenn nicht der grassierende Antisemitismus in der feministischen Bewegung verdeutlicht: Betroffenen sexueller Gewalt zu glauben ist offensichtlich nicht länger eine universelle Prämisse, sondern klammert die Erfahrung israelischer und jüdischer Frauen aus.[5] Der Entscheidung, diese feministische Grundidee zu verwerfen, geht eine Aufkündigung des *Genoss:innen-Seins* voraus. Anders gesagt: Fordert man ein Verbünden über Gemeinsamkeiten trotz Differenz ein, so müssen diese Gemeinsamkeiten – wie beispielsweise die Anerkennung der wechselseitigen Menschlichkeit und die Bereitschaft zum Diskurs – überhaupt bestehen. Gruppierungen, die beispielsweise die sexuelle Gewalt des 7. Oktobers leugnen oder gar als Widerstand feiern, haben diesen feministischen Grundkonsens offensichtlich schon aufgekündigt. Aber auch K-Gruppen, deren Rolle Koschka Linkerhand im Exkurs «Differenz im Streik» offen lässt, haben sich durch ihre autoritären Züge und ihrer Toleranz bis Genoss:innenschaft mit Islamist:innen und Hamas-Unterstützer:innen für sämtliche feministische Anliegen disqualifiziert.

Sind wir also trotz allen Willens zu thematischen Bündnissen wieder in der «Ja, aber nicht mit denen»-Spirale angekommen, wenn es um Kooperationen in der feministischen

---

5 Vgl. bspw. zwst.org: https://is.gd/C55OOR (zul. 28.11.2024).

Bewegung geht? Nicht ganz. Denn die Argumentation, die sich durch Koschka Linkerhands gesamtes Buch zieht, beweist, dass es möglich ist, gleichzeitig unterschiedliche theoretische wie praktische Zugänge, Protesttraditionen oder Aktionsformen anzuerkennen, ohne eigene Standpunkte aufzugeben. Es ist möglich, die eigenen Erfahrungen, die theoretischen Erkenntnisse, die feministische Sozialisation, sich selbst als Subjekt zu setzen und sich gleichzeitig als eigenständiges Subjekt *in Beziehung* mit anderen, eigenständigen Subjekten zu setzen und über diesen Prozess zu Gemeinsamkeiten zu kommen. Dies setzt die wechselseitige Anerkennung als Subjekte voraus – in den verhärteten «Fronten» innerlinker Diskussion nicht immer selbstverständlich, aber unter diesen Bedingungen kann auch in der Praxis feministische Kooperation funktionieren.

Feministische Orthodoxie und Kritik

Zum Ende wollen wir einmal an den Anfang zurück, zu dem Tag, als die Veröffentlichung von *Feministisch Streiten 2* angekündigt wurde. Was haben wir von der Fortsetzung eines Sammelbandes mit Texten zum materialistischen Feminismus, der für uns persönlich von solch großer Bedeutung war, erwartet? Vieles – aber wahrscheinlich nicht dieses Buch. Nach den ersten Seiten haben wir uns offen gesagt gefragt, ob wir überhaupt noch die Zielgruppe dieses zweiten Bandes sind. War Koschka Linkerhand nicht vielleicht zu *milde* geworden, vielleicht auch erschrocken vor den zahlreichen Einschüchterungsversuchen und lautstarken Kontroversen um den ersten Teil?

Doch nach leidenschaftlichem Lesen, stundenlangen Gesprächen und einer Besprechung, die nicht nur sehr persönlich geraten ist, sondern auch die üblichen Längen unserer Texte bei Weitem sprengt, müssen wir festhalten: *Feministisch Streiten 2* ist ein großartiges und anregendes Buch, das wir unfassbar gerne gelesen haben. Es bricht mit den immer gleichen Konfliktdynamiken, schert aus der «aktivistischen Empörung» (S. 176) aus und rückt anstelle der ein oder anderen «Skandalnudelsuppe» eine differenzierte, unaufgeregte Argumentation, die trotz ihrer vermeintlichen Einfachheit tief verankert ist in die feministische und kritisch-theoretische Philosophietradition. *Feministisch Streiten 2* reagiert reflexiv auf die feministische Bewegung, auf Koschka Linkerhands eigenes Schaffen und die Wechselwirkung zwischen Beidem – aber es bearbeitet mit seiner eigenen materialistisch-feministischen Methode auch viele aktuelle feministische Gegenstände. Die entworfenen Ansätze haben das Potenzial, der Polarisierung des feministischen Diskurses etwas entgegenzusetzen, ohne diese «ohne Rücksicht auf Verluste» einseitig aufzulösen. Die im Buch formulierte Methode kann die feministische Bewegung für ihren theoretischen wie praktischen Aktivismus produktiv nutzbar machen. Und es öffnet Gesprächs- und Gedankenräume – auch für eigene Zweifel und eigene Unsicherheiten.

Für uns war die Lektüre anregend und herausfordernd. In vielen Perspektiven, inneren Konflikten, Unbehagen und Widersprüchen konnten wir uns persönlich wie politisch wiederfinden. Andere wiederum regten zum Weiterdenken, Diskutieren und zu produktiver Selbstkritik an. Wenn wir vom ersten Band von *Feministisch Streiten* manchmal augenzwinkernd als der «Bibel» der Juso-Hochschulgruppen gesprochen haben, so bringt der zweite Band produktive Irritation in unsere manchmal all zu orthodoxen Auslegung. ∎

Clara Schüssler

Gemeinsam das Patriarchat bekämpfen!
Ein materialistischer und poststrukturalistischer Feminismus
Friederike Beier (Hrsg.): *Materialistischer Queerfeminismus – Theorien zu Geschlecht und Sexualität im Kapitalismus.* Münster: Unrast Verlag 2023, 240 S., € 18,00

Der in erster Auflage am 5. Oktober 2023 erschienene und von Friederike Beier herausgegebene Sammelband *Materialistischer Queerfeminismus – Theorien zu Geschlecht und Sexualität im Kapitalismus* versucht, materialistisch-feministische und poststrukturalistisch-queerfeministische Theorien zusammenzudenken. Statt die Unterschiede und die vermeintliche Unvereinbarkeit beider Theoriestränge aufzuzeigen, werden theoretische Gemeinsamkeiten skizziert und zu einem Verständnis eines materialistischen Queerfeminismus zusammengeführt. Der Sammelband enthält nicht nur Texte verschiedener Theoriestränge, sondern auch aus verschiedenen Regionen und Jahrzehnten. Besonders ertragreich sind auch die enthaltenen erstmaligen deutschen Übersetzungen, wie etwa die des 1980 in Frankreich erschienenen Textes «Man kommt nicht als Frau zur Welt» der antiessenzialistischen Feministin Monique Wittig.

Diese älteren und neueren feministischen Beiträge werden im Sammelband folgenden vier Unterkapiteln zugeteilt: «Historische und theoretische Grundlagen des materialistischen (Queer)Feminismus», «Queerfeminismus und Materialismus», «Dekoloniale und intersektionale Erweiterungen» sowie «Utopien und Perspektiven eines materialistischen Queerfeminismus».
Aus den verschiedenen Perspektiven und Beiträgen in den Kapiteln heraus versucht Beier schließlich in argumentativer Auseinandersetzung, ein feministisches Verständnis zu entwickeln, das die ökonomischen Grundlagen von Geschlecht und Sexualität sowie deren Herstellungsbedingungen mitdenkt und schließlich zu überwinden versucht. Hierbei betont Beier die Notwendigkeit des «gegenseitigen Einbeziehens», um queertheoretische, antikapitalistische und feministische Kämpfe gemeinsam zu führen. Im Fazit präsentiert sie einen Ausblick, wie unsere Zukunft in einer queer-marxistischen Gesellschaft aussehen könnte – ohne Geschlecht, ohne Kapitalismus und ohne Patriarchat.

Ausgangspunkt dieses Buches ist, dass materialistisch-feministische und queertheoretische (poststrukturalistisch-dekonstruktivistische) Ansätze oft in ein Spannungsverhältnis gesetzt und in feministischen Bewegungen häufig als Gegensätze verstanden werden. So heißt es im Buch, dass dem materialistischen Feminismus vorgeworfen werde, essenzialistisch und universalistisch zu sein. Die materialistische Strömung im Feminismus habe ein fragwürdiges, untrennbares Herrschaftsverständnis und führe binäre Kategorisierungen fort. Währenddessen werde dem queertheoretischen Feminismus vorgeworfen, Geschlecht und Machtstrukturen viel zu sehr auf der individuellen Ebene zu analysieren und gesellschaftliche Strukturen kaum bis gar nicht mit einzubeziehen – und damit die Kapitalverhältnisse und die dem Kapitalismus inhärente Ausbeutung zu ignorieren. Queertheoretische Denkweisen würden mit poststrukturalistischen und postmodernen Ansätzen gleichgesetzt, die im Gegensatz zu materialistischen Theorieansätzen stehen. Es wird zudem geäußert, dass sich im Queerfeminismus zu sehr auf die Änderung des Bewusstseins beschränkt würde. Vor allem werden im Buch die neoliberalen Tendenzen kritisiert, die im zunehmenden Fokus auf «Political Correctness», Fragen der Anerkennung und individueller Identitäten sichtbar werden. Diese neoliberalen Tendenzen führten zu einer mangelhaften Auseinandersetzung mit dem Klassenwiderspruch und dem mit ihm einhergehenden Klassenkampf. Die Anbiederung des Feminismus an den Neoliberalismus verschärfe aber die Situation von Frauen, queeren Personen und nicht-weißen Menschen und helfe nicht bei der Überwindung ihrer Diskriminierung. Beier konstatiert deswegen, dass die Ursachen der Unterdrückung im System gesucht werden müssen.

Für Beier müssen feministische Gesellschaftsanalysen daher auf materialistischer Grundlage stehen. Nur durch die Analyse des für den Kapitalismus konstitutiven Widerspruchs von Produktion und Reproduktion kann eine ganzheitliche feministische Analyse gelingen. Zugleich stellt sich jedoch die berechtigte Frage danach, in welchem Verhältnis materialistische und dekonstruktivistische Feminismen stehen. Materialistische Feminist:innen räumten nämlich direkt ein: Ein Kampf gegen den Kapitalismus und das Patriarchat ist nicht nur auf die Lohnarbeit, sondern eben auch auf die Kultur beschränkt. Zudem wird durch die Problemanalyse eines Subjekts- vs. Objekt-Status, wie sie im materialistischen Feminismus vollzogen wird, Binarität als Problem mitverhandelt. Außerdem kann das theoretische Werkzeug des historischen Materialismus genutzt werden, um aufzuzeigen, dass auch Sexualität, Geschlecht und «Rasse» geschichtlich spezifisch und mit kapitalistischen Strukturen verknüpft sind. So ist ein historischer Materialismus aufgrund seiner theoretischen Grundlagen sehr produktiv, um verschiedene Aspekte und gesellschaftliche Widersprüche weiter zu analysieren, wie beispielsweise Geschlecht, Sexualität, Begehren und «Rasse». Beim materialistischen Queerfeminismus handelt es sich folglich um eine identitätsüberwindende Klassenpolitik. Um es mit Friederike Beiers Worten zu sagen: «Ein materialistischer Queerfeminismus zielt sowohl auf die Überwindung von Geschlecht als soziale Ordnungskategorie als auch der Produktionsverhältnisse, sprich auf eine geschlechtslose und sorgezentrierte Gesellschaft, ab.»

Beier argumentiert in ihrem Buch für einen materialistischen Feminismus, der dekonstruktivistische Elemente aufweist und mit einbezieht, der Reproduktionsarbeit von queeren Personen berücksichtigt, der dekoloniale Aspekte einfließen lässt und der durch intersektionale Perspektiven erweitert wird. Dazu bedarf es eines Queerfeminismus, der seine individuellen Ansätze und Anreize kritisch reflektiert und mit der Hilfe materialistischer Werkzeuge überwindet, um zurück zur Systemfrage und kollektiven feministischen Bewegung zu gelangen. Es mögen vielleicht vereinzelte Aspekte im Laufe des Buches zu kurz kommen, doch durch die verschiedenen Texte, aus unterschiedlichen Zeiten wird deutlich, dass wir die entstandenen Streitigkeiten zwischen materialistischen und dekonstruktivistischen Feminist:innen überwinden müssen und können. Um gemeinsam eine geschlechtslose, antikapitalistische Gesellschaft zum Wohle aller Menschen zu gestalten, die Reproduktion, Produktion und Beziehungen organisiert, frei von vergeschlechtlichten Zuschreibungen und Zwängen. ∎

REZENSIONEN UND BERICHTE

Armin Pfahl-Traughber
Linker Carl Schmitt?

Leon Hartmann / Sebastian Kaufmann / Milan Wenner (Hrsg.): *Multipolare Begegnungen. Carl Schmitt und die politische Linke*
Baden-Baden: Verlag Karl Alber 2024, 277 S., € 69,00

Auch linke Denker zeigten sich immer wieder fasziniert von Carl Schmitt. Diese gewisse Begeisterung für den Staatsrechtler kann man mit Verwunderung wahrnehmen, gilt er doch als Anhänger eines autoritären Staatsmodells und «Kronjurist» des Nationalsozialismus. Letzteres bezieht sich auf seine Bedeutung bei der Legitimation eines von der Republik zum Totalitarismus erfolgenden systemischen Wandlungsprozess. Gleichwohl kann und sollte Schmitt nicht auf dieses Wirken reduziert werden. Ansonsten versteht man nicht ein affirmatives Interesse, das auch in der politischen Linken für ihn vorhanden ist. Diese Auffassung hat womöglich Leon Hartmann, Sebastian Kaufmann und Milan Wenner motiviert, den Band *Multipolare Begegnungen. Carl Schmitt und die politische Linke* als Sammelwerk herauszugeben. Bevor darauf näher eingegangen werden soll, muss indessen differenziert werden: Die gemeinten inhaltlichen Anlehnungen finden sich nicht bei allen linken Denkern, es geht um eine bestimmte, aber relevante Minderheit.

Bereits in der Einleitung konstatieren die Herausgeber: «Während Schmitt einer liberalismuskritischen Linken, die auf radikale Veränderung abzielt, unter Umständen attraktiv erscheinen kann, bietet sein Denken für eine liberale Linke schon weniger Anknüpfungspunkte» (S. 10). Aber auch viele bekennende Marxisten lehnen Schmitt vehement ab. Affirmative Bekenntnisse von einzelnen linken Denkern machen dann im Sammelband die jeweiligen Themen aus. Dabei irritiert mitunter die Auswahl der Gemeinten, aber man braucht auch geeignete Autoren für einen besonderen Sammelband. Zumindest könnte sich so das Fehlen ehemaliger Näheverhältnisse erklären, Ernst Fraenkel, Otto Kirchheimer oder Franz Leopold Neumann distanzierten sich etwa später von Schmitt. Deren Abkehr von früheren Einflüssen wäre auch für das Thema interessant gewesen. So geht für das Erkenntnisinteresse ein wichtiger Gesichtspunkt verloren, wofür es aber fern von konkreten Absichten die erwähnten Gründe geben kann.

Demgegenüber stehen andere Autoren im Mittelpunkt, wobei nicht immer das Etikett des «Schmittianers» passen muss. Dies gilt gleich für den im ersten Aufsatz thematisierten Herfried Münkler, der sicherlich Anregungen aufgriff, aber schwerlich als späterer «Schüler» gelten kann. Hier wäre noch eine stärkere Differenzierung notwendig gewesen, jeweils orientiert an einer mehr formalen oder mehr inhaltlichen Nähe. Es geht in den folgenden Beiträgen dann um Walter Benjamin oder Leo Strauss, um Giorgio Agamben oder Jacques Derrida. Für die direkte Gegenwart wird Chantal Mouffe genannt, die für Protestbewegungen und deren Strategien immer wieder wichtig ist. Es gibt auch zwei Aufsätze, die ehemaligen Linken und späteren Rechten gewidmet sind: Günter Maschke und Hans-Dietrich Sander. In beiden Fällen war Schmitts Wirkung wohl mit relevant. Ein besonderer informativer und komparativer Aufsatz ist noch der Frage gewidmet: «Warum sollte die Linke Hans Kelsen statt Carl Schmitt lesen?» Gefahren und Missverständnisse sind dort das Thema.

Genau diese Dimensionen fehlen aber in den anderen Texten. Man mag sich von der Kritik von Schmitt anregen lassen, wies er doch mitunter auf reale Legitimationsdefizite und Widersprüche hin. Gleichwohl geschah dies von einem besonderen Ausgangspunkt aus, der autoritär gegen den politischen Liberalismus zielte. Diese Motivation müsste aber genauer Thema sein. In diesem Ansinnen dürfte auch die Faszination begründet liegen, welche für manche Linke eben Schmitt auslöst. Als bedeutsame Faktoren nennen die Herausgeber machtstrategische Interessen oder die politische Systemfrage. Dazu hätte man sich noch am Ende einen bilanzierenden Vergleich gewünscht. So wirken die einzelnen Aufsätze, die alle als kenntnisreiche Fallstudien gelesen werden können, ein wenig wie isolierte Fragmente. Darüber hinaus gilt für eine allgemeine Rezeption von Schmitts wirkmächtigen Veröffentlichungen, dass man seine Problemstellungen nicht ohne seinen politischen Zusammenhang verstehen kann und sollte. ▪

Robert von Olberg
Geste und Gestaltung

Amin Nassehi: *Kritik der großen Geste. Anders über gesellschaftliche Transformation nachdenken*
München: C. H. Beck 2024, 224 S., € 18,00

Was auf der Habenseite steht: Hier erklärt jemand, dass Politik nicht am Reißbrett oder grünen Tisch gemacht werden kann. Hier wirbt jemand für mehr Verständnis für die Komplexität und auch Schwerfälligkeit politischer Prozesse. Das ist aller Ehren wert in einer demokratischen Gesellschaft, in der Unzufriedenheit und Enttäuschung über die politischen Akteurinnen und Akteure zunehmen und sich immer öfter zu populistischer Demokratieverachtung auswachsen. Doch es bleiben auch Fragen.

Der für seine gesellschaftstheoretischen Überlegungen (*Theorie der digitalen Gesellschaft* 2019, *Theorie der überforderten Gesellschaft* 2021), aber genauso als regelmäßiger Gesprächspartner in den Massenmedien bekannte Münchener Soziologe Armin Nassehi hat im letzten Sommer ein politisches Buch vorgelegt, das sich mit der Art und Weise beschäftigt, wie wir hierzulande die großen politischen und gesellschaftlichen Herausforderungen wie Klimawandel und Krieg verhandeln. Er kontrastiert dabei eine Rhetorik der großen Erwartungen mit einem politischen System der kleinen Schritte und kleinteiligen Kompromisse, hehrem Anspruch und beschränkten Möglichkeiten im demokratischen Diskurs. Dabei nimmt er nicht die Rolle des politikwissenschaftlichen Verfassungserklärers ein, der den vielstufigen institutionellen Weg von der Formulierung eines politischen Ziels zu seiner Realisierung in Gesetzesform ausleuchtet, sondern rückt als Soziologe vielmehr die Tatsache in den Mittelpunkt, dass ein politisches Programm nie auf neutralen gesellschaftlichen Boden trifft, sondern immer mit Voreinstellungen, politischen, sozialen und ökonomischen Gegebenheiten, gesellschaftlichen Erwartungen und Ängsten sowie daraus resultierenden Widerständen und Limitationen umzugehen hat. Ein Umstand, den sehr genau kennt, wer selbst schon einmal in politischer Verantwortung gestanden und Dinge zu gestalten versucht hat. Genauso aber auch diejenigen, die beispielsweise als zivilgesellschaftliche Akteurinnen und Akteure auf Handlungsbedarfe aufmerksam gemacht und sich für die Umsetzung bestimmter Ziele eingesetzt haben. Eine Erfahrung, die nicht selten mit Frustration einhergeht. Eine Tatsache, derer sich gerade Sozialdemokratinnen und Sozialdemokraten aber stets, auch im Unterschied zu anderen politischen Kräften, bewusst zu sein beanspruchen.

Das Buch selbst kommt weniger tastend daher denn selbst mit der Tendenz zur großen Geste. Immerhin ist sein Appell, anders über Transformation nachzudenken (sowie zu diskutieren und Transformation zu gestalten, wie man dem Untertitel hinzufügen möchte), an sich ja schon sehr grundsätzlicher Natur. In seinem Impetus, die Debatte grundlegend zu verändern, versieht Nassehi gleich auf der ersten Seite das Nachdenken über Transformation sogar überschießend mit einem Fragezeichen: ihm gehe es darum, «*wenn überhaupt*, anders über Transformation nachzudenken» (S. 7; Herv. RvO). Aber damit kein falscher Eindruck entsteht: Die Notwendigkeit transformativer Politik, gerade mit Blick auf den Erhalt unserer planetaren Lebensgrundlagen, stellt Nassehi nicht infrage. Dass er sich gleichwohl nicht in der Rolle sieht, Lösungen für die vielfältigen politischen und gesellschaftlichen Krisen unserer Zeit anzubieten, betont er hingegen auch. Betrachtet man, wofür viel spricht, die zunehmende Polarisierung im öffentlichen Diskurs, die mangelnde Kompromissbereitschaft einiger in der Debatte, den Befund wachsender Politikentfremdung in der Gesellschaft jedoch als eine der besonders virulenten gesellschaftlichen Herausforderungen unserer Gegenwart, so verfolgt das Buch dann doch das Ziel, zur Krisenbewältigung beizutragen. Andernfalls könnte der Soziologe Nassehi auf den mit dem Ziel breiter Rezeption verfassten Debattenbeitrag gleich ganz verzichten.

Wer dieses Buch liest und selbst eher zur Fraktion derer zählt, denen an gesellschaftlichen und politischen Veränderungen gelegen ist, dem diese Prozesse manches Mal zu langsam vonstattengehen und womöglich auch zu wenig weitreichend sind, der lernt bei Nassehi einiges über die Beschaffenheit unserer Gesellschaft, die nämlich sehr viel träger ist, als den Veränderungsbereiten lieb ist und die einen ausgeprägten Hang zur «Selbststabilisierung des Bewährten» (S. 11) hat. Die systemtheoretische Prägung des Autors sticht in diesen Passagen unverkennbar heraus. Und die persönliche Lebenserfahrung der Leserin und des Lesers mag für diese Thesen auch reichlich Belege liefern.

Fast zwangsläufig leitet sich aus diesem Befund über die mehrheitliche Beschaffenheit der Gesellschaft eine Handlungsempfehlung für diejenigen ab, die in ihr politisch gestaltend wirken wollen. Es ist die Erkenntnis, in evolutionär sich vollziehenden Veränderungsprozessen deutlich mehr bewirken zu können als mit dem plakativen Anspruch, die Verhältnisse grundlegend revolutionieren zu wollen. Nicht selten denkt man beim Lesen an den Politikstil Angela Merkels, deren 70. Geburtstag ironischerweise nahe am Erscheinungstermin von Nassehis Buch lag, weswegen man aufgrund der Gleichzeitigkeit von öffentlichen Rückblicken und Würdigungen, auch ihres spezifischen Stils, und medialer Rezeption der Neuerscheinung gar an ein besonderes Geburtstagsgeschenk denken mag, eine nachholende Verteidigung gewissermaßen.

Doch adressiert Nassehi mit seiner Streitschrift eigentlich die politisch Handelnden oder richtet er sich an ganz andere Teilnehmerinnen und Teilnehmer des öffentlichen Diskurses? Der Hinweis auf die Revolution, die «letztlich nicht das Sachproblem, sondern ein Darstellungsproblem» löse und somit nicht mehr als «ein semantischer Ausweg» sei (S. 20), gibt einen wohl bewusst kaum versteckten Hinweis, wer mindestens als Adressatin und Adressat dieser Kritik mitgemeint ist: Diejenigen, die ohne selbst in der politischen Verantwortung zu stehen, mit großen Lettern und scharfer Anklage, mit großer Geste also, mit denen ins Gericht gehen, die sich als politisch Verantwortliche der Dringlichkeit der Transformationserfordernisse in ihren Augen entziehen, bewusst untätig bleiben oder zumindest zu zögerlich und halbherzig agieren; diejenigen, die von den politisch Handelnden mehr Revolution und weniger Hasenfüßigkeit fordern; um es auf den Punkt zu bringen: Schreibende wie Hedwig Richter und Bernd Ulrich.

Auf die Historikerin und ihre mutmaßlichen Widersprüche und Unzulänglichkeiten hat sich auch ein anderer wortgewaltiger öffentlicher Diskutant seit geraumer Zeit richtiggehend eingeschossen, nämlich *FAZ*-Herausgeber Jürgen Kaube. Mit dem *Zeit*-Redakteur und früheren Büroleiter der Grünen-Politikerin Antje Vollmer hat Rich-

ter im Frühjahr das Buch *Demokratie und Revolution. Wege aus der selbstverschuldeten ökologischen Unmündigkeit* veröffentlicht, dem gemeinsame Artikel in der *Zeit* mit gleicher Stoßrichtung vorausgegangen waren. Richter und Ulrich schreiben gegen die Langsamkeit und Trägheit an, mit der im politischen System die dringlichen Appelle aus der Wissenschaft und pointierten Forderungen der Klimabewegung auf den Straßen in politisches Handeln umgesetzt werden. Nassehis Buch, das bewusst ohne allzu viele namentliche Querverweise und einen wissenschaftlichen Apparat wie Fußnoten und Literaturhinweise auskommt, erweckt so einerseits den Anschein, gegen niemanden explizit gerichtet zu sein, sondern vielmehr allgemeine Überlegungen zum gesellschaftlichen Diskursgeschehen beizutragen. Andererseits wird so zugleich das Appellative seiner Schrift als politischer Debattenbeitrag deutlich unterstrichen. Dass seine Gedanken ernst zu nehmende und gut begründete Einwände angesichts einer Publizistik der großen Geste liefern, ist zweifellos. Sie wirken wie ein Herauszoomen aus dem begrenzten Fokus auf die Dinglichkeit transformativer Schritte auf das größere Bild ihrer Realisierbarkeit und damit auch Wirkungsmöglichkeiten in den bestehenden gesellschaftlichen Gegebenheiten.

Dass seine Kritik vor allem auf die schreibende Zunft zielt, bestätigt auch ein eigenes Kapitel, das sich mit dem «Problem der Textförmigkeit» (S. 95) beschäftig. Typisch sei es nämlich, dass die in Textform daherkommende Transformationserzählung geradliniger, zwangsläufig logischer und somit konsequenter erscheinen könne als das konkrete politische Handeln, das mit einschränkenden Kontextbedingungen, Widerständen und Unwägbarkeiten fertig zu werden habe. Die Erzählung werde «auf engagierte Überzeugungskraft, manchmal auf emotionale Verführungskraft getrimmt» (S. 97), wie das nur am Schreibtisch über einem leeren Blatt möglich sei. Die gesellschaftliche Wirklichkeit sei aber eben kein leeres Blatt und werde auch nicht am Schreibtisch verändert. Nassehi ist bewusst, dass sich dieser zugegebenermaßen etwas arg gedrechselt wirkende Einwand selbstverständlich auch gegen sein Buch vorbringen lässt.

Wie gesagt: Wer selbst politisch an der Gestaltung der Transformation mitwirkt oder einmal mitzuwirken versucht hat, wird vieles, auch die Grundthese dieses Buches, bestätigen können, ja sogar dankbar sein, dass jemand öffentlich so viel Verständnis für die Grenzen und Zwänge aufbringt, mit denen politisch Handelnde umzugehen haben. Sie können das Buch als Ehrenrettung lesen. Konkret auf dem Feld der dringend notwendigen ökologischen und ökonomischen Transformation die Heterogenität der Gesellschaft und die unterschiedliche Ausstattung der gesellschaftlichen Milieus mit ökonomischen, sozialen, auch emotionalen Ressourcen zur Bewältigung der Transformationsfolgen umzugehen, im Blick zu haben, ist eine ganz und gar sozialdemokratische Perspektive. Gefährlich wird es aber dann, wenn aus der Lektüre der Schluss gezogen werden sollte, mit dem eingeforderten Verzicht auf die große Geste auch die Ansprüche an die politische Gestaltungsfähigkeit der Transformation herunterzuschrauben.

Anders ausgedrückt: Die Sozialdemokratie krankt nicht an einem Zuviel plausibler und identitätsstiftender eigener Transformationserzählungen. Trotz des gebetsmühlenartig wiederholten «you'll never walk alone» legen gerade die näheren Untersuchungen zum Wahlverhalten einst sozialdemokratischer Kernklientels nahe, dass sie sich von sozialdemokratischer Seite keine ihre eigenen Interessen und Ressourcen berücksichtigenden Transformationsprogramme mehr versprechen. Gleichzeitig drückt sich im wachsenden Zulauf zu rechtspopulistischen Kräften die Bereitschaft aus, einem Versprechen des «wir machen alles anders» zu folgen. Wenn die Sozialdemokratie Nassehi folgend davon ausgeht, «es könnte keineswegs alles anders sein» (S. 13) gibt sie nicht nur eine Hoffnung gebende Perspektive in den unvermeidlichen transformativen Prozessen auf, sondern auch den eigenen Anspruch, die notwendige ökologische und ökonomische Transformation aktiv, und das meint in diesem Fall ökologisch, ökonomisch und sozial gerecht und solidarisch zu gestalten.

Nassehis Argumentation neigt allerdings an manchen Stellen dazu, die Herausforderungen, die zu bewältigen man sich vornimmt, so zu wählen, dass sie nicht als zu groß angenommen werden. Wenngleich der Hinweis zutreffend ist, dass das politische System nicht auf alle Herausforderungen, denen wir begegnen, eine passende Antwort zu formulieren imstande ist, so führt aber auch kein Weg daran vorbei, dass das Ausmaß der Herausforderungen, deren Bewältigung die politisch Handelnden sich vornehmen müssen, ohne Wahlmöglichkeit daherkommt. Wer, wenn nicht die untergegangene Bundesregierung, wusste ein Lied davon zu singen? ■

Wolfgang Kowalsky
Populismus, Recht und Politik

Philip Manow: *Unter Beobachtung. Die Bestimmung der liberalen Demokratie und ihre Freunde*
Berlin: edition suhrkamp 2024, 252 S., € 18,00

In diesem Band stellt Philip Manow Überlegungen an über die liberale Demokratie und den Rechtsstaat. Das hört sich unspektakulär an, aber hat es in sich. Mit der Frage, ob es vor 1990 Feinde der «liberalen Demokratie» gegeben hat, beginnt sein Buch und seine Antwort, die viele überraschen wird, lautet: Nein. Seine Hauptthese besagt: «Liberale» Demokratie als spezifisches und distinktes *Modell* von Demokratie, also Parlament mit Verfassungsgericht, gab es nicht vor 1990. Erst in den 1990er-Jahren profilierte sich «liberale Demokratie» als eigenständiges Konzept – demzufolge alle menschliche Gesellschaft sich auf die liberale Demokratie zubewege: als «endgültige menschliche Regierungsform» (Fukuyama). Ein bestimmtes normatives Modell wurde kanonisiert, somit seine Charakteristika für sakrosankt erklärt, zum zentralen Referenzpunkt in derzeitigen Debatten über Populismus und Demokratiegefährdung. Manows Studie konzentriert sich auf Deutschland und streift gelegentlich die EU. Dort wird das Thema «(Über-) Konstitutionalisierung» eher beschwiegen als diskutiert, weil Kritik am EuGH schnell in die Nachbarschaft von EU-Skepsis gerückt wird.

Der Populismusbegriff wird mit Vorliebe gegen den politischen Gegner verwandt. Liberale behaupten, der Populismus sei ein Gegner *der* Demokratie. Manow zufolge bleibt in diesem Zusammenhang rätselhaft, wo dieser Gegner urplötzlich hergekommen ist (115). Die Liberalen übersehen oder unterschlagen, dass die liberale Demokratie nicht viel älter ist als der Protest selbst. Dieses Übersehen zieht ein anderes Übersehen nach sich: der Frage, ob die neue Ordnung erst den neuen Populismus hervorgebracht hat. Die Suche nach dem populistischen Wähler ergibt häufig, dass er männlich ist, nicht so gebildet und älter, ein Gegner des Status quo. Für problematisch befunden wird dessen Voreingenommenheit gegen die Eliten. Bei dieser Forschungsrichtung ist interessant, dass immer dieselbe Schlussfolgerung herauskommt: Mehr politische Bildung und mehr Erklärung sei nötig. Und daher rührt der missionarische Eifer mancher Medienvertreter. Über den kritisierten Status quo muss somit nicht mehr nachgedacht werden. Es ist – so Manow – verkürzend, Konflikte oder Kampfzonen umgehend mit moralischen Kategorien zu belegen, wobei Populisten stets als Antidemokraten etikettiert werden. Zu den Zumutungen der Demokratie gehört, dass es Leute gibt, die wirklich ganz anderer Meinung sind als wir.

Immerhin geben einige Populismuskritiker neuerdings ihre Verblüffung oder Verwunderung über das Ausbleiben eines läuternden Effekts zu Protokoll: Dass jemand gerade deshalb gewählt wird, weil liberale und intellektuelle Eliten vor ihm warnen, kommt diesen Eliten nicht so recht in den Sinn (82) – vielleicht aus dem simplen Grund, weil man sich dann eingestehen müsste, selbst Partei zu sein in einem Konflikt und nicht bloß unbeteiligter Beobachter (82 f.). So beispielsweise das EP, wenn es erklärt, Ungarn sei eine «elektorale Autokratie» (88): Diese Regimetypologie wurde eigens erfunden, um das «populistische Phänomen» zu konterkarieren.

Daher ist die Frage naheliegend: Schafft die liberale Demokratie sich ihre Feinde?

Könnte Populismus eine Reaktion auf ein spezifisches Design von Demokratie sein? Die gegenwärtige Ausweitung der Kampfzonen hätte dann etwas mit der Ausweitung der Schutzzonen zu tun – doch diese Einsicht kommt den Protagonisten ebenfalls nicht in den Sinn.

Cui bono? Wer sind die Nutznießer dieses «liberalen» Demokratiemodells? Relativ kleine Gruppen können daraus politisches Kapital schlagen, indem sie politische Kontroversen in die gerichtliche Arena verlagern. Die Gerichte werden politisiert: Dass Karlsruher Richterinnen und Richter «unpolitische Akteure» wären, sei «schlechte Folklore», unterstreicht Manow (128). Nicht zufällig sind in den Transformationsländern die Verfassungsgerichte zu Instrumenten der Opposition geworden, die von oppositionellen Parlamentariern angerufen werden, um Regierungsmehrheiten auszubremsen (118), häufig mit Erfolg. So erklärte das polnische Verfassungsgericht 40 von 60 überprüften Gesetzen für verfassungswidrig, das ungarische hat ein Drittel für ungültig erklärt, das litauische die Hälfte (120). Manow zufolge ist es überraschend, wie umstandslos eine breite Literatur die Gegenbewegung, die die aktivistischen Richter in Schranken weist, mit Angriffen auf *die* Demokratie gleichsetzt, sei es in Polen, Ungarn, Rumänien, der Türkei oder Israel.

Manow hat ein spannendes Thema am Wickel: den Anstieg von Gerichtsverfahren, um politische Entscheidungen zu torpedieren, und die judikative Machtausweitung zulasten der gewählten Volksvertreter. Es handelte sich um einen nicht nur deutschen Sonderweg, politische Probleme auf die rechtliche Schiene zu schieben. Manow stellt das Milieu, das diese Zuschreibungen bzw. Etikettierungen («populistisch» etc.)

anwendet, «unter Beobachtung», so bereits im Titel.

Die Sozialwissenschaftler – und Journalisten – betreiben Fremdbeobachtung, aber unterlassen die Selbstbeobachtung. Was daran problematisch ist? Sie stellen sich nicht die Frage, welchem Milieu sie selbst eigentlich angehören. Auffallend auch, dass sich die Diskussion permanent um «Werte» dreht – und nie um Interessen. Populisten fallen aus dieser Sicht unangenehm auf, weil sie diese vielfach beschworenen Werte nicht teilen. Dann taucht die Frage auf, wie das sein kann. Darauf folgen Empörungswellen, aber eine Diskussion über Gestalt, Form und Praxis der Demokratie wird vermieden, ebenso wie eine Historisierung, eine historische Einordnung. Dabei dürfte doch klar sein, dass der historische Kontext eines Konflikts die Konzepte prägt, auch wenn diese gerne zeitlos auftreten. Die Beobachtung sollte die Sprache, in der über Konflikte geredet wird, mit reflektieren und auch Standpunkt und Perspektive der – vermeintlich unparteiischen – Beobachter. Manow spitzt zu: Die Proliferation der Werte führt zur Proliferation der Feinde (180).

Manow konstatiert einen unglaublichen Wandlungsprozess der Demokratie und als auffälliges Merkmal den Aufstieg der Verfassungsgerichte mit Normenkontrollkompetenz. Für Manow ist moderne Demokratie eng mit dem Begriff der Nation verbunden. Er konstatiert einen «Ablösungsprozess» dergestalt, dass Demokratie ohne Nation denkbar wird. «Liberale Demokratie» scheint Gegenbegriff zu elektoraler Demokratie zu werden.

Die gängige These vom Abstieg der Demokratie beruht auf stark subjektiv geprägten Wahrnehmungen, basierend auf Alarmismus. Manows Befund ist eindeutig: Entgegen landläufiger Krisendiskurse (Democracy in retreat....) sei die Zahl der Putsche seit 1990 stark zurückgegangen und die Unabhängigkeit der Justiz nicht verstärkt unter Beschuss geraten (76 f.). Im Gegenteil, das Vertrauen in Demokratie sei so hoch wie nie, doch die Zufriedenheitswerte gehen zurück.

Manow wirft sodann eine naheliegenden Frage auf: Gerät Demokratie nicht umso mehr in die Krise, je mehr Bereiche dem elektoral Korrigierbaren entzogen werden? «Dem Konstitutionalismus wohnt nämlich das Prinzip der Versteinerung inne, demgegenüber das politische Mehrheitsprinzip disruptionsoffen und dynamisch ist», wie Ijoma Mangold in *Die Zeit* festhält. Eine Konsequenz des Konstitutionalisierungsschubs der 1990er-Jahre ist es, die demokratische Teilhabe zu begrenzen und Politik unter justiziablen Vorbehalt zu stellen.

Normalerweise tarieren sich Parlament und Judikative aus; Manow spricht von «Autolimitation». Den Verfechtern der liberalen Demokratie geht es um eine institutionelle Einhegung des elektoralen Moments: Die Demokratie müsse vor sich selbst geschützt werden, eben durch die Abschwächung der elektoralen Elemente. Das Demokratiedefizit wird unter der Hand zum Vorteil, denn dem Volk sei nicht zu trauen. Das Biedermeier kehrt zurück und die Angst des Besitzbürgertums vor der Macht der besitzlosen Masse (von 1800 ff.). Das über das Demokratiedefizit ausgedrückte Bedauern gleicht vergossenen Krokodilstränen.

Zugespitzt formuliert Manow: *Das Recht programmiert die Politik statt die Politik das Recht*. Angesichts der Fragmentierung der politischen Parteienlandschaft fällt das Gegensteuern schwer (66). Dieser wie ein «Teufelskreis» erscheinende Trend macht, dass das Recht sich immunisieren kann,

eben aufgrund des Bedeutungsverlusts des Politischen. Wer schützt nun die Politik vor dem Recht? Unterschiedliche Vorstellungen von Demokratie konkurrieren miteinander: Die Mehrheit interpretiert sie als majoritär, die Minderheit als ‹checks and balances›, Minderheitenschutz und Gefahr einer Tyrannei der Mehrheit.

Jetzt soll das Verfassungsgericht «sturmfest» gemacht werden. Aus der Befürchtung, die Instrumente könnten in falsche Hände geraten und missbraucht werden, soll – so Manow – das System noch autistischer, hermetischer, starrer gemacht werden. Das Risiko besteht, dass Schutzmaßnahmen ins Autoritäre umschlagen. Bedauerlicherweise beschränkt sich die Debatte über Demokratie und Verfassungsgericht auf Deutschland und es wird nicht über die Grenze geguckt. Sonst würde Schweden ins Blickfeld geraten, das weder einen Verfassungsschutz noch ein Verfassungsgericht besitzt. Oder Großbritannien oder die Niederlande: ohne Verfassungsgericht. Es geht also auch anders, es kann nicht am Verfassungsgericht liegen, ob Demokratie überlebt oder nicht. In den Niederlanden gibt es sogar ein «Überprüfungsverbot» für Parlamentsgesetze.

Im *Spiegel*-Interview spitzt Manow dahingehend zu, dass Deutschland ein Demokratiedefizit habe – wie übrigens alle EU-Mitgliedstaaten: «Wenn immer mehr politische Entscheidungen auf EU-Ebene getroffen werden statt von gewählten Parlamentariern, dann resultiert daraus ein Demokratiedefizit. In Deutschland, so mein Eindruck, neigt man ohnehin dazu, Politik durch Recht zu ersetzen.» Eine solche Entwicklung wäre in der Tat fatal. Damit kommen wir zur EU-Kritik: Auf europäischer Ebene fehlt das Korrektiv des Austarierens und der EuGH kann immer weitere

Bereiche judikativ entscheiden. Dessen Kompetenzausweitung erfolgt sowohl inkrementell als auch in qualitativen Sprüngen, beispielsweise durch die Alleinzuständigkeit und Direktwirkung des EuGH, die Suprematie des europäischen Rechts und immer kleinteiligere Zuständigkeiten (64).

Dieser Effekt springt in die nationale Arena über, ohne dass nationale Politik irgendetwas ausrichten kann: Jedes nationale Einzelgericht profitiert von dieser Kompetenzerweiterung und bekommt ein neues Instrument zur Kontrolle des Gesetzgebers in die Hand – das Vorabentscheidungsverfahren. Durch die EU-Mitgliedschaft können Verfassungsgerichte auf eine Interpellationsinstanz setzen, die in «beispielloser Autonomie» entscheidet (132), eben den EuGH, der gegenüber politischen Machtkonstellationen in einzigartiger Weise abgeschirmt ist.

Durch das Wirken des EuGH werden nationale Gerichte, die sich diese Macht «borgen» können, ebenfalls gegenüber dem politischen Willen abgeschirmt. Diese Entwicklung bleibt nicht ohne Auswirkungen: Konflikte in den Mitgliedstaaten werden unversöhnlicher. Es gibt eine Eskalationsgefahr, die die Kalküle einer wechselseitigen «Autolimitation» außer Kraft setzt (134 f.). Ein Ausbalancieren zwischen Recht und Politik ist auf EU-Ebene nicht vorgesehen. Die europäische Seite wird exponierte Partei. Den Brexit interpretiert Manow dahingehend, dass Großbritannien aus dem Entscheidungsbereich des EuGH heraustreten wollte.

Der Fall des Asylrechts zeigt die Absurdität, zu der viele Einzelentscheidungen sich aufschichten, wohingegen die nationale Politik in einer höchst undankbaren Arbeitsteilung zuständig ist für das Abfangen des politischen Unmuts (159).

Die EU interveniert, wenn das «falsche Team» zu gewinnen droht. Zurückgegriffen wird auf Erklärungsmuster wie Verschwörung, Komplott, Demagogie, bösartige Strippenzieher, Manipulateure etc.

Die Konflikte werden personalisiert auf Schurken (Orban, Kaczynski ....) und es ist die Rede von einem autokratischen Drehbuch der Machtergreifung (141). Elektorale Zustimmung zu populistischen Parteien kann dann nur als Irrtum verführter Massen «erklärt» werden. Wählersoziologie wird narrativ verkürzt («niedriges Bildungsniveau» etc.).

Die Antwort auf Europas Krise lautet dann: noch mehr Recht, und zwar sanktionsbewehrtes. Doch wer bewacht die Wächter? Quis custodiet ipsos custodes? Steht das Gebilde auf wackeligen Beinen? Die Integration durch Recht, genauer: die Selbstermächtigung für die Integrationsagenda stützt sich auf die Illusion, die Fata Morgana einer Demokratie durch Recht. Jeder Zuwachs richterlicher Autorität zulasten der demokratischen Delegations- und Repräsentationsketten entwertet Wahlen. Liberale Demokratie geht einher mit einer Aufwertung der Gerichte mit Kontrollfunktion gegenüber parlamentarischen Mehrheiten: Dadurch kommt es zu einer Beschneidung und indirekten Abwertung von Wahlen.

Das Verdreifachen der Länder mit Verfassungsgerichten (106) ist insbesondere der Tatsache geschuldet, dass die Demokratisierungsbewegung in Osteuropa diese spezielle institutionelle Form angenommen hat. Mit dem Beifall vieler Juristen war zu rechnen. Niemand warf die Frage auf, ob diese Entwicklung ein demokratietheoretisches Problem auslösen könne. Der Trend war sicherlich in Zeiten hoher Unsicherheit gerechtfertigt, aber in Zeiten von Stabilität kann eine ausgewiesene politische Mehrheit sich durchaus fragen, warum sie ihr Programm nicht durchsetzen darf, nur weil ein Richtergremium sich dem entgegenstellt (112 f.).

Auf EU-Ebene steht einer Abhilfe ein gigantisches Problem im Weg: Die europäische «Verfassung» kann faktisch nicht geändert werden, nur einstimmig. Die aus der Konstitutionalisierung der Demokratie erwachsenden Konflikte werden vielmehr zur Begründung weiterer konstitutioneller Einhegungen und Einengungen von Politik genutzt (175). Ein Weg zur alternativen Neuausrichtung von Institutionen ist somit weitgehend verstellt (174).

Ein Effekt dieser Entwicklung ist, dass weniger über das politisch Gewünschte gestritten wird als darüber, was rechtlich erlaubt oder verboten ist. Diese Verschiebung fördere einen Politikstil der Rechthaberei (63) und damit eine Deformation des öffentlichen Diskurses. Politik wird abgewertet als «verstörende Kontingenz» (Grimm) und Gerichte aufgewertet zur Verdeutlichungsinstanz «allgemeingültiger Prinzipien und Normen» (Grimm) – das zeugt von geringem Zutrauen in demokratische Entscheidungsprozesse und letztlich einer Diskreditierung der elektoralen Legitimierung von Politik.

Demokratie lebt vom Machtwechsel, der in der EU bislang nicht möglich ist: Im EP dominierte stets eine integrationsfreundliche Mehrheit, die europäische Lösungen prinzipiell besser findet als nationale. Eine Debatte erübrigt sich somit. Dazu Manow: «Die nationale und die europäische Ebene haben unterschiedliche Grade an demokratischer Legitimation. Die nationalen Parlamente sind von Bürgern gewählt, die EU-Kommission nicht. Wenn Sie Gestaltungsmacht verschieben von der demo-kratischeren zur weniger demokratischen Ebene, dann ist das keine Demokratisierung, sondern Entdemokratisierung.» (*Der Spiegel* 32/2024) Wobei Manow hier Äpfel mit Birnen vergleicht: Parlamente werden gewählt, Institutionen nicht, egal ob auf europäischer oder nationaler Ebene.

Die Frage ist, welche Schlussfolgerungen sich aus dieser Analyse ziehen lassen. Erstens die EU abschaffen und die Kompetenzen zurückverlagern, zweitens die quasi unbegrenzte Machtfülle des EuGH demokratisch einfangen. Letzteres ginge nur über eine grundlegende Reform des EP, denn das EP ist eine von den Interessen der Wähler weitgehend losgelöste politische Macht geworden, die wieder an deren Interessen zurückgebunden werden müsste. Sieht es derzeit danach aus? Eher nicht – die vom EP ausgeheckten Ideen von ‹Spitzenkandidatur› oder ‹europäische Listen› führen im Gegenteil in noch abgehobenere und losgelöstere Sphären. Inhaltlich wird der leere Raum derzeit gefüllt mit «Werten» ohne Rückbindung an eine politische Öffentlichkeit (165).

Nirgendwo ist die Konstitutionalisierung schärfer ausgeprägt als im supranationalen Gebilde EU. Der EuGH beansprucht als Monopolist, allein das europäische Recht auslegen zu dürfen. Problematisch daran ist, dass weder danach gefragt wird, welche Interessen dahinterstehen, noch, ob die Parlamente wichtige Entscheidungen frei treffen können oder ob die Gerichte deren politischen Spielraum so einschränken, dass sich Parlamente nur noch auf engen Pfaden bewegen können.

Die Balance müsste wiederhergestellt und die Gemeinschaft statt ein irreversibles wieder ein offenes Projekt werden. Der EU-Konstitutionalismus bewirkt eine Eingrenzung des politischen Möglichkeitsraumes und hemmt demokratische Prozesse. Die Über-Konstitutionalisierung engt demokratische Interventionen in Märkte zugleich auf nationalstaatlicher wie auf EU-Ebene ein.

Wer daran glaubt, dass in der Demokratie vor allem das Wahre und Gute zählen sollte, der interessiert sich meistens nicht für Verfahrensregeln – Manow nimmt genau diese und vornehmlich diese unter die Lupe mit nachdenklich machenden Ergebnissen. Eine empfehlenswerte Lektüre, leider ist die Lesbarkeit leicht getrübt. ■

....

Petra Hoffmann Zschocher
Peter Sodann (1. Juni 1936 – 5. April 2024)

Gedenkfeier

Am 1. Juni fand die Gedenkfeier für Peter Sodann, Schauspieler, Schauspieldirektor, Baumeister und Freizeitpolitiker, im von ihm geschaffenen *neuen theater (nt)* in Halle statt. Er wäre heute 88 Jahre alt geworden, wenn er nicht am 5. April 2024 bereits gestorben wäre. Im Theatersaal, aus einem ehemaligen Kino entstanden, gedachten etwa dreihundert Gäste des verstorbenen Schauspieler Peter Sodann, weitere Gäste per Übertragung im Theater-Foyer.

Zu Beginn der Feier bezeichnete die Geschäftsführerin der Bühnen Halle, Uta van den Broek, die von Sodann ins Leben gerufene Kulturinsel als «ein Wunder». Sie sei gegründet worden, als an freiem Gedankenaustausch Mangel herrschte. Sie bringe auch Einzigartigkeiten mit sich. So sei man beispielsweise das einzige Theaterhaus weltweit mit einer Theaterglocke, die morgens 10 Uhr die Theaterschaffenden zur Probe hole und abends 19 Uhr das Publikum zur Aufführung rufe. (Ich weiß gut, wovon sie spricht, denn ich höre und sehe die blaue Barockglocke zweimal täglich seit Jahrzehnten vor meinen Fenstern.)

Sodanns Nachfolger als Intendant, der Schauspieler Matthias Brenner, 67, führte durch die Veranstaltung. Er bezeichnete sie als ein «Gedenkfest» an Sodanns Geburtstag und mahnte, Sodanns Streitbarkeit und Heiterkeit im Gedenken an ihn nicht zu vergessen. «Ich hatte gerne mit ihm Ärger, ich hatte gerne mit ihm Freude und Spaß, denn es war immer Inspiration», lobte Brenner die Zusammenarbeit mit Sodann.

Der hallesche Grafiker und Plakate-Künstler Helmut Brade, 86, erzählte im Publikum Anekdoten seiner Zusammenarbeit mit Peter Sodann: «Jedes Gespräch war wunderbar und ein erhellender Moment der Erkenntnis.» Er erzählte auch, dass er sich mit Sodann, für dessen nt er hundert Plakate geschaffen hatte, oft über Brecht unterhalten hätte. Zum Schluss überreichte er der Regisseurin Dalsgaard eine Grafik mit dem Beginn eines Gedichts von Brecht «Wer baute das siebentorige Theben?»

Schauspieler Thomas Thieme erinnerte sich auf der Bühne des Neuen Theaters an Peter Sodann als Schauspieldirektor in Magdeburg ab 1975: «Für mich ist mit Peter eine vollkommen neue Auffassung von Kunst aufgegangen», erzählte der 75-Jährige und beschrieb diese Auffassung als «lebendig, nicht-akademisch, verrückt, intelligent, irgendwie sogar anarchistisch.» Thieme spekulierte zum Ende seiner Rede, dass Sodann bestimmt auch «da oben irgendwas baut, irgendwas gründet.» Er wünschte sich, dass Peter Sodanns Geist auch weiterhin in der Idee der Kulturinsel weiterlebe.

Mille Maria Dalsgaard, Regisseurin und Schauspielerin und nach Brenner derzeit eine der zwei Leiterinnen des *neuen theaters*, bedankte sich bei Peter Sodann, den sie persönlich nicht kannte, für dieses «kreative Herz der Stadt» mit den Worten: «Es ist eine Ehre und eine Freude, dieses Herz weiter schlagen zu lassen.» Die Kulturinsel erzähle in jedem Raum und jedem Winkel die Geschichte seines Schaffens.

Halles Bürgermeister Egbert Geier bezeichnete Peter Sodann bei der Gedenkfeier als einen Menschen, der das kulturelle und gesellschaftliche Leben in den letzten Jahrzehnten maßgeblich geprägt habe, besonders in Halle, aber auch sonst in Deutschland. Dank Sodanns Schaffen sei die Welt ein Stück besser geworden.

Sachsen-Anhalts Staatssekretär für Kultur Sebastian Putz würdigte Peter Sodann als jemanden, der nicht nur die Bühne und den Bildschirm, sondern auch die Herzen vieler Menschen erobert habe. Sodann habe sich als Ostdeutscher mit linkem Bewusstsein verstanden. Putz empfinde es als schmerzhaften Verlust, dass mit Sodanns Tod die Stimme eines aufrechten Demokraten in diesen aufgewühlten und bewegten Zeiten nicht mehr vernehmbar sei.

Meine Erinnerung an Peter Sodann

Anfang März 2023 sah ich, an einer Haltestelle nahe des nt stehend, auf der gegenüberliegenden Straßenseite unverhofft Peter Sodann entlanglaufen, den langjährigen Intendanten und Erschaffer des nt, den ich in letzter Zeit nur noch selten in Halle gesehen hatte. Einen Moment später lief Matthias Brenner, der damalige Noch-Intendant des nt, in dieselbe Richtung. Beide kehrten nacheinander in das Café nt ein.

Als ich auf dem Rückweg am Café nt vorbeikam, schaute ich kurz nach den beiden Männern, sah sie aber nicht, aber ihre Gestalten, hintereinander die Große Ulrichstraße entlanglaufend, blieben als kurzer Film in meinem Gedächtnis, und ich erinnerte mich an vergangene Begegnungen.

Am 30. August 1989 feierten wir mit meiner Tochter ihren 15. Geburtstag. Für den Abend hatte ich durch glückliche Umstände zwei Karten für eine Lesung von und mit Volker Braun im Café nt erhalten. Ich schrieb damals in mein Tagebuch, aus dem später mein erstes Buch *Von der Montagsdemo zur Demokratie – Tagebuchnotizen 1989/90* wurde:

Während wir unter den abendlichen Gästen des neben dem von Peter Sodann geleiteten *neuen theater* gelegenen, verräucherten *Café nt* sitzen, fallen mir Zeilen eines Gedichts von Volker Braun ein, die mich vor sehr langer Zeit, als sechzehnjährige Oberschülerin begeistert hatten: *[...] was da an deine Wade knallt, Mensch, die tosende Brandung – das sind unsere kleinen Finger, die schießen nur ein bisschen Zukunft vor, Spielerei!*, und von denen ich damals glaubte, dass sie wahr werden würden.

Heute höre ich den Worten des Lyrikers und Dramatikers zu, die er in der Einleitung *Endloser Satz* genannt hat und die in einer Mischung aus Lyrik und Prosa vom Männerdasein zwischen Gegenwart und Vergangenheit, zwischen der Arbeit in einem Tagebau und den Verbrechen der Deutschen in beiden Weltkriegen, zwischen philosophischen Gedanken über die Dinge des Lebens und der Lust an sexuellen Ausschweifungen aus männlicher Sicht erzählt. Am Ende ist der Erzähler ziemlich ratlos, von seinen einstigen Gedanken ist nichts mehr zu spüren. Auch in der anschließenden Diskussion ergibt sich kein neuer Ansatz. Mir scheint, die beiden Männer, der Autor Volker Braun und der Intendant Peter Sodann, wollen auch gar nichts anderes, als sich, durch jahrzehntelange Freundschaft einander verbunden, gegenseitig auf die Schenkel zu klopfen.»

Aus heutiger Sicht denke ich: Was sollten sie anders auch machen als ihr Dasein genießen in dieser so unruhigen, von widersprechenden Ereignissen belasteten Zeit, die erst im Oktober zu Demonstrationen und Aufbruch auch in Halle führten. Da waren Sodann und seine Schauspieler/innen dann von Anfang an bei den Demonstrationen dabei.

Sodann kam 1980 nach Halle (Saale), zunächst als Schauspieldirektor des Landestheaters Halle. Das *neue theater* Halle wurde am 8. April 1981 eröffnet. Davor war das Schauspielensemble des damaligen Landestheaters Halle – angeführt vom Schauspieldirektor Peter Sodann – auf der Suche gewesen nach einer eigenen neuen Spielstätte, denn in dem Dreisparten-Haus (dem heutigen Opernhaus) musste man sich die klassische große Bühne mit der Oper, dem Orchester und dem Ballett teilen und kam so zu nur wenigen Aufführungen im Monat. Die damals schon fast hundert Jahre alte Räumlichkeit des Großen Kaisersaals in der Großen Ulrichstraße – die als «Kino der Deutsch-Sowjetischen Freundschaft» genutzt wurde und baulich in ziemlich schlechtem Zustand war –wurden als mögliche Erfüllung des Wunsches nach einer zusätzlichen Spielstätte entdeckt und durfte nach einigem stadtkulturpolitischen Hin und Her übernommen und zu einem Theaterraum umgebaut werden.

Peter Sodann und seine Schauspielerinnen und Schauspieler packten mit an und hatten genug zu tun mit Maurer- und Putzarbeiten und mit dem Beschaffen von in der DDR knappen Baumaterialien, ehe ihr *neues theater* – ein großer Saal mit flexiblen Zuschauertraversen und also wandelbaren Bühnenräumen – bespielbar und umliegende Räume beispielsweise als Schauspielergarderoben nutzbar waren. Die Bauarbeiten zogen sich über zwanzig Jahre hin, es kamen weitere Spielstätten in dem Gebäudekomplex hinzu: 1987 ein Hoftheater, 1993 das «Tintenfass», das heute als «Salon» zum Puppentheater gehört, 1998 die «Kommode», die zwischendurch «Werft» hieß und heute «Kammer» heißt. Es entstanden technische Arbeitsräume und Büros, und 2002 war sie dann fertig: die *Kulturinsel* – ein deutschlandweit einmaliges innerstädtisches Ensemble mit Theatern. Neben dem *neuen theater* war auch das Puppentheater unter Leitung von Christoph Werner nebenan eingezogen. Es gab eine Galerie, in der sich heute die Werkstatt befindet, eine Bibliothek und dazu Gastronomie und viele andere kulturelle Projekte, darunter seit den Neunzigern die traditionelle Maifeier am 1. Mai des *neuen theaters*.

Während der Jahre des Umbaus begegnete ich Sodann, der damals in derselben Straße wohnte wie ich – der Geiststraße, einer bis 1988 von fast allen Altbauten gesäuberten, 1989 mit drei- und viergeschossigen Neubauten hastig wieder aufgebauten Straße – oft in den oberen Verwaltungsräumen, wenn ich den Schauspieler Lutz Teschner besuchte, den ich während meines Chemiestudiums Ende der 1960er-Jahre kennenlernte. Er hatte das Chemiestudium zwei Jahre vor mir begonnen, später aber abgebrochen, um Schauspieler zu werden. Als er in Halle ans *neue theater* (nt) kam, habe ich ihn manchmal dort besucht, und wir philosophierten miteinander über das Leben, das Theater, die Literatur. In die Kneipen, in denen Lutz in den Nächten viel Zeit verbrachte, zog es mich nicht, deshalb trafen wir uns im nt, und ich bekam einiges von dem damals herrschenden Trubel in den fertigen und unfertigen Räumen mit.

Manchmal besuchte ich abends auch Vorstellungen im nt, besonders gern war ich auf den Maifeiern nach 1990, die anfangs nach einem Umzug im Hof des nt stattfanden. Wegen des starken Zulaufs zogen sie später auf den Platz zwischen dem nt und der großen Freitreppe der halleschen Universität (MLU), ab 2015 fanden sie dort vollständig statt. Zu Sodanns Zeiten sprach meist er selbst die traditionelle, witzig-heitere Mairede, danach spielten und sangen einige Schauspieler Mai- und andere Lieder. Im nt und davor gab es genug zu essen und zu trinken, die Zuschauenden wie die Teilnehmenden fühlten sich wohl miteinander, und manchmal war der 1. Mai sogar wettermäßig ein schöner Tag.

Peter Sodann, der Ideengeber und Umbaumotor des nt und der Kulturinsel, ging 2005 als Intendant in den Ruhestand. Da war er schon lange im Fernsehen bekannt. Im Januar 1992 war er erstmals als Kommissar Bruno Ehrlicher zu sehen, im November 2007 lief nach 45 Fällen dieser Tatort mit dem ersten ostdeutschen Kommissar aus.

Ab 1990 sammelte Peter Sodann Bücher, die von 1945 bis 1990 in den Verlagen der Sowjetischen Besatzungszone (SBZ) und der DDR erschienen waren, «um sie für nachfolgende Generationen dokumentarisch zu sichern», so der Vorsitzende des 2007 gegründeten Fördervereins Eberhard Richter. Nach langer Suche nach einem geeigneten Standort für die auf mittlerweile über zwei Millionen Bände angewachsene Sammlung wurden dem Verein 2011 von der Gemeinde Stauchitz Gebäude eines ehemaligen Rittergutes zur Verfügung gestellt.

Im Mai 2012 wurde die «Peter-Sodann-Bibliothek» offiziell eröffnet.

Am 14. Oktober 2008 gab Die Linke bekannt, dass Sodann im Mai 2009 als Kandidat der Partei für das Amt des Bundespräsidenten antreten werde. Am 23. Mai 2009 erhielt Sodann in der Bundesversammlung zur Wahl des Bundespräsidenten immerhin 91 Stimmen.

Matthias Brenner, Intendant nach Sodann

Von 2011 bis 2023 leitete Matthias Brenner die Geschicke des *neuen theaters* Schauspiel Halle.

Einen besonderen Theatertag im nt erlebte ich am 9. November 2019. Unter der Überschrift «Am 9. November ist viel geschehen… Tag des offenen Denkens und Handelns – Eine gemeinsame Veranstaltung der Kulturinsel Halle, der Stadt Halle (Saale) und der Franckeschen Stiftungen zu Halle» öffnete die Kulturinsel am 9. November ab 15 Uhr Tür und Tor, um gemeinsam mit uns zu erinnern, nachzufühlen, zu hören, zu sehen und sich zu begegnen.

Unter den Veranstaltungen um 15 Uhr wählte ich die Lesung *Denk ich an Deutschland* mit Matthias Brenner und drei weiteren Schauspielern sowie zwei Schauspielerinnen aus. Nach der Lesung gab ich Matthias Brenner drei Gedichte zur Friedlichen Revolution 1989, die ich einige Tage zuvor geschrieben hatte, als meinen persönlichen Beitrag zum 9. November. Matthias Brenner war überrascht, nahm die Gedichte dann aber gern an und meinte, dass er sie sich gleich ansehen werde.

Die nächsten Stunden besuchte ich mehrere Veranstaltungen, am späten Abend nahm ich am Talk im Casino teil, bei dem sich, moderiert von Matthias Brenner, der Regisseur und Intendant Wolfgang Engel, die Landespolizeipfarrerin Thea Ilse, Lothar Rochau und Anne Kupke vom Verein Zeitgeschichte e. V., der Maler Uwe Pfeiffer über den 9. November durch die Zeiten austauschten. Die Schauspielerin Bettina Schneider, die musikalisch von Martin Reik und dem Schauspielstudio begleitet wurde, umrahmte den Talk musikalisch. Zu Beginn las Matthias Brenner mein Gedicht «Friedliche Revolution» vor, das ich am Tag zuvor geschrieben hatte.

Friedliche Revolution 1989

Wir, die wir im Herbst 1989 auf den Straßen der DDR unter den Rufen Wir sind das Volk und Keine Gewalt friedlich demonstrierten hielten ganz und gar nichts von Egon Krenz dem letzten Generalsekretär der SED.

Wir demonstrierten für Freiheit und Demokratie wollten anfangs die DDR reformieren und später
kämpften wir für ein geeintes Land das seit Oktober 1990 die Bundesrepublik Deutschland ist.

Egon Krenz hatte Anfang Oktober 1989 noch die chinesische Lösung auf dem Pekinger Platz des Himmlischen Friedens im Sinn.
Sein Ruf nach der Wende kurze Zeit später war
weder in unserem Sinn noch wollten wir dass Krenz und Genossen in der DDR weiter regieren.
Wir waren längst schon auf dem Weg
in eine gewaltfreie, friedliche Revolution.

Danach folgten spannende Gespräche, für mich das interessanteste war das mit Wolf-gang Engel, der bis 2008 Intendant des Schauspiels Leipzig war und am Staatsschauspiel Dresden in den letzten Jahren die Uraufführung von Uwe Tellkamps *Der Turm*, Bulgakows *Der Meister und Margerita*, *Der Drache* von Jewgeni Schwarz, Karl Kraus' *Die letzten Tage der Menschheit*, *Amerika* nach dem Roman von Franz Kafka und weitere inszenierte und 2011 mit dem Theaterpreis «Der Faust» für sein Lebenswerk ausgezeichnet wurde.

Am 8. April 2021 feierte das *neue theater* seinen 40. Geburtstag. Zu diesem Anlass erklang nach langer Zeit wieder die Theaterglocke des nt Halle, die bis 2005 morgens zur Arbeit und abends zum Theaterbesuch läutete. Am 40. Geburtstag läutete sie wieder morgens um 10:00 Uhr und abends 19:00 Uhr. Seit über 20 Jahren kann ich den blaugoldenen Zwiebelturm mit der Glocke vor meinen Fenstern sehen und hören, habe mich anfangs nur über die ungewöhnliche Uhrzeit ihres Läutens gewundert.

Der runde Geburtstag wurde Pandemie bedingt digital gefeiert, die digitalen Angebote fanden sich auf der Website www.buehnen-halle.de. Dazu gehörten das große Onlinearchiv mit Fotos und Impressionen aus der 40-jährigen Chronik des *neuen theaters*, und auch ein eigens für das Netz produziertes Filmmagazin über die Geschichte des nt. Die Kulturinsel konnte per Audiowalk erkundet werden. Die Studioband Trostland stellte ihren eigens für das Jubiläum geschriebenen und produzierten Geburtstagssong vor. Das nt-Schauspielstudio lud zu einem Videoprojekt mit Texten von Brecht und Tucholsky ein.

Am 1. Mai 2022 lud das *neue theater* nach zwei Jahren pandemisch bedingter Ausfälle wieder zur traditionellen Maifeier am Sonntag, den 1. Mai auf der Seite am

Uniplatz ein, der unter dem Motto des Themenjahres «Macht der Emotionen» stattfand.

Die Spielzeit 2022/23 war Matthias Brenners letzte Spielzeit als Intendant, und Sodann und Brenner als Intendanten des halleschen nt sind Vergangenheit. Zum ersten Mal haben in der Spielzeit 2023/24 zwei Frauen die Leitung der Schauspielsparte der Bühnen Halle übernommen. Die dänische Schauspielerin und Regisseurin Mille Maria Dalsgaard folgte als Intendantin des Schauspiels Matthias Brenner. An Dalsgaards Seite ist die in Frankfurt (Oder) geborene Regisseurin Mareike Mikat stellvertretende Künstlerische Leiterin. ∎

AUTORINNEN UND AUTOREN

Hermann Adam (*1948), Prof. Dr. rer. pol., hat 40 Jahre als Honorarprofessor Politikwissenschaft mit Schwerpunkt Politische Ökonomie am Sozialwissenschaftlichen Institut der Heinrich-Heine-Universität Düsseldorf und am Otto-Suhr-Institut der Freien Universität Berlin gelehrt. Zahlreiche Buch- und Zeitschriftenveröffentlichungen, zuletzt: *Wirtschaftspolitik. Eine Einführung,* Wiesbaden 2022. *Finanzpolitik,* Stuttgart 2025. Mitherausgeber der *perspektivends.*

Roman Behrends (*2000), studiert Chemie in Leipzig. Seit 2023 ist er Mitglied im Bundesvorstand der Juso-Hochschulgruppen.

Johannes Bellermann (*1984), Politologe und Autor mit Schwerpunkten in politischer Theorie und Internationaler Politischer Ökonomie. Mitbegründer des Berliner Ringtheaters und Teil dessen künstlerischer Leitung. Beruflich darüber hinaus im Bereich Compliance und Finanzkriminalität tätig.

Lars Castellucci (*1974), Prof. Dr., seit April 2013 Professor für Nachhaltiges Management, insbesondere Integrations- und Diversity Management an der Hochschule der Wirtschaft für Management (HdWM) in Mannheim. Seit 2013 MdB, u. a. Beauftragter für Kirchen und Religionsgemeinschaften der SPD-Bundestagsfraktion.

Lothar Czayka (*1937), Dr. rer. pol. Heidelberg, 1974–2002 Professor am Fachbereich Wirtschaftswissenschaften der Johann-Wolfgang-Goethe-Universität Frankfurt a. M., Lehr- und Forschungsschwerpunkte Volkswirtschaftslehre und Wissenschaftsphilosophie.

Nils Diederich (*1934), Dipl.-Volkswirt, Dr. rer. pol., 1971 habilitiert, Professor für Politische Wissenschaft am Otto-Suhr-Institut der FU Berlin. 1971–1976 leitete er die Planungsleitstelle beim Regierenden Bürgermeister von Berlin. Seit 1952 Mitglied der SPD. 1976–1987 und 1989–1994 MdB. Vielfältige sozialwissenschaftliche Forschungsaktivitäten. Mitglied im Vorstand der HDS e.V. Derzeit ein Aufreger: Der berühmte Rapper Ski Aggu ist sein Enkel.

Lina-Marie Eilers (*1999), studierte Politikwissenschaft und Soziologie im Bachelor an der Universität Münster. Aktuell studiert sie an der Goethe-Universität Frankfurt a. M. Politische Theorie im Master. Von 2021–2023 war sie Mitglied im Bundesvorstand der Juso-Hochschulgruppen.

Martin Gorholt (*1956), Landesgeschäftsführer der SPD Brandenburg 1990–1994, Bundesgeschäftsführer der SPD 2005–2008, mit verschiedenen Aufgaben 12 Jahre Staatssekretär in Brandenburg. Mitglied im Vorstand der HDS e.V. Zuletzt bei

Schüren/Marburg erschienen: *35 Jahre Schwante. Die Wiedergründung der Sozialdemokratischen Partei in der DDR.*

Stephan Gorol (*1957), Bonner Sozialwissenschaftler, Künstler- und Kulturmanager (u. a. WDR, Bundesländer, Gewerkschaften, Stiftungen, BAP). Seit 1981 der Friedensbewegung kritisch und freundschaftlich verbunden, u. a. Gestaltung des Kulturprogramms auf der Bonner Hofgartendemonstration.

Benno Haunhorst (*1953), Studium der Mathematik, Katholische Theologie und Philosophie in Münster. Oberstudiendirektor i. R. des Bischöflichen Gymnasiums Josephinum Hildesheim. Zahlreiche Veröffentlichungen zu Kirche und Sozialdemokratie.

Siegfried Heimann (*1939), Dr. Priv. Doz., Historiker und Politikwissenschaftler, langjähriger Vorsitzender der Historischen Kommission der Berliner SPD, zahlreiche Veröffentlichungen zur Geschichte der Weimarer Republik, der Parteien nach 1945 und zur Berliner Nachkriegsgeschichte.

Emilia Henkel (*1995) studierte Friedens- und Konfliktforschung, Bildung-Kultur-Anthropologie und Geschichte und Politik des 20. Jahrhunderts in Malmö und Jena. Seit Mai 2023 promoviert sie in Jena zur ostdeutschen Migrations- und Transformationsgeschichte der 1990er-Jahre.

Sabine Hering (*1947), Dr., Sozialwissenschaftlerin, Professorin i. R. an der Universität Siegen. Seit 2012 wohnhaft in Potsdam. Arbeitsschwerpunkte: Geschichte der Frauenbewegung, Wohlfahrtsgeschichte / Intenational Welfare History, Geschichte

der Sozialdemokratie. Sprecherin der Historischen Kommission der SPD Brandenburg. Kontakt: hering@kulturareale.de.

Petra Hoffmann Zschocher (*1946), Dr. rer. nat., Biochemikerin, 1990 Mitglied des SPD-(DDR) Vorstands, 1990–2005 Mitglied der SPD-Kontrollkommission beim PV. Zeitzeugin der Bundesstiftung zur Aufarbeitung der SED-Diktatur. Autorin zahlreicher Bücher, u. a. *Europas gekreuzte Wege* (2022).

Wolfgang Kowalsky (*1956), Dr., Dipl.-Soz., zuletzt beim Europäischen Gewerkschaftsbund tätig.

Hendrik Küpper (*1997), studierte Politische Bildung und Philosophie/Ethik an der Freien Universität Berlin und ist derzeit Studienreferendar am Studienseminar Potsdam. Er ist Vorstandsmitglied des Vereins für Demokratie und Hochschule e. V. und der HDS e. V. sowie Redakteur der *perspektivends*.

Detlef Lehnert (*1955), Prof. Dr. (Politikwissenschaft / FU Berlin), u. a. Vorstandsvorsitzender der Paul-Löbe-Stiftung *Weimarer Demokratie* und Mitglied im Geschichtsforum beim PV der SPD. Zahlreiche Veröffentlichungen u. a. zur Geschichte der Sozialdemokratie, zur Großstadtpolitik, zur Historischen Demokratieforschung.

Johanna Liebe (*1999), studiert Internationale Beziehungen in Berlin und Potsdam. Von 2021–2023 war sie Mitglied im Bundesvorstand der Juso-Hochschulgruppen.

Konrad Lindner (*1952), Dr. phil. habil., war an der Karl-Marx-Universität in Leipzig 1986-1991 Hochschullehrer des Dialektischen und Historischen Materialismus, 1996-2015 freier Wissenschaftsjournalist für den Hörfunk.

Laura Clarissa Loew (*1999), Wissenschaftliche Mitarbeiterin und Doktorandin am Lehrstuhl für Osteuropäische Geschichte an der Justus-Liebig-Universität Gießen. Ihre Arbeitsschwerpunkte sind die Geschichte sozialistischer Bewegungen und Systeme, polnische Geschichte sowie die Geschichte jüdischer Bevölkerungen im östlichen Europa. Sie ist seit 2020 Co-Redakteurin der *jungen perspektiven.*

Kira Ludwig (*1965), gelernte Industriekauffrau und studierte Historikerin. SPD-Mitglied in der Rostocker Bürgerschaft, Mitglied im Vorstand der HDS e.V., Redakteurin der *perspektivends.*

Ralf Ludwig (*1961), Prof. Dr. rer. nat., Professor für allgemeine physikalische und theoretische Chemie an der Universität Rostock. Wegweisende Veröffentlichungen seines Faches. War in den Juso-Hochschulgruppen aktiv. 1991-93 Bundesvorsitzender der Jungsozialisten in der SPD, Mitglied im Vorstand der HDS e.V.

Armin Pfahl-Traughber (*1963), Prof. Dr. phil., Politikwissenschaftler und Soziologe, hauptamtlich Lehrender an der Hochschule des Bundes für öffentliche Verwaltung in Brühl, Lehrbeauftragter an der Universität Bonn für *Politische Theorie*. Forschungsschwerpunkte u.a. politische Ideengeschichte, politischer Extremismus, Terrorismus, Neue Rechte und Antisemitismus.

Carl Julius Reim (*1999), promoviert an der Friedrich-Schiller-Universität Jena zu

Positionierungen der französischen Linken zu Shoah, Dekolonisierung und Israel. Zuvor studierte er Politikwissenschaft, Philosophie und Intellectual History in London und Leipzig. Seit 2024 ist er Co-Redakteur der *jungen perspektiven.*

Rolf Reißig (*1940), Prof. Dr. phil. habil., Sozial- und Politikwissenschaftler, Brandenburg-Berliner Institut für Sozialwissenschaftliche Studien (BISS e.V.), Arbeits- und Forschungsschwerpunkte: Empirische und theoretische Projekte zur postsozialistischen Transformation, speziell zum Fall Ostdeutschland und der deutsch-deutschen Vereinigungsgesellschaft; Forschungen zu Theorie und Praxis sowie zur Geschichte, Gegenwart und Zukunft der Transformation moderner bürgerlicher Gesellschaften; dazu zahlreiche Buch- und Zeitschriftenpublikationen.

Marlene M. Rytlewski (*1956), Dr. phil., M.A., Germanistin und Politikwissenschaftlerin. Nach zeithistorischen Studien langjährige Lehre an verschiedenen Universitäten u.a. in Südkorea, Rumänien, Kasachstan und China in Deutsch und Politik. Selbstständige Publizistin, seit 2015 in der Berliner Flüchtlingshilfe engagiert.

Marc Saxer (*1973), Autor und Mitglied der SPD-Grundwertekommission. Sein Buch *Transformativer Realismus. Zur Überwindung der Systemkrise* ist 2021 bei J.H.W. Dietz Nachf. in Bonn erschienen.

Klaus-Jürgen Scherer (*1956), Dr. phil., Diplompolitologe, war u.a. langjähriger Geschäftsführer des Wissenschaftsforums und des Kulturforums der Sozialdemokratie. Redakteur *Neue Gesellschaft / Frankfurter Hefte*. Geschäftsführender Vorstand der HDS e. V. und verantw. Redakteur der *perspektivends*.

Ulrich Schöler (*1953), Prof. Dr., Ministerialdirektor a. D., Jurist und Politikwissenschaftler, ehem. Professor am Otto-Suhr-Institut der Freien Universität Berlin, bis Januar 2019 Leiter der Abteilung «Wissenschaft und Außenbeziehungen» im Deutschen Bundestag und dessen stellvertretender Direktor, ehem. Sekretär der Grundwerte- und der Historischen Kommission der SPD, Veröffentlichungen zur Ideengeschichte sozialer Bewegungen. Seit Oktober 2015 Vorstandsvorsitzender der Bundeskanzler-Willy-Brandt-Stiftung.

Clara Schüssler (*2003), studiert Sozialwissenschaft an der Universität zu Köln. Seit 2023 ist sie Mitglied im Bundesvorstand der Juso-Hochschulgruppen.

Peter Steinbach (*1948), Prof. Dr. (em.), Historiker und Politikwissenschaftler, lehrte u. a. in Passau, an der FU Berlin, in Karlsruhe und Mannheim. Wissenschaftlicher Leiter der Gedenkstätte Deutscher Widerstand in Berlin. Zahlreiche Publikationen besonders zum NS-Widerstand und zur sozialdemokratischen Verfassungspolitik.

Richard Stöss (*1944), Diplompolitologe, Dr. phil., habil., außerplanmäßiger Professor an der FU Berlin. Schwerpunkte seiner Forschungsarbeiten sind Rechtsextremismus, Parteienforschung und Sozialdemokratie. Neuere Veröffentlichung: *SPD am Wendepunkt – Neustart oder Niedergang.* Schüren/Marburg 2022.

Johano Strasser (*1939), Prof. Dr., Politologe, Publizist und Schriftsteller. Ab 1995 Generalsekretär des PEN-Zentrums

Deutschland und Präsident von 2002 bis 2013. Seit 45 Jahren Mitglied der SPD-Grundwertekommission.

Louisa Anna Süß (*1996), studierte Sozialwissenschaften an der Justus-Liebig-Universität Gießen und Univerzita Karloza in Prag sowie European Studies an der Universität Leipzig und Sheffield University. Seit Sommer 2021 ist sie wissenschaftliche Mitarbeiterin an der Ruhr-Universität Bochum, wo sie vor allem zu kommunalpolitischen Fragen forscht und promoviert. Sie war von 2016 bis 2021 Stadtverordnete ihrer hessischen Heimatstadt und ist heute als vormalige Stipendiatin der Friedrich-Ebert-Stiftung im Ehemaligenverein aktiv.

Lukas Marvin Thum (*1997), studierte im Bachelor Philosophie und Politikwissenschaft in Düsseldorf und studiert momentan im Master Philosophie in Münster. Er war von 2019–2020 im Bundesvorstand der Juso-Hochschulgruppen.

Robert von Olberg (*1988), Politikwissenschaftler, Geschäftsführer der Landesrektor:innenkonferenz der Hochschulen für Angewandte Wissenschaften NRW. 2015–2021 war er Vorsitzender der SPD Münster und 2009–2018 Ratsherr in Münster, kandidierte 2017 für den Deutschen Bundestag.

Jörg Weingarten (*1962), Dr., leitet die Abteilung Transformation beim DGB NRW, ist Vorstandsmitglied der Technologie Beratungsstelle des DGB und des Arbeits- und Gesundheitsministerium des Landes NRW (TBS) sowie Mitglied der NRW-Transformationskommission der Friedrich-Ebert-Stiftung.

Klaus Wettig (*1940), Jurist, Sozialwissenschaftler, Autor, Kulturmanager und ehemaliger MdEP. Hatte viele Funktionen in der SPD; zahlreiche Veröffentlichungen zur Geschichte und Programmatik der Sozialdemokratie.

Emma Würffel (*2003), studiert Politik und Recht in Münster. Seit 2023 ist sie Mitglied im Bundesvorstand der Juso-Hochschulgruppen.